U0082063

歐債危機
的原因與解決之道

金融海嘯衝擊成為歐債危機導火線，
國際禿鷹狙擊與信評機構興風作浪；
鉅資挽救經濟真的能產生作用嗎？

黃得豐/著

序言

　　一般認為2008間之金融海嘯實為歐債危機之導火線，因各國為挽救經濟乃造成財政赤字與公共負債皆大增，其中又以希臘之財政欠佳狀況最為嚴重，又因國際禿鷹趁機在金融市場狙擊其公債，故在2009年11月爆發債信危機而重挫全球股市、拖累金融市場動盪不安、與衝擊歐元區其他財政金融欠佳成員國，因而又引發2010年初更大規模之歐債危機。除因組織結構性問題而無法解決各國財政失衡與跨國就業問題外；尚因經濟結構性問題而形成雙重背離現象。此乃由於財政為庶政之母，債信危機必會衝擊經濟發展與金融穩定，且常互為因果關係，其影響層面已由歐洲地區擴及全球，復因該危機發生後尚無針對其財經金融較廣深度之專書可供參考，且非歐元區之英、美專家看法較為悲觀；歐元區之看法雖較樂觀惟處理過程常意見分歧，因而該危機乃逐漸擴大與蔓延。

　　因此，台北外匯市場發展基金有鑑於本人過去曾在德國法蘭克福大學研究財經金融領域，且在財政部服務期間又曾被派至歐盟首邑布魯塞爾，參與由我國各部會組成之「對歐盟工作小組」，負責財金組業務並兼任駐倫敦歐洲復興開發銀行之台北基金代表，以及後來奉院核派擔任華僑貸款信保基金總經理時，均曾有涉獵歐洲財金事務；爰要求就該危機之原委、演變、影響、與對策，對該基金提出較為完整之專題研究。因而在接辦後即陸續就相關新聞報導、網路資源、論文、與研討會論述等資料加以篩選，並由內人陳美惠（美均）全程協助搜集與整理。

　　本書在2013年初歐盟相關財政改革政策實施，且危機已趨緩和時完稿，並經多次修改後於年中才向該基金提出研究成果報告。後來又再參酌本人前曾在淡江大學財金系與交通大學管科所兼課，及現仍於淡大歐研所兼課等有關歐洲金融部分之教材，妥為充實金融內容而使財經金融更為週詳並撰寫成書。另外，鑑於本書此次第二版之補篇為「希臘債務危機與

紓困公投之演變經過及啓示」，係因希臘債信在2015年7月初再度發生危機，乃彙總當時狀況並重複引述本書內容而撰寫；允宜列為最後之第伍篇第二十三章第四節，而視其為本書初版後再發生危機之演變與發展。

書中一再強調：總體經濟之穩定發展常繫於財政健全性與金融穩定性，並應隨時對過時之法制儘速修改，才是國家長治久安之道。因而祈望相關主管機關能瞭解該危機之原委與衝擊而引以為誡，並妥為穩健財政結構與金融體質，既可促進與維護內在經濟之穩定發展；又可防範國際禿鷹等之外在衝擊於未然。由於本人才疏學淺，因而書中掛漏或偏頗之處難免，尚祈 讀者先進不吝指正，至為感激。

目　次

The Causes & Impacts of European Debt
Crisis as well as Its Settled Ways

第壹篇　緒論

緒　言

　　本篇分為兩章以要述全文之撰寫過程與概況，第一章為全文之研究背景動機與研究內容，其研究背景與動機在探討危機原委，乃先要述歐洲財經金融演變之前因後果，其主要內容包括戰後歐洲整合原為追求和平與消弭戰爭、及由經濟整合演變為貨幣聯盟之歐元區；再從金融海嘯引爆歐債危機之原委加以探討，其主要內容包括因金融海嘯衝擊而成為歐債危機之導火線，及為挽救金融與經濟致財政失衡引爆危機。有關研究內容方面，在探討原因影響與處理，先要述研究內容在探討歐債危機之原因與影響，其主要內容包括先從歐元區總體觀點，與學理上探討其結構性問題或內在原因，再從國際禿鷹狙擊與信評機構興風作浪，探討其外在原因。另亦提出解決之道與法制改革，其主要內容包括短期衝擊之治標問題，及推動法制改革與長期治本問題。

　　至於第二章要述全文之研究方法與目的及預期結果，關於研究方法方面.因本文著重於對歐債危機之原因、及處理與對歐元之影響作一檢視，且常涉及政策層面之問題。因此，全文兼採文獻分析法、歷史分析法、及政策研究法。復因在撰寫過程中危機仍在發展，故常發生研判錯誤、更改撰寫方向、及拖延時間之研究限制，因而本文乃以2013年初，財政相關改革與協約實施後，大勢已趨向於穩定時　，為全文研究截止之時間範圍。本篇最後強調全文之研究目的在瞭解危機，並可引以為誡與妥為因應，至於章節安排方面，本文共分為五篇、二十三章、五十九節、以及約有三十萬字。

第一章
研究背景動機與研究內容

第一節　研究背景與動機在探討危機原委

壹、研究背景：歐洲財經金融演變之前因後果

一、戰後歐洲整合原為追求和平與消弭戰爭

　　「歐債危機的原因與解決之道」（以下簡稱「本文」）之撰寫內容係以歐洲之財經金融為背景，尤其在2008年美國爆發超級金融風暴重創全球，歐洲遭受衝擊與影響後，所產生之連鎖反應與演變經過，及其前因後果乃成為本文之研究背景與重點。鑒於德國哲學家康德（I.Kant）在1795年即發表「永久和平」（Perpetual Peace）時，即已對「民主和平論」（Democratie Peace Thery）提出概念；爰認為人民均會反對非防禦性之戰爭，該理論至第二次世界大戰結束後才廣為大家所重視。而戰後英國首相邱吉爾（W. Churchill）於1946年倡導「歐洲合眾國」（United States of Europe，USE），且法國政治家莫內（J. Monnet）亦積極奔走與籌設USE，以期維持永久和平與消弭戰爭，經獲得歐洲各國領袖之善意反應而進行一系列之整合。莫內倡議由法、德共同將煤鋼等戰略物質，納入跨國組織經營產銷與管理，以避免重蹈戰禍[1]。因而自1950年5月法外長舒曼提出舒曼計畫，揭示「從經濟整合邁向歐洲聯邦之目標」後，尚邀義、荷、比、與盧參與，在次年4月成立「歐洲煤鋼共同體」（European Coal & Steel Community，ECSC），1957年3月該6國尚籌設「歐洲原子能共同體」（European Atomic Energy Community，EURATOM），以期歐

---

[1] 黃得豐（2011年12月31日）。全球化下歐元整合之成就與前瞻性，國政研究報告。

洲之原子能致力於和平用途，並同時籌組「歐洲經濟共同體」（European Economic Community，EEC），於次年初設立EEC時即已開始建立關稅同盟。除取消6國間之貿易配額與關稅，及去除生產工具流通之障礙外；尚建立自由競爭之共同法規，而成為共同市場[2]。1965年4月3組織合併為「歐洲共同體」（European Communities，EC），並將總部由盧森堡遷往布魯賽爾。此外，為顯示各會員國間之平等地位，乃依照編排順序由各會員國每半年主辦一次EC高峰會議（以下簡稱「峰會」），輪流擔任主席。此一不斷折衝與協調之整合成就，事實上已把過去殘酷與血腥之戰爭，改由和平與民主所取代，並已帶給歐洲數百年以來最長久之和平與繁榮。

二、由經濟整合演變為貨幣聯盟之歐元區

後因1960年代屢遭美元大幅貶值與國際金融動亂之衝擊，而造成全球金融與經濟之不安與動盪，EC會員國為建立歐洲地區之貨幣安定，以降低通膨並穩定對外貿易，除配合全球匯率動盪而先後實施釘住美元固定匯率制度、可調整固定匯率制度、與管理浮動匯率等之外；尚決定在10年內成立貨幣聯盟（Monetary Union），希望藉此達到經濟與政治全面整合之境界。1970年3月通過在境內推動階段性實現經濟與貨幣同盟（Economic & Monetary Union，EMU）之決議[3]。到了1978年12月布魯賽爾峰會通過有關創設歐洲貨幣制度（European Monetary System，EMS），與歐洲通貨單位（European Currency Unit，ECU）之議案，EC乃開始積極進行跨國貨幣之整合。次年3月EMS成立，其最主要之架構包括建立歐洲匯率機制（Exchange Rate Mechanism，ERM），與創設單一記帳之歐洲貨幣單位（ECU），到了1989年4月提出戴洛報告（Delors Report）建議實施

---

[2] 郭秋慶（2010年7月26-29日）。中歐國家與歐盟關係——以德國為例，歐盟新世紀歐盟2010年夏季演習班手冊（頁143-145）。新北市，淡江大學歐洲研究所主辦。

[3] Grabitz/Hilf/Nettesheim,Das Recht der Europäischen Union,46.Ergänzungslieferung,2011 München,Art.3 EUV Zieleder Union,Rn.59

EMU。至於整合之法律基礎爲馬斯垂克條約（Treaty of Maastricht），因該約明文規定EMU分三階段整合[4]。

到了1992年2月正式簽署後改爲歐洲聯盟條約（TEU），並於1993年11月生效後改名爲歐洲共同體條約（the EC Treaty），或歐盟運作條約（TFEU），以共同賦予及奠定EMU整合之權限與相關規定等[5]，並開始以歐洲聯盟（European Union，EU）取代EC。而單一共同貨幣之名稱在1995年12月之馬德里峰會時，決定爲歐元（EURO，縮寫爲€）。至於EMU較重要工作包括：由各國央行共組歐洲央行體系（European System of Central Banks，ESCB）、1994年初設立歐洲貨幣機構（European Monetary Institution，EMI）取代ESCB以負責規劃單一共同貨幣、1998年6月成立歐央行（European Central Bank，ECB）、及成立歐元區（Euro zone）並由ECB統籌貨幣政策等。而1999年初EU會員國必須遵守TEU與「穩定成長協定」（Stability & Groth Pact或SGP）之規定[6]，並須符合5項「一致性標準」（Covergency Criteria）始可加入歐元區並使用歐元。因此，EU單一共同貨幣之順利推動並完成歐元整合，已提供其他經濟共同體之最佳典範，其影響力亦逐漸發酵，且歐元區整合後已僅次於美國，而成爲全球第二大債券市場[7]。

貳、研究動機：探討金融海嘯引爆歐債危機之原委

一、因金融海嘯衝擊而成為歐債危機之導火線

2007年4月14日美國第二大次級抵押貸款機構新世紀金融公司（New Century Financial Corporation）申請破產保護，從而觸發次級房貸

4 陳麗娟（2011）。債信風暴，歐洲金融市場分析（頁175-177）。台北市：五南圖書出版社。
5 谷瑞生（2012年9月20日）。歐盟經濟治理與里斯本條約（頁43-64），歐盟經濟制理研討會，臺灣歐洲聯盟中心。
6 Norbert Horn,Die Reform der Europäischen Währungsunion und die Zukunftdes Euro,NJW 2011,S.1398
7 黃得豐（2011年12月31日）。全球化下歐元整合之成就與前瞻性，國政研究報告。

（subprime mortgage）危機以來愈演愈烈，自美國金融業蔓延到美國實體經濟，並逐漸演變成席捲全球之超級金融危機[8]。同年9月英國北岩銀行（Northern Rock）銀行擠兌，而標準普爾（S&P）、穆迪（Moody's）、與惠譽（Fitch）等三大信評機構亦給出了與以前截然相反之評級報告，且在9月調降了約1,000億美元抵押貸款相關證券之評等。11月全球最大之獨立結構性投資工具機構維多利亞（Victoria SIV）信用評等由AAA級被大幅調降13級至B-。貝爾斯登（Bear Stearns）旗下兩對沖基金（hedge fund）出現巨額虧損，爾後Moody's與S&P下調美國抵押貸款債券信用評級，2008年9月7日美國政府接管房地美（Freddie Mac）與房利美（Fannie Mac）後，美林（Merrill Lynch）被收購、雷曼兄弟（Lehman Brothers）破產、…美國次級房貸危機已經全面惡化，投資銀行之模式在美國已消失，金融市場遭受重創，金融體系幾近崩潰，對美國及全球經濟之衝擊已全面顯現[9]。因此，美國債券投資大師葛洛斯（B. Gross），乃以此一排山倒海而來之超級金融風暴，威力太大必會重創全球，因而稱之為「金融海嘯」（Financial Tsunami）[10]。

二、為挽救金融與經濟致財政失衡引爆危機

　　歐元區各國須以鉅額預算提出「振興經濟措施」並以擴大財政政策挽救金融與經濟，而使赤字與公債皆大幅增加。其中又以希臘最為嚴重，除因其未節制開支而揮霍無度外；尚因其長期隱匿實際發行之公債數額，且提出之數據經常造假，與其特殊之國情民風與缺乏公民文化等。到了2009年11月爆發希臘債信危機後，因國內罷工反抗，乃被國際禿鷹趁機狙擊而重挫全球股市。爾後，又因債信危機不斷延燒，而於2010年初引發包括希臘在內之歐債國家（即葡萄牙、愛爾蘭、義大利、希臘、與西班牙，以下

---

[8] 谷家東（2008）。次貸危機中信用衍生品對我國信用評級業啟示，鵬元資信，第四期（頁8-12）。
[9] 岳振宇（2009年）。危機下的反思：失信的信用評級及其制度完善，證券市場導報，頁9。
[10] 黃得豐（2011年5月27日）。金融海嘯前、後歐美金融改革之檢討，國政研究報告。

簡稱PIIGS國家）發生程度不同之歐債危機，並衝擊與籠罩全球之動盪不安，與阻擾經濟之復甦與發展[11]。後來希臘債信危機經EU與國際貨幣基金（IMF）於2010年4月29日，共同宣布將分批提供第一套紓困計畫緊急危機處理。此外，並於5月11日成立歐洲金融穩定基金（European Financial Stability Fund，EFSF）以建立防火牆[12]，ECB亦參與危機處理。惟因希臘一直無法達到原先承諾之目標與偏離軌道，因而乃由EU、ECB、與IMF等「三方組織」（Troika）對於是否持續紓困希臘產生岐見，又因評等被全面調降而持續造成股市崩跌與震盪。經EU檢討危機背後之原因後，認為SGP未能發揮其「提升成長潛力」與「確保健全預算部位」之兩大支柱功能，因而造成部份會員國財政紀律浮濫之結果。

第二節　研究內容在探討原因影響與處理

壹、研究內容：探討歐債危機之原因與影響

一、探討歐債危機之內在與外在原因

除了上述金融海嘯為其導火線，衝擊PIIGS國家引發歐債危機外；尚由於財政失衡與金融危機等內在原因所造成，允宜分別從PIIGS國家財金觀點題探討，包括從歐元區總體觀點與學理上探討其原因，敘述歐洲進行歐元區與歐元整合過程與經過，除析述EMU之演進及其法律基礎外；尚從學理上探討歐元整合之過程、匯率爭論、震盪對稱性析述應否分階段整合、財政政策與貨幣政策分別獨立操作、及將財政紀律落實為法律導向之規範等過程與經過等。並分別從聯邦主義（Federalism）理論、最適通貨區理論、與區域經濟整合理論析述EMU整合是否要財政規範之正

---

[11] 黃得豐（2010）。希臘發生債信危機之原因及其影響，淡江大學歐盟資訊中心通訊25期，頁11-12。

[12] H. Kube/E. Reimer,Grenzen des Europäischen Stabilisierungsmechanimus,NJW 2010, S.1911

反意見與其理論背景，惟因各國財政政策仍無法穩定經濟，EU乃以法律導向落實財政紀律規範，當時並認為上述之財金政策雙軌制可交互作用而不宜互斥。另亦從經濟與組織結構性問題加以探討各國良莠不齊產生經濟結構性問題，而ECB執行貨幣政策卻無法兼顧上述之問題，若缺乏經濟治理（Economic Governance）就會存在結構性問題。因而有人認為組織結構性問題肇因於多層治理架構，EU與各會員國地位平等。至於EU之機構有歐洲高峰會（European Council，EU峰會）、EU執委會（European Commission，或執委會）、部長理事會（European Council）、歐洲法院（ECJ）、歐洲央行體系（ESCB）與歐央行（ECB）、與歐元集團（Euro Group）等形成多邊監督與運作機構，此種EU與歐元區成員國間特有之財金政策雙軌制與二層次金融監理，乃因而演變成財金危機與亂象，允宜儘速朝向財政聯盟（Fiscal Union），與另組泛歐盟之銀行監理機構妥為因應與解決才是。

另一外在原因尚應溯自2009年初，當歐元區正在慶祝歐元問世10週年時，國際禿鷹即已透過信用違約互換（Credit Default Swaps，CDS），押注債券殖利率偏高之愛爾蘭與希臘「將無法履行公債償還義務」。同年11月希臘爆發債信危機後，國際禿鷹更擴大狙擊希臘等國之公債，而導致歐元區自成立以來最大之動盪與危機[13]。除因上述金融海嘯為其導火線外，尚因信評機構調降債信猶如與國際禿鷹興風作浪，故經常引發股、匯市動盪不安，因其對歐債之評等結果令人不滿，且缺乏公正客觀性之評等必會失信於人，並常引起質疑。有鑑於主權信用評等將對國際金融市場發揮重大影響力，對一國之債信品質與籌資能力影響更大；允宜在執行評估時納入更多各國政經情勢基本面之觀察，力求透明公正且應有「再評估機制」，以避免形成寡占市場，並可減少對歐債危機之干擾與衝擊[14]。此外，以洛特希勒德家族或紅盾家族（Rothschild & Sons）為班底之國際禿

---

[13] 黃得豐（2011年3月1日）。歐債危機已躲過CDS無勞放空之難關，國政研究報告。
[14] 李顯峰（2012年9月20日）歐債危機與主權信用評等：刀俎魚肉或代罪羔羊？（頁111-126）。歐盟經濟制理研討會，臺灣歐洲聯盟中心。

鷹肆虐全球，而該家族自梅耶（Mayer）1766年崛起於法蘭克福後才開始以紅盾（Rothschild）為名稱。惟為避人耳目而不洩漏其總財富秘密，對外亦不使用該家族名義，而以各種其他名目（已分為16個派系）進行多樣化投資或控股，據估計20世紀初該家族就已控制全球總財富之一半以上[15]。據悉，兩百多年來世界上之重要戰爭、革命、與危機（包括金融海嘯與歐債危機）等，背後都有紅盾家族之影子[16]或脫離不了關係，今後仍將隨時隨地會再製造動亂，因而提醒各國仍應注意，且銀行應先穩健本身體質嚴陣以待。

二、探討歐債危機發生後之衝擊及對歐元之影響

歐元自1999年初以1.18美元問世後不久即走貶，次年10月26日曾跌至0.82美元之歷史低點，惟2008年4月22日及7月15日曾分別攀至1.60美元之歷史高點，不久因金融海嘯衝擊而又上下震盪，到了2009年11月23日希爆發債信危機被降評等後，國際禿鷹乃趁機狙擊與放空歐元，其匯價不但自1.51美元急速下滑，並跟隨希債信危機之發展過程而起伏不定，亦因而造金融市場震盪不安與股市經常重挫。到了2010年6月7日已跌至4年以來之最低價1.19美元後，歐元匯價才逐漸由谷底翻升。而2011年3月下旬10國集團（G10）期待EU峰會能提出新措施時，歐元曾漲至1.4283美元之高點。2012年5月30日因西班牙利用公債對Bankia銀行注資，再度引發危機而使歐美股、匯市重挫，歐元又跌至1.2451美元之新低點。由於歐元在歐債危機期間不斷震盪，並已衝擊全球金融市場之穩定與經濟復甦，而歐元下滑對以出口為導向成員國有利，惟改善競爭力仍應兼顧貶值、勞動成本、與生產結構等。

至於對金融體系與銀行監理之衝擊影響方面，EU地區之銀行採綜合銀行制度，主管機關採「負面表列」方式以儘量擴大業務經營範圍，而金

---

[15] 陳潤（2012 年 9 月 26 日）。世界真正首富：羅特希爾德家族。臺北：人類智庫。
[16] 宋鴻兵（2008 年 10 月 01 日）。貨幣戰爭。臺北：遠流出版社。

融主管機關爲忙於認識與控管新種業務，乃強迫業者須「自律」，而不須
勞動政府前往金檢。至於銀行之總行約8，350家（總分行約有300，000
家），須分別由各國金融主管機關從嚴核准與監理總行，至於其分行之設
立或關閉則由銀行自行決定，事後再依規定期間報備即可，EU堪稱爲全
球之最大金融區塊，競爭與購併亦最激烈。固然銀行正常業務未受到太大
影響，惟歐元區銀行卻握有最多之PIIGS國家公債，故銀行壓力測試乃要
求承受債信風險能力。金融海嘯衝擊後就已顯示分別由各國金融主管機關
監理之疏漏，愛、西又因銀行危機而爆發債信危機，惟EU大部份會員國
之銀行監理在面對危機衝擊後尚稱穩定。另外，亦分述歐債危機對台灣經
濟與貿易、重要產業、台灣與歐洲雙向投資、及對台灣金融面之衝擊與影
響，尤其是股市重挫與匯市動盪不安。

貳、歐債危機的解決之道與法制改革

一、危機處理與短期衝擊之治標問題

　　歐債危機發生時適逢里斯本條約（Treat of Lisbon）於2009年12月1日
生效，而依據該條約選出之第一位常任主席范宏培（H.V. Rompup）就任
後，即邀請EU執委會、歐元區領袖、與IMF負責人協調危機處理與因應
對策。由於危機不斷蔓延，因而分述EU與IMF於4月29日共同對希臘金援
1，100億歐元救急，及EU於5月11日決定以7，500億歐元成立EFSF，將
對財政欠佳之會員國提供救急之防火牆，並成立「特別小組」由EU執委
會改革SGP，以提升經濟與預算風險監管[17]，並迫使ECB參加救急而違反
央行超然獨立性。此外，尚採納羅比尼（N-I. Roubini）教授建議推動撙
節措施，從削減公共部門龐大薪資支出縮減赤字，亦即經濟結構失衡、
勞動結構失衡、與財金問題均必須撙節措施加以改革。至於後來由EU財
長會議分別通對愛爾蘭（850億歐元）；對葡萄牙（780億歐元）；對西

---

[17] EUCO10/11,p.4

班牙（1，000億歐元）；及對塞浦路斯（100億歐元）等紓困，均已達到救急目的並穩定危機局勢。另外，按照2011年10月15日G20財金首長例行會議中，針對歐債危機提出下列「三個核心行動」之短期治標問題：其一係由EU與IMF對希臘持續提供新援助：希臘須與債權人以減債方式債務重整，惟換債後又因國會選舉而使危機籠罩全球。其二係由拓展短期挑戰之EFSF以提高防火牆功能：EU以ESM取代EFSF並擴大功能，ESM提前於2012年中與EFSF並存[18]。其三係由ECB負責支撐銀行體系流動性問題：必要時，尚應投入「全球六大央行」進行對歐元區大規模美元換匯交易（Fx. Swaps），與降低即期利率操作，以支撐在危機籠罩期間銀行體系必要之流動性。

二、長期治本問題與推動法制改革

財政整合方面須積極邁向財政聯盟之治本問題，其中最重要者又以2010年依據EMU目標，所提出之修正SGP立法草案，又稱為「6項包裹」（Six Pack）改革法案（包括修正預算與經濟政策監督、超額赤字程序執行、歐元區預算監督之有效執行規則、經濟超額不均衡現象執行方案、與預防總體經濟不均衡現象等5規則、及要求會員國建立預算框架指令）與財政協約（Fiscal Compact[19]，主要目的包括保持歐元區長期穩定需要之共同財政政策；各會員國政府預算應當平衡或有結餘；年度結構性赤字不得超過名義GDP之0.5%，惟若該國政府之負債顯著低於60%，且若公共財政長期可持續風險亦低，則結構性赤字最多可達到1%；及該項規定應當在憲法層級或相當層級之內國法規，而引入該會員國之法律體系）為治本問題之中堅。此外，由於歐債危機暴露財政治理之規範缺陷，因而須再整合SGP改革，並提出EMU欲達成重新強化SGP之4大目標，而整合財政政

---

18 鄭貞茂（2011 年 12 月 28 日）。歐債危機的最新情況與可能發展方向，全國工商協進會「工商講座」。

[19] 谷瑞生（2012 年 9 月 20 日）。歐盟經濟治理與里斯本條約，歐盟經濟制理研討會（頁 43-64）。臺灣歐洲聯盟中心。

策之紀律框架已成爲改革核心。鑒於SGP改革與財政協約均將邁向經濟治
理；允宜提升競爭力而向財政同盟邁進一大步，而簽署歐元附加條約亦可
提升成員國競爭力，且推動財政協約似已向財政同盟邁進一大步。

　　關於金融整合方面則以籌設EU銀行聯盟或單一EU監理機制較爲重
要，且屬於金融面之治本問題，由於EU監理機制原以分散在各會員國之
監理機關爲主，各個會員國在其審愼監理之歷史發展過程中，對於監理自
己國家領域之銀行或信貸機構，必定擁有自己一套體系與較爲專業之機
制。因此，爲了能夠有效監理國內之銀行或信貸機構，各會員國勢必會
發展一套適合自己國家之監理架構。此外，雖然EU財長與央行總裁會議
2012年12月13日已達成同意設立之協議，然後EU峰會授權ECB將肩負起
歐元區之監理職責，惟這並不代表將完全取代會員國之監理機關，故本文
稱爲「泛歐銀行監管系統」（Pan-European Supervision System，PESS），
ECB與各會員國之監理機關同時存在，並須各自依照規定執行審愼監理並
分工合作。至於EU監理職權方面，依照規畫中之監理機制仍將會確保其
獨立性，因而將來ECB之貨幣政策與審愼監理會分開進行，歐元區成員國
均須加入該系統，而其他EU會員國亦可加入，在新機制實施前ECB須做
好新機制之籌建工作。目前之爭議在以法國爲主之南歐會員國已表示贊
成，英國已表示不贊成，德國總理梅克爾（A. Mekel，以下或稱呼Mekel
總理）要求審愼規劃才實施，惟卻反對聯合存保機制[20]。

---

[20] 黃得豐與中華經濟研究院合撰（2012年9月）。歐債危機對台灣產業的影響與因應，中
　　華民國工商協進會（頁35-36）。

第二章
研究方法與目的及預期結果

第一節　研究方法與研究限制

壹、研究方法

一、文獻分析法

　　本文著重於對歐債危機之原因與處理，及對歐元之影響作一檢視，因此乃蒐集相關資料，包括EMU整合、金融海嘯、泡沫化破滅發生銀行危機、撙節措施、紓困貸款、金融安全網、風險管理、貨幣政策、財政政策、金融審慎監理、SGP改革、禁止CDS無券放空、國際禿鷹、對EU洽簽經濟合作協議（ECA）、及EU各相關法律，包括官方文件、宣言、決議、之相關論文、新聞報導、網路資源、相關研討會之論述、及論文等相關資料等，加以整理、篩選、分析、研究、與撰寫後，認為金融海嘯實為歐債危機之導火線，因各國必須提出「振興經濟措施」挽救經濟，造成赤字與負債皆大幅增加，其中又以希臘之財政欠佳狀況最為嚴重。2009年10月希臘政黨輪替後，泛希臘社會運動黨（PASOK）開始改革並陸續揭發前政黨之缺失，及其長期隱匿實際公債數額等弊端，乃引發債信危機，除已拖累歐元貶值與金融市場之動盪之外；尚衝擊歐元區其他財政欠佳成員國，逐漸引發程度不同之歐債危機。

二、歷史分析法

　　本文以歷史分析法作爲研究架構之補充，在分析過程中嘗試尋找與歐債危機之原因，與處理對歐元影響之相關文獻，探討歐債危機發生之原委、經過、影響、與未來發展等，敘述歐洲進行歐元區與歐元之EMU整合過程與經過，並分別從聯邦主義理論、最適通貨區理論、與區域經濟整合理論探討財金政策雙軌制下之財政規範、及從歐元區各國之金融演進沿革等，尋求以泛歐銀行監管系統解決二層次金融監理問題等，以瞭解內、外在因素在歐債危機之形成與發展過程中，所扮演之角色及其未來之影響與展望等。

三、政策研究法

　　因本文涉及較多政策層面，故亦兼採政策研究法，亦即運用科學知識與推理方法，採取分析之理論架構，對政策之形成與執行結果，加以系統化研究，以累積政策相關知識，俾有助於瞭解或解決問題。因而其研究範圍能具備行動導向與問題導向，並可提供相關決策者必要之資訊，且解決基本問題之所有可能行動都能經過詳加評估。而公共政策研究被視爲評估研究，針對特定問題調查之外，並研擬解決問題的選擇方案。通常該研究法包含檢視與分析問題所在、政策制定與執行、及成效評析等三個步驟。諸如本文析述歐債危機之原因後，敘述危機處理與執行紓困貸款與撙節措施之經過，並從EMU整合比較分析其貨幣政策與財政政策之處理與執行，而在財政整合方面提出SGP改革、「6項包裹」、與財政協約之實施等；金融整合方面則檢討二層次金融審愼監理，並籌設「泛歐銀行監管系統」等，均可作爲發生類似危機時之參考與引以爲鑑。

貳、研究限制與時間範圍

　　自從金融海嘯引發歐債危機衝擊全球金融與經濟後，便成爲大家各

所關注之焦點，惟因本文撰寫期間歐債危機仍在發展中，故尚無較具廣深度之專書可供參考，至於國外方面，非歐元區之英、美之專家學者看法較為悲觀，而中國大陸並不以為然仍介入購買問題歐債；歐元區之看法雖較樂觀，惟處理過程頗為分歧，因而在撰寫過程中常發生研判錯誤，並一再更改撰寫方向而拖延時間，此係撰寫本文過程中所遭遇到之研究限制。至於本文之研究範圍在時間過程方面，由於歐債危機自發生以來一再衝擊金融市場動盪與緊張，並影響經濟發展與復甦，惟其最壞之危機狀況已經過去，至2012年底似已暫時告一段落。雖然以後個別狀況與偶發危機難免，惟自2013年初財政規範與紀律框架之相關改革與協約生效或實施後，全盤性歐債危機大勢已算穩定，因而本文就以上述期間為研究之時間範圍，而於2013年中全部完稿，並提出具體之研究成果報告。

第二節　研究目的與預期結果

壹、研究目的：瞭解危機並可妥為因應與引以為誠

　　鑒於歐債危機重挫全球股市與衝擊市場動盪緊張等，均涉及財政健全性與金融穩定性，及經濟發展與復甦；允宜加以瞭解其原委、演變、影響、及對策，則可引以為誠並妥為因應。對於EU與IMF危機處理與因應對策方面，近年來PIIGS國家撙節措施之演變與展望方面，政府支出縮減已達到撙節措施成果，且EU與歐元區之政府支出均逐年降低，本文認為PIIGS國家仍會積極實施撙節措施。另外，歐債危機後簽署之各項法規制度改革法案與推動之財政協約均朝向經濟治理，且可穩固財政與提升競爭力，由於財政協約與6項包裹均已併行運作，而可化解財金雙軌制問題，並已朝向政治聯盟邁進一大步。展望未來，EU財金會邁向更寬廣整合，並已同意設單一銀行監管機制，而EU雖建議由歐元區統一發行歐元債券，惟目前主要爭議仍在於部份成員國之道德危險，與不願交出財政自主權之癥結問題。至於財經金融及歐元後續演變與發展方面，EU就業市場

仍未改善而持續惡化,而工業生產與經常帳盈餘等逐漸好轉,又ECB將制止拆存並擴大寬鬆貨幣政策,且EU已立法而對信評機構加以規範,當財政協約生效後危機已緩和而使歐元轉強,而探討此一演變與處理過程乃本文之主要目的。換言之,健全財政始可維持總體經濟之穩定,且穩健財政實為經濟發展之重要基礎,而健全財政始可支應社福與結構性問題。

貳、預期結果與章節安排

本文撰寫範與預期結果方面,除緒論敘述撰寫過程與全文概況外,尚分別詳述歐債危機的原因與相關原委、歐債危機之衝擊與對歐元影響、歐債危機的解決之道與法制改革、及歐債危機之啟示展望與結論等(各篇、章依序列述如下)。亦即本文共分為5篇、23章、59節、與約30萬字。由於本文撰寫期間與過程較長,資料較多且繁雜,整理亦較不易,因而疏失難免,尚祈不吝 指正,至感 德便。

The Causes & Impacts of European Debt
Crisis as well as Its Settled Ways

第貳篇
歐債危機之原因與相關原委

緒　言

　　本篇分爲五章，以便從多方面探討歐債危機之原因與原委：第三章爲歐債危機發生之原因與經過，先要述金融海嘯爲歐債危機之導火線，各國爲挽救危機以控管衝擊，乃提出鉅額復甦計畫致使財政超支；再敘述希臘因較爲嚴重乃引爆債信危機，並延燒擴大爲歐債危機。第四章析述PIIGS國家與希臘引爆危機之原因，先綜合分析PIIGS國家之財經發展差異與結構性缺陷問題，再敘述希臘因財政狀況較差首先爆發危機之原因與經過。第五章分述其它PIIGS國家發生債信危機原委，其主要內容包括愛爾蘭房地產泡沫化破滅拖累銀行、西班牙銀行危機與勞工結構性問題、及葡萄牙與義大利肇因於財經惡化。第六章從歐元區總體觀點探討其原因，先要述概述歐洲進行歐元區與歐元整合經過；再從學理上探討歐元整合之關連性，其主要內容包括最適通貨區整合與其匯率爭論、從震盪對稱性理論析述OCA、及EMU整合決定財政規範之理論背景等。至於第七章乃從結構性問題與機構運作加以探討，先敘述成員國良莠不齊產生經濟結構性之雙重背離問題，再析述EU之多層治理架構組織結構性問題。因此，本篇乃在最後強調，EU具有政府間合作性質之超國家機構，以及其多層治理下，經濟治理之機構運作機構運作，而在此種多邊監督運作下，對於超額赤字卻常暫緩執行，並發生超國家機構運作間之爭議。

第三章
歐債危機發生之原因與經過

第一節　金融海嘯為歐債危機之導火線

壹、金融海嘯衝擊後須以鉅資挽救經濟

一、金融海嘯實為歐債危機之導火線

（一）次級房貸危機引發金融海嘯而肆虐全球

美國次級房貸違約所爆發之危機，到了2007年秋天以後愈演愈烈，既使銀行拆款市場崩解並發生流動性危機；又使資產大跌造成銀行鉅額逾放而連鎖倒閉。當次年9月7日美國政府接管房利美與房地美後，次級房貸風暴乃迅速擴大，復因美國超大型金融機構多參予承作太多衍生性金融商品，尤其已向客戶收取CDS信用違約保證金之金融機構，因承諾若所購買之債券發生違約時會理賠，且有些金融機構尚承作CDS無券放空，故當金融危機衝擊而須執行違約賠償時，承作CDS無券放空之金融機構才發現因理賠金不夠，而貨幣市場與銀行之流動性又瞬間枯竭遂被拖垮，諸如9月15日第1大投資銀行美林公司因而賣給美國銀行（BOA）；第4大投資銀行雷曼兄弟因而破產倒閉；及全球最大保險公司美國國際集團（AIG）亦因而被美國政府於9月16日接管，並於次日緊急宣佈「限制CDS無券放空」，才能使第2、3大投資銀行之摩根史丹利（Morgan Stainley）與高盛（Goldman Sachs）等，均得以逃過一劫，而當天冰島股票市場開盤後卻狂跌至破紀錄之77%。此一金融危機迅速蔓延並席捲全球，接著發生骨牌效應而使歐、美許多金融機構不支倒閉，且股市狂跌與金融混亂之程度，為1929年底紐約股票崩盤引發經濟大恐慌以來所未見，而歐、美各國為挽

救危機而提出之鉅額紓困金額，又遠超過以往之規模，致使歐元區爆發債信危機，因而乃被視爲歐債危機之導火線。

（二）造成金融海嘯與後續風暴之歷史因素

上述2007年之次級房貸危機引發2008年之金融海嘯而肆虐全球，因該超級金融風暴並非是突發狀況，而可歸因於下列之歷史因素：

1.利率之大幅變動造成民衆與企業融資之不便：美央行（Fed）爲因應美國之經濟發展需要而須適時調節美銀根鬆緊，乃自2001年開始連續降息13次，使利率從6.5%下調到1.0%，後來又自2004年開始連續調升利率17次，在2006年6月29日，以抑制通膨壓力需要而上調至5.25%，到了2007年9月18日才又下調利率[21]。由於上述之利率大幅變動而造成民衆與企業融資之不便，因而乃引爆金融供需鏈中最脆弱一環之次級房貸危機[22]。所謂次級房貸係指無法向銀行申請正常市場利率房貸，與一些信用不佳或不良信用紀錄之借款人，他們只能轉而向專門提供不良客戶貸款之金融機構申請房貸，由於其貸款風險較大，因而貸款利率亦相對較高[23]。

2.1982年後房貸業務變成三不管之灰色地帶：1982年美國通過「抵押貸款交易平等法」，使州政府對於房貸公司之次級房貸問題無法過問，改由金融主管機關財政部錢幣局（Office of the Comptroller of the Currency，OCC）監理，惟OCC以房貸公司並非存款機構而免於金檢與監理，於是房貸業務變成三不管之灰色地帶，因而其乃可以自由上調次級房貸之利率。

二、金融海嘯之衝擊與採行因應對策

（一）檢討後認為衍生性商品未嚴格控管

此次金融海嘯最爲人所詬病者，乃衍生性金融商品與金融創新未嚴

[21] 王鶴松（2009）。《全球經濟金融危機》（頁17-18）。台北市：台灣金融研訓院。
[22] 曾家慶（2008）。「延燒中的美國次級房貸」。《華南金控月刊》，第57期，頁22。
[23] NicholasDunbar 著，董佩琪譯（2012）。《惡魔的衍生性金融商品：引爆金融崩潰與歐債問題的大錢坑》。台北市：財信出版公司。

格控管，且其為害最深者乃以CDS無券放空。由於美國在90年代金融法令鬆綁後，放任衍生性金融商品與金融創新大行其道，諸如美林、摩根史丹利、高盛、貝爾斯坦、與雷曼等前5大投資銀行，均積極開發與介入衍生性金融商品與資產證券化業務，因其皆未辦理存款業務而得免金融檢查與審慎監理。由於投資銀行大量收購次級房貸再加以資產證券化，包裝成結構型金融商品，而消費者又無法取得透明之資訊以做出正確選擇，該等被包裝成結構型金融商品之次級房貸，就在資訊不透明之狀況下而被賣到全世界，亦即此一金融風暴範圍擴大到全球。從美國5家投資銀行中最後造成3家破產與2家轉型來看，就可以知道這次風暴所造成之嚴重性，此乃由於其均過度操縱財務槓桿而導致曝險過度之下場[24]。歐、美各國經檢討後，認為不宜再放任衍生性金融商品不管。

（二）歐、美各國為挽救危機而提出鉅額紓困金

美國不少其它金融機構因大幅承作次級房貸，故在房市景氣逆轉且Fed為抑制通膨壓力持續升息，導致貸款者還款壓力大增，亦造成次級房貸違約率大幅攀升，一些體質比較不健全而以經營次級房貸為主之金融業者，乃被迫停止業務甚至於倒閉[25]。有些次級房貸業者與投資銀行，還將房貸商品發行資產證券化商品，向社會大眾募集資金。因投資報酬率較高且風險相對較低，常吸引一些海外基金，因而亦將這些證券化商品賣到國外[26]。當次級房貸問題爆發後，這些投資銀行債務越來越高，不只面臨了倒閉的情況，也進而影響其他國家。此一嚴重衝擊已造成全球經濟大蕭條，而歐、美各國為挽救危機而提出之鉅額紓困規模又空前巨大，諸如僅為挽救金融美國就推出7,000億美元（約21兆台幣），而EU提出緊急流動性援助（Emergency Liquidity Assistance，ELA）方面，英國推出2，500億

---

[24] 郭秋榮（2009）。「全球金融風暴之成因、對我國影響及因應對策之探討」。經濟研究，第 9 期，頁 63。

[25] 王學武等編著（2009 年）。《華爾街颶風》。台北：時英出版社。

[26] 黃得豐（2010）。「從希臘破產展望歐盟經濟情勢」。《國際商情雙周刊》，第 294 期，頁 11。

英鎊（約15兆台幣）；德國推出5,000億歐元（約20兆台幣）；法國亦推出3,600億歐元（約14.4兆台幣），而EU為挽救經濟危機之財政支出亦高達4.8兆歐元（約192兆台幣）。因此，各國政府乃開始思考問題之所在，並開實反省金融監管上之相關缺失，而財務較不健全之歐元區成員國，乃因而引爆債信危機並擴大為歐債危機。

貳、實施歐洲經濟復甦計畫致使財政超支

一、為控管衝擊乃實施歐洲經濟復甦計畫

（一）金融海嘯對經濟金融之衝擊與影響

　　2009年EU經濟仍處於1930年代以來最嚴重之不景氣，眞實之GDP預計下滑4％，亦造成EU歷史上最急遽之緊縮。2009年就業率預計下滑2.5％，EU之失業率預計將逼近11％，歐元區之失業率則為11.5％。儘管歐元區在2009年第三季之經濟成長率已由第二季之-0.2％轉為0.4％正成長，但因需求仍顯疲弱，產業結構也仍處於痛苦的調適中，經濟復甦之前景仍是不確定與脆弱[27]。為因應金融業因為信用貸款急遽緊縮而帶來之流動性危機，EU主要經濟體於10月宣布挹注資金，以消減銀行三大方面之資本損失，各主要會員國央行亦提供金融機構無上限之短期資金借貸，以對抗金融海嘯對EU之衝擊與影響。EU執委會2009年11月26日提出「歐洲經濟復甦計畫」（EERP）作為危機控管之政策，並於12月11日在EU高峰會上通過後實施。其主要目的為從貨幣政策、預算政策、與里斯本戰略（the Lisbon Strategy）[28]之四大優先領域等三方面，支持實體經濟及提高投資與消費的信心。

---

[27] 何棟欽（2012 年 09 月）。《歐債危機的第一本書》（頁 22-26）。台灣：博雅書屋。
[28] 為加快經濟改革、促進就業，歐盟 15 國領導人 2000 年 3 月在葡萄牙首都里斯本舉行特別首腦會議，達成並通過了一項關於歐盟十年經濟發展的規劃，即「里斯本策略」，目標是使歐盟 2010 年前建立「以知識為基礎的、具有世界競爭力的經濟體」。

（二）實施歐洲經濟復甦計畫以對抗金融海嘯

1.貨幣政策方面：強調各級銀行重要性與職能，而由ECB扮演降低利率以確保流動性，從而穩定市場之角色，各會員國則須使其銀行部門及早回復正常之借貸與投資功能。

2.預算政策方面：EU挹注2，000億歐元（相當於EU全部GDP之1.5%）之預算，其中1.700億歐元由各國之預算提供，300億歐元由EU總部與歐洲投資銀行（EIB）提供，以增進購買力、創造需求、與刺激信心，從而遏止經濟衰退之規模。

3.里斯本戰略之四大優先領域：EU根據里斯本戰略之人民、商業、基礎設施與能源、及研究與創新等四大優先領域，而提出十項行動：針對前二者提出保障就業並促進企業活動，諸如由EU「社會基金」緊急提供就業補助行動、刪減勞工非薪資成本、會員國可考慮調降若干部門之加值型營業稅（VAT）等；針對後二者持續推動明智之投資，包括對技術、低碳產業、能源效率、基本設施等之投資，同時也提供對中小企業之資金援助、削減行政負擔，及現代化基礎設施。EU執委會預期整體之財政政策，將提供超過4千億歐元（相當於EU全部GDP之3.3%）之經濟刺激因素，並要求在2009年至2010年間產生效益[29]。

二、為挽救經濟而致財政支出違反規定

（一）各國須提出「振興經濟措施」與財政政策

金融海嘯衝擊全球後，因歐元區各成員國須以鉅額預算提出「振興經濟措施」，並以財政政策挽救經濟，而使赤字與公共負債皆大幅增加。又因歐元區只有完成貨幣聯盟而無財政聯盟，故仍無法解決成員國之財政失衡問題。其中又以希臘違反歐元區規定之情況最為嚴重，因EU1999年

---

[29] 江書瑜（2013 年 1 月）。歐洲銀行系統性風險之研究－銀行監理發展（頁 103-106）。

初進行歐元區整合時,其成員國必須遵守馬斯垂克條約與「穩定成長協定」(SGP)[30]之規定略以,有關貨幣與財政之整合須符合5項「一致性標準」,其內容包括通膨率不逾最低3國平均之1.5%、利率不逾最低3國平均之2%、匯率上下波幅在2.25%內至少2年、赤字不逾GDP之3%、與政府負債不逾GDP之60%始可加入。由於這些規範均係建立在歐元區各國皆能恪遵規定之假設上,惟後來各成員國在面對經濟發展及政情考量時,仍常有難以確實遵守財政紀律之現象。當時希臘因不符合規定而喪失參加資格,惟准予在2001年初重新考慮,後來雖然加入惟其政府開支仍然浮濫,而屢遭EU執委會糾正。此外,希臘2004年舉辦奧運時,尚較原預算多花費118%,復因長期隱匿其實際發行之公債數額,且所使用與提出之數據經常造假,以及其特殊之逃稅、貪污、社福浮濫、與缺乏公民文化等國情民風[31]。

(二)因財政過度擴張乃引發債信危機

2009年EU與歐元區為因應全球性之金融海嘯,乃投入龐大資金提出經濟振興方案,以挽救經濟危機與購買金融資產之資金。如此,則導致政府債務占GDP比重增加9.8%(詳見表2-1),而創歷史性之新高,後來雖然已逐漸縮減幅度,諸如2010年縮小至5.6%,2011年再進一步縮小至2.5%。惟因過去之財政赤字過度膨脹,致使會員國之財政過度擴張,政府預算赤字占GDP比率明顯上揚,因而使政府累積債務大幅擴增,最後乃引發政府債信危機。此乃由於EU有些會員國原已財政失控與缺乏競爭力,本以為加入歐元區可以帶動市場多頭,並可拜強勢歐元與低利率政策之賜,亦因而促使葡萄牙、義大利、希臘及西班牙之公債殖利率曾接近德國公債之水準,惟隨之而起之信用膨脹卻助長民間消費擴張,並導致薪資增

---

[30] Norbert Horn,Die Reform der Europäischen Währungsunion und die Zukunft des Euro,NJW 2011,S.1398

[31] 黃得豐(2010)。希臘發生債信危機之原因及其影響,淡江大學歐盟資訊中心通訊,25期,頁11-12。

幅超越生產力成長[32]。

2-1 歐元區債務動態占 GDP 比率

單位：%

年度項目	2009	2010	2011	2012	2013	2014
總債務比率 *	80.0	85.6	88.1	92.9	94.5	94.3
總債務比率變動	9.8	5.6	2.5	4.9	1.6	-0.2
貢獻來源						
1. 基本收支	3.5	3.4	1.1	0.2	-0.6	-0.8
2. 雪球效應 **	5.3	0.6	0.8	2.4	1.8	0.6
（1）利息支出	2.9	2.8	3.0	3.1	3.2	3.3
（2）成長效應	3.2	-1.6	-1.2	0.4	-0.1	-1.3
（3）通膨效應	-0.7	-0.6	-1.0	-1.2	-1.4	-1.4
3. 存量流量調整	0.9	1.6	0.6	2.3	0.4	0.0

資料來源：European Economic Forecast Autumn 2012 及卓惠貞 & 王儷容資料。

註：1.* 期末。2.** 誤差為四捨五入。

第二節　財經失衡致使希臘引爆歐債危機

壹、財經失衡引爆危機使赤字與負債大增

一、財經與金融問題使希臘引爆歐債危機

（一）財經失衡與金融問題擴大各國體質差距

　　最初加入歐元區之成員國，原寄望透過發展共同貨幣區以縮小彼此間差距，惟最終狀況與其過程卻發生逆轉，亦即處於共同貨幣區中之各成員

---

[32] 卓惠貞與王儷容（2012 年 12 月）。歐洲主權債務危機發展對台灣經濟之影響與因應策略（頁 13-15），中華經濟研究院。

國普遍遭遇通貨膨脹之壓力與生產率降低等情況，此種經濟破裂又導致貿易失衡現象，最後只能運用政府負債以彌補上述失衡。例如2009年EU之GDP衰退4.3%，總投資衰退13.0%、失業率已衝高至9.0%、赤字占GDP之6.9%、與政府負債占GDP之74.6%。此外，政府負債與銀行破產卻使歐元區核心國家與周邊國家之差距更為擴大。諸如希臘遭受受貿易失衡、愛爾蘭遭受外國投資枯竭、與賽浦路斯遭受境外投機融資等問題影響，該等小經濟體紛紛陷入困境，隨後其財政崩潰之危機又蔓延至西班牙與義大利。所有購債銀行都充斥著無力償債之公共帳戶，且希臘與愛爾蘭之實力脆弱銀行已紛紛破產，並影響大型金融機構之經營亦陷入困境。而若政府債信危機持續蔓延或惡化，均會拖累EU與全球之經濟成長態勢，亦使歐元區單一貨幣區之經濟發展模式受到嚴格之考驗。

（二）希臘爆發債信危機延燒擴大為歐債危機

由於債券市場風暴與金融市場震盪，已造成信用供給惡化與資產價格大跌，尤其是證券市場已成為主導景氣走勢指標之經濟櫥窗。換言之，金融市場紊亂正是導致EU及歐元區經濟成長下滑之主要因素，根據歷史之跡象顯示，金融市場與實質經濟間之相互影響，可引導經濟走向衰退或復甦，而主權債務、銀行部門及實質經濟之間也相互形成嚴重風險。上述因EU國家經濟競爭力逐步下降，復因1990年代後隨著新興經濟體之發展，開發中國家在國際貿易中所占之比率持續上升。因此，EU國家之總體競爭力已經下滑，當然其財政收入亦會受到影響，並造成財經失衡與籌資負擔增加，此等問題到了金融海嘯衝擊EU後乃引爆債信危機。首先是希臘為推動財政改革而於2009年11月爆發危機，後因國內罷工反抗，乃被國際禿鷹集團趁機狙擊而重挫全球股市。爾後，又因債信危機不斷延燒，而於2010年初逐漸引發歐元區財政狀況欠佳之成員國，包括希臘在內之PIIGS國家發生程度不同之歐債危機，並已一再衝擊歐元區與全球金融市場之動盪與緊張[33]。

---

[33] 黃得豐（2010 年 12 月 25 日）。2010 年歐債危機之回顧與展望—金融。國政研究報告。

二、財政收支失衡導致赤字與負債持續大增

（一）衰退、減稅、與社福制度而增加財政壓力

鑒於財政收入成長偏低與1990年代掀起減稅風潮，使各國稅收年平均成長率普遍低於5%；因而造成歐元區若干成員國僅能依賴政府發行公債，以提供政府財政支出擴張之需求。復因經濟成長動能減弱，眞正由經濟發展因素所帶來之財政稅收收入成長率降低，且又均實施花費偏高之社會福利制度，因而財政支出壓力不斷增強，各國債務規模亦持續擴大。依據上述EU之SGP規定：會員國之財政赤字不得超出GDP之3%；政府負債不得超出60%，惟該二區域經歷全球最嚴重之經濟衰退後，財政赤字持續攀升，也導致政府債務大幅膨脹。

（二）週邊國家多財政失控或缺乏競爭力

希臘即因遭受傳統市場之排擠而失去出口競爭力，政府亦因大舉擴張財政支出而債台高築。以希臘爲首之歐元區週邊國家，其政府負債大幅增加，惟經濟成長率未能同步攀升，而失業率卻迅速上揚，且採用單一貨幣之成員國，不僅無法自行調降利率；而且亦無法使貨幣貶值，只能讓其財政持續惡化，最後終於演變至失控與無法收拾之地步。上述週邊國家因政府多已財政失控或缺乏競爭力，原欲藉加入歐元區後所帶動之市場多頭騙使，拜強勢歐元及低利率政策之賜，曾促使葡萄牙、義大利、希臘、與西班牙之公債殖利率接近德國公債水準。隨後之信用膨脹卻助長民間消費擴張，導致薪資增幅超越生產力成長，希臘因而遭受傳統市場之排擠而失去出口競爭力，政府亦因大舉擴張財政支出而債台高築[34]。

---

[34] 卓惠眞與王儷容（2012 年 12 月）。歐洲主權債務危機發展對台灣經濟之影響與因應策略（頁 13-15），中華經濟研究院。

貳、成員國公債增加之主要與次要原因

一、公債增加主因乃財稅收入成長偏低

（一）歐債危機後 PIIGS 國家赤字大增

　　依照EU統計局之數據與表2-2要述如次：到了2010年歐債危機已經蔓延，而當年EU與歐元區之財政赤字占GDP比率，仍分別高達6，5%與6.2%。其中PIIGS國家之愛爾蘭更達30.9%、葡萄牙為9.8%、希臘為10.7%、西班牙為9.7%、與義大利為4.5%。其他如法國、斯洛伐克、拉脫維亞、立陶宛、與波蘭亦均超過5%，英國甚至於高達10.2%，2011年後除賽浦路斯與斯洛維尼亞外；歐元區成員國之赤字則已逐漸下跌（參見表2-2）。

表 2-2 政府財政赤字占 GDP 比率

單位：%

時間 國家	2010	2011	2012	2013	2014
比利時	-3.8	-3.7	-3.0	-3.4	--3.5
德國	-4.1	-0.8	-0.2	-0.2	0.0
愛沙尼亞	0.2	1.1	-1.1	-0.5	0.3
愛爾蘭	-30.9	-13.4	-8.4	-7.5	-5.0
希臘	-10.7	-9.4	-6.8	-5.5	-4.6
西班牙	-9.7	-9.4	-8.0	-6.0	-6.4
法國	-7.1	-5.2	-4.5	-3.5	-3.5
義大利	-4.5	-3.9	-2.9	-2.1	-2.1
賽浦路斯	-5.3	-6.3	-5.3	-5.7	--6.0
盧森堡	-0.8	-0.3	-1.9	-1.7	-1.8
馬爾他	-3.6	-2.7	-2.6	-2.9	-2.6
荷蘭	-5.1	-4.5	-3.7	-2.9	-3.2

奧地利	-4.5	-2.5	-3.2	-2.7	-1.9
葡萄牙	-9.8	-4.4	-5.0	-4.5	-2.5
斯斯洛維尼亞	-5.7	-6.4	-4.4	-3.9	-4.1
斯洛伐克	-7.7	-4.9	-4.9	-3.2	-3.1
芬蘭	-2.5	-0.6	-1.8	-1.2	-1.0
歐元區	-6.2	-4.1	-3.3	-2.6	-2.5
保加利亞	-3.1	-2.0	-1.5	-1.5	-1.1
捷克	-4.8	-3.3	-3.5	-3.4	-3.2
丹麥	-2.5	-1.8	-3.9	-2.0	-1.7
拉脫維亞	-8.1	-3.4	-1.7	-1.5	-1.4
立陶宛	-7.2	-5.5	-3.2	-2.8	-2.3
匈牙利	-4.4	4.3	-2.5	-2.9	-3.5
波蘭	-7.9	-5.0	-3.4	-3.1	-3.0
羅馬尼亞	-6.8	-5.5	-2.8	-2.4	--2.0
瑞典	0.3	0.4	0.0	-0.3	0.4
英國	-10.2	-7.8	-6.2	-7.2	-5.9
歐盟	-6.5	-4.4	-3.6	-3.2	-2.9

資料來源：European Economic Forecast Autumn 2012 及卓惠貞 & 王儷容資料。

（二）政府負債大增係因財稅收入成長偏低

　　一般認為政府債務累增之主要原因，是景氣衰時須採取財政擴張性支出措施，惟財稅收入成長卻又偏低，到了2010年EU與歐元區之政府負債占GDP比重也分別攀升至80.2%和85.6%。其中西班牙為61.5%、葡萄牙為93.5%、愛爾蘭為92.2%，義大利為119.2%、與希臘更達148.3%，又如比利時（95.5%）、德國（83.0%）、法國（82.3%）、與匈牙利（81.8%）亦均超過80%，而英國則自2011年後比重逐年快速高升[35]（詳見表2-3）。

---

[35] 卓惠貞與王儷容（2012 年 12 月）。歐洲主權債務危機發展對台灣經濟之影響與因應策略（頁 13-17）。中華經濟研究院。

歐債
危機的原因與解決之道
The Causes & Impacts of European Debt
Crisis as well as Its Settled Ways

表 2-3 政府債務占 GDP 比率

單位：%

時間 國家	2010	2011	2012	2013	2014
比利時	95.5	97.8	99.9	100.5	101.0
德國	82.5	80.5	81.7	80.8	78.4
愛沙尼亞	6.7	6.1	10.5	11.9	11.2
愛爾蘭	92.2	106.4	117.6	122.5	119.2
希臘	148.3	170.6	176.7	188.4	188.9
西班牙	61.5	69.3	86.1	92.7	97.1
法國	82.3	86.0	90.0	92.7	93.8
義大利	119.2	120.7	126.5	127.6	126.5
賽浦路斯	61.3	71.1	89.7	96.7	102.7
盧森堡	19.2	18.3	21.3	23.6	26.9
馬爾他	68.3	70.9	72.3	73.0	72.7
荷蘭	63.1	65.5	68.8	69.3	70.3
奧地利	72.0	72.4	74.6	75.9	75.1
葡萄牙	93.5	108.1	119.1	123.5	123.5
斯洛維尼亞	38.6	46.9	54.0	59.0	62.3
斯洛伐克	41.0	43.3	51.7	54.3	55.9
芬蘭	48.6	49.0	53.1	54.7	55.0
歐元區	85.6	88.1	92.9	94.5	94.3
保加利亞	16.2	16.3	19.5	18.1	18.3
捷克	37.8	40.8	45.1	46.9	48.1
丹麥	42.9	46.6	45.4	44.7	45.3
拉脫維亞	44.5	42.2	41.9	44.3	44.9
立陶宛	37.9	38.5	41.6	40.8	40.5
匈牙利	81.8	81.4	78.4	77.1	76.8
波蘭	54.8	56.4	55.5	55.8	56.1
羅馬尼亞	30.5	33.4	34.6	34.8	34.8
瑞典	39.5	38.4	37.4	36.2	34.1
英國	79.4	85.0	88.7	93.2	95.1
歐盟	80.2	83.0	86.8	88.5	88.6

資料來源：European Economic Forecast Autumn 2012 及卓惠貞 & 王儷容資料。

二、利息支出加重為公債增加之次要原因

（一）公債殖利率上揚則加重利息支出負擔

　　歐債危機蔓延至2011年已越演越烈，即使EU持續挹注資金與ECB維持利率穩定，仍無法阻止各國公債殖利率之上揚。義大利10年期公債殖利率（yield to maturity rate）曾突破7%之較高點，西班牙也因公債之最高殖率率飆升至7.088%更創下其最高之歷史紀錄。因而亦影響持有3A信評等級之德國，而使德國之10年期公債殖利率曾上揚至2.09%，已經超越美國10年期公債2.03%之殖利率水準。由於公債殖利率上揚，亦導致各國政府利息支出增加而加重財政負擔，2011年EU與歐元區利息支出分別達3，708.8億歐元與2，856.7億歐元，較前一年度分別增加10.2%與10.2%，然而二區域之政府財政支出分別減少0.1%和0.3%。以利息支出金額最高之義大利為例，2011年其利息支出高達762.6億歐元，較上年增加10.3%，占其GDP比重5.0%；其次之德國也為658.6億歐元，增加3.9%，占其GDP比重2.6%；而英國565.9億歐元，增加12.3%，占其GDP比重3.2%；法國為526.0億歐元，增加12.0%，占其GDP比重2.6%；西班牙261.2億歐元，增幅為28.2%，占其GDP比重2.5%；而引爆債務危機的希臘，其利息支出即高達150.2億歐元，也增加12.9%，占其GDP比重高達7.1%（詳見表2-4）。

表 2-4 各國利息支出占 GDP 比率

單位：%

時間國別	2010	2011	2012	2013	2014
比利時	3.4	3.3	3.5	3.4	3.4
德國	2.5	2.6	2.4	2.4	2.3
愛沙尼亞	0.1	0.1	0.1	0.2	0.2
愛爾蘭	3.2	3.3	4.0	5.7	5.6
希臘	5.8	7.1	5.4	5.4	6.0
西班牙	1.9	2.5	3.0	3.5	4.0
法國	2.4	2.6	2.6	2.6	2.5
義大利	4.6	5.0	5.5	5.5	5.8
賽浦路斯	2.2	2.4	3.5	3.9	4.2
盧森堡	0.4	0.5	0.5	0.6	0.7
馬爾他	3.0	3.1	3.2	3.3	3.2
荷蘭	2.0	2.0	2.0	2.0	2.0
奧地利	2.7	2.6	2.6	2.7	2.7
葡萄牙	2.9	4.0	4.5	4.7	5.0
斯洛維尼亞	1.6	1.9	2.4	2.6	2.8
斯洛伐克	1.3	1.6	1.8	2.0	2.1
芬蘭	1.1	1.1	1.1	1.1	1.1
歐元區	2.8	3.0	3.1	3.2	3.3
保加利亞	0.6	0.6	0.8	0.9	0.9
捷克	1.4	1.4	1.5	1.5	1.6
丹麥	1.7	1.8	1.6	1.1	1.1
拉脫維亞	1.4	1.5	1.6	1.7	2.0
立陶宛	1.8	1.8	2.0	2.1	2.0
匈牙利	4.1	4.1	4.1	4.1	4.2
波蘭	2.7	2.7	2.7	2.7	2.7
羅馬尼亞	1.5	1.6	1.9	1.8	1.7
瑞典	0.8	1.0	1.0	1.0	1.0
英國	3.0	3.2	3.2	3.2	3.2
歐盟	2.7	2.9	3.0	3.1	3.1

資料來源：European Economic Forecast Autumn 2012 及卓惠貞與王儷容資料。

（二）PIIGS 國家利息支出負擔仍持續增加

　　深受政府財政拮据之PIIGS國家，因其均在實施撙節支出措施，2011年希臘政府財政支出縮減5.5%，惟其利息支出即增加12.9%；葡萄牙支出削減4.7%，惟其利息支出卻增加37.8%，占其GDP比重4.0%；愛爾蘭支出萎縮26.0%，惟利息支卻增加4.2%，占其GDP比重3.3%；西班牙及英國也分別萎縮1.1%和1.4%，惟利息支出卻分別增加28.2%和30.3%；義大利支出僅增加0.8%，利息支出亦增加10.3%。由於各國公債殖利率持續上揚，導致利息支出大幅增加，高出社會保險基金、失業補貼、與醫療救助等支出。此乃顯示因利息支出增加，而會排擠其他之社會福利支出。由表2-8中可知，2012年預測歐元區國家中政府債務毛額占GDP比重未超過馬斯垂克條約所規定不得逾GDP之60%者，只有愛沙尼亞（10.5%）、盧森堡（21.3%）、史洛維尼亞（54.7%）、芬蘭（53.1%）、斯洛伐克（51.7%）等5成員國。此外，表2-4亦顯示該等成員國同年利息支出占GDP之比重亦均最低；而PIIGS國家中除西班牙之政府債務毛額占GDP比重為86.1%外，其餘均逾100%，諸如葡萄牙為119.1%，愛爾蘭為117.6%，義大利為126.5%，希臘更達176.7%（詳見表2-3）。若從預估之2013年與2014年歐元區利息支出之比重，分別為3.2%與3.3%加以觀察，歐債國家之利息支出負擔仍多在持續增加中[36]

---

[36] 卓惠眞與王儷容（2012年12月）。歐洲主權債務危機發展對台灣經濟之影響與因應策略（頁18-19）。中華經濟研究院。

第三節　信評機構常與國際禿鷹興風作浪

壹、信評機構常引發股匯市動盪不安

一、歐債遭國際禿鷹押注與信評機構調降

（一）國際禿鷹開始以信用違約互換押注債券

　　2009年初當歐元區正在慶祝歐元問世10年後，不但剛躲過金融海嘯之正面衝擊；而且對EU之貨幣整合已經展現成功與穩定，並展望將持續穩定發展之際，國際投機者或國際禿鷹即已開始透過CDS，押注債券殖利率偏高之愛爾蘭與希臘，認為將無法對其所發行之公債履行償還義務。後因德國財長史坦布呂克（Peer Steinbrueck）於同年2月宣稱「任何成員國公債出問題時，歐元區將採取行動」，乃使各方對債信危機之揣測暫告平息。後來希臘於2009年11月爆發危機，乃被國際禿鷹集團趁機狙擊而重挫全球股市。爾後又不斷延燒而引發歐債國家。而債信最差之希臘自2010年5月接受EU與IMF紓困後，因經濟情勢急遽惡化而被國際禿鷹持續狙擊，押注或擔保希臘公債恐會違約，而引起外界臆測並扭曲市場走向，其炒作之CDS亦不斷攀高[37]。而評等加碼（rating markup）的確已影響殖利率水準變動，並大幅推升了CDS報價。此外，2012年3月9日因希臘違約買回公債致使國際禿鷹暫停CDS報價，5月17日被Fitch調降為CCC級（展望為負向），復因經濟與社會情勢再度惡化，到了7月31日甚至於提高至17,145.1基點之天價。另外，西班牙之CDS報價雖然遠低於希臘，卻被國際禿鷹炒作得較義大利、愛爾蘭、與葡萄牙為高。

（二）信評機構調降債信猶如興風作浪

　　由於2008年金融海嘯發生後及延續至歐債危機期間，擁有鉅額公債之EU國家，已相繼被國際信評機構調降國家主權債信信用評等。特別是

---

[37] 黃得豐（2010 年 12 月 25 日）。2010 年歐債危機之回顧與展望—金融。國政研究報告。

高額負債之PIIGS國家自2010年中以來，更陸續遭受調降評等，導致這些國家在國際金融市場發行公債籌資時，以長年期公債殖利率表示之成本均大幅提高。進而影響資金流動性，又因國際禿鷹狙擊而常使調降債信猶如在興風作浪，並造成國際金融市場一連串之衝擊與震撼，此乃顯示民間信用評等機構之判斷，對全球總體經濟情勢已造成巨大之衝擊。盱衡多年以來國際信評機構中亦常出現重大錯誤之評等，若投資人僅因完全依據信用評等機構之評等即參與市場投資，則將導致錯誤決策而遭受鉅額之財務損失，或釀成更為嚴重之金融危機，惟投資人卻無法由這些信用評等機構獲得任何賠償[38]。換言之，信用評等問題常隨者財政金融危機之爆發而浮現。

二、信評機構對歐債之評等結果令人不滿

（一）信評機構並未做好市場之警察或守門者

自從1900年約翰穆迪（J. Moody）已開始提供證券投資之資訊給投資人，到了1914年才在美國鄧百氏（Dun & Brandsteet）投顧公司旗下設立穆迪（Moody或Moody's）信評公司，開始對債券提出信用評等，並即時向潛在債權人說明其償還之可能性後，一般均視信評機構為金融市場之「警察」，或資本市場之「守門者」（gate keeper）[39]。因其在減少資訊不對稱、揭露信用風險、與提高市場效率方面曾發揮著不可替代之作用。雖然信評機構並非監理機關，惟評等結果已日漸成為投資人購買債券時之關鍵指標。因此，1975年經美國證券管理委員會（SEC）核准而成為「國家認可統計評等機構」（NRSRO）之S&P、Fitch、與Moody's等三大信評機構，原期望其能改進證券之信用評等品質、透明度、可信度、與過度集中之現象[40]。惟2008年金融海嘯發生後，因信評機構對於結構性金融商品之

---

[38] 報章媒體有大幅的報導，詳細分析可參見 Crotty（2009）與 Goodhart（2008）等的分析評論，及參考陳煖婷（2012b）之介紹。

[39] 魏浩威（2012 年 5 月）。信用評等機構的發展與治理（頁 62-67）。政治大學碩士論文。

[40] 魏浩威（2012 年 5 月）。信用評等機構的發展與治理（頁 5-6）。政治大學碩士論文。

評等未能事前發揮預警效果，全球投資人遭遇重大損失，其公信力與功能已受到嚴重之批評。換言之，三大信評機構並未做好金融市場之警察，或資本市場之守門者工作。美國SEC乃對三大信評機構進行調查，並針對信用評等機構改革法案進行多次修正，到了2010年7月提出陶德-法蘭克華爾街（Dodd-Frank Wall Street）法案，更加嚴格要求對評等內容之揭露並避免利益衝突，以使管理法規更為完善與提高信用評等產業之公信力，並發揮提高資訊透明度、交易標的之認證服務、與監督服務等三大影響力[41]。

（二）三大機構之評等內容與對歐債信評狀況

　　目前三大信評機構之全球市占率以達97%以上，形成明顯之寡占市場型態，S&P更是此一市場之領導者，其市占率達到40%以上，而依各國償債能力高低與償債意願，將長期信用評等分為10個等級，附加長期展望，將各國主權債券之償債能力分成三大類，第一類為投資債券等級，由最高AAA等級至BBB級，第二類為投機債券等級，由BB+至C級，第三大類則為違約D級；Moody's2009年取代Fitch為第二大信評機構，係依各國之信用狀況，將長期信用評等分為9個等級，由最高Aaa級至最低投機C級，附加長期展望；Fitch係依各國償債能力高低，將長期信用評等亦分為10個等級，由最高AAA級至違約D級，附加長期展望。至於三大信評機構主要之評等內容包括長期債信評等、短期債信評等、與國家風險評等。長期債信評等方面，三家都進行外幣計價長期債券與本國幣計價長期債券；短期債信評等方面，Moody's與Fitch僅從事外幣計價短期債券，只有S&P納入外幣計價與本國幣計價之短期債券。至於國家風險評等方面，S&P執行轉讓及可兌性風險評價，而Fitch與Moody's則納入主權上限評等（詳見表2-5）。

---

[41] 李顯峰（2012 年 9 月 20 日）。歐債危機與主權信用評等：刀俎魚肉或代罪羔羊？（頁111-126）。歐盟經濟制理研討會。臺灣歐洲聯盟中心。

表 2-5 國際三大評等機構之評等內容

	標準普爾	穆迪	惠譽
長期債信評等	外幣計價長期債券與本國幣計價長期債券	外幣計價長期債券與本國幣計價長期債券	外幣計價長期債券與本國幣計價長期債券
短期債信評等	外幣計價短期債券與本國幣計價短期債券	外幣計價短期債券	外幣計價短期債券
國家風險評等	轉讓及可兌性風險評價	主權上限評等	主權上限評等

資料來源：參考標準普爾、穆迪、惠譽網站及陳煖婷與李顯峰資料。

貳、信評不能失信而應做好公信力與超然性

一、缺乏公正客觀性之評等必會失信於人

（一）對歐債評等常失信而引起質疑與不滿

　　三大信評機構編製與發佈傳導證券之風險高低訊息，係在避免金融市場交易活動存在資訊不對稱現象（asymmetric information），以便投資人能藉以降低資訊成本，而對證券價格高低作買賣之決策，並分享資訊及分散風險報酬。自2010年3月25日Fitch將葡萄牙債信從AA降至AA-後，每次遇有信評機構調降債信均會引發全球股匯市動盪與不安，其公信力與超然性早已引起EU國家之懷疑與不滿[42]。換言之，2010年以來三大信評機構對歐元區國家之信用評等，常過度嚴格或缺乏公正性之現象，猶如興風作浪協助國際禿鷹狙擊，早已令人質疑與不滿，例如2011年7月12日愛爾蘭針對被Fitch調降主權信評為「垃圾級」（Ramschniveau）表示無法理解而不能接受[43]。此外，雖然EU領袖11月決議，將於2011年3月設立ESM以取代

---

[42] 黃得豐（2010 年 12 月 25 日）。2010 年歐債危機之回顧與展望—金融。國政研究報告。
[43] 李顯峰（2012 年 9 月 20 日）。歐債危機與主權信用評等：刀俎魚肉或代罪羔羊？（頁 111-126）。歐盟經濟制理研討會。臺灣歐洲聯盟中心。

2013年6月到期之EFSF，並捍衛歐元區財政金融之穩定。惟S&P卻反向操作而於12月3日提出「若ESM啓動時，將對希臘之債券信評進行調降」之警告，其失信而引起質疑之舉，令人啼笑皆非。

（二）總體析述對主權債信失信於人之評等

　　三大信評機構發佈主權信用評等，猶如發佈一項商品評等高低之訊號，而成為國際金融市場債券利率定價之重要評價依據，其公正性與透明度相當重要。惟近年來其對PIIGS國家之評等之公正與客觀性令人失望，幾乎被調降後公債均呈現快速累積現象，而一旦被調降後其評等又不易再被調升，因而引起國際禿鷹拉高各國長年期公債殖利率，並不斷提高CDS報價而呈巨幅之波動。茲舉三大信評機構於2012年11月10日對歐元區國家之主權債券之信評加以析述如次：若對照2012年預測經濟成長率與政府負債占GDP之比重，固然希臘之主權債信評等級最低而為投資級以下或「垃圾級」屬實，惟對於非歐元區國家之英國評3A等級，而財經狀況相對較佳之歐元區核心國家法國卻被取消3A等級。此外，塞浦路斯之經濟狀況亦較PIIGS國家之為佳，卻與葡萄牙共同被列為投資級（BBB-/Baa3）以下之投機級（詳見表2-6）。此種失信於人之評等，早已讓大部份歐元區國家甚為不滿。

表 2-6 歐元區國家三大信用評等機構評等（2012 年 11 月 10 日）

國別	穆迪 Moody	標準普 S&P	惠譽 Fitch	2012 預測經濟成長率 %	2012 政府債務占 GDP 比 %
比利時	Aa3	AA	AA	0.0	100.5
德國	Aaa	AAA	AAA	0.7	82.2
愛沙尼亞	A1	AA-	A+	1.6	10.4
愛爾蘭	Ba1	BBB+	BBB+	0.5	116.1
希臘	C	CCC	CCC	-4.7	160.6
西班牙	Baa3	BBB-	BBB	-1.8	80.9
法國	Aaa	AA+	AAA	0.5	90.5
義大利	Baa2	BBB+	A-	-1.4	123.5
塞浦路斯	B3	B	BB+	-0.8	89.7
盧森堡	Aaa	AAA	AAA	1.1	70.1
馬爾它	A3	A-	A+	1.2	74.4
荷蘭	Aaa	AAA	AAA	-0.9	113.9
奧國	Aaa	AA+	AAA	0.8	54.7
葡萄牙	Ba3	BB	BB+	-3.3	50.5
史洛凡尼亞	Baa2	A	A-	-1.4	74.8
斯洛伐克	A2	A	A+	1.8	76.5
芬蘭	Aaa	AAA	AAA	0.8	49.7
非歐元區國家					
英國	Aaa	AAA	AAA	0.5	91.2
瑞典	Aaa	AAA	AAA	0.3	35.2
丹麥	Aaa	AAA	AAA	1.1	40.9

資料來源：參考標準普爾、穆迪、惠譽網站，Reporton Public Financesin EMU 2012,

Table1.1.3,p.20 與李顯峰資料。

（註）2012 年經濟成長率及政府負債比率均係預測值。

二、管理限制信評機構做好公信力與超然性

（一）認為應對三大信評機構結果加以管理限制

　　金融海嘯衝擊全球後，大家對於信評機構因偽造信評使投資人虧損，並釀成重大風暴早已甚表不滿；歐債危機後又與國際禿鷹興風作浪，並造成市場一連串之衝擊與震撼，因而乃檢討是否在EU另行設立信評機構以與三大機構抗衡，俾減少被三大機構寡佔或產生落井下石之嚴重打擊。而在2010年5月20日之「柏林G20會議」上，德國總理梅克爾（Mekel）建議設立「歐洲信評機構」，以確實做好較有公信力與超然性之評等工作，並用以捍衡大型民間信評機構[44]。換言之，在EU眼中之三大信評機構似已成事不足敗事有餘，因而EU執委會於2011年已提出建議案，應對三大信評機構發佈之資訊加以立法限制；EU內部市場總署委員（Commissioner）巴尼爾（M.Barnier）提議，應實施信用評等公司錯誤信評時須負民事刑責；德外長G.Westerwell亦強力主張，應建立EU之獨立信評機構，以避免失信於人或利益衝突，且信評機構不應設計發行金融產品，再自行評等而發生球員兼裁判之不公正情形。另外，最近若干歐、美經濟學者專家亦表示，不宜過度依賴三大信評機構之信用評等結果，以作為政府管制之唯一依據，並表示信評機構應參考更多資訊而作綜合性評估，以避免只著重短期措施評估，而嚴重忽略一些國家已作了長期努力改善之措施。

（二）成立歐洲信評機構做好公信力與超然性

　　鑑於信用評等在國際資本市場上具有國際公共財之功能，為投資人消除資訊不對稱，促進資本市場流動性及透明性；爰其公正性與透明性相當重要。因而EU曾有人建議參照Moody採用之「債務不履約風險高低」把歐元區成員國2010年初之債信評等狀況，分成下列5個評等：Aaa（風險極

---

[44] 黃得豐（2010 年 12 月 25 日）。2010 年歐債危機之回顧與展望—金融。國政研究報告。

低）：諸如德、法、荷、芬、與盧；Aa（風險很低）：諸如義、西、比、斯（維）、與賽；A（風險低）：諸如葡、斯（伐）、與馬；Baa（風險略高）：愛；Ba（風險偏高）：希[45]。此外，當時EU有人建議設立「歐洲信評機構」，以做好具公信力與超然性之評等工作，且須本於職責而定時提出其專業之評等，要能做好先見之明與防患未然之工作，供市場與投資人判斷與參考即可，而不可再參與或配合國際禿鷹興風作浪。有鑑於主權信用評等將對國際金融市場發揮重大之影響力，對一國之債信品質與籌資能力影響更大；允宜力求透明公正且應有「再評估機制」，並避免形成寡占市場。至少「歐洲信評機構」在執行評估時應納入更多基本面之觀察，諸如環球透視社（Global Insight Co.）：應參佐其經濟風險、政治風險、法制風險、稅制風險、營運風險、與安全管理風險等六大項；歐元雜誌（Euromoney）：應參佐其經濟情勢評估、政治情勢評估、結構評估、資金取得、信用評等、與債務指標等六大項；經濟學人資訊社（EIU）：應參佐各國政經情勢之評析，與其他基本面之觀察[46]。

---

[45] 黃得豐（2010 年 12 月 25 日）。2010 年歐債危機之回顧與展望—金融。國政研究報告。
[46] 李顯峰（2012 年 9 月 20 日）。歐債危機與主權信用評等：刀俎魚肉或代罪羔羊？（頁 111-126）。歐盟經濟制理研討會。臺灣歐洲聯盟中心。

第四章
析述 PIIGS 國家與希臘引爆危機

第一節　綜合分析 PIIGS 國家之財經與債信

壹、財經發展差異與結構性缺陷問題

一、EMU 整合後財經發展差異與落差

（一）各國整合後財經發展仍然存有差異

　　若欲分析EMU成員國財政限制對經濟發展之影響，則須先瞭解歐元區內經濟發展差異情形，因而可由經濟成長率、失業率、通膨率、與經常帳等經濟指標之狀況析述。其中通膨率影響之程度最廣大，其範圍包括經常帳表現、競爭力、未來經濟成長表現、與歐元匯率[47]。而在2002年至2007年全球景氣蓬勃時，歐元區平均赤字佔GDP比重為2.2%，而其中芬蘭、盧森堡、愛爾蘭、西班牙等成員國呈現財政盈餘；超過GDP之3%限額成員國有希（-5.07%）、葡萄牙（-3.67%）、義大利（-3.22%）、與法國（-3.15%），顯示當時成員國間之財政差異就已甚大。同一期間經常帳盈虧佔GDP百分比方面，歐元區平均赤字佔GDP比重為-0.5%，其中只有以輸出為導向之荷蘭（6.2%）、德國（4.0%）、奧地利（1.9%）、與盧森堡（1.9%）、與芬蘭（0.8%）等成員國盈餘；非輸出導向為主之希臘（-11.0%）、葡萄牙（-9.7%）、與西班牙（-5.3%）之赤字最大。若延至2009年時之歐元區平均數為0.31%，除上述盈餘成員國均持續增長之外；尚有比利時亦增長1.96%。而上述赤字成員國除希臘（-9.73%）、葡萄牙

---

[47] Philip Arestis,Malcolm Sawyer(2010)."The Problems of The Economic and Monetary Union：Is There Any Escape?"(pp.1-14).Vol.I,Issue I,The Journal of Economic Analysis.

（-9.06%）、與西班牙（-6.68%）之外；其餘之赤字狀況已有改善，而經常帳在核心與周邊國家間早已存有差異（詳見表2-7）。

表 2-7 總體經濟指標數據

單位：%

	財政盈損佔GDP 百分比%：平均值 2002-2007 年	經常帳盈虧佔GDP 百分比 2002-2009 年	經常帳盈虧佔GDP 百分比 2000-2007 年	單位勞力成本變化（%） 2001-2008 年
奧地利	-1.85	2.54	1.9	3.50
比利時	-0.60	1.96	-0.8	11.96
芬蘭	3.40	4.53	0.8	4.33
法國	-3.15	-0.44	-2.0	7.66
德國	-2.68	4.83	4.0	5.37
希臘	-5.07	-9.73	-11.0	17.02
愛爾蘭	1.07	-2.76	-2.8	34.55
義大利	-3.22	-2.00	-2.7	9.73
盧森堡	1.08	8.61	1.9	9.48
荷蘭	-1.12	6.51	6.2	11.41
葡萄牙	-3.67	-9.06	-9.7	7.44
西班牙	0.63	-6.68	-5.3	16.49
歐元區平均	-2.20	0.31	-0.5	

資料來源：Philip Arestis, Malcolm Sawyer,"The Problems of The Economic and Monetary
　　　　　Union：Is There Any Escape? ,2010.

（二）整合後經濟表現未達預期且有落差

　　1.EMU第三階段財政整合後之經濟表現：在EMU第三階段財政整合成立之初，政策制定者對於歐元區之期望，普遍認為採用歐元能夠加快區內經濟整合之速度，尤其經濟成長率會在水準之上，使各國通膨率趨於相近，並減少歐元帶來之潛在不對稱衝擊。惟結果似與預期呈現相反之走勢，而2002年至2008年之平均物價膨脹率2.37%已小幅超過2%之目標，尤其財政赤字更是超過3%之規定。

2.經濟成長表現顯得有些落差：從長期而言EMU整合應能加快物價與實質收入水準之整合程度，而通膨率及成長率之差異乃反應各國追趕之情形。惟以GDP成長率由2000年前10年平均數之2.1%降至2007年前8年平均數之1.3%，與失業率由2000年之8.2%提高至2009年之9.4%來看，經濟表現顯得有些落差（詳見表2-8）。

3.各國明顯存在通膨率、競爭力、與經常帳之差異：依據表2-8總體經濟指標數據顯示在全球景氣熱化時期，歐元區內共同景氣循環整合數據之中期經濟差異性（包括成員國呈現經濟泡沫化之國內經濟成長、物價與工資發展、經常帳是受到內需衝擊、及政策與結構缺陷之影響等）卻不斷增加，並產生落差而均引起EU執委會之關注[48]。

表 2-8 總體經濟指標數據

單位：%

	失業率（%）2000年	失業率（%）2009 年	通膨率（Y-Y）2002-2008 年	GDP 成長率 1991-2000	GDP 成長率 2000-2007
奧地利	4.8	5.8	2.07	2.3	1.9
比利時	6.9	7.9	2.28	2.3	1.6
芬蘭	9.8	8.3	1.81	2.9	2.1
法國	8.6	9.1	2.16	2.1	1.5
德國	7.4	7.6	1.88	1.7	0.7
希臘	11.4	9.3	3.65	2.3	4.3
愛爾蘭	4.3	11.9	2.87	7.7	3.9
義大利	10.2	7.6	2.62	1.6	0.3
盧森堡	2.6	5.9	3.04	4.6	3.7
荷蘭	2.8	3.7	2.20	3.2	1.6
葡萄牙	4.0	9.2	2.68	2.7	0.7
西班牙	10.8	18.1	3.33	2.8	3.0
歐元區平均	8.2	9.4	2.37	2.1	1.3

資料來源：Philip Arestis,Malcolm Sawyer,"The Problems of The Economic and Monetary Union：Is There Any Escape?",2010.

---

[48] Jean Pisani-Ferry,Philippe Andre Jean Pisani-Ferry,Philippe Aghion,Marek Belka,Jürgenvon Hagen,Lars Heikensten,and Andre Sapir(2008),"Comingofage：Reportontheeuroarea",VolumeIV,BruegeLBlueprintSeries,Bruegel,Belgium.

二、財經對立與成長因金融海嘯跌至谷底

（一）整合須面對結構性缺陷與財政紀律問題

　　歐元區之經濟結構性缺陷問題，係指成員國不負責任之財政支出行為而累積大量外債、失業率問題、資源分配不均、或國內經濟結構問題尚無法解決等，並因而導致該國競爭力之流失。由於結構性改革需要相當之時間與大量資金投入，惟因失業率問題與資源分配不均之影響，造成歐元區各國之財政資源更為疲乏。雖然里斯本議程（Lisbon Agenda）中所設定之經濟振興目標[49]在使EU成為全球最有競爭力經濟體、提高就業率、與投入更多資源研發設計等，惟未提及如何改善財政紀律問題[50]。允宜探討結構性改革與財政紀律之間似存在對立情形[51]，若成員國選擇進行結構性改革，則會遭遇因政府直接補助所造成財政失衡之困境，因其所產生之經濟成長差距，必須藉由支持性之財政政策協助，與彌補因產業結構性調整而發生之產出差距[52]。由於這些來自於結構性改革、降稅、與削減社會福利等，均會降低各國運用租稅轉移（tax transfer）之能力，因而需要依賴權衡性財政政策（discretionary fiscal policy）之支持[53]，惟若施行財政緊縮政策則限制了這項功能。因此，若財政整頓與結構改革同時進行，不僅結構性改革無法奏效，財政緊縮更會減少執政者推動改革之共識，因而有人認為兩者目標難以同時達成[54]，同時會受到改革影響之利益團體要求損失補助，而阻礙EU結構性改革計畫之目標達成。惟2003年EU執委會委託薩披

---

[49] 里斯本議程又稱為里斯本策略（Lisbon Strategy），是理事會於 2000 年 3 月所通過之一項發展議程，目標是讓歐盟在 2010 年前成為全球最有競爭力的經濟體，以利經濟成長及提升就業率兩項目標得以永續發展。

[50] 成元欣（2013 年 3 月）。歐盟《穩定暨成長協定》研究（頁 56-58）。政治大學碩士論文。

[51] Marco Buti,Werner Rögerand Alessandro Turrini (February 2007),"Is Lisbon far from Maastricht? Trade-offs and Complementarities between Fiscal Discipline and Structural Reforms",European Commission,Brussels

[52] Op.cit.,Alessandro Girardiand Paolo Paesni,July 2008

[53] Ibid.

[54] Op.cit.,Alessandro Girardi and Paolo Paesni,July 2008

爾（A.Sapir）針對里斯本策略研究後，認為結構性改革與財政紀律不但不
會衝突，而且更需要同時進行[55]。因此，站在EU當然希望成員國能遵守財
政紀律，惟卻可能限制會員國進行社會政策與就業政策之改革，而在因應
經濟波動之能力上產生許多限制[56]。

（二）經濟成長已因金融海嘯衝擊而跌至谷底

　　EMU整合所闡述之目標係欲達到充分就業、高度經濟成長、維持穩
健公共財政、與物價穩定，而隨著EMU不斷廣化深化與東擴後，EU已
成為全球最大經濟體。固然此一新制度之建立可穩定EU整體總體經濟發
展，惟其經濟成長之表現卻不如預期，此又肇因於各成員國產業結構發展
時，須面對之低經濟成長與高失業率等結構性問題，而勞力市場改革是最
主要關鍵。到了金融海嘯衝擊全球後，各國須以鉅額預並算提出財政政策
挽救經濟，因而使赤字與負債皆大幅增加，歐元區之平均經濟成長率則由
2007年之3.0%降至2008年之0.4%與2009年之-4.3%，當時PIIGS國家除了西
班牙在2008年尚有正成長0.9%外，餘皆由高度正成長迅速轉為負成長，
諸如2009年之希臘為-3.3%、西班牙為-3.7%、葡萄牙為-2.9%、愛爾蘭
為-7.0%、與義大利為-5.5%。到了2011年歐元區經濟平均仍能成長1.9%，
惟PIIGS國家之希臘-6.9%與葡萄牙-1.6%仍陷入衰退，甚至於預測希臘會
因歐債危機之衝擊而持續衰退至2012年之-4.7%，與2013年為0%成長，然
後才能由衰退中緩慢回復（詳見表2-9）。

---

[55] Ibid.

[56] David Natali(31 May 2010)."The Lisbon Strategy,Europe 2020 and thecrisisin
Between",European Social Observatory,No.4.

表 2-9 歐元區國家經濟成長率表

單位：%

國別	2007	2008	2009	2010	2011	2012	2013
比利時	2.9	1.0	-2.8	2.3	1.9	0.0	1.2
德國	3.3	1.1	-5.1	3.7	3.0	0.7	1.7
愛沙尼亞	7.5	-3.7	-14.3	2.3	7.6	1.6	3.8
愛爾蘭	5.2	-3.0	-7.0	-0.4	0.7	0.5	1.9
希臘	3.0	-0.2	-3.3	-3.5	-6.9	-4.7	0.0
西班牙	3.5	0.9	-3.7	-0.1	0.7	-1.8	-0.3
法國	2.3	-0.1	-2.7	1.5	1.7	0.5	1.3
義大利	1.7	-1.2	-5.5	1.8	0.4	-1.4	0.4
塞浦路斯	5.1	3.6	-1.9	1.1	0.5	-0.8	0.3
盧森堡	6.6	0.8	-5.3	2.7	1.6	1.1	2.1
馬爾它	4.3	4.1	-2.7	2.3	2.1	1.2	1.9
荷蘭	3.9	1.8	-3.5	1.7	1.2	-0.9	0.7
奧國	3.7	1.4	-3.8	2.3	3.1	0.8	1.7
葡萄牙	2.4	0.0	-2.9	1.4	-1.6	-3.3	0.3
史洛凡尼亞	6.9	3.6	-8.0	1.4	-0.2	-1.4	0.7
斯洛伐克	10.5	5.8	-4.9	4.2	3.3	1.8	2.9
芬蘭	5.3	0.3	-8.4	3.7	2.9	0.8	1.6
歐元區	3.0	0.4	-4.3	1.9	1.5	-0.3	1.0

資料來源：European Economic Forecast,Spring2012,Table1,p.152 及李顯峰資料。.

貳、貨幣同盟整合前、後之財經債信狀況

一、EMU 第三階段整合前、後之財政情形

（一）EMU 第三階段整合前赤字與公債多欠佳

　　根據1998年EU執委會所發佈之整合報告書（Convergence Report）略以[57]，1993年進入EMU第二階段後，EU受到景氣衰退與先前過度擴張財政之影響，當時各國赤字皆大幅超過GDP之3%規定。自1993年至1998年各會員國政府進行財政緊縮之成效，使各會員國赤字大幅縮減（平均赤字則由1993年6.1%下降至1997年之2.4%）。1997年EU執委會對於當時15

---

[57] Convergence Report,European Economy,No.65,European Commission,Brussels,1998

會員國財政情形進行評估後，當時除了希臘之財政赤字以外，其他14國皆符合不得超過GDP之3%規定，且亦預測會有更進一步之縮減。至於政府公債方面，1996年底與1997年底僅法、盧、芬、與英等4國低於60%之規定；在60%至70%之會員國有丹、德、西、愛、奧、與葡等6國；位於70%至80%之會員國有荷與瑞；其餘會員國如希接近110%，比與義則超過120%。1998年底與1999年底低於GDP之60%者除上述4國外；尚增加愛與丹等2國。到了2000年底又再增加荷、瑞、與葡等3國（詳見表2-10）。另外，從1993至1997年EU會員國平均負債增加約16%，負債佔GDP百分比約在60%~75%之間[58]，惟在1998年~2003年間則下降4.4%，而下降之主要原因在於為當時EU的高經濟成長。

表 2-10 1996 年至 2000 年會員國政府公債佔 GDP 百分比

	1996	1997	1998	1999	2000
比利時	126.9	122.2	118.1	114.4	109.3
德國	60.4	61.3	61.2	61.0	60.3
西班牙	70.1	68.8	67.4	63.5	60.4
法國	55.7	58.0	58.1	58.6	57.8
愛爾蘭	72.7	66.3	59.5	52.4	39.0
義大利	124.0	121.6	118.1	114.9	110.6
盧森堡	6.6	6.7	7.1	6.2	5.7
荷蘭	77.2	72.1	70.0	63.6	56.0
奧地利	69.5	66.1	64.7	64.5	63.6
葡萄牙	65.0	62.0	60.0	56.7	53.4
芬蘭	57.6	55.8	53.6	47.1	44.0
希臘	111.6	108.7	107.7	104.4	102.8
瑞典 *	76.7	76.6	74.1	65.5	55.3
英國 *	54.7	53.4	52.3	45.9	42.4
丹麥 *	70.6	65.1	59.5	52.5	46.8
歐盟 15 國	73.0	72.1	70.5	67.6	64.3

資料來源：Public Finance 1998、2000 年，歐盟執委會，及陳撥明 2012a。

註：
1. 希臘至 2002 年遂加入歐元區
2. * 非歐元區成員。

---

[58] Statistical Appendix,European Economy,European Commission,Luxembourg.p.206.Spring 2002.

（二）未符合整合標準卻改以政治考量

　　過去EU各會員國即便馬斯垂克條約或TEU對於財政有所規範，仍無法明顯減少赤字與負債且各國發展情形亦互異，諸如德、愛、盧、葡、瑞、與英等早在1980年後期即已開始降低政府負債。到了1992年至1998年間EU之德、法、義、西、與英等大型會員國之負債逐漸增加；而比、荷、奧、與瑞等中型會員國，及希、丹、愛、盧、葡、與芬等小型會員國則均在1992年至1997年間降低政府負債比率。總之，EU財政限制規範並未有效控制會員國財政在限制範圍內[59]，而會員國須在加入貨幣同盟前，設法調整財政政策以符合TEU整合標準。90年代初期各國曾表示強烈之政治意願建立貨幣同盟，惟隨著該條約訂定之EMU第三階段時間將近時，仍有許多會員國無法達到整合標準之規定，諸如德、義、與荷等創始國皆不符合規定。因此，整合標準改以政治考量為優先。另外，根據一項研究結果[60]認為，1992年至1998年各會員國偏向採用財政緊縮政策，此乃由於會員國政府多基於選舉考量，而成為會員國政府在選舉期間選擇遵守EU財政紀律，以向選民展現加入貨幣同盟之決心。而當加入貨幣同盟資格確定後，便又回到利用擴張財政政策做為選舉工具。換言之，唯有當財政規範讓會員國人民重視時，EU財政監管機制才能產生效力，否則在加入貨幣同盟後該監督機制之約束力便會消失，此又顯示一體化適用（one size fit all）[61]會產生單一貨幣無法滿足各種經濟發展需求之矛盾現象。

二、總體分析 PIIGS 國家赤字負債偏高

（一）歐債危機後 PIIGS 國家之赤字多甚偏高

[59] Jürgenvon Hagen(2009)"European Experiences with Fiscal Rules and Institutions"in Elizabeth Garrett,Elizabeth A.Grabby and Howell E.Jackson(eds)：Fiscal Challenge-An Interdisciplinary Approach to Budget Policy.New York：Cambridge University Press.

[60] Jürgen von Hagen(2009) and Mark Mink & Jakob de Haan (4 March 2005)Op.cit.

[61] Philip Arestis,Malcolm Sawyer,"The Problems of the Economic and Monetary Union：Is There Any Escape?",The Journal of Economic Analysis,VolumeI,IssueI,2010,pp.1-14.

　　由於金融海嘯導致各國須籌鉅資以挽救經濟，因而預算赤字餘額與政府負債之比重均偏高，復因遭受歐債危機之衝擊與影響，EU乃要求各國積極推動撙節支出政策，歐元區成員國之政府預算赤字占GDP比重才逐年遞減。若從整個歐元區與其成員國加以總體分析，歐元區平均預算赤字餘額乃由2009年之6.4%開始逐年下降，惟PIIGS國家之希（15.6%）、愛（14.0%）、西（11.2%）、葡（10.2%）、與義（5.4%）等均甚高，而核心國家之法（7.6%）與德（3.2%）亦不低，甚至於還較規定限額GDP之3%更高。2010年歐元區平均比重略降為6.2%，而希（10.5%）、葡（9.8%）、與西（9.3%）仍偏高。到了2011年才明顯下降至4.1%，至於當年PIIGS國家中之愛（13.0%）、希（9.2%）、與西（8.5%）依然偏高。到了2012年預測歐元區平均預算赤字餘額之比重可降為3.2%，惟仍超過馬斯垂克條約規定不得逾GDP之3%比重的成員國有愛（8.3%）、希（7.3%）、西（6.4%）、葡（4.7%）、與法（4.5%）等。預測歐元區至2013年才降為2.9%，而符合預算赤字餘額不得逾GDP之3%規定，惟希（8.4%）、愛（7.5%）、與西（6.3%）仍然較為偏高（詳見表2-11）。

表 2-11 2009 年至 2012 年成員國赤字佔 GDP 之比重

單位：%

PIIGS 國家	2009	2010	2011	2012	2013
愛爾蘭	-14.0	-31.2	-13.0	-8.3	-7.5
義大利	-5.4	-4.5	-3.8	-1.9	-1.0
葡萄牙	-10.2	-9.8	-4.2	-4.7	-3.1
希臘	-15.6	-10.5	-9.2	-7.3	-8.4
西班牙	-11.2	-9.3	-8.5	-6.4	-6.3
德國	-3.2	-4.3	-1.0	-0.9	-0.7
法國	-7.6	-7.1	-5.2	-4.5	-4.2
平均數	-6.4	-6.2	-4.1	-3.2	-2.9

資料來源：Report on Public Finances in EMU 2012,European Economy 4,Table1.1.1,p.16.

註：2012，2013 為預測值。

（二）歐債危機後 PIIGS 國家之負債持續攀高

　　若從歐元區成員國加以總體分析，自2008年爆發金融海嘯衝擊以來，EU執委會已投入總數約4.8兆歐元（約占EU整體會員國GDP之37%）來拯救經濟。在金融海嘯衝擊後與歐債危機發生前之2008年歐元區平均之政府債務占GDP比重為70.1%，已高於1999年之67.6%與2000年之64.3%，並超過馬斯垂克條約所規定不得逾60%之比重。復因歐債危機後各國須籌鉅資以挽救經濟，2008年PIIGS國家中之希（113.0%）與義（105.7%）之公債比重就已甚高，葡（71.6%）僅略高於歐元區平均比重，而愛（44.2%）與西（40.2%%）均在規定60%比重內，遠低於核心國家算之德（66.7%）與法（68.2%），未超過GDP之60%比重者仍係愛沙尼亞等9個成員國（詳見表2-12）。此外，亦有人以不同數據析述PIIGS國家負債之嚴重性，即2009年上半年愛因須處理國內金融風暴，政府負債比重乃超過60%並持續提高，西政府負債至2010年才超過GDP之60%，而希、義、與葡則快速攀升。尤其是希2009年底發生債信危機後政府負債占GDP比重開始跳升為129.4%、2010年為148.3%、與2011年為170.6%。此乃由於在2008年至2011年間，EU已不斷對面臨危機之會員國銀行伸出援手，並會使各國之政府負債大增，到了2012年預測歐元區平均政府負債比重遽增為92.9%，此似係遭受歐債危機之衝擊與影響。至於PIIGS國家之希（176.7%）、義（126，5%）、愛（106.4%）、葡（108.1%）、與西（86.1%）等則仍持續攀高（詳見表2-13），而未超過GDP之60%比重者仍係愛沙尼亞等5個成員國（詳見表2-12）。

歐債危機 的原因與解決之道
The Causes & Impacts of European Debt
Crisis as well as Its Settled Ways

2-12 歐元區國家政府債務占 GDP 比表

單位：%

國別	2008	2009	2010	2011	2012	2013	2008－2013變化	基本餘額變化原因	利息及成長變化原因	存流量調整變化原因
比利時	89.3	95.8	96.0	98.0	100.5	100.8	11.5	2.4	5.5	6.8
德國	66.7	74.4	83.0	81.2	82.2	80.7	14.0	-2.6	4.8	14.4
愛沙尼亞	4.5	7.2	6.7	6.0	10.5	11.7	7.1	3.7	-0.4	-3.8
愛爾蘭	44.2	65.1	92.5	108.2	116.1	120.2	75.9	56.0	19.7	14.5
希臘	113.0	129.4	145.0	165.3	160.0	168.0	55.0	20.2	51.9	4.7
西班牙	40.2	53.9	61.2	68.5	80.9	87.0	46.9	29.3	13.0	1.7
法國	68.2	79.2	82.3	85.8	90.5	92.5	24.3	15.9	5.2	2.0
義大利	105.7	116.0	118.6	120.1	123.5	121.8	16.1	-8.0	20.6	3.2
盧森堡	13.7	14.8	19.1	18.2	21.3	21.6	7.9	3.8	-0.5	13.9
荷蘭	58.5	60.8	62.9	65.2	70.1	73.0	14.5	13.9	7.6	8.4
奧地利	63.8	69.5	71.9	72.4	74.4	74.5	10.7	2.7	4.7	6.3
葡萄牙	71.6	83.1	93.3	107.8	113.9	117.1	45.5	12.6	20.9	5.9
史洛維尼亞	21.9	35.3	38.8	47.6	54.7	58.1	36.1	16.5	10.4	2.7
芬蘭	33.9	43.5	48.4	48.6	53.1	51.7	17.7	1.0	0.1	20.3
馬爾它	62.3	68.1	69.4	72.0	74.8	75.2	12.9	-0.4	4.6	2.4
塞浦路斯	48.9	58.5	61.5	71.6	76.5	78.1	29.2	9.9	8.7	-3.5
斯洛伐克	27.9	35.6	41.1	43.3	51.7	53.5	25.6	21.8	2.5	-3.3
歐元區	70.1	79.9	85.6	88.0	91.8	92.7	22.5	7.7	9.7	7.0

資料來源：參考 Reporton Public Financesin EMU 2012，European Economy 4，Table1.1.3, p.20. 及李顯峰資料。

註：2012、2013 年為預測值。

表 2-13 2012 年前會員國公債佔 GDP 百分比

PIIGS 國家	1996	1999	2000	2008	2009	2010	2011	2012
西班牙	70.1	63.5	60.4	40.2	53.9	61.5	69.3	86.1
愛爾蘭	72.7	?52.4	39.0	44.2	65.1	92.2	106.4	117.6
義大利	124.0	114.9	110.6	105.7	116.0	119.2	120.7	126.5
葡萄牙	65.0	56.7	53.4	71.6	83.1	93.5	108.1	119.1
希臘	111.6	104.4	102.8	113.0	129.4	148.3	170.6	176.7
核心國家								
德國	60.4	61.0	60.3	66.7	74.4	82.5	80.5	81.7
法國	55.7	58.6	57.8	68.2	79.2	82.3	86.0	90.0
平均數	73.0	67.6	64.3	70.1	79.9	85.6	88.1	92.9

資料來源：Public Finance 2000&Europe Economic Forecast Autumn 2012（希臘至 2001 年才加入歐元區，平均數在 2000 年前為歐盟 15 國，2010 年後為歐元區成員國）

註：2011、2012 為預測值。

第二節　希臘發生債信危機引爆歐債危機

壹、希臘財政狀況較差首先爆發危機

一、爆發危機後顯示其財政幾乎快破產

（一）希臘單位勞力成本提高後製造業外移

　　希臘在2001年採用歐元之前，若與其它週邊國家相較，經濟成長表現非常緩慢並存在高通膨情形，且國家財政不穩定造成國家借貸成本高。惟在加入歐元區後，卻幫助希臘大幅改善了國家經濟條件，經參酌相關數據綜合析述如次：通膨率由1980年至1995年之平均18%，降至2000年至2007年之平均僅高於3%，長期公債殖利率與德國相比，由原先11%降至低於0.4%。隨著國內經濟環境改善，外資開始大量流入希臘，開始刺激國內需求。國內需求同時帶動國內物價上漲，使得單位勞力成本連帶提高。

希臘物價由1997年至2007年成長了47%，而同期之歐元區僅成長27%，且至2000年勞工報酬成長了80%。觀察這些數據，希臘在對外貿易價格競爭力上已漸缺少優勢[62]。根據IMF估計，採用歐元之後希臘實質匯率（realexchange rate）被高估了20%至30%，所謂實質匯率可解釋為一單位本國貨幣在國內所能買到之商品數量，或是在國外所能買到之商品數量。反映希臘之商品價格在市場上之價格競爭力相對被減弱，勞力成本不斷上漲之情形下，迫使製造業開始外移，進一步削弱希臘之競爭力。隨著製造業佔GDP組成比例下降，資源配置側重於發展服務業，1997年至2007年希臘國內服務價格比商品價格成長超出1.3%，而同期歐元區僅成長0.6%。

（二）新政府執行緊縮預算改革而爆發危機

2009年10月18日，希臘甫完成大選，新上任而主張改革之泛希臘社會運動黨（Panhellenic Socialist Movement，PASOK）總理巴本德里歐（G.Papandrou）表示，希臘實際之預算赤字係前任政府預期之兩倍，可能達到GDP12.7%。此不僅遠超過市場預期，更早已超過GDP之3%標準。而政府過去長期掩蓋真正財政數據，企圖粉飾太平並維繫在EMU中之名聲。惟受到全球金融海嘯影響，希臘依賴之觀光業與遊船業收入銳減，加上政府必須出資確保銀行業之穩定運作，因而政府赤字與債務數值已經無法單獨依賴希臘政府之力維繫等。該宣告不啻是在金融海嘯中揭開了希臘債信危機之序幕[63]，因而在執政以後，即授權由財長帕帕康斯坦丁努（G.Papaconstantinou）執行「監督各部會預算系統」，並自11月23日大砍前由共和黨政府編列之預算，欲把赤字由GDP之12.7%降至9.1%。乃被國際投機客（或國際禿鷹）併杜拜財務危機列為風暴而重挫全球股市，並拖累歐元急貶，而爆發希臘債信危機。

---

[62] Bennett Stancil,"Why Greece has to restructure its debt",Carnegie Endowment for International Peace,Brussels,2010.

[63] 成元欣（2013年3月）。歐盟《穩定暨成長協定》研究（頁56-58）。政治大學碩士論文。

二、希臘陷入最大財政危機幾乎破產狀況

（一）遭罷工反抗陷入歐元區成立後最大危機

　　雖然希臘政府提出「緊縮預算赤字計畫」堅持改革，惟國內罷工反抗、EU執委會指責、歐元區成員國不滿、三大信評公司兩度調降評等、及國際禿鷹狙擊歐元等，均已造成國際金融市場之持續不安與動盪。到了2010年2月初，當希臘財長指出「葡萄牙與西班牙赤字亦甚高，恐為下個未爆彈」時，歐元已跌至1.36美元，後來危機迅速擴大為所謂財政欠佳之PIIGS國家之債信均發生程度不同之問體。既已造成國際金融市場之動盪不安；又已幾乎導致歐元區自成立以來之最大危機。到了3月初因希臘全力配合EU執委會之要求而進一步縮減48億歐元，並確定將2010年度赤字降至GDP之8.7%，歐元乃止跌回升，希臘公債順利返回金融市場且超額發行後，整個希臘國家債信危機才暫時告一段落[64]。根據EU統計局之數據顯示，希臘2010年名義GDP為2，273億歐元，而公債總額達3，286億歐元，公債占GDP比率為148.3%。2010年EU與IMF為希臘提供第一批聯合紓困時，要求希臘2011年縮減赤字之目標為赤字占GDP比率應降至10.6%目標。依照EU執委會之保守預估，2011年希臘名義GDP若下滑至2，100億歐元，全年財赤字占GDP比率仍高達9.4%。

（二）希臘財政幾乎陷入國家破產之狀況

　　至於希臘財政赤字擴張之主要原因，在於公共部門龐大且運作效率低，普遍存在之居民逃稅行為與政府宣布之民有化計劃進程緩慢。希臘政府等公共部門就業人數及薪資支出成長過快。來自希臘經濟工業研究基金會之數據顯示，自1980年至今之30年間，希臘公務員人數已經增加一倍（約75萬人，公務員與退休金合計占預算支出51%），公務員在希臘總就業人數中，所占比率高達17%，高於經濟暨合作發展組織（OECD）平均

---

[64] 黃得豐（2010）。希臘發生債信危機之原因及其影響。淡江大學歐盟資訊中心通訊 25 期（頁 11-12）。

之15.3%。公共部門薪資支出成長也十分迅速，特別是過去10年，公共部門就業成長超過10%，公共部門平均薪資增加一倍。同時，由於徵稅效率低下及逃稅行為，希臘個人收入所得稅占GDP比率較歐元區2005年至2009年之平均值低4個百分點。根據希臘經濟工業研究基金會估計，希臘個人所得稅逃稅額相當於GDP之2.5%至3.8%。同時，希臘經濟結構之重要特徵是，政府持有大量之不動產所有權，通過推動一部分不動產權之私有化等出售計劃，將吸引外資並帶動經濟成長。因此，政府仍可以通過降低公共部門薪資水準、減少公共部門就業、提高徵稅效率、及推行國有資產出售計劃等方式減少財政赤字。換言之，希臘削減財政赤字之空間仍大，須推進更為積極有效之縮減赤字方案，否則希臘幾乎快陷入整個國家之破產狀況。

三、希臘開支浮濫未節制與特殊國情民風

（一）古希臘發明公債惟卻開支浮濫未節制

　　雖然古希臘人早在西元前1，100年「中世紀城邦時代」以後，已陸續發明最早之公債、匯票、選擇權、與互換（Swap）等，不過其債信欠佳之紀錄亦由來已久，此似與希臘人之悠閒、浪漫、享受、與腐敗等陋習或特殊國情與民風有關。西元前405年「三十人貴族政權」領導人克里底亞係大哲學家蘇格拉底之學生，兩人曾為改變怠惰懶散之雅典青年而努力。惟2年後民主派重獲政權，並指控蘇格拉底「敗壞與傷害青年人之思想與道德」，最後以「不敬神靈與腐蝕青年」罪名被判處死刑而在399年服毒自殺。此外，在西元前4世紀，有5個「雅典聯邦」各國城邦劃分之「繳納軍費分盟」，因被連年戰爭拖累而全部無法償還乃同時倒債（惡性違約），而其共同債主均為底洛斯（Dolors）島上之阿波羅（Apolo）神廟。甚至於到了西元1829年英國助希臘從土耳其獨立出來以後，幾乎每數年即會發生一次超額赤字危機，惟其政府開支依然浮濫而未節制[65]。另

---

[65] 黃得豐，歐洲金融市場專題研究教材（頁86-87）。淡大歐洲研究所，未出版。

外，希臘人因缺乏公民文化而視遵守紀律爲丟臉沒面子，並有全歐元區最嚴重之紅包文化，亦因而造成最嚴重逃稅與貪污之問題[66]。稅收不足而社福又浮濫，公務員進用與退休制度甚爲浮濫，工會力量大而大家均可藉故提前退休，並領取優厚退休金乃迫使政府付龐大支出。換言之，希臘開支浮濫未節制且工作效率低，寅吃卯糧且揮霍無度，只好不斷發行公債籌資[67]而導致債信危機。

（二）經濟因政策不善而弱勢且數據造假

　　希臘政府負債占GDP之比率在1979年時，仍維持相對穩定之25%偏低比率，惟自1981年中間偏左政治路線之PASOK成爲執政黨後，使希臘政府開始實施許多擴張性政策，諸如擴大支領退休金之人口與工作類別、創建全民健保制度、透過廣泛市場借貸以提升國內之家計收入、提高家計消費及生活水準等。PASOK之擴張性財政政策，與寬鬆性貨幣等政策造成政府支出增加，卻未能與政府財政收入成比例，國內通貨膨脹率高漲後，收入未增加原有之貨幣卻變得更不值錢值，政府負債亦急速攀升，持續增加之經常帳赤字只能依賴EU與其他外國貸款支應。隨著時序進入90年代後EU整合進度開始加速，越來越多EU國家希望能成爲整合之一員，希臘亦不例外而欲加入EMU。然而，由於其政治民主化程度與穩定度不足，且國內財政政策與貨幣政策管理不善，經濟又缺乏競爭力，乃普遍被認爲係一個弱勢經濟體（weak economy），且係EU整合之「害群之馬」[68]，其距離加入EMU之財政、貨幣、赤字、債務與匯率等標準之差距最大。換言之，由於希臘之體質已備受質疑，因而其所需要採取之調整幅度亦係最大[69]。

---

[66] 黃得豐（2010）。希臘發生債信危機之原因及其影響。淡江大學歐盟資訊中心通訊 25 期（頁 11-12）。

[67] 黃得豐（2010 年 12 月 25 日）。2010 年歐債危機之回顧與展望—金融。國政研究報告。

[68] P.Sklias and G.Galatsidas,"The Political Economy of the Greek Crisis：Roots,Causes and Perspectives for Sustainable Development,"Middle Eastern Finance and Economics 7(2010)：167.

[69] 成元欣（2013 年 3 月）。歐盟《穩定暨成長協定》研究（頁 56-58）。政治大學碩士論文。

貳、希臘數據造假與隱匿公債遭調查

一、數據造假並以換匯換利隱匿公債

（一）希臘政府數據造假與銀行換匯換利

　　據說連希臘加入歐元區之數據係利用換匯等方式造假，現正由EU執委會進行調查中，此乃因希臘政府經常刻意竄改財政數據，並利用換匯換利交易等方式巧妙地掩蓋實際債務，即使EU設有監督機構，在數據不真實之前提下，此監督機制亦形同虛設，EMU整合所要求目標亦未能充分發揮。到了希臘加入歐元區後，所使用與提出之數據仍經常互異或造假，例如希臘2009年度之赤字占GDP之比重：向EU執委會申報預估數為4.1%；被退回至PASOK執政後改為12.7%；後又修改為13.6%；而EU統計局2010年11月15日再更正為15.4%。此外，依據華爾街日報在希臘債信危機發生後報導略以，高盛銀行與希臘政府自1998年至2001年間已進行12次換匯換利。所謂換匯換利係指衍生性金融商品市場中用以管理匯率與利率風險，且雙方互相以等值而不同之貨幣所表示之資產或負債間之互換（Swaps）交易，亦即交易雙方以不同貨幣計算本金與利息，並以不同計息方式與約定匯率算出現金流量之互換。

（二）以換匯換利偽裝貸款，而隱匿公債數額

　　換匯換利(Cross Currency Swaps,CCS)係指衍生性金融商品市場中用以管理匯率與利率風險，且雙方互相以等值而不同之貨幣所表示之資產或負債間之互換(Swaps)交易，亦即交易雙方須以不同貨幣計算彼此間之本金與利息，並以不同計息方式與約定匯率算出現金流量之互換，其交易流程包括期初、期間、與期末3個階段。據說希臘2001年委託高盛銀行發行價值100億美元公債時，因當時歐元仍呈弱勢與走貶趨勢，乃以強勢外幣美元發行，亦即期初委託高盛銀行在歐洲債券市場(Eurobond Markets)發行100億美元公債(原應記載分錄：借方：現金100億美元　貸方：公債100億

美元)後，雙方卻透過下列通貨互換(Currency Swaps)：即期交易方面，希臘收到之120億歐元(將其偽裝為高盛對希臘之貸款，而隱匿公債數額)，乃上述100億美元公債，案簽約時即期匯率(1美元：1.2歐元)換算，然後希臘需同時付出該100億美元給高盛銀行(卻視為對高盛銀行貸款)；遠期交易方面，雙方按估算之期末匯率(1美元：1.12歐元)記載，希臘到期收到100億美元(亦即期末收回對該行之貸款)以備償債，並記載付出112億歐元買期末100億美元(視為期末應償付偽裝之該行貸款)。至於期間各次之應收、付之利息，雙方均按約定貨幣計算後支付給對方，因當時美元利率看升故以浮動利率收息(指收到上述希臘對該行之美元貸款利息收入)可增加利益；因歐元仍呈弱勢與走貶，乃以固定利率付息(指付給上述該行偽裝對希臘貸款之利息支出)可降低資金成本。到了期末契約到期，須先沖銷期初之遠期交易時，若市場匯率與事先約定匯率(1美元：1.12歐元)相同，則希臘向高盛銀行收回100億美元時，僅而支付112億歐元，因而有8億歐元之匯兌收益。此外，期末應償付100億美元公債本金與收回到期公債(原應記載分錄：借方：公債100億美元　貸方：現金100億美元)，惟因上述希臘隱匿公債數額，因而會私下進行償付100億美元公債本金，並收回到期公債。換言之，當年高盛銀行安排希臘發行美元公債之換匯換利，因能鎖定匯率與利率之風險後，不但可自期間每期收、付之利息賺取累計息差；而且可自公債到期之本金賺取巨額匯差，希臘則趁機將其改裝為貸款，而隱匿公債數額。

二、銀行造假並與國際禿鷹放空遭調查

(一)高盛轉而參與國際禿鷹狙擊希臘債信

據悉，當年高盛銀行安排希臘發行美元公債之換匯換利，因在整個換匯換利過程中，若能鎖定匯率與利率之風險後，可自收付利息賺取息差與自到期本金賺取匯差，雖然上述換匯換利之過程與內情均保密，惟據說

希臘發行該公債尚獲得大約10億美元之利益[70]。到了2009年11月高盛銀行曾要求新執政之PASOK重施換匯換利故技被拒，乃轉而參與國際禿鷹對歐元與希臘國家債信進行狙擊，反而變成打壓歐元與希臘債信之投機客。據悉，因高盛銀行曾參與國際禿鷹2010年2月8日齊聚紐約華爾街哈爾特（Hardt）經紀公司密謀放空會議有關。該會議後接著由過去曾與希臘密切搭配之高盛銀行，於當年2月11日發表一篇看空歐元之落井下石文章，並指責希臘預算赤字危機之嚴重性，既已削弱對歐元之信心；又增加市場對希臘債信危機之衝擊。依據希臘情報單位獲取當日參加聚會之名單皆係著名美國與英國之國際禿鷹，其討論內容並非一般資訊傳遞或普遍事實之評論，而係共商以特定價格放空歐元與希臘債券之非法行為。此一聚會已引起EU各國之共憤與美國政府之調查，EU領袖與官員亦均提出譴責與關切。

（二）EU 已對希臘換匯換利隱匿數據進行調查

依據希臘財政部之官方數據稱，2009年底政府負債已高達2，985億歐元（4，070億美元），已較1998年俄羅斯危機與2001年阿根廷風暴時所出現之赤字高出5倍以上，因而當時已被視為有史以來最大之主權債信危機。另據其他報導稱，希臘政府曾與15家證券商或金融機構擬定互換合約，而以換匯換利後之隱匿性貸款舉債與虛報數據，因而其他財政弱勢成員國亦仿傚而粉飾太平。上述報導再度顯示希臘為隱匿其政府債務而不擇手段，若其發行之公債數據另有隱匿，或其他財政弱勢成員國亦透過換匯交易隱匿公債，則對歐元區EMU整合之財政紀律必將造成嚴重後果。因此，在上述報導之後EU官員、成員國政府、與歐元區政壇均甚憤怒。德國梅克爾總理2月22日公開指責「希臘長年偽造統計數據，若真有銀行幫希臘政府作假帳，則係屬於貪污醜聞」，且認為德國人亦不願提供金援，以防落入這些幫忙做假帳的金融機構之口袋內。據悉，EU執委會與IMF均已派員進行調查，接受紓困之希臘是否有換匯換利隱匿數據之情形。

---

[70] 黃得豐，歐洲金融市場專題研究教材（頁86-87）。淡大歐洲研究所，未出版。

第五章
其它 PIIGS 國家發生債信危機原因

第一節　愛爾蘭房地產泡沫化破滅拖累銀行

壹、愛爾蘭之經濟與財政狀況之演變

一、曾與英國共創全球最先進之財經金融體制

（一）愛爾蘭被英國統治共同締造先進財經體制

　　西元前25世紀來自阿爾卑斯山北麓之古拉丁姆湖（Latem See，原大湖已乾只剩湖中心，在瑞士西北鄰近德國之諾夏特爾湖-Neuchatel See）之金髮原住民塞爾特人（Celts），在其Herstatt（今之奧國薩爾茲堡）文明（西元前800年至480年）期間塞爾特人就已散佈全歐，歐洲史稱西元前480年至250年爲「塞爾特歐洲」或「拉丁文明時期」），古希臘人稱其爲凱爾特人（Kelte），羅馬人稱其爲高盧人（Gaulois）[71]。西元前4世紀塞爾特人征服英倫三島之布列顛人後，愛爾尼斯（Irnis）部族在愛爾蘭居住並保有傳統拉丁民族之特色，後來不列顛被羅馬帝國征服與統治。爾後同屬塞爾特人之愛爾蘭人與蘇格蘭人（英格蘭人稱Celt爲蓋爾人），卻與由數批日耳曼人征服與統治後之英格蘭人無法和平共存，雙方長期互相爭戰，而自1171年以後愛爾蘭人開始被英格蘭人數度統治。惟後來英國自1760年至1850年爲全球最早進行並完成產業革命國家，且自17世紀末葉向荷蘭引進所有較爲先進之財經金融與其相關之典章制度並加以發揚光大後，乃建立全球最先進之貨幣制度，貨幣市場（包括先進之票券市場與拆款市場）、資本市場、金融業務（包括銀行、保險、與證券）、及對世界

---

[71] 黃得豐，「歐洲金融市場專題研究」教材，淡江大學歐洲研究所，未出版，淡水。

經濟提供三種服務：作為商業與運輸之中心、作為資本之來源、與作為全球清算國際支付之中心。到了19世紀初倫敦才取代阿姆斯特丹而成為全球最大國際金融中心之地位，並取代中國為全球最大經濟與生產國。一直到第一次世界大戰之前倫敦金融市場盛況空前，英國曾連續執世界財經金融之牛耳110餘年，而愛爾蘭均全程參與努力及共襄盛舉，並與英國締造全球最先進之財經金融體制。

（二）運用單一市場優勢而締造「塞爾特之虎」

愛爾蘭至1948年才正式脫離英國而獨立，目前為全球唯一使用拉丁文（塞爾特語）與英文並列為官方語文之國家，且其獨立後所有之財經金融均沿襲英國既有之法規制度，到了1973年尚隨英國加入歐洲經濟共同體（EEC）後，愛爾蘭乃全面改以EEC之典章制度為依歸。自1990年後其經濟成長較歐元區邊陲國家中之南歐國家幅度更大，且國內低通膨率與低公債利率甚至接近德國之水準。當時愛爾蘭成為全球領先經濟指標之一，且其教育體制、優惠企業稅率、政府協助行銷、與英語使用人口多，這使國內經濟環境十分吸引外資進入。隨著歐洲單一市場內部貿易障礙清除，連美國亦在愛爾蘭設立重要之製造、通路、與研發設備。這些投資對於愛爾蘭引進許多技術且使勞力市場多樣化。而勞動生產力欲研發技術，為刺激一國經濟發展之最主要關鍵。在歐洲單一市場成員之優勢下，國外直接投資（FDI）帶來大量資金、技術，而大幅提升勞動生產力，使愛爾蘭經濟成長有相當耀眼之表現[72]。換言之，1990年代後愛爾蘭經濟成長屢創新高，長期之失業問題亦獲得解決，跨國企業尤其是美國高科技業之大舉進駐，而使其國內競爭活動有了新的風貌，尤其自EEC（後來之EU）獲得之資源與市場，更成為影響經濟發展之重要關鍵[73]，因而乃被譽之為「塞爾特之虎」（Celtic Tiger）。

---

[72] Gavin Barrett,Brigid Laffan,Rodney Thom,Daniel C.Thomas,Ben Tonra,"Ireland's Futurein Europe： Scenarios and Implications",UCD Dublin,European Institute,12 November 2008

[73] 杜依庭（97年1月）。全球化下愛爾蘭經濟發展過程之研究。淡江大學歐洲研究所，新北市。

二、「塞爾特之虎」期間愛爾蘭財經表現亮麗

（一）加入歐元區後「塞爾特之虎」持續表現亮麗

　　愛爾蘭於1999年初因已符合參與EMU整合標準而加入歐元區，加入後十年內其金融業成長超過GDP之750%，為歐元區邊陲國家中成長最高之成員國。經濟成長率在1991年至2000年之平均數為7.7%（歐元區平均數2.1%）；2000年至2007年為3.9%（歐元區1.3%）。此外，愛爾蘭之政府負債亦大幅下降，諸如1974年到1985年之平均數為101.7%；1986年至1990年為94.2%；1991年至1995年為82%，而1996年至2000年為38.3%，且2001年後多在30%左右，為全歐最佳國家之一。換言之，其自1994年至1999年5年間之經濟成長55%，為其他EU會員國平均數之5倍，2000年成長11.5%，並持續維持高成長率。至於其失業率則由1987年之17%下降至2001年之4%；同期之政府負債則由112%降為33%。惟因經濟發展展亦帶動房地產飆漲與物價上漲。在加入歐元區之前，國內經濟已呈現快速成長，採用歐元後，ECB之利率水準又較原先國內利率更低，

（二）經濟過度膨脹且房地產已嚴重泡沫化

　　據悉，1996年至2007年間經濟成長率平均為7.2%，而同期之房地產價格卻飆漲3至4倍，且房地產在GDP中之比重已由5%倍增至10%，其從業人員亦倍增至13.3%。在經濟過熱之情形下，資金開始移往房地產，根據IMF估算，愛爾蘭1999年至2006年房地產成長了90%。至於物價上漲方面，2002年至2008年間通貨膨脹率之平均數為2.87%（歐元區平均數為2.37%），而其單位勞動力成本卻自2001年至2008年提高34.55%，遠較同期之歐元區平均數10.08%為高，因而已嚴重影響其經濟進一步發展之競爭力。換言之，自1995年至2000年，愛爾蘭之經濟發展程度已高達每年平均9.6%水準，而2005年愛爾蘭國內實質利率更是低於德國水準。經濟快速發展下，使愛爾蘭國內薪資成長幅度為歐元區整體平均值之5倍，1999年至

2008年國內實質利率成長36%，而同期邊陲國家國內實質利率平均漲幅為13%，使愛爾蘭經濟持續往過度膨脹之趨勢前進。

貳、遭受金融海嘯與歐債危機衝擊後之演變

一、房地產泡沫化破滅拖垮銀行導致危機

（一）金融海嘯衝擊後泡沫經濟遭受重創

愛爾蘭於1999年初加入歐元區後「塞爾特之虎」持續表現亮麗，綜上所述，1999年至2006年房地產成長了90%、經濟快速發展下薪資成長幅度為歐元區整體平均值之5倍、與1999年至2008年國內實質利率成長36%等。2008年金融海嘯衝擊，使全球陷入財金危機與經濟衰退，各國均須以擴張性財政政策挽救金融與經濟。而愛爾蘭之泡沫經濟遭受重創而破滅後，房地產價格立即暴跌50%致金融體系徹底崩潰，除了遭遇流動性與資本適足性之問題外；尚須承擔鉅額之房地產貸款之壞帳。此外，民間銀行之存款亦大量流失或下降，因未雨綢繆之存款人怕其銀行帳戶突然遭受凍結，乃紛紛匯至其他安全地區或轉換為英鎊，而改以銀行轉帳或金融卡提款方式處理。至於愛爾蘭之銀行在此次危機後約損失約為GDP之20%，而銀行壞帳一直侵蝕政府財政致背負鉅額之負債。

（二）放任房地產狂飆泡沫化而遭金融海嘯重創

由於「塞爾特之虎」期間愛爾蘭放任房地產價格狂飆與過度擴張，在遭遇金融海嘯後即迅速破滅與崩潰，因而造成愛爾蘭為歐元區成員國中第1個經濟衰退與債信危機國家，其銀行危機亦成為該國金融史上最差之時刻[74]。其經濟狀況亦轉趨惡化，諸如2008年之經濟衰退2.3%，2009年之失業率跳升至11.9%、赤字14.3%、與政府負債77.4%等，導致其債信下滑且市場對其喪失信心。雖然其政府之「清除壞帳架構」已積極處理銀行

---

[74] 楊雅惠（2010 年 12 月 28 日）。愛爾蘭楷模為何不再？工商時報，A5 版。

危機，惟德、法領導人在2009年11月仍表示，類似金融危機不要指望納稅人承擔全部救助成本，而私人投資者（銀行）亦須接受簹減（hair cut）[75]而折算面額，以軟違約方式共同承擔損失。而都柏林大學之摩根凱利（Morgan Kelly）教授則認為愛爾蘭已由「塞爾特之虎」變為「麻煩建築師」（Bob The Builder）。

二、愛爾蘭債信危機造成動盪而接受紓困

（一）債信危機已不斷造成市場之動盪不安

雖然愛爾蘭政府在2009年12月已先行「自我紓困」，而就公部門減薪15%等措施欲撙節40億歐元，惟此種內部貶值（inter debase）對於改善其財政與減少赤字之成效卻仍然有限。此外，其財經發展又每況愈下，3大信評公司自2010年初以後連續調降愛爾蘭信評，不斷造成金融市場之動盪不安，而EU之銀行對愛爾蘭之貸款，及購買公債與其他債券之曝險金額高達4,800億歐元。復因愛爾蘭政府一直堅拒紓困以免被其國人罵為「喪權辱國」，乃使金融市場更加風聲鶴唳，而已連跌13日之10年期公債，其殖利率2010年11月23日卻已飆高至8.89%；與德國相同公債之利差亦高達5.75百分點。當天EU五大經濟體之財長緊急協議後，宣稱「EU將對愛爾蘭紓困援助」，惟愛爾蘭政府仍拒絕接受EU與IMF提供之紓困貸款。

（二）愛爾蘭成為第二個接受紓困之歐債國家

經過德、法兩核心成員國對愛爾蘭施壓，要求提出接受紓困之條件為撙節措施（其主要內容包括：調升在歐元區已算是最低之12.5%營業加值稅（VAT）稅率、每戶加課財產稅、開徵富人稅、與擴大銀行收歸國有之規模等）。因愛爾蘭堅持不調高VAT稅率，而改以「增稅」為條件在11月16日接受EU與IMF紓困。11月28日EU財長會議通過對愛爾蘭提供850億歐元紓困貸款，平均利率5.8%且可存續7年期間。同年12月18日Moody's以愛

---

[75] 林建山（2009 年 11 月 23 日）。愛爾蘭危機可能掀起全球新風暴。經濟日報，A4 版。

爾蘭恐無力償還紓困貸款，並以各項財經狀況迅速逆轉爲由而連續調降5級信評（由Aa2至Baa1），其使外溢效果（spillover effect）不斷擴大，並把負面效應迅速之其他歐元區成員國。至於愛爾蘭財政狀況演變仍欠佳，赤字方面2010年（9.7%）、2011年（9.4%）、與2012年（8.9%）；政府負債方面2010年（61.5%）、2011年（69.3%）、與2012年（86.1%）。

第二節　西班牙銀行危機與勞工結構性問題

壹、西班牙之經濟與財政狀況之演變

一、曾締造拉丁文明與全球最大殖民帝國

（一）曾締造拉丁文明後併入德皇哈布斯堡家族

　　來自亞、非黑髮之伊比利人（Iberos）與中歐金髮之塞爾特人自古即大舉侵入狀如「巴掌」（即塞爾特語之Span）之伊比利半島，後來演變成塞爾特伊比利人（Celtiberos）並共同締造拉丁文明[76]。早在西元前600年左右控制今之西班牙商業與航運的迦太基人（Carthage）已開始流通貨幣，而與希臘各別苗頭，並促進地中海地區之商業發展。後來迦太基人佔領伊比利半島，並據以與羅馬帝國進行數百年之長期戰爭，當時雙方均有歐洲最發達之商業文明。最後羅馬戰勝將伊比利半島劃爲3個行省，其地位等同於義大利半島。西元409年後數批日耳曼人入侵並佔領，且西元711年後北非回教徒白衣大食入侵，並統治至西元1492年撤離格瑞那達後才結束統治，原建立幾個王國最後統一爲西班牙王國。到了15世紀末葉至16世紀初葉，德皇哈布斯堡家族透過幾次政治婚姻變成歐洲超強。此又應朔及1477年勃根地（Burgundy，今之荷、比、盧、及法國東部法蘭哥伯爵領地之亞爾薩斯與洛林地區）女王Maria嫁給德皇馬克西米倫一世（Maximillian I）

---

[76] 黃得豐，「歐洲金融市場專題研究」教材。淡江大學歐洲研究所，未出版，淡水：新北市。

而併入神聖羅馬帝國（德意志第一帝國）。其子菲律浦一世（Philippe I，西西里王）1496年娶西班牙女繼承人璜娜（Joana），惟均因病早逝而由其子卡洛斯一世（Carlos I）於1517年自其外祖父母（即天主教二王）接任西班牙王（即查理五世）；1519年神聖羅馬帝國皇帝選舉時，西王與教皇亞歷山大六世全力支持之法王法蘭西斯一世（Francis I）激烈角逐，最後選贏法王而自其祖父接任德意志第一帝國皇帝（即卡爾五世）；並自其祖母接任勃根第王與擔任其已故父親遺留之西西里王。而擁有全歐洲最龐大帝國之卡洛斯一世，卻仍定都在渠自幼之成長地--前勃根地首都布魯賽爾，且當時實爲德皇哈布斯堡家族之全盛時期。

（二）曾締造全球最大金融中心與殖民帝國

在上述神聖羅馬帝國皇帝選舉期間，法王法蘭西斯一世爲增強選舉籌碼，乃擅自向德國占領義北金融最先進之倫巴比地區，卡洛斯一世接任德皇後，已於1522年自法國奪回惟卻改併入西班牙領地，並賦與熱那亞（Genua，數世紀以來即控制西地中海之航運、貿易、商業、與金融，其航海家亦曾助葡、西發現發現新航路與新大陸）取得貿易融資、海上保險、匯兌、與美洲銀礦產銷等特權。同年德皇尙頒佈「匯票須以黃金匯付」敕令，而使熱那亞掌控全歐之銀行匯兌與票券市場，並以1592年設於米蘭之全球最早央行Saint Ambrogio銀行以劃撥轉帳（GIRO）方式，首創全球最早之拆款市場業務[77]。至於債券交易仍循15世紀在首都西郊布魯日（Brügge）創辦Van den Burse證交所之方式進行買賣。因此，當年德、西之金融與銀行體制完全相同，熱那亞爲全球最大金融中心。惟爲抵抗來自土耳其之鄂圖曼帝國入侵，德、西乃於1556年分家，德皇由皇弟斐迪南一世（Fidinand I）接任並遷都維也納；西王由皇子腓律浦二世（Philippe II）接任，1561年才由布魯塞爾遷往新都馬德里，而勃根第、義大利半島、美洲、北非與亞洲（西元1494年葡、西約定呂宋群島歸西班牙，1527年賜給剛出生之德皇太子菲律浦二世，乃按照其名字改爲菲律濱群島）之

---

[77]黃得豐，「歐洲金融市場專題研究」教材。淡江大學歐洲研究所，未出版，淡水：新北市。

殖民地仍歸西班牙統治。換言之，哈布斯堡家族之西班牙王在16世紀已締造全球最大之殖民帝國，且西班牙以熱那亞掌控全球金融盛世70年而富甲天下。惟自16世紀末開始沒落後，其金融卻由自西班牙獨立之荷蘭全盤承受或接收，荷蘭因而成為17世紀全球最強大之殖民帝國。

二、獨裁統治結束後加入 EEC 與 EMU 整合

（一）獨裁統治使勞工制度最僵化與無競爭力

1933年西班牙君主體制垮台，經慘烈內戰後由佛朗哥（F.Franco）長期獨裁統治，因而把勞工市場分為正式員工與臨時員工2大塊，對前者之保護程度已達到荒謬境界，而不易對其解僱或減薪；對後者之管理鬆散，每逢財經狀況惡化，即成為高失業率而接受政府財政補助之一群員工，此一勞工市場之結構沿襲迄今，並使西班牙在歐元區勞工市場特有之勞動僵固性（Labor Market Rigidity）與雙元勞動市場（Dual Labor Market）現象，因而造成其勞工市場結構性問題而較無競爭力。1975年佛郎哥去世後西班牙國王登基，政治乃開始大轉型並於1986年加入EEC參與整合。1999年初西班牙在加入歐元區之EMU整合後，國內經濟型態逐漸轉移至非貿易部門，包含房市、政府服務、與市場服務等。自2000年以來其單位勞力成本成長超過30%，若與德、美、及日相比，因德國之國內名目薪資（nominal wage）與勞動生產值呈現同步發展，而若以歐元價值計算則比美國及日本較為降低20%。由此觀之，西班牙在國際市場中之競爭力已經明顯不足[78]，原屬較小規模之製造業，在非貿易部分快速成長下更加萎縮，僅佔西班牙GDP之4%。

（二）加入歐元區後房地產泡沫化並增加支出

加入EMU之歐元區10年內，西班牙房地產之價值增加超過一倍，

---

[78] Uri Dadush and Vera Eidelman, "Can Spain Overcome The Aegean Flu?", International Economic Bulletin, 6M ay2010.

2006年達到高峰時之營造業產值高達GDP之17%，大部分房市買主則為外國人，由此可知西班牙房地產之泡沫化，乃源自國外資金大量湧入。此外，西班牙如同多數歐元區成員國，採用歐元後國內利率大幅降低與歐元較為穩定，乃刺激國內需求快速成長並拉高通膨率。ECB之貨幣政策對於景氣過熱之西班牙而言反而過於寬鬆，乃加劇景氣過熱之現象。需求大增使非貿易活動價格大於貿易活動，勞工薪資快速成長，超過相對應勞動產量應有之價格。工資成長快速，在2000年西班牙每小時勞力成本，持續高於其它歐元區成員國之薪資成長速度，西班牙薪資成長速度為年增率1%。在房地產泡沫化之情形下，政府稅收遠超出預期收入，使西班牙政府在2005年至2009年間大幅調升政府支出額度，佔GDP之7.5%，但在鉅額稅收之助力下西班牙政府有能力控制公債對GDP比重為歐元區最低之國家，且西班牙政府在過去10年內將許多資金投入擴大政府編制，亦造成西班牙生產力表現疲弱。

貳、泡沫化破滅危機與接受紓困後之發展

一、金融海嘯衝擊與歐債危機後財經演變

（一）西班牙加入歐元區前、後之發展

　　雖然西班牙自加入歐元區後國內經濟以年增率1%速度成長，然而2000年至2008年間國內總要素生產率則呈現停滯狀態。此現象係由於西班牙政府對於生產要素投入不足，包括勞工技能未提升、產業技術不足、研發投資不足、勞力、服務市場相對競爭力落後、企業文化發展不良、高行政負擔、與整體商業環境不佳等因素，此亦說明為何西班牙勞動生產力低落之原因[79]。由與西班牙勞動市場結構性問題嚴重，其失業率在2000年即

---

[79] A.Estrada,J.F.Jimeno and J.L.Malode Molina,Bancode España"The performance of the Spanish economy in EMU：the first ten years"in Juan F.Jimeno edt Spain and the euro-The first ten years,Bancode España,Madridp.98,27 February 2009.

高達10.8%（歐元區平均數8.2%），因而其2001年至2008年勞動力之平均
成本為16.49%（歐元區平均數10.68%），當時僅次於愛爾蘭與希臘，似
已透露其經濟競爭力正在迅速減弱。此外，加入EEC後均能全力配合轉型
與發展，因而經濟成長尚佳，其GDP成長率在1991年至2000年期間平均為
2.8%，加入歐元區後2000年至2007年為3.0%，較同期歐元區平均數1.3%
為高。其2000年至2007年之經常帳為赤字5.3%（歐元區平均數－0.5%）、
通膨率2002年至2008年為3.33%（歐元區平均數2.37%）、財政預算方面
2002年至2007年為盈餘0.63%（歐元區赤字平均數2.2%），為當時歐元區
13成員國當中與愛爾蘭及盧森堡同為財政狀況較佳者。

（二）西班牙房地產泡沫化破滅發生金融危機

西班牙長達10年之房地產泡沫化，因2008年金融海嘯之衝擊而崩盤
與破滅，並拖垮公營儲蓄銀行（Cajas）而引發金融危機。而2009年之失
業亦跳升至18.1%（歐元區9.4%），西政府須挹注大量財政支出救急，因
而預算由過去之盈餘變成2009年赤字11.2%，2010年仍高達9.7%。據悉，
銀行對房地產融資4，540億歐元，惟須承擔1，850億歐元之壞帳，因而西
班牙出現60年以來最大之經濟衰退。為迅速妥善處理銀行危機，西班牙
於2010年成立「銀行重建與有秩序基金」（FROB），而把壞帳狀況最嚴
重之公營儲蓄銀行（Cajas）由45家整併為17家。因此，西班牙政府為穩
定市場並保護銀行業，乃於2011年8月12日宣佈未持有證券之國際禿鷹，
禁止透過CDS對16家大銀行無券放空至少15天。此外，2012年5月9日提出
「銀行業改革方案」，包括要求銀行在當年提列540億歐元壞帳準備，與
350億歐元之覆蓋準備，並參照愛爾蘭面對銀行危機所提出之「清除銀行
壞帳架構」。另外，同年5月21日國際金融協會（IIF）指出：西班牙銀行
業之房地產壞帳損失恐逾2，600億歐元，目前至少須花600億歐元才能防
杜系統性風險。

二、提出撙節措施接受紓困及其後續之發展

（一）提出撙節措施與改革接受紓困以挽救危機

西班牙勞動市場結構性問題原因甚為嚴重，因其工資水準由1999年加入歐元區開始至2008年為止已上升36%（同期德國才上升3%），對外競爭力早已完全喪失。由於歐債危機蔓延後情況日趨嚴重，西班牙政府乃積極尋求改革，除於2012年1月27日通過改革勞動市場方案，把正式員工資遣費大量縮小，與增加聘僱青年之減稅優惠等之外；尚於同年4月20日公布「教育與醫療保健改革方案」，從醫療保健與教育改革計劃撙節100億歐元。此外，同年9月尚通過500億歐元之緊縮預算案，以平衡其當年度之預算案。至於西班牙之政府負債占GDP之比率2010年為57.2%，2011年第1季為65.2%，乃1997年以來最高之紀錄，而歐元區平均數85.1%卻遠比西班牙更高。此外，經濟成長又持續惡化，諸如2011年第3季零成長、第4季與2012年第1季均衰退0.3%、與第2季衰退0.4%。換言之，西班牙已經2次經濟衰退，市場對其公債逐漸喪失信心，而ECB以購買公債方式援助西班牙，至2011年4月中旬就已高達2，701億歐元。由於其失業率在2012年中就已高達25%，又因發債成本偏高且可能隨時會引爆更大危機。因此，歐元財長會議乃於同年5月9日聲明「同意對西班牙之FROB挹注1,000億歐元資金，用以重建問題嚴重之銀行業」。雖然西班牙已成為歐債危機發生後第4個接受紓困之成員國，惟因其財政結構尚健全，且紓困金限用於處理銀行危機，故並未要求提供撙節措施作為紓困之條件，6月Fitch大砍信評後殖利率再度上漲，7月23日曾飆高至7.59%之最高紀錄，而西班牙為挽救銀行危機在2012年8月即已動用600億歐元之紓困金。

（二）接受紓困貸款後西班牙金融危機之發展

由於西班牙之房產泡沫化遭金融海嘯衝擊而破滅，並造成銀行鉅額呆帳與危機，政府為挽救銀行而致財政惡化且每況愈下。此外，金融海嘯

肆虐後IMF等機構已要求各國加強金融安全網（係指綜合央行、金融主管機關、與存保機構間之穩定金融安全功能）與銀行應全面推動作業風險管理（ORM）為基礎之整合型風險管理（IRM），始可因應與防杜金融危機。西班牙迄今仍由西央行兼任主管機關，乃因而一再低估銀行危機之嚴重性。另外，雖然西班牙之存保機構均由民營商銀、公銀儲銀、與合作銀行等3大銀行集團之公會分別設立之存保基金辦理，惟卻僅提供最高100,000歐元之「限額賠付」。至於銀行經營方面，3大銀行集團之總分行家數約42,000家，惟公營儲銀民營化尚未徹底，由政府公股行使權利之黃金股（Golden Shares）仍高達13%[80]，顯示其公營儲銀之民營化與企業化之不足，又因地方政治人物操控公營儲銀業務，乃有對特定對象房貸高達120%之現象，因而深受房貸崩盤之禍害[81]。此外，由於歐債危機再度被國際禿鷹嚴重狙擊而重挫全球股市，並已籠罩全球之金融動盪不安，進而衝擊經濟之復甦與發展，為穩定證券市場並保護銀行債券，西班牙乃於2012年7月23日宣佈未持有證券之投資人（如國際禿鷹），禁止透過CDS無券放空各種債券3個月，其對阻止國際禿鷹狙擊之成效尚佳[82]。

第三節　葡萄牙與義大利肇因於財經惡化

壹、葡萄牙之經濟與財政狀況之演變

一、曾為全歐最富饒國家最後加入 EEC 整合

（一）發現新大陸並曾締造全歐最富饒國家

葡萄牙祖先多為塞爾特人且多住在伊比利半島北邊所謂之「加

---

[80] 于婷（2011 年 6 月月 15 日）。歐盟國家黃金股－特別權利之研究。淡江大學歐洲研究所碩士論文，

[81] 黃得豐（2012 年 6 月 15 日）。從德、西歷史恩怨探討西班牙銀行危機。工商時報，A6 版。

[82] 黃得豐（2012 年 7 月 31 日）。從義、西禁止 CDS 無券放空探討歐債危機。工商時報，A6 版。

里西亞」（在Lusitania高原以北地區）上，故又稱爲盧西塔諾人（Lusitanos），並逐漸與伊比利人演變成塞爾特伊比利人，共同締造拉丁文明。後來先後經過迦太基人、羅馬人、日耳曼人、與白衣大食回教徒之入侵與統治，至1492年趕走回教徒後把1318年以來之葡萄牙伯爵改爲王國。葡萄牙人在西元15世紀時，曾因航海技術獨步全歐而發現新航路，並擁有許多殖民地且把黃金般回歐洲，而曾締造全歐最富饒國家[83]。後來因西班牙崛起，而與葡萄牙激烈爭奪新發現之殖民地，教皇亞歷山大四世乃於西元1494年邀兩國國王各自搭其船艦，在大西洋上會合訂定拖得西拉斯（Tordesillas）條約，以國際換日線（CapeVerde綠角群島）以西370海哩爲分界線，劃分兩國海外殖民地之勢力範圍：東半球新發現者除呂宋群島以外歸葡萄牙；西半球新發現者除巴西以外歸西班牙。其中與我國有關者，乃葡萄牙根據該條約橫行東半球，15世紀末因發現東台灣盛產沙金，其船乃擅自駛進葡語所謂之里約.度耶路（即黃金港，在花蓮溪出海之舊花蓮港，後因天災已沉沒海底），洽原住民協助掏金，因讚賞高山壯麗乃以Formosa稱呼台灣，當時使用之里爾（Real）貨幣，爲荷蘭後來佔領台灣時期沿用。該項掏金工作至16世紀後交由來自菲律賓之西班牙人接辦，葡萄牙於1535年進入澳門，而西班牙於1624年佔領北台灣（1642年被荷蘭人驅逐後退返菲律濱群島）。上述葡、西兩國間之關係似甚密切，此乃由於1580年西班牙國王腓力普二世以其母后（德國卡爾五世皇后）爲葡萄牙人而將其合併，至1640年葡萄牙才脫離西班牙而獨立爲葡萄牙王國迄今。而當葡萄牙與後來獨霸全球之西班牙陸續沒落後，其政治與經濟發展狀況大致相仿，諸如兩國均於1986年共同進入EEC，並均參加後來EU之各項整合，兩國亦均參加1999年初之EMU整合而進入歐元區，後來兩國又均發生債信危機，而成爲PIIGS國家並先後接受紓困援助。

（二）加入 EEC 後至進入歐元區前之財經狀況

　　葡萄牙加入EEC後其典章制度悉依EEC之規定，經濟發展已較以前更

---

[83] 黃得豐，「歐洲金融市場專題研究」教材。淡江大學歐洲研究所，未出版，淡水：新北市。

為開放與先進,並可以EEC與後來之EU會員國同步發展。葡萄牙在加入歐元區之EMU前、後期間,國內經濟成長率高達4%,成為區內高度成長國家之一,成長率超出歐元區平均成長率3%。加入貨幣同盟之後,國內利率大幅下降,從1991年至1995年間之12.3%下降至1996年至2000年間之6%,同時配合國內擴張性財政政策,刺激國內需求急速增加,但供給面卻無同步增加[84],在供不應求之情形下,葡萄牙較區內其它國家更早面臨競爭力衰退情形。受利率下降影響,1995年至2000年間葡萄牙私人儲蓄下降程度約佔GDP的7%,1990年至2002年間家計部門與非金融部門負債增加GDP比重兩倍。外國借款佔金融消費與投資比重,經常帳赤字從1995年接近平衡狀態攀升至2000年的-9.0%。而葡萄牙對外貿易上,由於產業發展過於側重在低生產技術、成長緩慢之產業上,這些產業大部分移往亞洲新興經濟體,使葡萄牙出口貿易逐年下降[85]。隨著國內勞力市場緊縮,1995年至2002年間工資成長率高於歐盟平均值的2倍,以年增率6%上漲。單位勞力成本上升使實質有效匯率(REER)跟著提高,造成出口不利、FDI減少。以葡萄牙國內人力資源組成觀察,32%為農業人口,僅9%的人口接受高等教育,而政府投資在研發技術成本僅GDP的1%,整體投資環境不具外資吸引力。

(三)進入歐元區後仍受經濟結構性問題影響

1999年參加EMU整合而進入歐元區後,ECB共同貨幣政策之利率常不利於葡萄牙經濟發展需要,使國內房產投資下降並影響GDP成長,國內通膨率開始下降,經濟榮景開始冷卻。2001年至2007年間葡萄牙國內家庭消費年增率僅為1.5%,低於其它邊陲國家在同期之3%-5%,2001年至2008年間其GDP平均成長率僅0.8%,因受到國內需求減少影響,其2008年至2009年間之GDP又再緊縮2.7%[86]。因此,葡萄牙過去10年之經濟發展,仍

---

[84] Orlando Abreu,"Portugal's boomandbust:lessons for euro newcomers",Volume 3,Issue 16,ECFIN Country Focus,22 December 2006.

[85] Shimelse Ali,"Portugal's Growth Challenge",International Economic Bulletin,13 May 2010.

[86] Portugal,Euro Challenge,2011 Availabe from:<www.euro-challenge.org/doc/Portugal.pdf>

受到經濟結構問題影響，及ECB共同貨幣政策所帶來之不利衝擊，整體經濟競爭力越趨弱化。尤其在對外貿易上，持續經常帳赤字降低GDP成長率表現。其經濟成長率在1991年至2000年之平均數為2.7%，而加入歐元區後之2000年至2007年之平均數降為0.7%（同期歐元區之平均數為1.3%）。其失業率2000年只有4%，遠低於歐元區平均數9.2%；通貨膨脹率為2.68%（歐元區平均數為2.37%）；經常帳盈餘2000至2007年之平均數為-9.7%（歐元區平均數為-0.5%）；預算赤字為3.67%（歐元區為2.37%）。此外，葡萄牙之經濟結構性問題方面，尚有與希臘共同相同之低生產力、人口老化、政府負債累累、及企業與消費者債務纏身等問題。

二、金融海嘯之衝擊與歐債危機後之演變

（一）財經狀況迅速惡化但又堅拒紓困援助

金融海嘯後葡萄牙立即遭受衝擊，政府負債立即高達GDP之80%，赤字方面在過去10年CU執委會曾3次警告赤字已超越GDP之3%上限，2008年已拉至3%以下，惟金融海嘯後卻跳升至9.3%。而2010年2月2日希臘財長點名下個面臨財政困難之成員國為葡、西之後，葡萄牙公債乃成為國際禿鷹放空之對象，因其2009年之財經狀況迅速惡化，投資人一再要求提高公債利率才願投資，殖利率乃迅速攀升，其10年期公債殖利率2010年1月10日已高達7.56%。又常遭受希臘與愛爾蘭債信危機之溢出效果所衝擊，Fitch信評公司於2010年3月23日以其2009年赤字為9.3%（原估6.5%）與財經表現惡化為由，調降信評1級（由AA降至AA-），此乃Fitch自1998年以來首次對葡萄牙調降評等，另2家信評公司則於2009年先後調降其評等，葡萄牙財長隨即表示，將會積極削減支出與減少赤字。到了同年4月初又須面對ECB調高利率之衝擊，此乃由於葡萄牙之家庭與企業負債佔GDP之330%而為全歐最高，任何升息均會影響房貸利息走高等環節而影響經濟發展。雖然2011年3月23日葡萄牙國會否決申請紓困之撙節措施案，到了4

月初因遭受不斷歐債危機之衝擊已撑不住了，原堅持不接受紓困援助之葡萄牙4月6日改變態度而願意接受紓困，其總理蘇格拉底（Socolates）乃辭職，而由臨時政府於4月7日向EU求援。

（二）葡萄牙成為歐元區第三個被紓困之成員國

2010年12月1日葡央行警告：政府若大幅削減赤字則銀行業恐將面臨無法忍受之系統性風險，因而銀行業應迅速補足資本因應，ECB乃擴大干預金融市場，加碼買進葡萄牙公債應急。到了2011年5月3日EU與IMF達成協議，同意對葡萄牙提供780億元之紓困貸款。而葡萄牙新政府為達成對EU與IMF之紓困貸款協議，同意確實執行「財政改革計劃」，以使財政狀況逐步恢復正軌，並力求經濟平衡發展以促進成長與創造就業。此外，放棄興建連結西班牙之高速鐵路（造價39億歐元），且將進一步將航空公司與電視台民營化，並出售電力公司股份。到了同年7月5日Moody's信評公司卻以「擔憂步希臘後塵會再尋求第一次紓困」為由再調節葡萄牙評為垃圾級（由Baa1降至Ba2），乃引起EU執委會與PIIGS國家痛批信評公司火上加油，且會使歐債危機更為擴大與升高。

貳、義大利之經濟與財政狀況之演進

一、古羅馬統治全歐且財金先進最後參加 EEC

（一）早期義大利半島之金融與經濟曾領導全歐

西元前14世紀移往羅馬定居之人稱該地為拉丁姆（Latem），西元前13世紀特洛伊屠城戰後倖存船民在臺伯河登陸，與拉丁努斯人共處，亦自稱是拉丁人。到了西元前753元羅馬建國於義大利半島後仍對掌控意大利半島之伊特拉斯坎人不斷爭戰，最後才逐漸強大，全歐洲之阿利安（Aryan）族之金髮原住民除東北部日爾曼人得以倖免外，其餘散佈全歐之拉丁人（羅馬人改稱其為高盧人）各部族，至西元前1世紀幾乎已與黑

髮之希臘人、迦太基人、與其他地中海人等，全部被羅馬人征服。因此，隨著羅馬商船航行整個地中海與緊鄰之亞、歐、非港口，而使經濟與商業規模逐漸大型化，亦即羅馬人已繼承希臘人之全部金融業與投資業務，並加以發揚光大。最強盛時曾統治橫跨歐、亞、非三洲，惟後來為因應日耳曼人入侵而於西元395年分裂為，以米蘭為首都之西羅馬帝國；以君士坦丁堡為首都之東羅馬帝國。前者於西元476年被日耳曼人（即史稱「兇悍之倫巴底人」）滅亡後即長期陷於分裂，惟不論是橫跨義大利（東北部）與巴爾幹（西北部）兩半島之威尼斯共和國（全係亡國時逃難之羅馬人，後由東羅馬帝國保護），或由德意志第一帝國皇帝名義統治，而由倫巴底人建立之義北12個商業城邦，在中世紀期間其金融與經濟曾領導全歐，且在12世紀時義大利半島東北角之威尼斯，已產生全球最早之蒙特維克（Monte Vecchio）銀行，約在同時在該半島西北角之威尼斯宿敵熱那亞亦產生坎培拉（Compera）銀行；佛羅倫斯則產生全球最早之交易所（佛羅倫斯交易所，以商品交易為主），該銀行與交易所當時立即遍佈全歐重要商業據點[87]。到了1796年拿破崙入侵建立「義大利王國」後，才首度統一並出現以義大利為國家之名稱，後因拿破崙戰敗被俘義大利半島又歸還奧地利，因而仍由奧地利皇帝主導之「德意志邦聯」繼續統治。

（二）義大利獨立後至 EMU 整合前之財經狀況

1861年義大利宣佈獨立後極力向北德強邦普魯士王國靠攏，因而1864年普、奧戰爭後普魯士王國將威尼斯當作戰利品送給義大利王國，到了1871年普、法戰爭後戰敗之法國將最後一批法軍撤走後，義大利王國才獲得真正之統一，並在德意志第二帝國（原普魯士王國）支撐下成為列強之一[88]。到了第二次世界大戰結束法西斯戰敗後，義大利才真正走向民主國家，並加入EEC之各項整合。因此，曾在1958年至1963年期間創造「義大利經濟奇蹟」，後因遭遇石油危機與通膨衝擊而減緩成長，惟尚能全力

---

[87] 黃得豐，「歐洲金融市場專題研究」教材。淡江大學歐洲研究所，未出版，淡水：新北市。
[88] 黃得豐，「歐洲金融市場專題研究」教材。淡江大學歐洲研究所，未出版，淡水：新北市。

配合EEC整合而逐一渡過難關。自1993年6月阿瑪托（G.Amato）政府上任後，曾對財政大力改革，並說服國會大減政府支出、增加稅收、延長退休年齡（男至65歲；女至60歲）、與重設退休金比率為終身所得之2%。此外，尚簽署「工資調整協議」，使工資上漲率與通膨率持平、削減雇傭成本與加強工人培訓等。義大利之預算赤字乃由1990年占GDP比重之11.1%，逐年下降至1996年之7.1%，與參加EMU整合前之2.7%，而符合不得逾GDP之3%限額規定。

（三）義大利參加 EMU 整合前、後之財經狀況

　　義大利在加入歐元區之EMU後，國內利率下降造成消費者支出與房價大幅上升，惟單位勞力成本卻在2000年至2009間年上升32%。因國內工資上漲又面臨勞動生產力停滯，乃造成相當嚴重之競爭力衰退現象，義大利自採用歐元以來，經濟成長率逐年下降且出口競爭力逐漸落後。而根據研究指出，義大利之總要素生產率（TFP）下降可解釋經濟成長率低迷之原因[89]。1995年至2005年期間經濟成長年增率僅1.3%，其中2000年至2004年期間係呈現逐年下降0.5%。造成此現象之原因在於義大利存在許多經濟結構性問題[90]，包含勞動市場僵固性與勞動市場雙元現象[91]、平均為小型規模企業、不完整與過多法規限制、公共服務不足、通訊交通能源能等骨幹網路不足、及國家發展重南輕北等。根據EU執委會研究報告，1998年至2008年間義大利商品、服務出口成長十分緩慢，失去原來出口市場之佔有率。此外，加入歐元區後其2000年至2007年之平均赤字3.22%，較歐元

---

[89] Uri Dadush,Vera Eidelman,"Is Italy the Next Greece?",International Economic Bulletin,20 April 2010.

[90] Ibid.

[91] 「雙元勞動市場理論」之主要論點為勞動市場係由兩個或更多個很少相互流動部門所組成，因而產生勞動市場間區隔化之現象，並將勞動市場區分為主要勞動市場（primary labor market）及次要勞動市場（secondary labor market），其間之差異主要是工作特徵不同，主要勞動市場中的工作者通常擁有有良好之工作環境及條件、工作規則制度化且具申訴機制、與有較多晉升機會，同時經常有強大的工會力量保障，反之亦然。詳見曾敏傑、徐毅君，「勞動市場結構與失業現象的關聯」，第四卷，第二期，台灣社會福利學刊（頁49-96）。

區平均數2.22%爲高。至於經濟表現方面，1991年至2000年之平均GDP成長率爲1.6%，而進入歐元區後在2000年至2007年GDP平均成長率卻只有0.3%，亦低於同期歐元區平均數2.1%。另外，失業率則由2000年之10.2%（歐元區平均數8.2%）降爲2009年之7.6%（歐元區平均數9.4%）。

二、金融海嘯衝擊與歐債危機後之狀況

（一）金融海嘯衝擊後財經狀況轉趨惡化

　　2008年金融海嘯後歐、美主要國家經濟陷入衰退，各國須以赤字預算財政挽救經濟，復因近年來義大利經濟之基礎結構僵化，而缺乏競爭力與財政狀況欠佳，因而2010年4月底已被國際禿鷹納入債信危機偏高而成爲CDS之炒作對象，亦即義大利已經被希臘債信危機拖累，並成爲PIIGS國家之成員，且其財經狀況逐漸惡化。此外，由於經濟持續衰退而失業率亦不斷提高，2009年只有7.6%，2010年11月已提高至8.6%，且30歲以下青年有25%未能就業或受訓。財政方面因政府負債不斷攀高，至2009年已高達115.8%；赤字已達5.3%，均高於加入EMU整合規定之上限（GDP之60%與3%）。有鑑於義大利爲歐元區第三大國，其財金危機之演變攸關全球財金之穩定；爰其熊熊之火應速撲滅，以免燎原之火釀成更大之歐債危機與金融風暴[92]。因此，義大利10年期公債殖利率乃自2011年1月13日之3.67%，被迅速拉高至5月23日之4.8%，以後仍上、下震盪。此外，義大利府爲穩定市場並保護銀行業，乃於同年8月12日宣佈未持有證券之國際禿鷹，禁止透過CDS對29家大銀行無券放空至少15天。另外，同年11月因全歐最大之倫敦-巴黎結算公司（LCH Clearnet）調高義大利公債保證金後，導致殖利率11月9日飆高至7.4%，而5年期公債亦由1年前之3.535%飆高至6.504%，爲1997年8月以來最高之紀錄。另外，當世界經濟合作發展組織（OECD）12月8日預測其GDP成長率爲－0.1%時，義大利乃成爲七大工業強國（G7）中2011年唯一經濟衰退之成員國。

---

[92] 葉銀華（2012 年 1 月 10 日）。義大利困境危及歐元區。經濟日報，A4 版。

（二）推動撙節措施接受紓困與其後續之發展

　　2011年12月4日由上任未到3週之蒙蒂（**M.Monti**）總理主持內閣會議，推出300億歐元之「撙節支出振興經濟措施」（包括撙節措施200億歐元與振興經濟100億歐元），希望藉以支撐搖搖欲墜之債信，並協助遏止歐債危機之蔓延。由於長期擔任EU執委會委員之技術官僚蒙蒂已逐漸穩住大局，雖然國際禿鷹仍不斷藉機提高義大利公債之殖利率與CDS，迫使EU與IMF進行危機處理，且ECB又適時進場購買PIIGS國家，因而債信危機乃逐漸緩和。惟義大利之財經狀況卻因捲入歐債危機與經濟衰退而無法大力改善，諸如負債由2011年之116.7%持續提高至2012年之120.1%；預算赤字稍有改善，已由2010年至4.5%，降低至2011年之3.9%與2012年之2.9%。至於經濟成長方面卻仍持續衰退而未見起色，諸如GDP成長率2008年（-3%）、2009年（-3.5）、2010年（2.3%）、2011年（-0.5%）、與2012年（-2%）。雖然2012年5月義大利之工業產值增長1.9%，曾使經濟成長稍為反彈回升，惟因大環境仍欠佳，及結構性勞動市場與社福支出問題仍未改善，故2012年反而衰退更嚴重。後因被國際禿鷹嚴重狙擊而重挫全球股市，並已籠罩全球之金融動盪不安，乃於7月23日宣佈未持有證券之投資人（如國際禿鷹），禁止透過CDS無券放空各種債券3天，其對阻止國際禿鷹狙擊之成效尚佳[93]。

---

[93] 黃得豐（2012 年 7 月 31 日）。從義、西禁止 CDS 無券放空探討歐債危機。工商時報，A6 版。

第六章
從歐元區總體觀點探討其原因

第一節　歐洲進行歐元區與歐元整合概述

壹、歐洲跨國整合從消弭戰爭至貨幣聯盟

一、由消弭戰爭之經濟整合轉變為貨幣整合

（一）進行整合以期獲得永久和平與消弭戰爭

　　上述德國哲學家康德雖於1795年即已發表「永久和平」並提出「民主和平論」，而認為人民均會反對非防禦性之戰爭，惟該理論到了151年後之第二次世界大戰結束時，才廣為大家所重視，並進行一系列之整合以避免重蹈戰禍與消弭戰爭。自1949年先成立歐洲理事會，並自1950年5月法外長舒曼提出舒曼計畫揭示「從經濟整合邁向歐洲聯邦之目標」後，尚邀義、荷、比、與盧參與，在次年4月成立「歐洲煤鋼共同體」1957年3月籌設「歐洲原子能共同體」，以期原子能致力於和平用途，並同時籌設「歐洲經濟共同體」（EEC），次年初設立EEC時即已開始建立關稅同盟，取消6國間之貿易配額與關稅而成為共同市場。到了1965年4月將上述3個組織合併為「歐洲共同體」（EC），並將該組中較為重要之總部（執委會與部長理事會）由盧森堡遷往布魯賽爾，並依照編排順序由各會員國每半年主辦一次峰會輪流當家作主。上述EC之區域貿易整合係屬貿易與保護主義之結合體，而其組織之性質早已超越優惠貿易區與自由貿易區之層次，直接從關稅同盟出發，立即進入共同市場之階段，因而亦有人稱之為歐洲共同市場（European Common Market）[94]。

---

[94] 黃得豐（2011 年 12 月 31 日）。全球化下歐元整合之成就與前瞻性。國政研究報告。

（二）美元大貶與金融動亂乃促成貨幣整合

1960年代因美國財政赤字與貿易赤字不斷擴大，而造成美元大幅貶值與國際金融動亂，乃促成歐洲跨國匯率整合以因應危機，進而促成貨幣合作與整合。嗣後英國、丹麥與愛爾蘭於1973年初加入，希臘於1981年初加入，及西班牙與葡萄牙於1986年初加入。上述因美元大貶與國際金融動亂乃促成EC之跨國貨幣整合，並進一步促成推展貨幣聯盟，最後希望能成功推行經濟治理，其範圍除包括上述之貨幣聯盟外；尚涵蓋控管政府預算與負債之財政聯盟，並視經濟聯盟（Economic Union）為區域貿易整合之最高境界。至於最後達成貨幣聯盟整合的歐元乃歐元區之法定貨幣，並已成為全球跨國經濟與貨幣整合過程之典範。惟因缺乏財政聯盟嚴加糾正財政紀律，乃造成執行財政紀律較差之成員國大量發行公債，未撙節支出而甚至揮霍無度。後因2008年9月金融海嘯衝擊全球金融與經濟後，EU各國須以財政政策挽救經濟，致使赤字與公共負債皆大增，最後乃引爆歐債危機。

二、早期跨國貨幣合作係為維持匯率之穩定

（一）會員國間蛇形浮動對美元隧道內浮動

由於美元大幅貶值、匯率不穩與通膨傳染等，已造成全球金融與經濟之不安與動盪，而匯率不穩會提高匯率風險，並阻礙國際貿易之進行。EC會員國為建立歐洲地區之貨幣安定，以促進生產、提高就業、降低通膨、與消除區域內之不確定性，乃於1969年12月峰會首度提出與貨幣有關整合有關之巴列計畫，其內容包括應降低匯率波幅（使會員國保持固定匯率）與建議10年內成立貨幣聯盟，並洽請盧森堡總理威納（P. Werner）研究貨幣聯盟計劃。換言之，全球已不再實施釘住美元固定匯率制度，而改為可調整固定匯率制度，EC會員國乃自1972年4月根據史密松寧協定（Smithsonian Agreement）有關匯率上、下波動總幅度應在4.5%以下之規

定，而推行會員國間之複合釘位（composite peg），亦即貨幣以上、下各1.125%邊際匯率互相浮動（蛇形浮動）；各會員對美元以上、下各2.25%之邊際匯率浮動（隧道內浮動），而形成對美元之單一釘住（unitary peg）。1973年10月又因為油價邊漲而引發石油危機，而使全球之經濟與金融，又再進入另一個動盪與不安之局面。

（二）推動歐洲貨幣制度亦係以穩定匯率為主

到了1970年2月EC締結會員國央行間，設立短期貨幣支援制度協定，同年10月公布維納報告，建議成立貨幣聯盟，希望藉此達到經濟與政治全面整合之境界。次年3月通過在境內推動階段性實現EMU之決議。到了1978年4月哥本哈根峰會時，法總統季斯卡（Giscardd'Estaing）與德總理施密特（Helmut Schmidt）共同提出新貨幣之構想，同年12月布魯賽爾峰會通過有關創設歐洲貨幣制度（EMS）與歐洲通貨單位（ECU）之議案，EC乃開始積極進行跨國貨幣整合。次年3月成立EMS最主要之架構，包括建立最重要之歐洲匯率機制（ERM）與創設劃帳貨幣ECU，並以成立「歐洲貨幣基金」（European Manetary Fund）為EMS之中期目標。到了1988年1月公布加強EMS與擴大歐洲貨幣合作基金權限，以統一貨幣區域與ECB之構想[95]。並於2月成立用以檢討統一貨幣區域創設條件之專門委員會，及提出有關貨幣整合之非正式諮詢委員會報告。同年6月成立EMU檢討委員會，由EC執委會主席戴洛擔任議委員會主席，以積極研擬建立EMU之可行性與具體步驟。1989年4月提出戴洛報告建議分三階段實施EMU，同年6月於馬德里峰會重申建立EMU之決心，並表示可同時並行。

---

[95] 黃得豐，「歐洲金融市場專題研究」教材。淡江大學歐洲研究所，未出版，淡水：新北市。

貳、貨幣整合之規範架構與審查考量

一、EMU 整合之法律基礎與規範標準

（一）馬斯垂克條約為 EMU 整合之法律基礎

　　戴洛報告所提出EMU三個實施階段之大要如次：第一階段自1990年7月1日起至1993年底止，係屬準備階段，以加強政策協商與聯繫，消除各種管制與整合障礙為主，並由所有會員國之央行共同組成ESCB。第二階段自1994年初起至1996年底止，係屬開展階段，以協調經濟與貨幣之政策，並自該年初設立ECB之前身EMI以取代ESCB規劃單一貨幣為主。第三階段自1997年初起，最遲在1999年初截止，係屬完成階段，以審核符合規定之會員國參加貨幣聯盟，並由ECB發行單一貨幣流通，及統籌經濟與貨幣之政策為主。EMU整合之法律基礎應以1991年12月通過之馬斯垂克條約，因該約明文規定EMU分三階段整合[96]，1992年2月正式簽署並改為為歐洲聯盟條約（TEU），交由各會員國分別辦理批准手續，到了1993年11月生效後，開始以EU取代EC，且將EMU之第三階段改自1999年初才開始實施。單一貨幣歐元不但共同賦予及奠定EMU整合之權限；而且為EMU之建立設定了清楚步驟與達成期限。至於歐元之起始價格與原使用計帳單位ECU之兌換率為1比1。換言之，根據該條約才可進一步建立歐洲政治聯盟（EPU），並可對設立之EMU加以管理。

（二）加入歐元區須按一致性標準嚴格規範

　　關於EU在1999年初進行歐元區整合時，其會員國必須遵守1997年6月17日在阿姆斯特丹峰會中，以TFEU第121條與第126條之基礎而通過之SGP，而SGP係由一項部長理事會決議之研究（resolution）及No.1466/97號規則與No.1467/97兩項EU規則（regulation）等三項法規所組成，以作

[96] 陳麗娟（2011）。債信風暴，歐洲金融市場分析（頁175-177）。台北市：五南圖書出版社。

爲EMU整合各國財政政策之嚴格規範架構[97]。換言之，SGP不僅能補充原先TEU及TFEU之不足；而且成爲對EMU會員國重要財政規範之一[98]。亦即必須符合5項「一致性標準」，其內容包括通膨率不逾最低3國平均之1.5%、利率不逾最低3國平均之2%、匯率上下波幅在2.25%內至少2年、赤字不逾GDP之3%、與政府負債不逾GDP之60%始可加入歐元區。此外，因SGP之最主要功能將在於發揮預防（prevention）及嚇阻（deterrence）之效果。另外，EU執委會爲加強並釐清SGP之執行程序乃強調，SGP係以「提升成長潛力」與「確保健全之預算部位」做爲EU在EMU層次與個別會員國層次間之經濟及財政政策之兩大支柱。

二、EMU 整合之規範基礎與審查考量

（一）規範係假設各國皆能恪遵相關之規定

SGP要求EU採用歐元之會員國爲「參與國」（participating Member States，或「歐元國」，本文均稱爲歐元區「成員國」）每年須提出「穩定計畫」（stability programmes），未採用歐元之會員國，即「非參與國」或「非歐元國」[99]（non-participating Member States，本文仍稱爲「EU會員國」）每年須提出「趨同計畫」（convergence programmes），統稱爲「穩定與趨同計畫」（Stability & Convergence Programmes，SCP），上述計畫均提交EU執委會與部長理事會審查。而各成員國或會員國均應根據其所提出之計畫，具體落實把財政赤字維持在接近平衡或盈餘之部位。若有赤字出現可能之「早期預警」（early warning），該成員國或會員國須採取修正政策以避免超額赤字形成。若超額赤字已被確認存在，則須在

---

[97] Resolution of the European Councilon the Stability and Growth Pact Amsterdam,Official Journal 1997,C236.

[98] 谷瑞生（2012年9月20日）。歐盟經濟治理與里斯本條約，歐盟經濟制理研討會（頁43-64）。臺灣歐洲聯盟中心。

[99] 部長理事會SGP決議中將須提出穩定與趨同計畫之歐盟會員國統稱爲「會員國」（The Member States），而1466/97號規則與1467/97號規則中則就「會員國」之定義做出「參與國」與「非參與國」之區別。

一年內採取行動以改善赤字問題。由於這些規範均係建立在歐元區各國皆能恪遵規定之假設上，惟後來各成員國在面對經濟發展及政情考量時，仍常有難以確實遵守財政紀律之現象[100]。

（二）入會審查未符合規定卻採用政治協商

　　EU執委會1998年3月25日審核當時15個會員國之相關數據大致為：對通貨膨脹率之衡量指數為2.7%，而15會員國之平均數為1.6%，除希臘（5.2%）超限外，餘均符合規定；長期利率之衡量指數為7.8%，除希臘（9.8%，）超限外，餘均符合規定；匯率在最近兩年內不得貶值，且匯率應在ERM正常波幅2.25%內至少2年，只有瑞典與英國因未加入ERM而未符合規定；預算赤字比率15會員國之平均數為2.4%，（除希臘4.0%）超限外，餘均符合規定。上述4項標準只有希臘未符合規定。至於第5項之政府負債比率15會員國之平均數為72.1%，除盧森堡（6.7%）、英國（53.4%）、芬蘭（55.8%）、與法國（58.0%）符合規定外，餘10會員國均超限。雖然EU大部分整合積極而嚴謹，惟最後卻以「政治協商」方式解決，而均准予加入。綜上所述，除希臘未符合規定外，餘14會員國均准予加入歐元區，惟後來英國、丹麥、與瑞典（2003年9月14日瑞典公投否決加入歐元）卻選擇不加入。換言之，EMU成功演變為歐元區並使用歐元，堪稱為EU整合以來最大之成果[101]，且對於會員國經濟發展亦帶來深遠之影響，尤其歐元之創設不僅已成功實踐經濟整合理論；而且尚已包含更為強大之政治意涵。

---

100. Norbert Horn,Die Reform der Europäischen Währungsunion und die Zukunft des Euro,NJW 2011,S.1398
101. 黃得豐（2011 年 10 月 25 日）。評估歐洲債信問題及後續發展。國安局研討報告。

第二節　從學理上探討歐元整合之關連性

壹、從學理上探討最適通貨區整合

一、歐洲整合過程及其匯率爭論與採行

（一）歐元整合之浮動或固定匯率爭論

　　從歐洲各項整合過程與運作之特性觀察，會員國利益考量仍為整合是否成功之關鍵性因素，雖然聯邦主義「由上而下」之整合方式可視為歐洲整合之最後目標，惟因會員國對於讓渡國家主權抱持高度謹慎態度，且EU機構之權限來自於會員國授予。因此，歐洲整合迄今仍係依照功能主義闡述之過程，而採「由下而上」之整合方式[102]。鑑於倡導實施浮動匯率最力之芝加哥大學貨幣學派教授佛立德曼（M. Friedman）1953年出版「政經濟學論文集」時，認為「維持國內、外均衡工資與物價僵化之國家，採用浮動匯率調節最為有效」；爰英國劍橋大學教授米德（J. C. Mead）1957年認為，籌設中之EEC因其勞工缺乏流動性，似將無法組成與流通單一共同貨幣，而仍應採用浮動匯率為宜。惟史丹佛大學教授席拓佛斯基（T. Scitovsky）1958年主張EEC可採用單一共同貨幣，以增加資本流動性與制定超越國家之勞工政策，俾提高勞工流動性與消除匯兌風險。原任教於史丹佛大學之孟代爾（R. A. Mundell）教授1961年在IMF工作時引用上述論點，而認為EEC若能改善勞工流動性，則可成立「最適通貨區」（OCA）。

（二）OCA 可採單一貨幣固定匯率

　　所謂OCA係指在同一個地理區域中，各國得以施行貨幣匯率相互固定或緊釘（pegged），或各國放棄貨幣自主權而另外創造與共享單一共同

---

102. 陳揆明（2011 年 12 月）。歐洲整合與歐洲經濟治理之關係。淡江大學歐盟資訊中心通訊第 32 期。

貨幣，且對區域外其它國家貨幣匯率同時浮動，因而會使該區域能夠藉由共享單一共同貨幣而使整體效益最大。該理論也常用來判定特定區域是否符合建立OCA之最適性（optimality），且對後來之歐元區整合具有啓發性，因而有人譽之爲「歐元之父」。後來史丹佛大學之教授麥克金農（R. L. McKinnon）認爲「一個貨幣區域內若能經由貨幣政策、財政政策、與浮動匯率共同達成充分就業、國際收支平衡、與物價穩定三大目標，才能視之爲OCA，而幾個經濟高度開放與貿易關係密切之國家，應結合組成閉鎖之貨幣區域」。由於當時EMU會員國家多以出口爲導向，占GDP之比重均介於20%與70%之間，乃被視爲「高度開放國家」並可組成OCA。此外，普林斯頓大學教授侃能（D. B. Kennen）1969年發表「OCA理論：折衷之觀點」論文，認爲一國之產品越多樣化，則參加貨幣區域所引起之機會成本就越小，就不必靠浮動匯率來解決需求變化所引起之經貿問題。

二、從震盪對稱性理論析述 OCA

（一）震盪對稱性析述應否分兩階段整合

加州大學柏克萊分校教授埃森格林（B. Eichengreen）出版「歐洲貨幣之統一」，表示EMU係屬一種過程而非最後之結果，因而仍會持續演化下去。該書採用震盪之對稱性析述OCA，而認爲德、法、荷、比、盧、與丹係屬EU核心國家（EU Core）或對稱震盪（symmetry shock）國家，因其能經得起突發事件之衝擊，故較適宜組成OCA；其餘係屬經不起突發事件衝擊之不對稱震盪（asymmetric shock）國家或周邊國家（EU Periphery），似較不適宜組成OCA，因而埃森格林建議EMU應該分兩階段（two-speed EMU）整合。惟孟代爾則認爲若能由區域內之會員國相互持有跨國資產，而以國際風險共同承擔（international risk sharing）方式，則仍可集體承擔不對稱震盪對部分或特定會員國之衝擊影響，而民間部門也可分散持有區域內跨國資產以保障所得，作爲一種保障措施。

（二）歐元區採單一階段而非分階段整合

由上所述，即使會員國之經濟體質仍有互異，在這種相互持有跨國資產與資產組合多元化（portfolio diversification）之情況下，還是可以建立OCA。且OCA內若能建立一超國家之財政移轉支付（finance transfer payment）機制，則既可降低不對稱震盪會員國仰賴匯率之操控或調整；又可協助該會員國進行財政與經濟之調整。此乃由於財政為一國調控經濟與穩定社會甚為重要之工具，且亦較具有高度之政治性。因此，建立OCA之單一共同貨幣仍應要求財政與經濟能夠維持一定之水平，始可建立國際風險共同承擔或財政移轉支付之功能。綜上所述，當年EU對OCA之整合理論，雖然眾說紛紜，且EU會員國之德國曾希望分多階段整合；荷蘭曾希望分兩階段整合，惟最後歐元區在1999年初係採用一體化適用之單一階段整合，並兼採孟代爾之勞工流動性、麥克金農之經濟體系開放性、及侃能之產品多元化等理論，而未採納埃森格林之分兩階段整合建議[103]。

貳、EMU 整合決定財政規範之理論背景

一、財政政策可參與貨幣政策穩定經濟

（一）權衡性財政政策無法有效穩定經濟

權衡性財政政策無法發揮其理論宣稱可有效穩定經濟[104]，主要原因在於若相較於貨幣政策之持續調整性，財政政策無論是減稅或減少支出，皆須經過立法機構之通過，因而容易產生政策延遲（decision lags）現象。且當經濟衝擊產生時因財政政策本身之政治性，使其比貨幣政策難以對衝擊作出因應與調整，又因其政策目標眾多與分散，且常在非單純經濟考慮下，易存在「擴張偏誤」（expansionary bias）或「赤字偏誤」（deficits

---

103. 葉秋南（2001 年 4 月）。歐洲貨幣聯盟與歐元（頁 159-176）。金融聯合徵信中心。
104. Ibid.，42-48

bias）卻難以增稅之現象[105]。因而常被政治人物用以爛開支票尋求連任機會，故財政政策之穩定經濟能力大幅降低。此外，財政政策在理論上應該呈現逆週期（counter cyclical）狀態，亦即經濟蕭條時實行擴張性財政政策，在預算紀律（budgetary discipline）之外達到穩定產出與調節經濟衝擊之效果。然而學者研究資料顯示，EMU多數會員國之財政政策呈現順週期（procyclical）狀態，亦即在繁榮時期爲呼應選民或利益團體之要求而擴大支出，而使赤字繼續增加，常造成超額赤字的情況。換言之，各國政府雖大聲疾呼財政政策在穩定經濟波動上之重要性，惟因財政政策之獨立性並不如貨幣政策，且其政治性使其逆週期之穩定效果大爲降低，反而成爲各國債台高築之原因[106]。

（二）放任之財政政策會危及 EMU 穩定發展

由於各國在實行擴張性財政政策時，恐任意擴大公共支出並增加政府赤字，亦即任意之財政政策將可能使EMU產生通貨膨脹問題。若各國爲應付超額赤字而採取不當措施，透過央行寬鬆貨幣政策[107]，將使EMU有發生通貨膨脹之可能性，使ECB無法執行維持物價穩定之任務，進而損及歐元之可信度（credibility）。此外，各國彼此間之財政政策具有溢出效果，而會對他國經濟產生影響，因在加入EMU後彼此間資本市場相互開放，其財政政策之舉債、減稅、與擴大公共支出等，除會影響其國內之經濟狀況外；尚會藉由經濟整合而影響EMU內之其他成員國經濟。若一國擁有高額政府赤字或債務，將推升EMU之殖利率，而增加其他會員國之公債壓力。換言之，高赤字或高債務國則因累積赤字或債務之成本會由所有成

---

105. J.Ayuso-i-Casals,ed.,Policy Instruments for Sound Fiscal Policies：Fiscal Rules and Institutions（New York：Palgrave Macmillan）,2009,3

106. 黃得豐，「歐洲金融市場專題研究」教材。淡江大學歐洲研究所，未出版。淡水；新北市。

107. TFEU 第 125 條「不可紓困條款」（No-bail-out clause）中規定，EU 及其會員國不對其他會員國各級政府之財政狀況負責。而 TFEU 第 130 條亦規定 ECB 將在政治獨立（political independence）中管理歐元政策，且不可受到會員國政府影響。據此，EU 所屬之 ECB 之貨幣政策將受到規範，不會實行紓困（bail-out）政策，而各會員國央行在 ESCB 中亦無法在本國政府要求下決定貨幣政策，以避免 EMU 發生通貨膨脹現象。

員國分擔，而放任赤字或債務累積會形成「道德風險」（moral-hazard）之問題。因此，若EMU成員國對財政政策有過度之自主性，則當其採取不當之財政措施，其結果將可能對EMU運作造成不良影響，而危及其他成員國之經濟穩定與EMU本身之持續性。

二、規範財政政策 EMU 整合始可永續發展

（一）財政與貨幣雙政策交互作用卻不宜互斥

由於各EMU成員國之財政政策與ECB之貨幣政策之管理財金政策雙軌制下，會有相互影響與造成限制之關係，因而必須確保兩者不會產生互斥之效果。若ECB對於維持物價穩定之目標採取強硬之立場與態度，則當整體性經濟衝擊發生而影響眾多國家時，有財政限制之EMU成員國，將比其他非使用單一貨幣之建制受到較小衝擊[108]。因而在EMU成員國中實行財政規範將可使各國獲得較高福利，惟ECB能否堅持穩定物價之任務，亦取決於各EMU成員國預算主管機關之政策行為。而「物價水準之財政理論」（Fiscal Theory of the Price Level）指出，若各國預算政策無法確保在各種物價上之清償（solvency）能力，則將危及ECB維持物價穩定之能力。為確保穩定性，一國財政政策在面對通貨膨脹壓力時，應有能力增加其基本盈餘（primary surplus）[109]，以達成升息降低通貨膨脹之目標[110]。此外，若一國之公債或赤字數值過於龐大，則將推升EMU之殖利率，使ECB必須採取寬鬆貨幣政策以降低利率，然如此一來ECB之貨幣政策效果恐將受到影響。因此，在EMU整合中ECB貨幣政策與會員國財政政策之交互作用，可說是EU維持物價穩定、就業成長、經濟發展、與確保穩健貨幣政

---

108. R.Cooper and H.Kempf,"Designing Stabilisation Policy in a Monetary Union,"NBER Working Paper 7607,February 2000.

109. 基本盈餘（primarysurplus）意指不計政府利息支出之預算盈餘，用以衡量政府償債能力，見「土耳其投資環境簡介」，經濟部投資業務處（2009 年 6 月）。

110. M. Butiand P. Noord,"Fiscal Policy in EMU：Rules,Discretion and Political Incentives,"European Commission Economic Papers 206（July 2004），p.8.

策之重要條件，亦是EMU整合與歐元能夠有效持續運作之最重要核心關鍵。

（二）宜將財政紀律落實為法律導向之規範

鑒於成員國之財政政策對於EMU整合能否永續發展至關重要，亦對個別EMU成員國本身與ECB貨幣政策具有重大影響；爰EU最後仍決定在EMU整合中要求會員國規範財政政策，及維持EMU整合之財政健全與穩定兩目標間標[111]，採取措施以確保上述兩目標之達成。亦即給予EMU成員國一定之財政權衡空間，俾使其能在景氣有所波動時得以降低經濟衝擊，又不使會員國財政政策危及EMU而產生相衝突之結果。至此，EU對EMU整合實行財政紀律之概念背景，有了較為清楚且確定之路線。在確定對EMU成員國財政政策之管制為必要之後，EU遂以簽訂條約及制定法律等方式，將財政紀律落實成為法律導向（rule-based）之規範，從個體及總體經濟等各層面對會員國財政政策進行管理，限制各國不得有超額負務及赤字，以避免危及EMU之物價穩定與經濟成長。而這也成為SGP、趨同標準規約、及超額赤字程序規約之制定背景與基礎。

111.A. Annett,J. Decressin,and M. Deppler,"Reforming the Stability and Growth Pact,"IMF Policy Discussion Paper（February 2005）p.4

第七章
從結構性問題與機構運作加以探討

第一節　從經濟與組織結構性問題加以探討

壹、成員國良莠不齊產生經濟結構性問題

一、體質良莠不齊結合後之互相背離問題

（一）ECB 執行貨幣政無法兼顧之互相背離問題

　　1.從通貨膨脹率分析成長與衰退互相背離問題：若以2004年至2008年間之歐元區平均通膨率為2.3%，因而德國（1.88%）與法國（2.16%）等低通膨率之成長國對ECB執行貨幣政策常趨向於緊縮，惟後來演變為歐債國家之希臘（3.65%）與西班牙（3.33%）等衰退國對貨幣政策常趨向於膨脹。

　　2.從內銷與外銷市場分析雙重背離（double divergence）問題：若以2000年至2007年歐元區的平均對外貿易經常帳之盈餘為-0.5%，而荷蘭（6.2%）與德國（4.0%）等外銷國，對ECB執行貨幣政策之匯率趨向於歐元貶值，至於歐債國家之希臘（-11.0%）與葡萄牙（-9.7%）等內銷國則趨向於歐元升值[112]。

　　3.貨幣政策無法考慮到個別成員國雙重背離狀況：ECB之貨幣政策對於景氣欠佳之希臘與葡萄牙等成員國而言過於緊縮；對於景氣過熱成員國而言，認為貨幣政策會過於寬鬆，例如2006年時西班牙景氣過熱時房地產

---

112. 黃得豐與中華經濟研究院合撰（2012年9月）。歐債危機對台灣產業的影響與因應（頁22-23）。中華民國工商協進會。

之價值增加超過一倍，當時會認為ECB之貨幣政策太寬鬆，又如類似之奧地利與比利時等國當時之景氣亦過熱，房地產之價值亦增加36.4%[113]，反之亦然。

（二）成員國財政與經濟面之雙重背離問題

1.失業率之差異亦呈雙重背離現象：歐債國家失業率逐年攀高，2012年12月失業率較高者為希臘（26.4%）、西班牙（26.3%）、葡萄牙（17.5%）、與賽普勒斯（14.0%）名列前四高，惟較低成員國為奧地利（4.8%）、德國（5.4%）、盧森堡（5.5%）、與荷蘭（6.2%），顯示其間之差異頗大。

2.發行公債殖利率與發行成本之雙重背離問題：若以2011年9月21日10年期公債之殖利率為例，德國（1.800%）與法國（1.945%）等債信較佳國甚低故發債成本亦較低，而歐債國家之希臘（22.289%）、葡萄牙（12.337%）、愛爾蘭（11.970%）、與義大利（5.611%）等債信欠佳國則均已飆至甚高。

3.經濟成長率之雙重背離：2011年核心成員國之經濟成長率德國（2.9%）與法國（1.6%）尚可，而歐債國家之希臘（-5.5%）與葡萄牙（-1.9%）欠佳。

4.攸關經濟發展之單位勞動成本之雙重背離：由於德國名目薪資（nominal wage）係與勞動生產值呈現同步發展，2000年以來已降低20%；西班牙卻成長超過30%，比利時等國亦成長36.4%，而法國亦成長39.4%[114]。

---

113. 卓忠宏（2012 年 3 月）。從里斯本條約中財政改革草案評估歐債後續發展。淡江大學歐盟資訊中心通訊第 33 期。
114. 卓忠宏（2012 年 3 月）。從里斯本條約中財政改革草案評估歐債後續發展。淡江大學歐盟資訊中心通訊第 33 期。

二、缺乏經濟治理就會存在結構性問題

（一）危機衝擊時缺乏靈活有效因應措施

　　EU在1993年單一市場運作後，許多會員國（尤其是後來歐元區之PIIGS國家），普遍存在高通膨或高利率之情形，且各國即已逐漸產生經濟發展之差異。當金融海嘯肆虐與EU遭遇10年來首見之經濟衰退後，面對瞬息萬變之金融與經濟之惡劣環境時，卻缺乏靈活有效之因應措施，此即表示歐元區各成員國用以抵抗外犯之免疫力已大為降低。復因使用共同貨幣歐元，而ECB才是貨幣政策之決策者，其在執行貨幣政策時又無法兼顧各成員國之狀況與需要，因而會對體質已欠佳之成員國，在調控其本身經濟之能力上造成傷害。因此，在遭逢類似金融海嘯之危機衝擊時，經濟體質較差之成員國，乃缺乏靈活有效之矯正經濟方法或調整因應措施，既無法以貶值方式來提振出口與觀光利益；又不能調降利率或增加貨幣供給額，以增加銀行貸款與刺激消費。此外，因成員國經濟循環週期或結構並不相同，而ECB在統一執行貨幣政策時無法兼顧各國之狀況與需要，成員國遇有金融危機時又缺乏調整匯率或其他靈活機制。而此一缺乏解決成員國財政失衡問題之結構性問題，乃歐元區發生債信危機的根本原因之一。

（二）面對經濟結構迥異無法解決之挑戰 [115]

　　由於歐元區各成員國間之經濟體質互異，在單一歐元下各國皆須放棄貨幣自主權，且ECB在執行貨幣政策時又無法兼顧到各成員國之經濟狀況與需要，而會對體質已欠佳之成員國在調控其本身經濟之能力上造成傷害。雖然這些成員國均曾運用大量財政支出，造成短暫之經濟榮景與房地產價格飆漲，且因外資大量流入而造成典型移轉性問題，亦即因商品與勞務需求增加而造成通貨膨脹，後卻因其物價偏高而喪失對外貿易之競爭力。最後當外資撤走與泡沫破滅時，國內需求大減，造成物價下跌而使企

115.Ernst-Joachim Mestmäcker,Heraus for derungen der Wirtschafts-und Währungsunion,EuR-
　　Beiheft 2011,S.6

業利潤與國家稅收同時減少，並使薪資降低與失業增加，且政府負債多偏高。換言之，此種經濟結構迥異之成員國串連在單一貨幣之歐元區內，因尚無統一之財稅經貿與勞工政策協助解決問題，則在金融危機後其差異日增且心結日深，最後乃爆發希臘債信危機，並可能陸續引爆其他經濟體質較差成員國亦發生類似之危機。既然貨幣聯盟無法解決問題，則應速整合經濟治理之財政聯盟與加強經濟聯盟，以提出解決問題之相關措施因急，雖然德國在2003年提出之「2010議程」所制定之「改革社會一籃子政策」亦包括「改革勞動力市場」（另為「改革醫療保險」與「改革退休保險」）[116]，後來德國已實施成功了，惟其他國家卻多維持現狀。因此，仍應速要求各成員國之勞工政策能放寬限制且更具彈性，俾能順利前往互相支援。

貳、組織結構性問題肇因於多層治理架構

一、雙層架構制度造成超額赤字之現象

（一）按 EU 多層治理架構處理財政政策。

鑑於歐元區發生債信危機之原因尚因其存在結構性問題，允宜探討因缺乏財政聯盟之貨幣聯盟並不能持久，且應妥為處理以免EMU整合與發展陷於困境。此宜朔自1995年12月15日EU在馬德里峰會中，已確認在EMU第三階段各國落實預算規範之重要性，次年6月21日EU在義大利舉行佛羅倫斯峰會時，再度重申欲落實預算規範之決心。6個月後都柏林峰會中各國已就訂立穩定暨成長協定或SGP內容達成共識，亦即確保加入EMU整合之會員國於進入第三階段之歐元區時，應保證不發生政府赤字超限之現象。而EU重申各國穩健之財政狀況才是EU經濟成長、物價穩定、及就業率上升之重要基石，各國應在此一前提下採取支持貨幣穩定之預算政

---

116. 郭秋慶（2010 年 7 月 26-29 日）。德國在歐洲聯盟夏之經機發展。歐盟新世紀歐盟夏季演習班手冊（頁 146-148）。淡江大學歐洲研究所主辦。

策。EU認為若各國皆能把預算部位維持在接近平衡（close to balance）或盈餘（in surplus）之狀態，則在因應正常景氣循環波動之同時，即有足夠能力維持其政府赤字不超過GDP之3%。而除規範會員國在加入EMU後之財政狀況，EU也保證SGP將不涉及更改加入EMU之標準，SGP將不會對TEU條文中對審核會員國能否加入EMU之標準作更嚴格支限制[117]，亦即仍按EU多層治理架構方式由EMU成員國執行財政政策。

（二）貨幣與財政之政策形成雙層架構問題

1997年6月17日在阿姆斯特丹峰會中，EU正式通過SGP並重申各國之財政情況乃維持物價穩定、就業、經濟成長、與確保穩健貨幣政策之重要條件，係EMU與歐元能夠有效運作之最重要核心關鍵[118]。各國應遵守馬斯垂克凝聚標準[119]，亦即SGP為實現提高經濟成長之潛力與保證穩固財政政策之重要方法。基本上SGP尚包含1466/97號擴大財政與經濟政策監督及整合規章[120]，及1467/97號在過度赤字時之程序加速與與修正預算規章[121]。此外，在上述1996年底之都柏林峰會時，德國曾以財政政策與貨幣政策不可分割，在對外關係上貨幣風險與對內關係之經濟和政治風險息息相關[122]，而要求將財政政策相關規範與合併在SGP內，以作為推行財政紀律之準則。惟當時法國因怕建立共同財政政策恐限制會員國之經濟發展，乃於次年之阿姆斯特丹峰會時，要求在該公約中加入「不妨礙經濟成長」因素，而保留各國之財政自主權。因此，形成匯率、通貨膨脹、與長期利率等貨幣政策由ECB統籌處理，而有關財政政策之財政失衡、稅收問題、跨國就

---

117. Resolution of the European Council on the Stability and Growth Pact Amsterdam,Official Journal 1997,C236.
118. 成元欣（2013年3月）。歐盟《穩定暨成長協定》研究（頁28-30）。政治大學碩士論文。
119. 所謂的馬斯垂克凝聚標準，係指在一定之期間內通貨膨脹率不超過2.25%、無過度的財政赤字、以及利率的凝聚標準，在三個月內利率不超過2%。里斯本條約生效後，在第13號議定書明文規定凝聚標準。
120. ABIEG 1997 L 209/1
121. ABIEG 1997 L 209/6
122. Ernst-Joachim Mestmäcker,aaO.,EuR-Beiheft 2011,S.17

業、與經濟改善等問題,仍須由各成員國自行處理。雖然馬斯垂克條約或TEU,及SGP對財政紀律已有一體化適用之相關規範,惟雖然發生問題而遭受批評,特別是針對公約之效率性與目的性,最常見之批評為規定僵化不靈活與無效率[123]。另外,歐債危機亦反映歐元區多層治理架構體制之深層問題,諸如歐元區貨幣與財政各自為政之脫節、EU協商與決策機制之效率、與EMU高福利政策帶來之弊端等[124]。

二、貨幣聯盟須有財政聯盟整合搭配

(一)會員國財政政策多呈超額赤字之現象

1999年初歐元區整合時原認為透過貨幣聯盟,將可加速促進政治聯盟與經濟治理更密切地結合,惟後兩者卻均無進展。當時參與歐元整合之易辛.(Hans-Werner Isinn)曾以「未建立政治聯盟就推行貨幣聯盟,猶如把車子放在馬前面,要它去拖一般不合理」,亦即只有貨幣聯盟而無政治聯盟仍無法解決財政失衡,因而歐元區迄今尚無政治力可約束成員國之財政與稅收。在經濟繁榮或承平時期,歐元區部份成員國就已利用資金寬鬆與財政散漫之便,而以遠較其本國原使用貨幣強勁之歐元,及遠比過去為低之利率大量發行公債,近年來均已陸續到期,為履行償債義務原已為其心腹大患。換言之,EMU多數成員國之財政政策除在蕭條時期因產出大於需求而產生外;尚呈現順週期狀態,亦即在景氣良與繁榮時期為呼應選民,或利益團體之要求而擴大支出,而使赤字繼續增加,常造成超額赤字之現象。到了金融海嘯後,各成員國又必須擴大財政支出以拯救其本國之銀行系統與刺激經濟,各國之預算赤字與政府負債再度攀高,因而當初倉促整合留下之組織結構性問體終於浮現。

123.Norbert Horn,Die Reform der Europäischen Währungsunion und die Zukunftdes Euro,NJW 2011,S.1398

124. 卓忠宏(2012年3月)。從里斯本條約中財政改革草案評估歐債後續發展。淡江大學 歐盟資訊中心通訊第33期。

（二）應成立財政聯盟與貨幣聯盟並駕齊驅

固然金融海嘯實為歐債危機之導火線，因歐元區各成員國須提出「振興經濟措施」並以財政政策挽救經濟，而使赤字與公共負債皆大幅增加。依據EU執委會2009年預估數據，整個歐元區之平均政府負債為84%，此乃各國為因應金融海嘯衝擊而多已超過規定之60%限額。至於超過平均數者有希臘124.9%，義大利116.7%，比利時101.2%與葡萄牙84.6%；核心國之法國為82.5%，德國為76.7%雖低於平均數，卻超過60%之限額；只有芬蘭47.4%與盧森堡16.4%仍低於60%之限額。若各國「振興經濟措施」或方案退場後，上述平均數才有可能逐漸降回60%限額之規定。就因為歐元區尚無政治力可約束成員國之財政與稅收，只有貨幣聯盟仍無法解決成員國之財政失衡問題，因而希臘乃最先爆發債信危機並不斷蔓延，迅速擴大至財政欠佳之成員國而變成歐債危機，並衝擊歐元區與全球金融市場之動盪與緊張。事實上早在1999年至2003年間擔任EU執委會主席之義大利前總理普洛迪（R. Prodi）就曾呼籲「歐元區必須成立財政聯盟制度之機構或組織，以與貨幣聯盟並駕齊驅，目的係在監督各成員國之預算、與執行財政紀律，對於不斷違反財政紀律之成員國進行懲罰」[125]。後來發生希臘債信危機後，渠再度呼籲「應整合EU執委會、ECB、及各成員國之資源，儘速創造財政聯盟，俾能採取措施，以預防違反財政紀律之行動」。因此，大家再度認為單一共同貨幣進行整合時，應健全經濟治理，其範圍除貨幣聯盟外；尚應涵蓋控管政府預算與負債之財政聯盟，與區域貿易整合最高境界之經濟聯盟（Economic Union）[126]。

---

125. 黃得豐（2011 年 10 月 25 日）。評估歐洲債信問題及後續發展。國安局研討報告。
126.Francesco Paolo Mongelli(April 2002)," New"view on the optimum currency area theory：what is EMU telling us?",Working Paper No.138,European Central Bank,Frankfurt.pp7-11.

第二節　EU 多層治理下經濟治理之機構運作

壹、具有政府間合作性質之超國家機構

一、峰會領導協商與執委會兼具立法功能

（一）由歐洲高峰會領導會員國與執委會協商

　　1.歐洲高峰會（European Council，EU峰會）：依1991年底訂定之馬斯垂克條約（或TEU）加以確定後正式介入EU之發展，在2009年12月1日里斯本條約生效後，改由固定主席以取代過去之輪值主席制，任期2年半，得連任一次。主席對內主持EU峰會，對外代表EU。EU峰會在EU扮演領航員之角色，包括制度之改革、會員國之加入、統合發展之方針、危機處理者、及解決會員國間利益爭端或機構間爭端之仲裁者等。EU峰會之設立目的係在讓各國元首協同EU執委會主席進行政治性對談，這些政治性承諾將影響EU未來主要政策之走向。至於最重要之峰會有1991年12月馬斯垂克峰會對建立EMU做出許多重要決定，與2010年峰會支持由EU執委會所策劃之歐洲2020（Europe2020）[127]等。

　　2.執委會為主要執行機構兼具立法功能：EU執委會，為主要執行機構及兼具行政與立法雙重身分，並享有提案權之獨佔（right of initiative）[128]，亦被喻為EU整合進程之推動者。至於其組織架構為：設置常任主席（任期5年），下設「總署」，其主管為「總署長」，係由各國指派之EU執委會委員而並非總署之主管，規定為一國一席，且只能負責執掌與其職務相關之行政事宜。到了2003年之尼斯條約（Treat of Nice）生效後，決議由2/3會員國輪替各該政策執掌之行政事宜。此外，在EMU之政策領域中，EU執委會之財經總署（DG ECFIN）負責向財經執行委員報告EMU整合發展情形，並透過政策設計而提昇EU整體經濟成長、就

127."Europe 2020"<http：//ec.europa.eu/europe 2020/index_en.htm>accessed on 25 May 2011
128.陳麗娟（年）。歐洲共同體法論（頁 113）。台北：五南圖書出版社。

業、與監督會員國財政、與金融市場穩定等。

（二）部長理事會係重要決策與共同立法機構

部長理事會在EU多層治理下組織（詳見附圖2-1，該圖係參考陳揆明2012a資料）[129]運作中為最重要決策機構之一，且係各會員國維護共同主權」（pooled sovereignty）國家利益之場所，因而該會係由各項不同政策之委員會所組成[130]。2009年里斯本條約生效後，該會須與歐洲議會共同審查由EU執委會提出之草案進行立法[131]。根據該條約之規定，該會之業務範圍包括對EU相關立法洽會員國間之經濟政策協調、代表EU對外與第三國或組織簽署協議、編列歐盟組織預算、負責EU外交防禦政策協調、與會員國間司法警察之合作等。至於其組織架構可劃分為：每半年輪值一次之輪值主席、秘書處、及委員會與工作小組等。該會運作中以常駐代表委員會（COREPER）為最重要之單位，另設有10個委員會。在EMU之政策範圍下，以財經部長理事會（ECOFIN，係由會員國財經金融相關部會首長所組成）負責與會員國處理財經金融相關之議題。至於ECOFIN之決策方式通常採用條件多數決（QMV），依不同議題透過咨詢（consultation）歐洲議會或與該議會以共同決策（codecision）程序進行立法，但在EU預算決策中，卻必須採取一致決（unanimity）。至於在EMU整合與SGP方面，依照TFEU第126（14）條規定該會應在諮詢歐洲議會後，根據EU執委會所提出之建議實施超額赤字程序，並應在諮詢歐洲議會與ECB後，以共識決議之立法程序，對爭端成員國實施與執行「超額赤字程序」。

---

129. 陳揆明（2012 年 1 月）。歐洲經濟治理下財政監督機制之研究（頁 33）。淡江大學歐洲研究所碩士論文。
130. 陳麗娟（2010）。里斯本條約後歐洲聯盟新面貌（頁 31）。台北：五南圖書出版社。
131. 卓忠宏（2005 年 7 月）。從歐盟「政府間會議」論歐洲憲法條約及其爭議。政治大學國際關係學報，No.20（頁 57-92）。

二、與 EMU 相關合作機構之運作

（一）歐洲議會立法決策與歐洲法院判案

1.歐洲議會為共同立法與決策機構：各國選派之人數係按國家之大小分配，該議會設於法國之史特勞斯堡（Strausburg），其他20個小組委員會則在布魯塞爾，每個月開會一週，8月份休會。該議會原係在監督預算之控制與執行，後來馬斯垂克條約賦予許多決策權，並與部長理事會共同審查由EU執委會提出之草案而進行立法。此外，該議會透過下列方式執行監督權，包括書面質詢、口頭質詢、年度或其他報告之質詢、撤消預算之執行、對EU執委會提出不信任案、指派調查員對受到非公平對待進行處理、及同意任命EU執委會之主席與全體執委等。至於該議會與部長理事會共享決策權之程序，係指EU執委會提案充分討論與呈送大會表決後，分送部長理事會與EU執委會，由部長理事會核可後才交EU執委會執行。

2.歐洲法院負責偵查工作與審查判決事宜：根據羅馬條約而設立以審理各種爭端，各國推派1名法官，任期6年，另設多名檢察官負責偵查工作，並將偵查結果呈送法官作判案之參考。若歐洲法院判決會員國有罪，部長理事會就會施壓強迫其改善，否則會向歐洲法院請求對其罰款。若EU執委會與部長理事會在執行SGP上之權責劃分出現爭議，使得SGP實際上遭到擱置時，亦應要求歐洲法院審查與判決。

（二）歐洲央行體系與歐元集團

1.歐洲央行體系與歐央行：ESCB由ECB與各會員國央行組成，由ECB制定歐元區貨幣政策，再由各會員國央行執行，非歐元區會員國央行則與ECB匯率政策配合，由ECB與ECOFIN分擔決定匯率調整[132]。TFEU第127

---

132. 郭秋慶（2010 年 7 月 26-29 日）。中歐國家與歐盟關係－－以德國為例，歐盟新世紀
　　　歐盟 2010 年夏季演習班手冊（頁 143-149）。淡江大學歐洲研究所主辦。

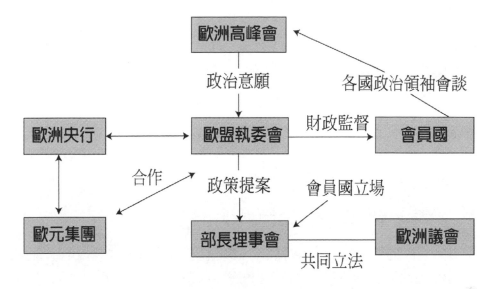

圖2-1 機構運作與互動關係圖

資料來源：Neil Nugent, The Government and Politics of the European Union, Palgrave陳揆明Ma。

條規定，ECB貨幣政策以穩定物價爲其首要目標，同時在不傷害物價穩定之主要目標下，ESCB必須支持EU之一般經濟政策，且在追求其目標時，須根據自由競爭之開放市場經濟來行動，幫助資源有效率分配。因此ECB在制定貨幣政策時，須透過各成員國內經濟數據分析與貨幣分析兩大分析支柱架構下制定政策，避免誤失任何資訊而影響物價穩定造成風險。

2.歐元集團或Euro Group：由歐元區各國財經部會首長、EU執委會財經事務主席、ECB主席、與歐元集團工作小組主席所組成。里斯本條約生效後將其正式制度化[133]，其雖爲重要之政治對話論壇，卻仍非正式EU機構，其決議仍須經由部長理事會透過條約所規定之程序立法。惟因其成員同時爲ECOFIN之成員，復因尚有其它EU會員國未採用歐元，故缺乏在EMU共同貨幣政策間之協調平台，因而乃突顯出Euro Group之重要性。且

133.Protoco l14 annexed to Treaty of Functioning of European Union

Euro Group應定期舉行非正式會議，EU執委會主席應出席並邀請ECB主席參與協商。其會議成為ECB與EU執委會向對會員國之溝通平台，並扮演EU執委會與會員國間之傳聲筒角色，尤其在履行穩健財政政策之溝通上。

貳、多邊監督運作下對赤字暫緩執行與爭議

一、SGP 尚包括 1466/97 與 1467/97 號規則

（一）加強對預算及經濟政策之監督與整合目標

1997年所通過之SGP尚包括1466/97號規則與1467/97號規則，且在TEU與TFEU規定之基礎上，各國之政府預算赤字將限制在GDP之3%限度內，以確保各國在適當空間上既可應對景氣循環之調節壓力；又可避免過高之超額赤字危及歐元之可信度。該規則自1998年7月1日起生效，要求所有參與EMU之成員國，應向部長理事會與EU執委會遞交穩定計畫，其內容應包含中期預算目標（包含當年度與未來三年）及達成途徑、預期經濟發展之相關變數、達成預算目標之政策闡釋、與分析報告等。EMU成員國之第一份穩定計畫應於1999年3月1日前繳交，部長理事會應於每年繳交穩定計畫後兩個月內，參考EU執委會之建議，並由主辦財金業務之ECOFIN對其所做出評估報告，並應由ECOFIN就EU執委會之評估報告加以審查。至於非EMU成員國之趨同計畫方面，亦有與穩定計畫相類似之規範，並賦予部長理事會監督、預警與提出建議之權力。最後，該規則尚揭示在「多邊監督」（multilateral surveillance）之原則下，部長理事會應做出對穩定計畫與趨同計畫之整體評估[134]。另外，部長理事會與EU執委會主席應在其向歐洲議會所提出之報告中，附加整體評估報告。

---

134. 黃得豐，「歐洲金融市場專題研究」教材。淡江大學歐洲研究所，未出版，淡水：新北市。

（二）加速並闡明對超額赤字程序之運作方式

　　1997年通過之1467/97號規則自1999年1月1日起生效，其立法目的係在闡釋「超額赤字程序」（expedited procedure）之實施與運作方式，並就TFEU第126條規定之超額赤字用語與其處理程序與實施方式，進行定義闡釋與提出相關規範。因此，其應在諮詢歐洲議會後，根據EU執委會所提出之「建議」，實施超額赤字程序，並應在諮詢歐洲議會與ECB後，進行超額赤字程序之實施與執行。此外，該規則指出在兩種情況之下，部長理事會應將爭端成員國之超額赤字，視爲例外性與暫時性現象：第一，爭端成員國之超額赤字來自於不受政府控制之非常態事件（anunusual event），並對政府經濟造成重大衝擊（major impact）；第二，爭端成員國之超額赤字來自於嚴重經濟衰退（severe economic downturn，指年度GDP有至少2%的下降）。上述兩項超額赤字情形尚必須符合EU執委會提出之預算預測報告（budgetary forecasts）中，指出該例外性與暫時性現象結束後有所改善之條件。至於加速超額赤字程序之執行方面，EU執委會應在認爲爭端成員國出現或可能出現超額赤字時，向其提出「意見」（opinion）並據以通知部長理事會。而部長理事會應參考EU執委會之「建議」（recommendation），向爭端成員國提出非公開「建議」以令其於期限內改善並消除超額赤字[135]，必須在4個月內採取有效行動，且超額赤字必須在部長理事會確認超額赤字存在起算1年內消除。若認爲爭端成員國未能有效回應其要求，則得於確認未採取有效行動之1個月內向爭端成員國提出「通知」（notice），以確保其採取實際行動改善超額赤字。

---

135. 依據 TFEU 第 126（8）條規定若爭端成員國未能回應部長理事會之建議，於期限內採取有效行動改善並消除超額赤字，則部長理事會得公佈其向爭端成員國所提出之建議。第 1467/97 號規則第 4（1）條並解釋上述 TFEU 第 126（8）條所規定之期限，即是部長理事會向爭端成員國提出建議後，爭端成員國須積極採取有效行動之 4 個月。換言之，若爭端成員國未能於部長理事會提出建議後 4 個月內採取行動，則部長理事會得公佈其向爭端成員國所提出之建議。

二、對超額赤字常暫緩執行與機構運作爭議

（一）對於超額赤字均以暫緩執行方式處理

　　成員國超之額赤字若符合TFEU第126（11）條之要件，則部長理事會應於提出「注意」後2個月內向爭端成員國提出「制裁」（sanction）建議，並於規定期限後10個月內做出「制裁」。若一超額赤字是有意造成之結果（deliberately planned deficit），則須採取加速超額赤字程序。惟爭端成員國遵守部長理事會提出之「建議」或「注意」，並已採取消除超額赤字行動則准予暫緩執行，惟EU執委會與部長理事會應監督其在回應行動。若其未能有效執行消除超額赤字之回應行動，則部長理事會應立即提出「注意」做出「制裁」決定，且應要求爭端成員國提交無息押金存款，若未採取有效行動可能實施加重制裁，而要求另外提出附加押金存款（additional deposit）。而若消除超額赤字之成果令部長理事會不滿，應在要求提交押金存款2年後轉為罰款（fine）。若在修正超額赤字上有重大進展時得廢除「制裁」，惟依照該規則所沒收之罰款將不會退回該爭端成員國。雖然2000年EMU整合後平均預算赤字已經降低至GDP1%，惟因在經濟成長時各國紛紛採取減稅政策，卻未相應減少支出，而使財政埋下赤字危機。復因盈餘大減而基本支出卻隨之大增[136]，乃使EMU之財政整合進入停滯，自2001年開始EMU成員國預算部位已開始惡化，至2003年平均赤字已經高達GDP之3%[137]。自2001年以後已有6國達到SGP所規範之超額赤字上限，包括葡萄牙（2001年與2005年）、德國（2002年）、法國（2002年）、荷蘭（2003年）、希臘（2003年）及義大利（2004年）[138]，惟部長理事會並未嚴格制裁，而都以暫緩執行制裁方式處理。

---

136. European Commission, "Public Finances in EMU 2002," European Economy 3（2002）：17--22

137. European Commission, "Public Finances in EMU 2002," European Economy 3（2003）：1

138. European Commission, "Public Finances in EMU 2002," European Economy 3（2005）：11

（二）機構運作權責爭議必衝擊 SGP 可信度

　　EU執委會2003年第三季認為德、法2002年之超額赤字，已不可能在規定期限前達到改善赤字之目標，乃依規定程序向部長理事會提出對該兩國「注意」之提案，並將兩國修正赤字期限延長至2005年，惟部長理事會對此提案仍予以否決，改向兩國赤字情況做出「結論」（conclusion）。在該「結論」中不僅以德、法已做出將於2005年前改善赤字承諾為由，而暫停兩國之超額赤字程序，並表示各國應得自行決定其達成改善財政目標之期限，而不需受到EU執委會之制約。對於致力符合EMU規範之小型國家而言，EU執委會與部長理事會之決議可說是給予特定EMU大國之優惠[139]。而EU執委會亦對此結果不滿，要求歐洲法院審查部長理事會決議。歐洲法院認為部長理事會並未遵守超額赤字程序之規定，因而判決該理事會所作之「結論」並不具備法律效力。此外，歐洲法院亦指出，根據TEU及SGP之條文規範部長理事會不得在EU執委會未提出相應之建議前自行做出決議[140]。上述兩機構運作與執行之權責爭議，必會衝擊SGP之可信度與財政規範，最後仍須要求歐洲法院審查與判決，而ECB亦對SGP之可信度與整體EU財政規範之前景感到憂心[141]。此外，2003年因德、法兩國之超額赤字所引發EU執委會與部長理事會之權責劃分爭議，亦使ECB對EMU整合未來整體EU之經濟發展感到憂心。

139.T.Fuller,"Small States Assail Budget Concessions to Powers：Rift Widenson EU Deficits,"The New York Times(September 26,2002).

140.European Court of Justice,Commission of the European Communities v. Council of the European Union,CaseC-27/04(July 13,2004),6649-6652.

141.Norbert Horn,Die Reform der Europäischen Währungsunion und die Zukunft des Euro,NJW 2011,S.1398

第三節　探討財金政策雙軌制下之財政規範

壹、EMU 財政未移轉卻變成財金政策雙軌制

一、聯邦主義整合方式與財政移轉皆未達成

（一）整合未先政後經與由上而下且無財政政策

　　鑒於聯邦主義係最早建立在各國展現高度政治合作意願之假設上；爰主張整合必須「先政治統一再經濟整合」（或先政後經），因為政治整合可促進經濟整合，而經濟整合卻不必然促成政治整合。因此，整合之過程應從政治整合開始，有先建構一個超國家自主中央機構後，再延伸至經濟整合，至於其整合方式係「由上而下」，僅靠政府間組織合作並不能達成整合。然而，從EU「先經後政」之整合歷史來看，聯邦主義並無法完全解釋歐洲之整合進程。此外，「先政後經」之整合過程與「由上而下」之整合方式迄今均難為各會員國所接受[142]。若要使各成員國間真正的相互依存，應該建立超國家之憲政體制，則各國政府的之政治共識即為建立聯邦制度之重要基礎。至於聯邦財政主義認為在中央政府設立一般性原則，將財政權限分散至各層級之政府，並賦予適當之財政工具以執行其權限。而Rodden認為該主義藉由各層級之優勢，使機構運作框架均達到目標之平衡行為（balancing act），並防止權力過度集中與獨裁，或導致忽視地方偏好之可能[143]。惟J. Medison認為該主義強調中央政府之角色，允宜提供穩定經濟、社會福利、與貨幣政策等國家公共財（national public goods），在聯邦體制下應由中央政府操作貨幣政策與逆週期狀態（counter cyclical）之財政政策，而所得重分配應由中央執行係為防止，若改由地方政府對轄區內執行後，恐會導致高收入居民遷出之「用腳投票」現象[144]。

---

142. 陳奕圜（2012 年 11 月）。歐洲債券危機與歐洲聯盟整合研究。政治大學外交研究所：台北市。
143. Iain Begg,"Fiscal Federalism,Subsidiarity and the EU Budget Review",2009：1,Swedish Institute for European Policy Studies,pp.17
144. Wallace E.Oates,"Fiscal Federalism and European Union：Some Reflections",2000

（二）雖有聯邦財政主義卻無法執行財政轉移

聯邦財政主義之施行乃透過聯邦預算執行財政轉移，且獨立於成員國財政體系之外，若以EMU之角度分析該主義可適用於EU預算擴大，或是財政機制之履行[145]而形成跨國之財政轉移機制。惟R.Musgrave認為該主義由中央政府設立一般性原則，將財政權限分散至各個不同層級之政府，並賦予適當之財政工具以執行其權限。而中央政府應當承擔穩定總體經濟之責任，並執行所得重分配及資源配置，協助較不富裕之地區或成員國發展經濟[146]，而地方政府所受之限制較多[147]。另外，該主義假設中央政府應當承擔起穩定總體經濟之責任，並執行所得重分配與資源配置，及協助較不富裕之地區或成員國發展經濟[148]，而地方政府握有較少之財政工具用於調控總體經濟發展。換言之，中央與地方政府間之財政關係為分權體制（decentralization），中央負責穩定體經濟與執行資源重分配；地方對其租稅徵收與支出負擔擁有充分自由裁量權[149]。另W.Oates認為各個層級政府有其不同之經濟角色，乃將理論之重心放於最適稅收（optimal tax collection）與公共財供給。至於該主義要求之理想制度，乃透過不同層級之政府負責不同規模公共財之提供[150]，惟EMU整合後財政政策仍然由各會員國政府自主，既無法達成上述理想制度；更遑論依照該主義所要求之先政後經與由上而下之整合方式[151]。

145.Philip Whyman,Mark Baimgridge(2003),"Fiscal Federalism and EMU：anappraisal"in Mark Baimbridgeeds；Fiscal Federalism and European Economic Integration,pp.1

146.Wallace E.Oates,1999

147.Ibid

148.Wallace E.Oates,1999

149. 徐仁輝（2007）。「多層級治理與財政收支劃分」。《財稅研究》，第 39 卷，第 2 期，（頁 27-37）。

150.Ibid

151.Arthur Benz & Christina Zimmer,"The EU's competences：The 'vertical' perspective on the multilevel system",Vol.5,No.1,Living Reviewsin European Governance,2010 Available from<http：//www.livingreviews.org/lreg-2010-1>

二、因無法財政整合而採用財金政策雙軌制

（一）從最適通貨區理論探討財政整合仍未完成

最適通貨區或OCA理論係1961年由孟戴爾提出，係指在一個地理區域中，經濟效益能夠藉由共享單一貨幣使區域整體效益最大，且在OCA內各國貨幣相互匯率固定，或是另外創造與共享單一貨幣，且對於其它國家貨幣匯率同時浮動。而該理論用工資與物價彈性、生產要素流動、經濟開放程度、產品之多樣化、通貨膨脹率相似度、金融市場整合之程度、財政整合、與政治整合等評估要件[152]，以判定是否符合建立OCA之最適性（optimality）。惟因上述評估要件中之財政整合與政治整合在EMU整合後仍然無法達成，而財政整合係指OCA區內各國若建立一超國家財政轉移機制，便可協助受到不對稱衝擊之會員國進行調整，可降低透過匯率操控調整。復因財政為一國主要調控經濟與穩定社會之工具，因此具有高度政治性，而建立財政轉移機制，在某種程度需要朝向建立政治同盟之意願。至於政治整合方面，因政治意願為各國建立共同貨幣之最主要關鍵，而政治意願能夠強化區內各國履行共同義務之決心，維持高度經濟政策合作、與鼓勵各國制度的連結。因此，Tower & Willett認為OCA需要各國政策制定者彼此利益交換[153]，亦即成立OCA之尚需要成員國經濟互賴程度與緊密聯繫，及總體經濟條件之相似性。固然EMU整合後創造歐元係人類一大創舉，惟其成員國間之總體經濟條件並未趨向一致，且大部份國家不願放棄財政自主權，至於政治整合更是遙遙無期。

（二）區域經濟整合理論卻變成財金政策雙軌制

所謂經濟整合係由匈牙利經濟學者B. Balassa根據J. Viner之關稅理論

---

152. Francesco Paolo Mongelli(2008),"European Economic and Monetary Integration,and the Optimum Currency Area Theory",Economic PapersNo.302,European Communities,Brussels.
153. 成元欣（2013年3月）。歐盟《穩定暨成長協定》研究（頁20-26）。政治大學碩士論文。

基礎[154]而提出者，係指國與國間之經貿與生產因素上之障礙廢除，使市場逐漸整合爲單一市場之過程稱爲「區域經濟整合」。因而乃將其由淺至深分爲優惠關稅貿易協定（preferential trade agreement）、自由貿易區（free trade area，FTA）、關稅同盟（customs union）、共同市場（common market）、與經濟同盟（economic union）等5個階段[155]。而B.Balassa將經濟同盟視爲最高層次經濟整合，會員國間整合爲一個共同市場，並建立新的中央機構制定共同財金政策（包括貨幣與財政雙政策）[156]。在經濟同盟之上應更深層整合爲超國家同盟，會員國保有各自外交、領土、國家主權，但在經濟上相關主權，諸如貨幣、財政、社會政策等主權，必須讓渡至超國家機構統籌，成爲一個完全的經濟整合[157]。而EU在其經濟整合方面創建了EMU，是經濟整合歷史中第一個達到高程度之建制（regime），有人認爲其經濟整合歷程可說是B.Balassa概念之最佳典範。惟問題在於會員國間彼此經濟發展程度不一，且有部份不願將影響總體經濟發展之政策交由超國家機構執行。因此，在目前之EMU架構下卻變成僅將其貨幣政策移轉予ECB，各成員國卻保留其對國內財政政策之決定權。換言之，由各成員國政府自主之非中央化（decentralised）財政政策與由ECB管理之中央化（centralised）貨幣政策，而呈現財金政策雙軌制之特有現象[158]。

貳、最後決定 EMU 整合仍應落實財政規範

一、整合後是否要財政規範性之正反意見

（一）反對 EMU 後實行財政規範之理論背景

154. 趙文衡，「東亞區域整合下的貨幣整合 - 邁向亞元的第三條路」。

155. J.Viner,The Customs Union Issue(New York：Carnegie Endowment for International Peace,1950),p.41-56.

156. B.Balassa,The Theory of Economic Integration(Oxford：Routledge,2011),pp.189-190

157. 陳揆明（2012 年 1 月）。歐洲經濟治理下財政監督機制之研究（頁 19-20）。淡江大學歐洲研究所碩士論文。

158. 黃得豐，「歐洲金融市場專題研究」教材。淡江大學歐洲研究所，未出版，淡水：新北市。

　　關於EMU整合將各國貨幣自主權收歸ECB管理後，是否應對實行財政規範之議題，在1970年代及1980年代即引起各界激烈討論，有學者對EMU創建財政紀律之想法提出質疑，認為財政規範其本身可行性有限，且政策執行者也未必能夠有效執行限制政策。L. Calmfors認為在EMU後實行財政限制將可能使各成員國經濟福利降低，因一國在加入EMU前面對經貿不對稱衝擊等景氣波動時，可運用貨幣政策、匯率措施、或財政政策，以減緩景氣波動對國家經濟之影響。然而在加入EMU後，各國失去運用貨幣政策及匯率措施以應付經濟衝擊之權力[159]。因此，若成員國之財政政策又受到限制，無法任意決定其能否改變租稅或舉債政策，則不僅是國家主權之更進一步退讓，也將使得各國面臨無法調節景氣波動之實際損失。此外，JP. D. Grauwe認為財政限制在多數時候並無法發揮規範財政政策之效果，並指出美國對州政府進行財政規範或限制之結果，僅造成州政府有更多之「預算外支出」（off-budgeting）現象，而並未真正限制州政府預算赤字數值[160]。而同樣之情況在EU亦有發生。隨著歐元之推行，欲加入EMU與歐元區之國家，因必須遵行TEU之趨同標準，而有使用編造帳目等方式粉飾其債務與赤字之情事[161]。因此，對EMU實行財政規範，究竟能否真正有效限制成員國之負債與赤字仍然存疑。

（二）支持規範係因各國財政政策無法穩定經濟

　　主張EMU整合後對財政規範仍有必要者認為[162]，權衡性財政政策基於下列理由，對各成員國無法發揮穩定經濟之有效性值[163]：

159.L.Calmfors,"Fiscal Policy and Macroeconomic Stabilisation in the Euro Area：Possible Reforms of the Stability and Growth Pact and National Decision-Making Process,"EEAG Report on the European Economy 2003(5)(2003)：p.48.

160.JP. D. Grauwe,The Economics of Monetary Integration(New York：Oxford University Press,1997),200

161.J.V. Hagen,"A Note on the Empirical Effectiveness of Formal Fiscal Restraints,"Journal of Public Economics 44(2)(March 1991)：199-210.

162.Ibid.,42-48

163.Grabitz/Hilf/Nettesheim,Das Recht der Europäischen Union,46.Ergänzungslieferung,2011 München,Art.3 EUV Ziele der Union,Rn.59

1.財政政策本身之政治性較易產生政策延遲與難以因應危機：相較於貨幣政策之持續調整性，財政政策無論減稅或減少支出，皆須經過立法機構之通過，因而容易產生政策延遲。且當經濟衝擊產生後，財政政策本身之政治性使其比貨幣政策難以對經濟衝擊作出因應及調整。

2.財政政策之政策目標較多且易發生擴張偏誤：由於財政政策之目標較眾多、分散與非單純經濟考慮下，常被政治人物用以爛開支票尋求增加連任機會，因而財政政策之穩定經濟能力大幅降低。此外，因其多由立法機構或政治人物決定，貨幣政策則由獨立之ECB決定，因而前者發生「擴張偏誤」之可能性較貨幣政策高；後者則可較能進行更為長遠之計畫。

3.財政政策易存在赤字偏誤性使其穩定效果大為降低；一國之財政政策易存在赤字偏好現象，即政府採行之財政政策常發生支出容易，卻難以增加稅收之情況。且EMU多數成員國之財政政策呈現順週期狀態（即在繁榮時期為呼應選民或利益團體要求而擴大支出）使赤字繼續增加，而非如理論上指出應呈現逆週期狀態（即蕭條時實行擴張性財政政策，在預算紀律之外達到穩定經濟產出效果）。復因財政政策之獨立性並不如貨幣政策，且其政治性既無穩定效果又成為債台高築之原因。

二、EU 決定以法律導向落實財政紀律規範

（一）未限制的財政政策將危及 EMU 之穩定發展 [164]

1.任意之財政政策將可能使EMU產生通貨膨脹問題：關於「任意財政政策」主要係基於「各會員國之超額赤字將使EMU產生通貨膨脹」核心假設（core hypothesis）之上。由於各國在實行擴張性財政政策時，恐將任意擴大公共支出，而增加該國政府之預算赤字。為應付超額赤字，若政府採取不當措施，例如透過央行放鬆貨幣政策，將使EMU有發生通貨

---

164. 周念利（2007 年）。歐盟「穩定與增長公約」〈框架下財政約束之必要性基於貨幣主義之價格決定理論分析〉。武漢理工大學學報，第 5 期（頁 599）。

膨脹可能性，使ECB無法執行維持物價穩定任務，進而損及歐元之可信度（credibility）[165]。

2.各國間之財政政策具有溢出效應會對他國經濟產生影響：在加入EMU後，各會員國彼此間之資本市場相互開放，其財政政策諸如舉債、減稅、與擴大公共支出等，亦將不只影響其國內之經濟狀況，而將藉由經濟整合，影響同一EMU內其他成員國內之經濟[166]。若一國擁有高額政府赤字或負債，將推升EMU之利率，增加其他會員國之公債壓力，若高赤字及高負債國則因累積赤字或債務之成本，而由所有成員國分擔，且任赤字與債務累積，形成「道德風險」問題。因此，若EMU成員國對財政政策有過度之自主性，則當其採取不當之財政措施，其結果將可能對EMU運作造成不良影響，不僅危及其他EMU成員國之經濟穩定，更對EMU本身的持續性形成不利之變數。

（二）財金雙軌政策相互影響惟不得有互斥效果

依據「物價水準之財政理論」各國預算政策若無法確保在各種物價上之清償能力，則將危及ECB維持物價穩定之能力，且其在面對通膨壓力時，應有能力增加其基本盈餘（primary surplus）[167]，並以升息降低通膨之目標[168]。此外，若一國之公債或赤字過於龐大則將推升EMU之利率，亦會影響ECB須採取降低利率之寬鬆貨幣政策。因此，在EMU財金雙軌政策之交互作用與關係，可說是EU維持物價穩定、就業成長、經濟發展、與確保穩健貨幣政策之重要條件，亦是EMU與歐元能夠有效持續運作之核

165.Annett,J. Decressin,and M. Deppler,"Reforming the Stability and Growth Pact,"IMF Policy Discussion Paper(February 2005)

166.Norbert Horn,Die Reform der Europäischen Währungsunion und die Zukunftdes Euro,NJW 2011,S.1398

167. 基本盈餘意指不計政府利息支出之預算盈餘，用以衡量政府償債能力，見「土耳其投資環境簡介」，經濟部投資業務處（2009年6月）。

168.M.Buti and P.Noord,"Fiscal Policy in EMU：Rules,Discretion and Political Incentives,"European Commission Economic Papers 206（July 2004），p.8

心關鍵。此外,若ECB採取強硬之立場與態度維持物價穩定,則在EMU中實行財政規範將可使各國獲得較高福利,且將比其他非EMU會員國遭受較小衝擊[169]。此外,因成員國之財政政策對於EMU能否永續發展與影響至關重要,因而EU乃在EMU整合由各成員國執行財政政策與維持其財政健全穩定兩目標間,採取措施以確保上述兩目標之達成[170]。既給予成員國一定財政權衡之空間以降低景氣波動衝擊;又不危及EMU整合或產生相衝突之結果。因此,在確定對財政規範為必要後,EU遂以簽約與立法等方式,將財政紀律落實成為法律導向基礎(rule-based)之規範,以限制各國不得有超額負債與赤字,俾免危及EMU之物價穩定與經濟成長,而此又係制定SGP與上述2規章之背景及基礎[171]。

---

169. M.Buti and P.Noord,"Fiscal Policy in EMU:Rules Discretionand Political Incentives,"European Commission Economic Papers 206(July 2004),p.8.
170. R. Cooper and H.Kempf,"Designing Stabilisation Policyina Monetary Union,"NBER Working Paper 7607
171. 成元欣(2013年3月)。歐盟《穩定暨成長協定》研究(頁20-26)。政治大學碩士論文。

The Causes & Impacts of European Debt
Crisis as well as Its Settled Ways

第參篇
歐債危機衝擊與對歐元之影響

緒　言

　　本篇細分為七章，以便從實質面與金融面探討歐債危機之衝擊，及對歐元之影響：第八章為歐債危機發生初期之衝擊，先要述危機初期因罷工反抗與動盪不安，並衝擊歐元與市場穩定；再敘述最後迫使EU、IMF、與ECB進行危機處理。第九章析述對金融面衝擊及國際禿鷹製造動亂，先敘述危機已造成歐元與國際金融市場之動盪不安；再說明希臘危機雖已暫時穩住，惟國際禿鷹卻仍持續製造動亂之經過。第十章乃歐債危機對歐元與市場之影響，其主要內容除詳述歐元在危機處理期間之大幅震盪經過外；尚回顧歐元因EU推動禁止無券放空、由全球六大央行救急以取代ECB購債、與推動「3個核心行動」等具體措與改革，而漸趨穩定。第十一章析述對歐洲金融體系之衝擊與影響，先概述衝擊金融面會影響產業動盪不安；再從投機客以金融避險工具CDS押注債信之違約，必然會衝擊與影響債券市場走勢。第十二章乃衝擊EU部份會員國之銀行監理，除加速檢討金融監理問題之外；尚析述尋求解決EU二個層次之金融監理問題，並分述各會員國個體審慎監理之模式，及決定籌建單一監管機制以共同防杜危機。至於對台灣經濟之衝擊與影響方面，本篇在最後先在第十三章以數據分析對台灣經濟、貿易、與重要產業之實質面衝擊與影響；再以第十四章分析對台、歐雙向投資與服務貿易之沖擊影響。至其對台灣金面融之衝擊與影響，則以資本市場之股市常遭受衝擊最大，另匯市次之，幸好有政府與央行妥為處理。其它諸如債市、貨幣市場、與銀行業務等則因衝擊不大而影響較小。

第八章
危機發生後之衝擊與對經濟面影響

第一節　歐債危機發生初期之衝擊影響

壹、衝擊歐元區並影響其穩定與發展

一、危機初期衝擊沖擊歐元區與市場穩定

（一）債信危機引發罷工反抗與動盪不安

　　由上所述，獲悉歐元區部份成員國在經濟繁榮或承平時期，就已利用資金寬鬆與財政散漫之便，而以遠較其本國原使用貨幣強勁之歐元，及遠比過去為低之利率大量發行公債，近年來均已陸續到期，為履行償債義務原已為其心腹大患。到了金融海嘯後，各成員國又必須擴大財政支出以拯救其本國之銀行系統與刺激經濟，各國之預算赤字與政府負債再度攀高，當初整合之組織結構性缺陷終於浮現。因此，希臘於2009年11月23日爆發債信危機，因被國際禿鷹集團趁機狙擊而重挫全球股市，雖然希臘政府提出「緊縮預算赤字預算計畫」堅持改革，惟國內罷工反抗、EU執委會指責、歐元區成員國不滿、與三大信評機構調降評等，均造成歐元區與國際金融市場之動盪不安。到了2010年3月初希臘全力配合EU執委會之要求而進一步縮減48億歐元，並確定將該年度赤字降至GDP之8.7%，歐元乃止跌回升，希臘公債順利返回金融市場且超額發行，惟殖利率仍陸續升高，而整個希臘債信危機才暫時告一段落。

（二）歐債危機已嚴重影響歐元區之穩定與發展

　　爾後又因希臘國內罷工反抗且被信評機構調降信評，後來並引發包括希臘在內之PIIGS國家程度不同之歐債危機。且因一連串之利空消息，除已使歐元區經濟復甦力道薄弱外；尚已重挫全球股市，並引發全球金融市場動盪不安，而直接反映在股市與匯市上，進而影響貿易及實體面之經濟發展。換言之，歐債危機之發展已對全球金融市場造成驚心動魄、崩跌、震盪、與衝擊後，而嚴重影響歐元區之穩定與發展，大家亦發覺當年缺乏財政聯盟之嚴重性，而應儘速亡羊補牢。依據當時EU執委會估算，整個歐元區2010年平均政府負債為GDP之84%，此乃各國為因應金融海嘯而多已超過原規定之60%限額。至於超過平均數者有希臘（124.9%），義大利（116.7%），比利時（101.2%）與葡萄牙（84.6%）；核心國之法國為82.5%，德國為76.7%；只有芬蘭（47.4%）與盧森堡（16.4%）仍低於60%之限額。因此，在各國振興經濟措施或方案退場後，上述平均數才有可能低於60%之限額，若希臘債信危機愈加嚴重，則各界普遍認為在歐洲經濟逐漸復甦之同時，債信問題卻可能成為影響歐洲經濟及歐元匯率之重要因素。隨著愛爾蘭、葡萄牙、與西班牙等國亦相繼出現債信危機，各國開始擔心這是否會成為第二波之全球金融海嘯。

二、衝擊市場動盪而啟動調查且金價大漲

（一）市場公債之 CDS 飆高而啟動相關調查

　　希臘債信危機發生後，其公債CDS基點（或bp），即被國際禿鷹或投機客押注而不斷煽動拉高，到了2010年1月28日已被拉高至396bps。當2月3日希臘財長指出下個未爆彈恐係預算赤字甚高之葡萄牙與西班牙後，3個國家之CDS利差均被拉高至當時之歷史高點（希臘為423bps，葡萄牙為226.5bps，西班牙為168bps），因而再度引發信心危機，亦不斷造成股市重挫與歐元大貶。爾後CDS基點隨著危機演變而逐漸拉高，到了2011年4月27日因S&P調降該三個國家之債信評等後，CDS基點再創新高點（希臘

爲850bps，愛爾蘭爲233bps.葡萄牙爲352bps，西班牙爲197.5bps）且CDS
基點不斷上升，並隨危機而持續飆高[172]。當執委會官員於3月2日指責CDS
基點會引發市場恐慌後，即已啓動相關之調查。同時德國財長蕭柏樂亦
指責這種僅在店頭交易而不是在交易所交易之CDS缺乏透明度，希望在當
年4月以前能立法加以規範。法國財長拉加德（C.Lagarde）呼籲各國共同
打壓押注政府公債違約之投機客。德國Mekel總理3月5日接見來訪之希臘
總理後，在共同主持之記者會上亦譴責打擊希臘公債之投機客，並指責
CDS基點「就像幫鄰宅投保只爲毀了它而從中獲利，這正是我們要約束
的」[173]。

（二）衝擊歐債或歐元造成國際金價大漲

　　歐債危機不但衝擊歐元區並造成歐元貶值；而且造成全球市場震盪並
影響金融海嘯後之復甦，因而原購買PIIGS國家公債或歐元之投資人，已
有人轉而購買黃金使國際金價快速上漲。雖然2002年後黃金已緩慢走向多
頭，爲自2008年底金融海嘯後之每英兩878美元，後來再經過歐債危機衝
擊後，國際金價開始飆漲，諸如由2010年2月升破1,050美元，3月破1,
080元，4月破1,100美元等關卡，4月28日最高曾衝至1,172美元，而以
1,168美元收盤。爾後國際金價仍隨歐債危機擴大與蔓延而持續飆高，到
了2011年9月6日已衝至1,923.7美元，並曾飆至2,000美元以上，後來金
價雖然回跌卻仍繼續維持高價位，該期間正好係歐債危機衝擊金融市場最
激烈之時。此外，當歐元從谷底回升與歐債危機緩和後，投資人又開始轉
向而使金價逐漸下跌。因此，歐債危機經EU處理妥當而較緩和與穩定時
金價便下跌，2013年已跌回1,200美元後再逐漸反彈。換言之，黃金在金
融海嘯與歐債危機衝擊後卻成爲較安全之投資標的，而歐元漲跌或歐債危
機起伏，常與國際金價呈反向之波動關係。

172.黃得豐（2010年12月25日）。2010年歐債危機之回顧與展望——金融。國政研究報告。
173. 黃得豐（2010）。希臘發生債信危機之原因及其影響。淡江大學歐盟資訊中心通訊25
　　期（頁11-12）。

貳、迫使 EU 主導危機處理與對希臘紓困

一、危機衝擊後由 EU 主導危機處理

（一）浮現整合缺陷與問題卻無退場機制

　　希臘債信危機發生後立即衝擊歐元區並拖累歐元下滑，除已浮現EMU整合之缺陷與問題外；尚已引爆其他財政失衡之成員國發生骨牌效應。因此，整個歐元區與EU相關官員均多次指責希臘債信紀錄長期欠佳，及政府未認真控管財政失衡。若連2001年初重新考慮希臘入會資格時，亦係藉著與投資銀行以換匯換利交易隱匿政府負債而矇混過關，則這對於歐元區整合之光榮與嚴肅性，必然會投下一顆極具諷刺之震撼彈。至於歐元區核心成員國的德國與法國之官員與人民，均對希臘未遵守財政紀律及隱匿作假甚為不滿。到了2010年4月底，德國明鏡（Spiegel）週刊報導尚有56%之德國人反對提供援助，又如德國發行量最大之畫報（Bild）4月27日以頭版標題「為何要為希臘奢侈之退休金買單」，此皆會影響德國選民參與當年5月9日「關鍵性地方選舉」對執政黨之態度[174]。另外，此次危機衝擊後，大家才發現歐元區既沒有成員國之退場機制；又沒有對債信違約成員國之重整機制。

（二）EU 與 IMF 對歐債危機採取危機處理

　　鑑於馬斯垂克條約或TEU已明文禁止EU或其會員國對單一會員國家提供金援，且ECB與各國央行不可提供貸款援助，惟並不排除相互金融保證（Mutual Financial Garantees）[175]，爰若歐元之穩定性遭受重大威脅時，原擬由核心成員國之國營銀行，對參與購買希臘公債之銀行提供保證，以確保不會發生違約風險。後為避免危機蔓延擴及其他財政弱勢成員國，才改由雙邊貸款方式，約定由歐元區國家負擔3分之2，IMF負擔3分之1之資

---

174. 黃得豐（2010 年 12 月 25 日）。2010 年歐債危機之回顧與展望－－金融。國政研究報告。
175. 陳麗娟（2009 年 12 月 29 日）。「里斯本條約之新發展」。2009 年金融海嘯下歐盟
　　的發展與回饋論壇。淡江大學歐洲研究所主辦，新北市，淡水。

金。到了2009年12月1日里斯本條約生效後，依據該條約選出之第一位常任主席范宏培（原為比利時首相）就任後，即對債信危機甚為重視，積極努力邀請EU及歐元區各相關領袖，甚至與IMF負責人協調援助事宜[176]，終於能在2010年5月初達成援助協議。且EU於5月11日決定以7，500億歐元成立「歐洲金融穩定基金」或EFSF[177]，俾對財政欠佳之會員國提供救急之用。此外，范宏培主席還成立「特別小組」負責提升經濟與預算風險監管，並檢討相關法規制度與訂定協約，此一發展似已顯示逐漸向政治整合邁進。由於歐債危機不斷蔓延，EU與IMF乃於4月29日共同對希臘金援1，100億歐元，而暫時解除了希臘債信危機。

二、迫使 ECB 參加救急與希臘自我紓困

（一）迫使 ECB 參加救急而違反超然獨立性

為因應希臘債信危機所引發之市場風暴與衝擊，ECB總裁特理謝（J-C.Trichet）在5月10日以「為確保市場深度與流動性」而提出其所謂「核子選項」（Nuclear Option）之「證券市場計畫」（Stock Market Plan 或SMP），首度購買歐元區成員政府所發行之公債（包括已被調降為垃圾級之希臘公債）與民間債券，並無限期提供「3個月期資金」。此外，尚參與美央行（Fed）等所謂全球六大央行共同進行大規模「互換」交易，以充分供應美元資金因急。若從危機處理之角度看，ECB參與救急及避免銀行體系之流動性危機固然功不可沒，惟其似已違反央行必須遵守之超然獨立性原則。以德央行為首之若干成員國央行甚為反對，因為放寬擔保品之規範，除讓希臘之垃圾級公債亦得作為擔保品外，尚將原為因應金融海嘯之措施繼續沿用，長此以還必將衝擊ECB健全之運作，及穩定歐元區信用與金融之目標。

---

176. 張福昌（2009 年 12 月 29 日）。「歐盟因應國際金融海嘯的策略評析」。2009 年金融海嘯下歐盟的發展與回饋論壇。淡江大學歐洲研究所主辦，新北市，淡水。
177. 張福昌（2011 年 11 月）。歐元不死論。全球工商，第 644 期（頁 32-40）。

（二）歐債國家仍須撙節支出與加稅

　　希臘債信危機若欲獲得EU與IMF之援助，尚須「自我紓困」（包括撙節支出、加稅、與出售財產等）以改善其財政狀況。因此，希臘乃率先進行全面性之撙節支出與查稅工作，其它債信欠佳國家亦比照辦理。至於執行方式，多以公務員減薪、凍結退休金、刪減離職金、加稅、及取消租稅減免等最為普遍。發生債信危機之希臘，除已努力改善財政與債信，由國會於2010年5月7日通過「節約計劃」（預計當年赤字可降至GDP之8.7%；2013年可降至2.6%）以換取紓困外；尚自5月開始進行空前有效率之全國性打擊逃稅措施。並與世仇土耳其達成21項合作協議，以共同發展經濟與增加中國觀光客。此外，其他歐元區成員國，亦紛紛屬行撙節支出措施與加稅之工作，包括課徵銀行稅、自公務員減薪、退休金減少、減少兒童福利、或延長退休年齡等，其中西班牙到2010年1月28日，才把退休年齡由65歲延至67歲。雖然EU認為只有債信欠佳國透過撙節支出與加稅，才能改善其財政與經濟之體質，並增加投資人之信心。美國諾貝爾經濟學得獎主史蒂格利茲（J.Stiglitz）認為「雖然歐元區總體而言係平安的，惟各成員國太努力削減赤字，恐將使該區之經濟復甦更遲延，且會對投資人構成威脅」。為避免快速撙節支出與加稅有害經濟發展，各債信欠佳國乃同時採行出售國家財產之方式，以開闢與充實財源並改善財政。

第二節　歐債危機對經濟面之衝擊與影響

壹、歐債危機對經濟面之衝擊與影響

一、從 EU 觀點分析其對全球經濟之影響

　　根據EU統計局EU之資料顯示，EU在1999年至2007年間經濟成長表現，多數年份都超過2%，惟在2008年及2009年之金融海嘯期間，分別僅

成長0.3%及衰退4.3%，但在歐債危機較緊急之2010年至2011年，分別仍有2.1%及1.5%之成長，2012年甚至將進入衰退，可見2012年受歐債危機衝擊之程度明顯擴大，主要是因為歐債危機持續時間較長，雖然集中在少數國家，但卻造成整體EU都陷入不確定之中，使得歐債危機對EU經濟之衝擊效應逐漸累積並擴大。而在1999年至2008年間，EU多數年份自全球進口成長都維持在10%至20%間，2009年受全球金融海嘯影響，導致經濟出現衰退，連帶進口也大幅衰退27.0%，但隨後在2010年及2011年又恢復10%至20%的成長，而2012年當時估計將衰退3.6%，可見2012年整體進口受歐債危機之影響惡化，主要是EU經濟明顯惡化所造成[178]。

二、歐元區與全球經濟成長均逐年減緩

　　若從歐元區觀點分析，2010年全球之經濟成長率為5.1%時，歐元區因歐債危機衝擊而只有2.0%，到了2011年全球之經濟成長率因受歐債危機影響而已明顯減緩至3.8%，2012年仍因歐債危機持續蔓延，全球經濟成長持續略減至3.3%，而EU與歐元區經濟都陷入二次衰退窘境。根據IMF 2012年10月發布之全球經濟展望（WEO）報告顯示略以，2012年全球經濟成長將由2011年之3.8%減緩至3.3%。已開發經濟體除日本外，其餘都將減緩，連非歐元區之英國亦僅有-0.4%。新興經濟體中除東協五國經濟成長加速外，其他新興經濟體亦無法倖免。另外，全球商品及服務貿易量增加也將縮小至3.2%，尤其是已開發經濟體之貿易活動更為疲弱。至於新興經濟體之經濟則維持較高之成長，諸如2010年中國大陸之10.4%與印度之10.1%，2011年之9.2%與6.8%，及預估2012年中國大陸之7.8%與印度之4.9%（詳見表3-1）。

---

178. 黃得豐與中華經濟研究院合撰（2012年9月）。歐債危機對台灣產業的影響與因應（頁40-42）。中華民國工商協進會。

表 3-1 全球經濟展望預測

單位：%

	2010	2011	2012	2013
全球	5.1	3.8	3.3	3.6
已開發經濟體	3.0	1.6	1.3	1.5
美國	2.4	1.8	2.2	
歐元區	2.0	1.4	-0.4	0.2
英國	1.8	0.8	-0.4	1.1
日本	4.5	-0.8	2.2	1.2
新興及開發中經濟體	7.4	6.2	5.3	5.6
亞洲開發中經濟體	9.5	7.8	6.7	7.2
中國大陸	10.4	9.2	7.8	8.2
印度	10.1	6.8	4.9	6.0
東協五國（1）	7.0	4.5	5.4	5.8
全球貿易量（商品及服務）	12.6	5.8	3.2	4.5
進口				
已開發經濟體	11.4	4.4	1.7	3.3
新興及開發中經濟體	14.9	8.8	7.0	6.6
出口				
已開發經濟體	12.0	5.3	2.2	3.8
新興及開發中經濟體	13.7	6.5	4.0	5.7
消費者物價				
已開發經濟體	1.5	2.7	1.9	1.6
新興及開發中經濟體	6.1	7.2	6.1	5.8

資料來源：IMF 全球經濟展望，2012 年 10 月。

貳、對亞、太與中國大陸之影響程度互異

一、對亞洲與亞、太新興經濟體之影響

（一）對亞洲之經濟面影響小惟仍衝擊股、匯市

　　金融海嘯衝擊全球經濟衰退後，亞洲卻成為全球經濟復甦之領頭羊。若根據國際清算銀行（BIS）之資料略以，亞洲開發中國家2010年底對PIIGS國家之公債投資比重尚不到其全體外債券投資額之1%。另外，2010

年4月底為止，亞洲國家對EU出口比重最高之三個國家依序為：中國大陸19.8%、南韓12.4%、日本11.9%。而該三個對EU出口國家至2010年5月之出口仍大幅增長，此似顯示並未受到歐元貶值之影響。惟因EU為大陸最大之出口地區，若以2010年初1歐元兌19.8人民幣，至2010年5月中旬兌16.97人民幣估算，人民幣已實質對歐元升值14.3%。至於亞洲國家之匯率漲跌互見，例如2011年底若與美元相較：人民幣漲4.65%、日圓漲4.8%、韓圜跌1.4%除均已先後採取管制措施防範國際熱錢流竄外；尚因其財政與經濟狀況均較EU會員國為佳，故中國大陸商務部認為2010年第3季會開始反應在其出口訂單上，因而估計將對EU減少6.5%至7%之出口。而其他亞洲國家因對EU與PIIGS國家之出口比重相對較低，故所遭受之衝擊亦甚小。至於股、匯市場均為經濟之櫥窗，亞洲國家均與台灣相似且同步發展，股票市場一再遭受衝擊而大跌，而2010年跌幅較嚴重者，諸如越南-27.5、印度-24.6、大陸-21.6%、台灣-21.1%、日本-17.3%、新加坡-17.0、與南韓-10.9%。故除股票市場均一再遭受衝擊而大跌與外匯市場波動之外，對整個亞洲之經濟面負面影響大致還算穩定[179]。

（二）亞、太新興經濟體仍係成長之主要動能

　　若與已開發國家相較，歐債危機後新興經濟體仍將持續維持較高之成長幅，將持續成為驅動全球經濟成長之主要動能，尤其是亞洲太平洋區（日本除外）2012預測仍將維持6.7%之穩健成長，可持續帶動全球經濟成長。惟歐債危機仍須儘速解決，否則新興經濟體之成長亦將會遭受威脅。長期以來，新興經濟體一直受到國際資金流動之青睞，但自2011年下半年起，此種趨勢開始發生變化，國際資金由新興經濟體流向已開發國家，尤其是回流至美國。一方面，此種回流短期內可能反應國際資金之避險偏好；另一方面，下列兩個中長期因素應加以關注：其一是已開發國家為因應歐債危機，因而金融機構對資金回流形成持續之需求，其政府亦在努力

---

179. 黃得豐（2012 年 4 月 23 日）。析述歐債危機之處理對經濟與民主之影響。台灣大學法律系研討會報告。

促進資金回流，如對回流資金給予租稅優惠政策；其二是新興經濟體資金市場之泡沫風險顯著上升，經濟過熱與資產泡沫風險會改變投資人之預期，一旦國際資金流動逆轉形成一種趨勢，新興經濟體之金融體系可能面臨新的衝擊。另外，資金若流向大宗商品，則將導致商品價格產生劇烈震盪，影響大宗商品價格之主要因素是全球經濟成長與資金流向。

二、對中國大陸之衝擊與影響

（一）對中國大陸之經濟金融之影響均甚大

早在2000年後中國大陸即已對歐洲進行多角化之投資，並已使EU成為中國大陸之最大出口市場，在希臘2009年11月發生危機後，PIIGS國家均已獲得中國大陸給予援助與支持之承諾，並陸續簽署商業協議。由於中國大陸與EU合作範圍甚廣，包括航運、造船、鐵路民營化、房地產、及農產品出口等。到了2011年7月歐債危機惡化後，中國大陸曾欲挹注IMF資金以協助解決歐債危機，當時美國認為中國大陸有意透過該注資，欲將人民幣列為特別提款權（SDR）份額而婉拒。後因歐債危機持續而美國並未援助，EU會員國乃轉而希望外匯存底最龐大之中國大陸能提供協助。惟最令中國大陸不滿者乃EU會員國迄今尚未承認其為完全市場經濟地位（Market Economy Status）。EU駐中國大陸之大使艾德和（M.Ederer）表示，2012年EU為中國大陸之最大外銷市場，若以2011年中國大陸對EU出口3，560.2億美元，成長14.4%（2010年成長31.8%），以及中國大陸為EU第二大外銷市場，且EU2011年對中國大陸出口2，111.9億美元，成長25.4%（2010年成長31.9%，）估算，2011年中國大陸應可超過美國，而躍居EU之最大外銷市場。此外，IMF於2012年2月6日指出「中國大陸以前因能遵守財政紀律，故能進一步刺激國內經濟發展，並有餘裕因應2008年金融海嘯之衝擊。惟因EU為中國大陸之最大出口市場，若歐債危機未

見改善，則2012年中國大陸之經濟成長可能會由原預期之8.25%腰斬至4.25%[180]。

（二）以中國大陸為主之新興經濟體仍在成長

　　雖然全球經濟成長進一步放緩，對大宗商品之需求將減少。惟以中國大陸為主之新興經濟體仍在刺激經濟，並帶動全球經濟成長，且可抵銷已開發國家經濟與全球經濟減緩之影響。此外，已開發經濟體持續挹注龐大流動性資金，則會導致大宗商品之價格顯著震盪。換言之，雖然歐債危機2012年之短期風險並不足為患，惟仍需要高度關注歐債危機之中長期風險。另外，透過EU統計局之貿易資料顯示：2008年EU自中國大陸進口成長13.7%，已低於自全球進口之成長率17.1%，惟自其進口金額中，仍有34.1%（約1,766項）之商品成長有所改善。到了2011年受歐債危機影響金額達782億美元，占自中國大陸進口之19.2%；而2012年受歐債危機影響之進口金額達1,186億美元，占自其進口比重之31.7%，明顯較2011年提高，而未受歐債危機影響之金額僅2,540億美元，占67.8%；無法認定金額為20億美元，占0.5%。可見中國大陸在2011年商品金額受到歐債危機衝擊範圍尚小，2012才明顯擴大，這與整體分析所得結果大致相同[181]。

---

180. 黃得豐（2012 年 4 月 23 日）。析述歐債危機之處理對經濟與民主之影響。台灣大學法律系研討會報告。
181. 黃得豐與中華經濟研究院合撰（2012 年 9 月）。歐債危機對台灣產業的影響與因應（頁45-54）。中華民國工商協進會。

第九章
對金融面衝擊及國際禿鷹製造動亂

第一節 衝擊歐元與金融市場震盪並影響競爭力

壹、造成歐元與國際金融市場之動盪不安

一、衝擊歐元立即下滑與動盪不安與不穩

（一）國際禿鷹趁機狙擊歐元大跌因而亦衝擊經貿

　　由上所述，希臘在2009年11月發生債信危機衝擊與Fitch調降希臘債信評等後，國際禿鷹趁機狙擊歐元，歐元匯價乃自1.51美元急速下滑。到了2010年2月初，當希臘財長指出「葡萄牙與西班牙赤字亦甚高，恐為下個未爆彈」時，歐元已跌至1.36美元。到了2月中旬希臘提出緊縮預算計畫遭遇國內罷工抗議，三家信評公司警告將再調降信評等級時，歐元區核心國家與EU領袖已密集協商援助事宜，並多次對國際投機客提出警告，且美國與EU執委會已進行調查中，歐元跌勢才開始穩住[182]。4月27日希臘與葡萄牙遭遇國內運輸工人罷工抗議，及三家信評公司調降該3國之信評等級後，歐元已跌至1.3255美元。此乃歐元問世以來所面臨之最重大考驗，惟IMF卻認為歐元目前已來到合理之價位，而美元確實已經高估了。到了2010年6月7日跌至近年來之最低價1.1876美元（自2009年11月25日希臘債信危機衝擊後以來已跌21.4%）後，才由谷底翻升。由於歐元區核心國家領袖與EU執委會，IMF密集協商危機處理與援助事宜，6月17日西班牙發行公債成功時，歐元升至1,2417美元。

---

182. 黃得豐（2010）。希臘發生債信危機之原因及其影響。淡江大學歐盟資訊中心通訊25期。

（二）經危機處理與援助後才止跌回穩

到了2010年11月5日為1.4024美元，後因愛爾蘭為處理金融問題引發債信危機，並拖累歐元下滑，而西班牙第3季經濟停滯，且葡萄牙債信告急，因而11月30日匯價又跌至1.2998美元，為最近2個月以來之新低點。同年12月初葡萄牙削減赤字失敗又使歐債危機復燃，ECB乃擴大干預市場並加碼買進葡萄牙公債。當愛爾蘭接受850億歐元之紓困貸款後，Moody's 12月18日卻又以其恐無力還款為由，連砍5級信評而使其他PIIGS國家告急，其中又以葡萄牙財經狀況最差。12月1日IMF副總經理利普斯基（J. Lipsky）出面強調歐元之穩固後，EU之股匯市場乃穩定與齊漲，並在1.35至1.39美元之間。盱衡2009年金融海嘯衝擊與發生歐債危機後，歐元兌美元之匯價仍升值2.5%，而2010年上半年歐元遭受歐債危機不斷衝擊竟貶值15%，6月7日跌至近年來最低價1.1876元谷底翻升後，到了同年底仍貶值6.7%，顯示歐債危機持續衝擊，以及國際禿鷹狙擊與信評機構不斷在市場興風作浪，歐元匯價乃跟隨動盪不安與不穩。

二、衝擊市場穩定而歐元卻轉為套利工具

（一）已衝擊全球資本市場之穩定與衝擊復甦

自從美國爆發金融海嘯衝擊全球後，各國緊急降低利率與擴大財政支出因應，並提出振興經濟措施挽救後，才使經濟得以復甦，且股市均已大幅回升。惟因國際禿鷹狙擊希臘債信危機併杜拜危機，而共同引爆為「黑色星期五」並重挫全球股市，爾後並跟隨著其危機之起伏進展，而又造成多次全球股市大跌[183]。除已衝擊全球資本市場之穩定外；尚對歐、美主要國家之經濟復甦造成傷害，並已造成國際金融之動盪不安。除衝擊全球資本市場之穩定外，尚對歐、美主要國家之經濟復甦造成傷害[184]。到了2010

---

183. 黃得豐（2010年12月25日）。2010年歐債危機之回顧與展望——金融。國政研究報告。
184. 林建山（2010年2月6日）。「歐美急凍」二次海嘯降臨？聯合報，A19版，台北市。

年4月27日三家信評公司調降三個歐債國家信評及運輸工人罷工全時，全EU股市跌3%，希臘跌6%，且全球股市大部份重挫。另外，此次希臘債信危機期間，其債券殖利率過高，如10年期公債4月8日為7.6%，4月27日卻高達9.63%；2年期公債在3月27日為4.6%，4月27日卻為25%，幾乎為5.4倍。另外，其殖利率與德國相同債券之殖利率利差更高得離譜。例如，10年期公債與德國公債之利差2010年1月25日為3.25百分點，到4月27日為6.7百分點，幾乎為2.1倍。此均會為國際債市埋下陰影，並擔心如此高之利差，恐會因「重整」或「違約」而再度引發風暴。

（二）歐元大跌卻成為利差交易套利之工具

　　每當國際間發生任何特殊財經金融事件後，即便長久處於弱勢之美元，就會驟然轉強成為最大之避風港，此次歐債危機後亦不例外，連美國債券都被當作是強勢金融商品。此外，原被認為經濟已失落10年之日本，其日圓相對於歐元亦曾意外地轉強。美元與日圓在希臘債信危機發生前才被充作利差交易（Interest Spread Trading）之弱勢貨幣，卻因該危機突然轉變為作多之強勢貨幣，若其轉換操作失當，恐會造成市場之動盪不安或發生風暴。至於利差交易係屬於利率互換（Interest Rate Swaps）衍生性金融商品之一環，乃投資人借進利率較低之貨幣資金，進行投資高利率貨幣或高收益資產，以從中套利獲益之交易。由於2009年日本利率0.1%及美國利率0.25%已在其本國創下最低之紀錄，在國際間亦屬於偏低者。當歐元大跌後，國際投機客乃轉而拋空歐元作多美元與日圓。惟因轉換之金額龐大，又因換約期間等問題而不宜操之過急。因此，至2010年初仍有1.5兆美元與價值大約相仿之日圓尚未轉換[185]。有鑑於近年來藉利差交易套利之市場迅速抬頭，除能廣泛改變匯率動向與走勢外；尚對匯率波動之影響力大增；爰若美元與日圓之利差交易轉換失當，恐會形成反噬，而使貨幣市場與外匯市場劇烈震盪或發生危機。

---

185. 黃得豐（2010）。希臘發生債信危機之原因及其影響。淡江大學歐盟資訊中心通訊25期。

貳、貶值可提高競爭力惟應改善生產結構

一、內部經濟反而因歐元貶值而好轉

（一）歐元下滑後反而可提高對外競爭力

　　歐元區發生歐債危機後，已迫使各成員國紛紛厲行撙節支出措施，雖然此將會妨害經濟復甦，惟歐元被拖累下滑後，反而可提高對外競爭力，並使出口均大增。根據EU統計局於2010年4月29日宣佈4月份之主要經濟信心指數如次：EU為101.9點；歐元區為100.6點，均為25個月以來最好。此外，歐元區2012年第一季之GDP成長為0.8%，且歐元區核心國家如德國與法國等，因歐元對美元貶值反而使得出口競爭力大增，帶動歐元區之經濟快速復甦，而上述歐元貶值卻仍無法舒緩PIIGS國家之債務問題。另外，德國2012年6月22日公布之企業信心指數為101.9點，已創下近2年來之新高，整個歐元區8月份之工業生產，較7月份增加7.2%，較2011年同期增加7.9%，並逐漸好轉。整個歐元區之擴張情勢，到了同年11月底後已趨於緩和與穩定，惟德央行仍於當年12月3日表示：經濟GDP尚可再成長二成以上。

（二）歐元貶值對以出口為導向較為有利

　　鑒於經濟政策須兼顧出口競爭力與擴大內需，因而若以匯率貶值提昇出口競爭力，則對以出口為導向之成員國較為有利；爰對偏重以進口擴大內需為導向之成員國，或非歐元區成員國則較不利。諸如法國因出口大增，而使製造業信心指數由2010年12月之107點，升至次年1月之110點，創38個月以來之新高。此外，同期德國出口亦大增至1.3兆美元，年增率18.5%，創歷年以來之第3高。且因其擴大內需，故進口1.1兆美元，年增率20%，可為其他歐元區成員國提供較佳之出口機會。惟對於鄰近非歐元區成員國之英國，則因無法享受歐元貶值之優勢，而較無法把產品與服務銷售給歐元區，造成其2010年10月與11月，分別為86億英鎊與87億英鎊之貿易赤字，均先後創下史上最大之貿易赤字紀錄。

二、改善競爭力除貶值外應兼顧生產結構

（一）共同貨幣無法解決經濟雙重背離現象

　　貨幣聯盟之先決條件，爲所有成員國之經濟體質已有相當整合，始可共同適用相同之利率與匯率。惟因會員國間之經濟體質與差別仍大，故如上述之經濟雙重背離現象甚爲明顯，尚無法在相同之匯率水準發展經濟與貿易，經濟體質迄今仍然良莠不齊。因此，歐元區仍有許多人認爲德國出口大增，乃係部份成員國犧牲歐元匯率貶值所換取，惟德國人認爲光靠貶值貿易仍不夠，尚應改善生產結構跌[186]。2011年1月11日德國官方宣稱「去年拜出口大增與內需強勁之賜，初步確定GDP約成長3.6%」，較原估計之1.9%高出甚多且爲東、西德統一以來之最高之增幅。另2010年11月之失業人口，已減至314萬人，爲18年以來之最低。雖然如此，法國財長拉加德仍質疑德國依賴出口成長之模式，而建議德國應多刺激內需，惟德國則要求其他成員國除出口應成長外；尚應從生產結構面改善競爭力。根據EU統計局資料顯示，從2001至2010年間德國單位勞動成本僅增加18.6％，而法國卻增加39.4％，甚至於連荷蘭、奧地利、與比利時等國亦增加36.4％，顯示共同貨幣對成員國之經濟仍具雙重背離現象[187]。

（二）提高競爭力尚應改善勞工生產結構

　　1.應抑制勞工成本：勞動成本指數高低攸關經濟競爭力之強弱，德國自1999年歐元區成立以後迄今，已從技術與效率方面降低勞動成本指數15%至85點、希臘反而增加3.5%至103.5點、西班牙增加10%至110點、愛爾蘭與葡萄牙更增加至13%至113點[188]。因此，德國之工資仍然最高，平均時薪爲34歐元，而希臘只有其一半，葡萄牙更低。

---

186. 黃得豐（2010年12月25日）。2010年歐債危機之回顧與展望－－金融。國政研究報告。
187. 黃得豐（2012年4月23日）。析述歐債危機之處理對經濟與民主之影響。台灣大學法律系研討會報告。
188. 卓忠宏（2012年3月）。從里斯本條約中財政改革草案評估歐債後續發展。淡江大學歐盟資訊中心通訊第33期。

　　2.改善生產力：德國勞工成本雖然增加，惟其整體生產力增加更多，因而勞工成本會相對較為低廉。故除應設法抑低生產成本外；尚須改善整體生產力與尋求成長來源。未來若歐元區核心國因歐元貶值，或改善生產結構而提昇經濟競爭力，仍可帶動歐元區之經濟快速復甦，全歐元區之經濟體質亦會跟隨改善，並可因而提高對外競爭力。

第二節　希臘不會退出惟國際禿鷹仍製造動亂

壹、希臘危機已穩住而國際禿鷹製造動亂

一、希臘暫不會退出歐元區危機已穩住

（一）意見雖分歧惟情況已經能暫時控制

　　由於希臘無力償債而希望EU與IMF再給予額外紓困貸款，IMF以希臘執行撙節支出方案不力，而希望EU給予保證，EU則要求希臘政府先與在野黨協商。此外，歐元區成員國中較遵守財政紀律之德國、荷蘭、與芬蘭均表示不願再繼續紓困。尤其德國2010年12月16日在EU峰會時，雖同意將5月已成立之EFSF於2013年6月到期前，先成立常設性之ESM加以取代，惟卻堅持「只有在確定有悍衛歐元區完整必要時，經過共識決後才能啟動ESM」。到了2011年3月24日EU峰會討論ESM最初資本時，德國尚堅持由原擬之400億歐元大砍至160億歐元。至於處理希臘債信危機之方式，當年9月14德國總理梅克爾既已與法、希兩國元首以電話熱線完成「三方會談」而確定續挺希臘，情況乃因而能暫時控制且不致於惡化。

（二）核心成員國仍會穩住債信危機局面

　　上述原預定於2013年6月ESM接替EFSF後，即可採取「集體行動條款」（CACs）之共識決，則處理債信危機猶如「內部紓困」（bail-in）。

至於在ESFS階段，債信危機似仍須仰賴「外來紓困」（bail-out），且銀行持有公債欲轉換爲資金時，仍須以其作爲擔保品向本國央行融資，然後轉往ECB再融資[189]。至於歐債危機迄今仍未有希臘倒債跡象，或市場混亂現象，此似與歐元區核心成員國之經濟體質穩健，及其仍會共同穩定局勢之態度有關。2011年5月21日法國財長公開表示「已能接受持有公債之銀行自願協調之任何方案」，亦即法國已支持即將到期之希臘債務延期，一改前與德國對抗之做法。有人認爲此似與去年5月德、法兩國總理在法國西海岸所達成之承諾有關，據悉該承諾爲「在2013年以前都不會強迫任何成員國進行債務重整」，亦即只要兩大核心成員國仍堅守該共識，並尋求合理之因應方式加以解決即可，例如2011年9月14日德、法兩國甫與希臘完成「三方會談」。換言之，希臘債信除非狀況惡化至難以掌握，否則在2013年以前，應暫無發生任何違約、重整、或退出歐元區之虞[190]。

二、國際禿鷹製造動亂另非法聚會被調查

（一）國際禿鷹早就以 CDS 押注愛、希之公債

有人認爲國際禿鷹不斷搧風點火與興風作浪，因而已造成多年來之重大衝擊與震撼，甚至於連2008年之金融海嘯等，皆與國際禿鷹脫離不了關係。此外，2009年初當EU正在慶祝歐元區建立與歐元問世10週年，不但剛躲過金融海嘯之正面衝擊；而且對EU之貨幣聯盟已經展現成功與穩定信心之際，國際禿鷹即已開始透過CDS新種衍生性金融商，押注債券殖利率偏高之愛爾蘭與希臘之公債，認爲該兩國將無法對其所臟PASOK於2009年11月23日大砍前由共和黨政府編列之預算，發行之公債履行償還義務，以削弱市場對該兩國公債之信心。此外，希臘欲把赤字由GDP之12.7%降至9.1%。乃爆發希臘債信危機，而被國際禿鷹併杜拜財務危機列爲風暴而

189. 黃得豐，「歐洲金融市場專題研究」教材。淡江大學歐洲研究所，未出版，淡水：新北市。
190. 黃得豐（2012年5月30日）。放心，希臘最近仍不會退出歐元區。工商時報，A6版。

重挫全球股市。爾後又不斷延燒而擴大爲歐債危機，因其經濟情勢均急遽惡化而被國際禿鷹持續狙擊，已引起外界臆測並扭曲市場走向，其炒作之CDS亦不斷攀高[191]。後來在歐債危機期間，國際禿鷹仍繼續狙擊而衝擊全球，又因3大國際信評機構（包括S&P、Fitch與Moody）不斷調降債信猶如助長國際禿鷹狙擊，而造成國際金融市場一連串之衝擊與震撼[192]。

（二）國際禿鷹非法聚會放空歐債與歐元被調查

　　由於2009年11月高盛銀行曾要求希臘PASOK新政府繼續重施以換匯換利（CCS）造假故技被拒，乃參與國際禿鷹對歐元與希臘國家債信進行狙擊。除已對金融市場造成重大衝擊與震盪外；尚因在希臘發生債信危機以前，歐元對美元原來已維持一段時間之強勢，卻突然反轉急貶，此乃與國際禿鷹趁機狙擊有關。若以當年市場每週二結算全週對歐元放空之口數換算如次：2010年1月19日後各週對歐元放空爲41億美元、65億美元、72億美元，惟2月9日前那週突然飆高放空94億美元與2月16日前放空97億美元，此似與上述國際禿鷹2月8日齊聚紐約哈爾特經紀公司密謀放空有關。據悉，當日參加聚會者皆係美、英著名之國際禿鷹，其討論內容並非一般資訊傳遞或普遍事實評論之合法行爲，而係共商以特定價格放空歐元與希臘債信券之非法行爲。該國際禿鷹聚會已引起EU各國之共憤與美國政府之調查，EU領袖與官員亦均提出譴責與關切。而上述狙擊市場之國際禿鷹一般係指以洛特希勒德家族（Rothschild & Sons）爲班底之國際投機客，又因該家族係組織最爲嚴密，手段最貪惡猛烈，且其追逐利益之兇殘狀，有如禿鷹（vulture）啖食獵物之血肉，因而有人稱之爲國際禿鷹。此外，該家族要求嚴密之家族控制、精確之協調、徹底之冷酷理智、及永遠早於市場之資訊情報與快速等傳遞系統等，乃成爲最具勢力之國際禿鷹。

---

191. 黃得豐（2010）。希臘發生債信危機之原因及其影響。淡江大學歐盟資訊中心通訊 25期。
192. 黃得豐（2010年12月25日）。2010年歐債危機之回顧與展望－－金融。國政研究報告。

貳、以紅盾家族爲班底之國際禿鷹沿革

一、紅盾家族崛起並掌控倫敦金融城

(一)法蘭克福為紅盾家族國際禿鷹大本營

　　洛特希勒德家族原發跡於德國法蘭克福之猶太社區，而自梅耶（Mayer）1766年自漢諾威學習同屬英國漢諾威王朝，而較先進之銀行業務，返回接辦其父經營之貸放生意崛起後，才開始以紅盾（Rothschild）爲家族名稱。1800年德意志第一帝國皇帝贈梅耶爲「帝國皇家代理」之特權後，紅盾家族之金融帝國版圖乃迅速擴大，雖然1806年該帝國皇帝戰敗，被拿破崙廢除神聖羅馬帝國之德意志名稱改爲奧地利皇帝，原德意志314諸侯邦國亦整合爲39個邦（包括原歸附拿破崙之16個萊茵聯盟，其中又以奧地利與普魯士最強大），惟紅盾家族金融業務與經濟活動仍可在各邦國間通行無阻[193]。而除留守法蘭克福大本營之梅耶大兒子阿姆西洛（Amschel）外，其餘4個兒子分別派駐當時歐洲最重要之維也納、倫敦、巴黎及義西南之那布勒斯，分別掌管其金融帝國之相關業務，堪稱爲全球最早之國際銀行集團[194]。又因其首創國際金融情報系統，而使法蘭克福成爲歐洲甚重要之金融中心。另外，該家族認爲恐慌與戰爭可使利潤大增而致富，因而梅耶曾對1789年法國大革命感到興奮，乃派第3個兒子拿坦（Nathan）於1798年長駐倫敦金融城侍機行事，拿坦在1805年設立Rothschild商人銀行（貼現所），到了1815年即成爲倫敦金融城首屈一指之銀行家且動見觀瞻。到了1815年6月18日拿破崙與第7次反法聯盟在比利時之滑鐵盧大會戰，該家族靠著當時獨有之戰略情報網與快遞系統，並敢冒英倫海峽之巨大風浪危險，而在19日清晨把戰果送達英國給拿坦。

---

193. 黃得豐，「歐洲金融市場專題研究」教材。淡江大學歐洲研究所，未出版。
194. 宋鴻兵（2008 年 10 月 01 日）。貨幣戰爭。臺北：遠流出版社。

（二）滑鐵盧戰役後國際禿鷹在倫敦大展身手

　　拿坦掌握滑鐵盧大會戰拿破崙已轉勝為敗之戰果後，密而不宣卻先以手上公債高價賣出，誘使在場之所有英國公債持有人，幾乎均認為「英軍敗仗」而恐慌性拋售，使該1751年後所有公債合併而成之統一公債（Consols，約占當時英國GDP比重之240%）瞬間如一堆垃圾，其價格已崩跌至公債面值之5%，然後拿坦之眾多交易員又立即奔往各自之交易台買進所有剛被拋售之公債[195]。乃創下金融史上首次鉅額「對沖」交易，並在倫敦金融城賺進該家族第一大桶金，而確立了爾後在國際金融市場上之主導地位[196]。當英倫海峽風浪平靜後，威靈頓公爵之信差於6月20日返抵倫敦通報戰勝消息時，拿坦已在前一天就狂賺所有公債之20倍利潤，不但已成為英國政府最大債權人，並掌控英央行之貨幣發行量；而且還掌控倫敦金融城之動態，並左右倫敦金融市場之證券、外匯、與黃金價格。因此，1815年後拿坦乃因而視英王如傀儡，而認為自己係實際控制大英帝國之幕後老闆。此外，梅耶5子詹姆斯（James）1818年11月趁法國財政危機時，乃聯合其他兄弟制伏法國，並控制其金融市場；4子卡爾（Carl）在那布勒斯之銀行，亦曾資助奧地利皇帝鎮壓義大利反抗軍，並已掌控當地財金系統。換言之，該家族早已掌控毆洲各國「民股央行」（英、德至二次大戰後才改為公股央行）、大型銀行、與大企業之股份。另外，該家族慣常使用方式略以，先引爆雙方戰爭或製造問題後，再由其提供雙方軍火、融資或上市、發行戰爭債券、戰後之賠款承銷、與國家重建等一系列方案，最後再變成化解戰爭或處理危機問題之和平使者，而又須向其家族申請戰後重建融資。

---

195. 宋鴻兵（2008 年 10 月 01 日）。貨幣戰爭。臺北：遠流出版社。
196. 宋鴻兵（2009 年 09 月 11 日）。貨幣戰爭 2 金權天下。臺北：遠流出版社。

二、國際禿鷹無孔不入仍將會製造問題

（一）國際禿鷹狙擊對象早已橫跨歐、美列強

在拿破崙被俘後之歐洲係由奧首相兼外長梅特涅（K.Metternich）主導，並維持19世紀歐洲最長久之和平，惟因其仍須靠紅盾家族財政融資，故實際上由梅耶2子所羅門（Salomom）所掌控。此外，上述德意志整併爲39個邦後，由奧皇主導組成德意志邦聯（Deutscher Bund），且在法蘭克福城市邦設立邦聯議會，留守大本營之大兒子阿姆西洛被任命爲首屆邦聯財長，因渠最欣賞當年俾斯麥（Otto von Bismark）在擔任普駐邦聯議會公使即敢反抗19世紀歐陸超強奧地利（甚至於在第一次世界大戰奧匈帝國戰敗投降後，匈牙利、捷克斯洛伐克、保加利亞、羅馬尼亞、與南斯拉夫等均被切割而分別獨立，惟迄今該等國家之金融與經濟，仍多由奧地利掌控或主導），由渠交代其後人除特別厚助俾斯麥於1862年擔任鐵血宰相外；尚由其後人全力資助俾斯麥輔佐普魯士王威廉一世（William I），最後在1871年統一奧、盧除外之邦聯37邦，並成爲當時全歐最強盛之德意志第二帝國皇帝。此外，國際禿鷹狙擊對象早已橫跨歐、美各強國，美國獨立後支持歐式「民股央行」（係指1782年在費城設立之美國第一家央行BONA--北美銀行）之首位財長漢瀰爾敦（A. Hamilton）早年曾受梅耶資助，後來其傳人所組成之民主黨與當時反對國際銀行集團最力之國務卿傑佛遜（T. Jefferson）傳人所組成之共和黨，最早之政治對立癥結卻與國際禿鷹有關。另外，紅盾家族分別支持南、北雙方政府，而成爲美國南北戰爭之幕後黑手，且歷任美國總統中有7位因曾反對國際禿鷹之利益而被刺[197]。後來紅盾家族還持有美國各大銀行、美央行（Fed）、鐵路、石油、重工業、核電、與軍火工業等股份，惟爲避人耳目而不得洩漏其總財富秘密，亦儘量不使用該家族名義，而以各種親戚或其他名目。家族後來分爲16個派系，進行多樣化投資與控股，據估計20世紀初該家族就已控制

---

197. 宋鴻兵（2008 年 10 月 01 日）。貨幣戰爭。臺北：遠流出版社。

全球總財富之一半以上[198]。

（二）20世紀後國際禿鷹作風更為變本加厲

　　20世紀後國際禿鷹較重要之狙擊成果有三：其一為製造德國超級惡性通貨膨脹：1923年8月後每片麵包為1,000億金馬克；薪水每天發2次而若未在1小時內花光即不值錢；當年10月購買力已跌至戰前1.26兆倍分之一；戰後貨幣發行量至1923年5年間共增加362,650倍，雖可暫緩凡爾賽合約之箝制而拖延還債，惟具猶太背景之國際禿鷹當時僅用少數美元，即可掠奪其發跡地之財富而最令德國人痛恨[199]。其二為引發1930年代全球金融大恐慌與經濟大蕭條：1929年10月29日紐約華爾街股票崩盤前國際禿鷹早已出清股票，最後導致全球約有12,000家銀行倒閉，而與其有關之金融業卻均安然無恙反而大賺錢。其三為幫助希特勒獲得政權並發動二次大戰：1929年6月國際禿鷹不滿法國凍結融資損害其利益，乃由摩根系、瓦布爾格系、與洛克菲勒系召集各派人馬與Fed高階會商，而決議託付反凡爾賽合約最力之納粹黨希特勒崛起，以對抗法國箝制，在與希特勒密談3次後華爾街成為納粹德國最大資金來源，除幫助希特勒建立德意志第三帝國外；尚以6年間重整軍備並發動第二次世界大戰。惟希特勒為防範國際禿鷹擾亂金融穩定，乃自1934年9月4日由其帝國銀行（央行）首創公開市場操作，且同年底實施金融中央集權，最後雖在其占領區內屠殺猶太人報復，卻仍無法杜絕英、美之國際禿鷹。總之，兩百多年來世界上之每場重要戰爭、革命、與危機（包括金融海嘯與歐債危機）等，背後都有紅盾家族之影子，或脫離不了關係，今後仍將會隨時隨地再製造動亂。

---

198. 陳潤（2012年9月26日）。世界真正首富：羅特希爾德家族。臺北：人類智庫。
199. 黃得豐，「歐洲金融市場專題研究」教材。淡江大學歐洲研究所，未出版，淡水：新北市。

第十章
歐債危機對歐元與市場之影響

第一節　歐元在危機處理期間曾大幅震盪

壹、衝擊歐元大貶而過度降評頻發危機

一、歐元因歐債危機大貶經處理後止跌

（一）歐元因愛、希債信危機而分別大貶

　　由上所述，歐元自1999年初以1.18美元問世後不久即走貶，次年10月26日曾跌至0.82美元之歷史低點，惟2008年4月22日與7月15日曾分別攀至1.60美元之歷史高點，不久因金融海嘯衝擊而又上、下震盪，尤其是愛爾蘭之房地產泡沫化破滅拖累銀行之危機，致2009年2月17日歐元跌至1.2585美元，經解決與處理後匯價才又回升。到了2009年11月25日希臘爆發債信危機被降評等後，國際禿鷹乃趁機狙擊與放空歐元，其匯價不但自1.51美元急速下滑；而且還對國際金融市場上15種主要貨幣走貶，並跟隨希臘債信危機之發展經過而起伏不定，亦因而造成其他金融市場與股市經常重挫。2010年2月初當希臘指出葡萄牙與西班牙赤字亦甚高，恐為下個未爆彈時後，全球股匯市重挫至2月9日才反彈。後因Fitch 10年來首度對葡萄牙降評且西班牙亦債台高築，而使歐元在3月15日跌至1.33美元，為最近10個月以來之低點。到了4月27日希臘與葡萄牙遭遇國內運輸工人罷工抗議，及三家信評公司調降三個國家之信評等級，而國際禿鷹又趁機無券放空後，歐元已跌至2006年3月以來之最低價1.1955美元（歐元自2009年11月希臘爆發債信危機對美元走貶以來已跌了20.3%）。

（二）危機處理與禁止無券放空後才暫時止跌

　　幸好2010年4月29日EU執委會發佈主要經濟信心指數創25個新高之利多消息，另於5月3日與IMF提供1,100億歐元之紓困金，及5月11日成立7,500億歐元之EFSF防火牆，且由ECB購買PIIGS國家公債，並參與5月10日提出「證券市場計畫」或STP，首度購買歐元區成員國政府所發行之公債與民間債券，並無限期提供「3個月期資金」。此外，ECB尚於當天配合美央行在內之所謂全球六大央行之跨國換匯因急後才暫時止跌。5月19日德國對國際禿鷹實施「禁止無券放空」禁令時為1.2176美元，市場更加動盪不安，到了同年6月7日已跌至4年以來之最低價1.1876美元後，歐元匯價才逐漸由谷底翻升。復因歐元區核心國家與EU領袖已邀IMF密集協商援助事宜，而此乃歐元問世以來所面臨之最重大考驗，惟IMF卻認為歐元目前已漸來到合理價位（1.10至1.20美元）。另外，希臘債信危機發生後拖累歐元下滑，除已浮現歐元區整合之缺陷與問題外；尚已引爆其他財政失衡之成員國，發生骨牌效應與須尋求財政整合。2010年6月17日西班牙發債順利後，歐元匯價已回升至1.2413美元，6月下旬所有PIIGS國家為縮減赤字之預算通過後，歐元匯價乃開始走穩並逐漸回升。

二、雖有德、法支撐卻因過度降評頻發危機

（一）核心成員國支撐與愛爾蘭紓困歐元乃回升

　　EU為協助穩定金融之跨國機構歐洲銀行監理機構（EBA），首次對歐洲91家銀行進行壓力測試後，於2010年7月23日宣佈只有7家未符合標準應速增加資本適足性，次日歐元開始穩健回升，至7月底為1.31美元左右。8月初EFSF防火牆機制開始運作後，8月3日匯價為1.3262美元。另外，德國出口大增亦帶動整個歐元區經濟發展逐漸回穩，惟8月26日三家信評公司同時對愛爾蘭調降評等後，使歐元匯價因市場動盪不安而回跌。後因PIIGS國家經濟狀況略有改善，而德國失業率降至7.5%（已連續為15

個月下降），致使匯價於9月27日回升至1.3477美元，為最近5個月以來之新高點。雖然歐元區10月份之平均失業率為12年來之新高，惟德國卻降至18年以來之最低，且德國之消費力增加2.5%，為2005年以來最強，歐元匯價在11月5日為1.4024美元。爾後因愛爾蘭危機擴大且發債殖利率飆高（10年期公債為8.89%），EU五大經濟體財長緊急會議，認為應對愛爾蘭提供紓困協助，而一向堅拒紓困之愛爾蘭最後仍接受紓困850億歐元後，11月18日歐元之匯價乃回升至1.3669美元。

（二）PIIGS 國家屢因降評而頻發危機不安

由於PIIGS國家財經狀況並未改善，尤以希臘對紓困後之改善進展令Troik失望，EU與IMF於2010年11月27日決定，將其還款期限由6年延為11年，而西班牙第3季經濟停滯，且葡萄牙債信告急，因而11月30日匯價又跌至1.2998美元，為最近2個月以來之新低點。同年12月初葡萄牙削減赤字失敗又使歐債危機復燃，ECB乃擴大干預市場並加碼買進葡萄牙公債，且德國12月份之企業信心指數意外升高，而使歐元緩為回穩。上述愛爾蘭已接受850億歐之紓困貸款，而Moody's 12月18日卻以其恐無力還款為由連砍5級信評，使其外溢效果擴大，並溢發至其他PIIGS國家告急，其中又以葡萄牙財經狀況最差，卻又堅拒紓困。2011年初德、法為顧及市場穩定，乃開始對葡萄牙施壓，1月10日歐元匯價跌至1.2860美元，而為近4個月以來之新低。

貳、改革後又爆危機乃更換總理改善希、義

一、財金改革後因希臘申請新紓困爆危機

（一）EU 進行財金改革後歐元開始穩步上揚

EU協助穩定財金部門之之歐洲監督機構（ESA），其下設有銀行監理機構（EBA）、保險與退休金機構（EIOPA）、與證券與市場機構（ESMA），自2011年初已正式取代原效率不張之歐洲監督委員

會（COS）[200]。此外，爲進行財政整合而首度召開「歐洲財政學期」
（European Semester）會議，以檢視各國財政與協調事宜。EU進行上述
之財金改革後，雖然希臘已被3大信評公司將信債調降爲垃圾級，歐元
之匯價在1月31日仍在1.3374美元之價位。另外，因不滿ECB違反央行超
然獨立性原則而購向PIIGS國家公債，憤而請辭之德央行總裁章伯（A.
Webber），到了2月16日德總理Mekel已任命魏德曼（J.Weidman）接任，
對歐元區仍具有穩定市場作用，歐元在3月7日乃升至1.4026美元。至於堅
拒紓困之葡萄牙因財經表現每況愈下，4月8日起在匈牙利召開之EU財長
會議已開始討論對其紓困之細節，且在德、法施壓下葡萄牙5月初同意接
受EU與IMF紓困780億歐元後，5月2日之歐元匯價漲至1.49美元，爲歐元
在歐債危機後谷底回升以來之最高點。

（二）希臘撙節不力欲申請新紓困引發危機

由於EU與IMF對希臘之1,100億歐元即將用罄，市場又藉機放空炒
作，惟若希臘能提出擔保或進一步紓困仍可獲得第二筆紓困金，何況其
4月曾提出民營化計畫，原計畫在2015年以前順利籌資500億歐元。到了
2011年5月11日卻因全國大罷工，以反對未來執行290億歐元之撙節措施，
因而5月12日歐元跌至1.4293美元。5月下旬市場又以義、西公債風險增
大，而重挫全球股、匯市，23日歐元跌至1.399美元，爲2個月以來之新低
價。因希臘接受紓困後財經仍未改善，Troika甚爲不滿因而發表聲明，宣
稱希臘經濟計畫較預定進度落後，使歐債危機再度衝擊金融市場。希臘爲
爭取EU與IMF新一輪紓困而由議會通過5年期之撙節支出方案，6月15日再
度引發全國大罷工，亦造成國際股市重挫，EU財長會議6月20日警告，希
臘應實施更嚴之緊縮方案造成股、匯市重摔，市場動盪數日至6月24日跌
至1.4172美元。同年7月EU峰會決議擴增EFSF防火牆之金額至7,800億歐
元後，7月1日歐元漲爲1.4485美元，後因Moody's將葡萄牙債信砍至垃圾級
而又造成市場動亂，7月6日匯價又跌爲1.4286美元。

200. 張福昌（2011 年 11 月）。歐元不死論。全球工商，第 644 期（頁 32-40）。

二、歐債危機擴大後更換希、義總理

（一）美債衝突溢出效果擴大重創歐元與市場

　　2011年7月22日發生西班牙銀行危機，西央行FROB機制啓動接收倒閉銀行，一直動盪至7月底因德國發佈「因失業率（7%）下滑而提振購買力」使7月29日之歐元漲至1.4368美元。由於美國政黨對公債上限之衝突引發債信危機而立即衝擊全球，且成爲金融海嘯後全球最嚴重之股災，而使歐債危機再度復燃，並使全歐之金融體系流動性非常缺乏，ECB除加強對PIIGS國家購買公債因急之外；尙再度啓動全球六大央行對歐元區銀行提供緊急美元換匯以供應短期資金。復因信評機構欲調降法國之3A信等級信評，股、匯市重挫，法、義、西、與比乃聯合祭出禁止透過CDS對60家大銀行無券放空至少15天，因而市場較爲穩定，故8月18日已漲至1,4641美元。因此，歐元匯價在8月時均維持高匯價，後因S&P調降義大利信評，西班牙通過500億歐元緊縮預算案，以平衡其2012年預算而引發民衆強烈抗議，到了9月9日爲1.3668美元，爲最近6個月以來之新低點。此外，希臘9月21日宣佈新的緊縮方案再度引發罷工等，均衝擊金融市場，惟歐元當天卻仍維持1.3629美元之匯價。

（二）希、義總理更換卻使市場與歐元更趨穩定

　　2011年10月EU財政會議已達成對銀行挹注資本之共識，且ECB會議決議啓動再融資擔保債券購買政策，及歐元區17成員國皆已全數通過EFSF規模擴大案，歐元乃維持在1.33美元至1.39美元間盤旋。而10月23日至26日EU高峰會時，已提出全面解決歐債危險之方案，使歐元區更積極處理甚爲迫切之財政整合問題。同年11月PIIGS國家中債信狀況最差之希臘總理由帕帕德莫斯（L.Papademos）；政府債務最龐大之義大利總經由蒙蒂或Monti接任，兩人均長久熟識EU工作之技術官僚，對於改善兩國財經表現應有甚大助益，因而市場反應甚爲正面。惟因全歐最大之LCHClearnet結算公司調高義大利保證金，及Fitch調降葡萄牙債信而致市

場又動盪，且歐元11月25日已降至1.3230美元。12月16日蒙蒂提出330億歐元撙節法案，亦順利獲得義大利國會通過，而當日歐元卻為1.30美元左右。

第二節　回顧歐元因改革與整合漸趨穩定

壹、EU 推動具體措與改革阻止歐元續挫

一、禁止無券放空與推動「3 個核心行動」

（一）G10 與 G20 關切且採取禁止無券放空

10國集團（G10）2011年3月下旬警告略以「EU對於永久穩定機制ESM之討論只會加深隔閡，而非對歐債危機提出解決之道」，惟市場仍期待EU峰會能提出緩和危機新措施，加碼押注歐元而漲至1.4283美元，而為2010年5月以來之最高點。後因25日召開之峰會結果令市場失望，且Fitch又對葡萄牙調降信評，使歐元之跌至1.4088美元。到了同年7月13日PIIGS國家5年期之公債之CDS指數均被調高基點（bps），希臘更竄高至2,337bps，此乃表示危機與風暴即將擴大之指標，歐元則在1.4282美元上、下震盪。此外，希臘於8月8日宣佈「禁止以CDS方式對證券市場放空2個月」，以限制短期炒作，並避免投資人承擔過多費用，當天歐元仍高達1.4208美元。另外，9月30日法、義宣佈延長CDS無券放空禁令延長至11月11日，且西班牙則改為無限制延長CDS無券放空禁令，而歐元則已跌至1.30美元附近。到了10月15日20國集團（G20）財金首長會議對歐債危機提出「恢復市場信心方案」並推動「3個核心行動」（對希臘提供新援助、擴大EFSF規模與功能、與支撐受歐債危機影響之銀行），而歐元則維持在1.387美元左右。

（二）EU 推動「3 個核心行動」且希臘軟違約

2011年10月22日EU財長與央行總裁會議10月22日已先研商G20會議內容，並提呈10月23日與26日舉行之EU領袖臨時峰會中討論，並決議將治標之「3個核心行動」付諸施行。另外，因EU財長會議轉述Troika意見略以「由於希臘執行撙節措施不力，應暫緩核發紓困金」，因而德總理Mekel在EU峰會上認為，希臘應即執行按公債面額減價之債務重新協議（resheduling）或「軟違約」（soft default），並提出「因民間債權人長久享有高殖利率故亦應承擔部份損失」。峰會乃達成3項協議：減記民間債務50%（估計可減少1,000億歐元希臘負債）、銀行須在2012年之前提高資本適足率至9%（估計約1,065億歐元）、與擴大EFSF槓桿倍數（使其功能擴增至1兆歐元）[201]。會後與代表民間債權人之國際金融協會（IIF）談判並獲同意，歐美股、匯市大漲，歐元亦漲至1個月以來之高點1.4207美元。惟希臘卻要求對上述紓困案「全民公投」，因遭國際譴責希臘總理11月3日宣佈辭職，當天ECB降息1碼至1.25%，歐美股市應聲大漲，而歐元卻因降息而略貶至1.3987美元。

二、全球六大央行救急惟希臘亂象重創市場

（一）由全球六大央行救急取代 ECB 購債

至於希臘總理則如上述由熟識EU工作之技術官僚，即ECB前副總裁帕帕德莫斯接任後，歐元卻仍持續下滑至1.3687美元。同年11月16日歐債危機擴大蔓延，導致市場信心潰散，ECB雖已買進義大利公債，仍無法阻擋公債拋售潮，因而法、愛等國希望ECB加強干預，以支撐公債價格並恢復市場信心，惟德國反對ECB大量印鈔與充當PIIGS國家之最後資金供應者（lastresort），歐元因而下跌至18日之1.3518美元。最後由包括

---

201. 鄭貞茂（2011 年 12 月 28 日）。歐債危機的最新情況與可能發展方向。全國工商協進會「工商講座」。

ECB在內之全球六大央行聯手啓動緊急低利率美元換匯，歐元才止跌回升至1.3391美元。到了12月9日EU峰會作出重要決議如次：由成員國央行向IMF捐2，000億歐元充實對外援的基金、2013年中啓動之ESM提前在2012年中上路、與各國準備簽署旨在治本之「財政協約」等，惟歐元仍持續下滑至1.3253美元。雖然ECB在12月8日又降息1碼至1.0%，並宣佈實施36個月期之LTRO並於21日開標，ECB對523家銀行發出4，890億歐元，造成西班牙殖利率由11日之飆漲變爲大降，而歐元均維持在1.30美元左右。

（二）降評時機不當與希臘選舉亂象重挫市場

　　2012年1月6日Moody's調降歐元區9個成員國之主權債信評等，已衝擊全球股、匯市全面重挫，歐元曾跌至1.2626美元，經ECB干預對買進公債後，最後仍跌至17個月以來之低點1.2661美元。固然1月30日EU在布魯賽爾峰會討論設置永ESM方案對穩定市場甚有助益，惟因希、葡之公債殖利率飆高，而使歐元已回穩而解除實施6個月之以CDS無劵放空銀行股票之禁令，歐元乃漲至1.3487美元高點。惟18日西央行表示「銀行之不良資產高達1.357億歐元，爲17年以來最高」，歐元乃由1.348美元逐漸下跌。而在2011年12月9日峰會決議之「財政協約」於3月2日簽署，各簽約成員國須趕在2013年初生效實施前完成同意手續，而歐元則維持在1.375美元左右。同年4月4日因義大利公債殖利率持續走高，法國亦迅速高漲，市場危機又起而使歐元貶至1.3046美元。此外，S&P在5月10日調降西班牙評等後，義大利公債殖利率亦跟隨升高，且市場一再謠傳正要舉行選舉之希臘恐退出歐元區，歐元乃連跌8天至3個月之新低點1.2920美元。

貳、共同妥處大型危機並規範信評機構

一、核心成員國友好合作以共渡危機

（一）法、德重申友好合作惟仍屢受降評衝擊

　　法國前總統沙科吉（N.Sarkozy）雖然以「強大法國」為選舉口號，最後卻仍敗給自己之傲慢[202]，而新總統歐蘭德（Hollande）2012年5月15日上任當天即赴柏林與德國總理Mekel會晤，重申兩個核心成員國友好與合作共渡危機。惟適值希臘選舉後組閣失敗與政局動盪混亂，因而EU亦正為其退出歐元區做好因變措施，又因西班牙第4大之Bankia銀行收歸國有而引發金融危機，因而歐元至5月17日已跌至1.2617美元（2週以來已跌3.5%）。到了5月23日後歐美金融市場混亂加劇，25日市場又盛傳希臘將退出歐元區，及西班牙將面臨金融風暴，歐元乃持續重挫而一路急跌至1.2517美元，為2010年7月以來之最低點。此外，5月30日因西班牙政府利用公債對Bankia銀行注資，違反EU法律規定又未與ECB諮商，再度引發危機而使歐美股、匯市重挫，歐元續挫至1.2451美元，為2年以來之新低點。同年6月21日G20舉行峰會發表聯合聲明略以「全力捍衛歐元區之完整與穩定，且希臘應該留在歐元區內」，原可藉以穩定市場，惟Moody's卻仍不領情而再調降西班牙17家銀行之信評，衝擊市場而使歐元再跌至1.2596美元。

（二）EU 推出刺激成長計畫與紓困基金

　　在歐元區中惟一亞洲成員國塞浦路斯因經營金融業務為主而深受希臘債信危機之害，2012年6月26日向EU申請紓困。到了9月ECB原欲以其直接交易貨幣機制（OMT）承購塞國公債，德國認為塞國境外金融中心（OBU）已變成國際洗錢中心而有違EU之相關規定，因而反對ECB協助，而應責由塞國負擔部份責任，三大信評機構均已將其債信列入垃圾

---

202. 林建甫（2012 年 5 月 9 日）。沙科吉敗給自己的傲慢。經濟日報，A4 版。

級。復因Moody's亦對西班牙之28家銀行降評，而使歐元自1.25美元持續下跌。6月29日EU峰會已達成共識：批准1,200億歐元之刺激成長計畫與同意對西、義之公債動用紓困基金等，因而激勵全球股、匯市大漲，歐元漲至1.27美元附近。惟EU財長會議7月9日欲討論上述峰會共識，並未獲致具體結果，而令市場大失所望並造成歐元連跌4元至1.2251元，為近1年以來之新低。至於歐元佔全球外匯存底之比重方面，ECB於7月11日宣佈「2010年為25.1%；2011年為25.0%」。

二、危機緩和並規範信評機構使歐元轉強

（一）德國轉而支持 ECB 有條件購買公債

爾後在2012年7月19日西班牙發債成本飆高，7月20日義大利又有發債危機，市場認為兩大型PIIGS國家若發生危機，則對全球經濟金融之衝擊會更大，歐元乃跌至1.2144美元之新低價。到了7月25日ECB宣佈「決與EFSF及提前1年上路之ESM聯手購買義、西之公債」，全球股、匯才全面走揚，歐元亦止跌回升至1.2171美元。上述由ECB購買歐債國家公債之方式，在德國反對聲浪一向頗大[203]，最後德總理Mekel於8月17日轉而支持ECB有條件購買公債方案（附帶條件包括交出財政權與提供適足擔保品等），市場受此激勵後，歐元乃漲至1.2375美元。此外，德總理Mekel 9月17日反對擬議中之「泛歐金融監理制度」匆促上路，並無意研議共同存保機制，歐元則略升至1.29美元以上。而西班牙10年期公債殖利率20日已跌至5.7%（為一年來之低點），且希臘與民間債權人對於減債談判已有進展，歐元乃升為1.2989美元。

（二）對信評機構祭出 EU 版新規範協議

雖然Fitch已調升愛爾蘭評等，且展望為「穩定」，而S&P卻調降塞浦路斯信評3級，惟因PIIGS國家股市已全面上漲（其中又以希臘漲16.7%最

203. 楊雅惠（2011 年 12 月 23 日）。歐元命運交響曲中的德國指揮棒。工商時報，A6 版。

高），而歐元10月19日已升至1.3023美元。此外，EU執委會在2012年11月
14日宣布在2013年底以前不再強調緊縮，又義總理Monti亦表示義大利不
需要任何紓困，歐元11中旬均維持在1.27美元左右。同年12月29日EU執委
會、部長理事會、與歐洲會議已達成信評機構新規範協議，對於自歐債危
機以來不斷在市場興風作浪之信評機構，提出新規範要求信評更透明化、
更具公正性、發佈時機更適當、與避免擾亂金融市場穩定等，30日歐元升
爲1.2998美元。由於歐債危機之最壞狀況已經過去，各項改革已陸續出爐
與情勢逐漸緩和，且核心成員國正帶動經濟逐漸好轉。因此，自2013年1
月3日開始實施治本目標之「財政協約」後，歐元以1.3157開出即相當穩
定，而在國際貨幣一片貶值聲中，歐元反而成爲較強勢之貨幣。

第十一章
對歐洲金融體系之衝擊與影響

第一節　對歐洲金融業之衝擊與影響

壹、衝擊金融面會影響產業動盪不安

一、全球最大金融區塊且競爭甚激烈

（一）EU 地區為現代金融體系與業務發祥地

　　歐洲為現代金融體系（包括金融機構與金融市場）之發祥地，所謂金融係指資金融通，包括透過金融機構之授信與金融市場籌資之融資，及透過租賃公司直接提供給資本財租用之融物。若從金融體系之觀點析述金融業務，又可分為貨幣、信用、與市場三部份，包括以貨幣為基礎（money-base），即央行為貨幣與金融之總樞紐，並以貨幣政策控管之貨幣與外匯；以銀行為基礎（bank-base），即以銀行為主軸之各種信用業務，屬於須與顧客在營業廳議商之間接金融；以市場為基礎（market-base），即以金融市場提供各種信用工具與資金互相交易，及充當資金供需媒介之市場，屬於直接金融。另外，EU地區之金融業務係採「負面表列」方式，除列舉不能做之業務以外都可以經營，因而金融主管機關須能掌控業務管理，而業者平時之競爭力亦較強，且遇有危機衝擊時較具抗壓韌性。

（二）EU 地區銀行家數為全球最多競爭最激烈

　　EU地區之銀行採綜合銀行制度，上述因業務管理採「負面表列」方式以盡量擴大業者之經營範圍，而金融主管機關為忙於認識與控管新種業務，乃強迫業者須「自律」，而多不須勞動政府前往金檢，惟會另請會計

師執行一般例行檢查或自行專案檢查,若業者未「自律」或內控欠佳則會嚴懲甚至吊銷執照。因而EU地區之銀行家數眾多且其購併亦最激烈,除8,350家總行須分別由各會員國金融主管機關從嚴核准與管理外,EU地區銀行分行之設立或關閉,多採依規定自行決定設立或裁撤,事後再於規定期間內報備即可。因此,總行從嚴核准與管理而分行卻可由業者根據本身業務需要迅速設立或裁撤,估計義大利之總分行約有35,000家、德國45,000家、西班牙42,000家、荷蘭18,000家、與英國接近30,000家,合計170,000家,已超過EU地區全部銀行家數(總分行約有300,000家,資產總值約42.5兆歐元)之一半,並較最大金融國家美國約80,000家(未包括20,000家金融公司)為多,堪稱為全球之最大金融區塊,競爭亦較為激烈。若以上述銀行總分行家數用各該國人口,分配其平均服務人口數,則每一家銀行(包括總分行)服務人口大約是:歐元區約1,500人、德國1,820人、英國1,950人、比利時1,100人、西班牙與荷蘭均不到1,000人、美國2,500人、臺灣5,940人,而平均服務人口越少代表銀行業務競爭越激烈,且銀行經營方式就更應力求積極與更為細膩,亦即業務拓展更應多樣化經營。

二、銀行拆借市場失靈須 ECB 緊急援助

(一)流動性不足之銀行常無法拆借資金

有鑑於歐元區一般交易習俗或資金支付,並不常用支票,而多以其存款帳戶進行劃款轉撥(GIRO),因而歐元區實際流通在市面之現金僅占M3(廣義貨幣供給)之9%,且其70%之融資係透過銀行體系而非金融市場,爰視銀行為金融體系與經濟活動最具關鍵性之角色。因此,銀行體系之穩定甚為重要,惟許多銀行均參與希臘公債之投資。依據國際清算銀行(BIS)之數據,2011年4月下旬歐元區之銀行持有1,540億歐元之希臘公債(占3,270億歐元公債總額之47.1%),整個歐元區之銀行體系與ECB

共持有2，040億歐元（佔62.3%）。若希臘債信危機持續惡化失控而造成重整或違約，則ECB必會拒絕以該公債作爲擔保品申請再融資，而銀行彼此間則因互不信任，故縮小拆款市場業務而將資金轉存央行，如此不但會衝擊握有希臘公債之歐元區銀行，而且亦將殃及各該國央行之償債與支付能力。

（二）EU 執委會與 ECB 等提供緊急援助

後來因歐債危機持續蔓延，連法、比合資之德克夏（Dexia）銀行2011年10月初發生危機，若因而由各該國納稅人埋單必將造成民怨，並可能會引發政治問題。EU財長會議乃於10月4日達成救援銀行之共識，且EU執委會亦表示正在擬訂「協調計畫」以挹注銀行資本，俾避免歐債危機蔓延而波及銀行。此外，EU亦將提出「全盤性策略」而打算將銀行之核心資本比率由5%提高爲9%。至於銀行危機方面，歐元區各成員國央行在金融海嘯衝擊後，均已提出緊急流動性援助（ELA）俾挽救銀行並避免系統性危機，其中又以德國提出之6，460億歐元（自2008年至2012年9月止）最多。此外，因歐債危機造成全歐元區之銀行互不信任，故無法透過拆款市場獲得短期資金，並常造成流動性嚴重不足現象，因而仍須由ECB提供全盤性資金加以解決。

貳、歐債危機對銀行投資欠佳公債之影響

一、歐元區銀行握有最多 PIIGS 國家公債

國際清算銀行（BIS）在希臘債信危機發生以後，公布全球銀行業至2010年4月底止持有希臘所發行之公債總餘額爲3,026億美元。若以各國銀行業持有餘額或曝險部位分析，以歐元區核心國家之1,469億美元（約佔其48.5%）最多，其次爲非歐元區之瑞士640億美元（約佔其21.2%）英國123億美元（約佔其4.1%），至於美國與其他國家合計爲794億美元（約佔其26.2%）。而BIS再公布全球銀行業至2010年第2季，持有PIIGS國家

所發行之公債總餘額為2兆2,810億美元。各國銀行業持有餘額或曝險部位，又以歐元區核心國家之德國5,127億美元（約佔其GDP之15%）與法國4,102億美元（GDP之16%）最多，其次為非歐元區之英國3,700億美元與美國3,529億美元。另外，其他歐元區國家2,811億美元、西班牙1,173億美元，其他國家232.8億美元。若從當時發行公債佔上述總餘額之比重，以西班牙之1兆420億美元最多（佔總餘額之45.7%，其中由國外銀行購買之比重佔69%），其次依序為愛爾蘭6.920億美元（佔30.4%，外銀比重70%）、葡萄牙2,870億美元（佔12.6%，外銀比重60%）、與希臘2,600億美元（佔11.4%，外銀比重64%）。換言之，歐元區之銀行握有最多債信欠佳公債，因而發生流動性不足或系統性風險之機率亦最高。

二、銀行壓力測試應要求承受債信風險能力

歐洲銀行監理機構（EBA）於2011年7月曾首次對歐洲91家銀行進行壓力測試時，對銀行承受債信欠佳公債違約，所承受風險能力之要求並不嚴格。據悉，只有7家未通過而愛爾蘭銀行業均已通過測試，最近卻多發生問題而拖累政府以鉅額資金援助，進而造成債信危機。EU經過檢討後，認為2011年7月進行測試時，應從嚴要求評估各銀行，對歐債資產損失風險之承受能力，以瞭解銀行對流動性控管之能力，及確保健全經營與穩定金融。至於銀行之資本適足性方面，依據EBA從BIS資料發現，EU 27會員國尚有216家銀行資本並未適足，尚須補增資3,476億美元資本才能符合BIS之要求。此外，由於目前EU之銀行持有2,550億美元之希臘、葡萄牙、與愛爾蘭之公債，若上述任任何一國發生公債重整債務，則持有公債之銀行均將被迫增資。此種政府猛養債，銀行抱地雷之現象若未改善，對金融體系之穩定必然會有負面之影響，甚至於會發生金融風暴。展望未來，進行銀行壓力測試時，對銀行承受債信欠佳公債違約，所承受風險能力將會從嚴要求，以維護歐元區金融體系之穩定與安全，並應避免發生流動性不足或系統性風險。

第二節　金融避險工具對市場之衝擊與影響

壹、推高 CDS 必然會衝擊與影響債券市場

一、投機客以 CDS 押注債信之違約與走勢

（一）CDS 原為投資人用以避險之金融工具

　　2009年11月希臘政府為展現改革決心，大力縮減預算支出而引發債信機後，國際禿鷹卻趁機狙擊歐元並推高市場避險工具，先以CDS押注或擔保希臘公債恐會違約，而引起外界臆測，並扭曲市場走向；後又共同非法放空歐元，造成市場動盪不安。雖然希臘總理已多次譴責國際投機客之「心術不正」，惟危機與歐元貶勢仍每況愈下。所謂CDS係指1995開始推出之衍生性金融商品，以提供投資人瞭解風險來源、觀察金融危機之演變、預測信評之變化、及作為證券價格變動領先指標之金融工具。若投資人害怕所購買之證券違約，可向發行證券或承銷之金融機構購買CDS避險，惟須定期繳付保證金給該出售CDS之金融機構，以換取萬一發生違約事故時獲得賠償，或投資人得以該債券面值賣給金融機構，從而移轉或規避信用風險。換言之，CDS係一種可供信用提供者（放款人或公司債持有人）或買方規避信用風險之契約，屬於常見之信用衍生性金融商品，其中買方因持有風險敏感性資產如債券或放款部位，希望將此違約風險轉嫁給賣方，乃定期支付固定之費用（保證金）以便獲得違約風險之保護。至於賣方雖可固定獲得買方定期給付之收益，惟當違約事件發生時，負有義務給付買方因市場波動所造成之損失，目前常用以表示金融市場上債券風險高低的重要指標之一。雖然最初認為不會發生違約之CDS應在50pbs（基點，1bp＝0.01%）以下，後來市場上認為未超過200bps都不會發生違約，惟投資人仍須每年按其投資證券金額之0.5%繳付保證金給CDS出售者，以換取萬一發生違約事故時獲得賠償。此外，未購買上述債券者，亦可購買CDS，若其出售放空時，即為無券放空。

（二）後來 CDS 卻已逐漸變質為炒作工具

近年來CDS已逐漸由原來具避險功能之金融工具，變質為引燃證券訊息之炒作工具，出售CDS之金融機構常故意扭曲市場狀況而拉高CDS基點，以賺取投資人之保證金。此似可朔自2009年初，當歐元區正在慶祝歐元問世10週年時，國際禿鷹即已開始透過CDS押注債券殖利率偏高之愛爾蘭與希臘「將無法履行公債償還義務」。當同年11月希臘爆發債信危機後，國際禿鷹更擴大狙擊希臘等國之公債，而導致歐元區自成立以來最大之動盪與危機。當時希臘公債CDS基點即被國際投機客以無券放空押注，因而再度引發信心危機，亦造成股市重挫與歐元大貶。當時擔任希臘政府非正式政策建言人之諾貝爾得獎主史提格利茲（J.Stiglitz）乃宣稱「希臘政府已能把握狀況，不會因而退出歐元區」，除指責投機客加諸於希臘之壓力係「過度緊張」之表現外；尚警告擔保希臘公債違約走勢之CDS基點「荒謬」，後來雖然CDS基點曾下降並稍為收斂，惟投機客放空歐元卻更為變本加厲[204]。由上所述，希臘發生債信危機後，其公債之CDS基點即被國際投機客不斷煽動拉高，必然會不斷引發信心危機並造成股市重挫與歐元大貶。

二、PIIGS 國家之 CDS 基點被不斷推高

（一）CDS 基點被推高已不斷引發信心危機

歐債危機狀況最嚴重之希臘，即被國際投禿鷹以CDS基點無券放空押注，並將其十年期公債CDS基點推高至2010年1月28之396bps。當2月3日希臘財長指出下個未爆彈恐係預算赤字甚高之葡萄牙（占其GDP之9.1%）與西班牙（占GDP之11.4%）後，另外3個PIIGS國家之CDS基點亦均被拉高（希臘為423bps，葡萄牙為226.5bps，西班牙為168bps）。爾後CDS基點隨著危機演變又逐漸拉高，到了同年4月27日因S&P信評公司

---

204. 黃得豐（2011 年 3 月 1 日）。歐債危機已躲過 CDS 無券放空之難關。國政研究報告。

調降該三個國家債信評等後，CDS基點再創新高點（希臘為850bps、愛爾蘭為233bps、葡萄牙為352bps、西班牙為197.5bps）。而希臘與其他3個PIIGS國家之CDS基點不斷上升。到了2011年7月6日希臘已跳升至1，975bps，而其他PIIGS國家之CDS基點亦均被拉高（愛爾蘭為780bps、葡萄牙為850bps、西班牙為297bps）。後來又因危機一再延燒而使希臘CDS基點不斷衝高，諸如2011年9月30日5，391.29bps、11月2日5，830.41bps、11月30日8，122.39bps、與2012年2月15日之9，268.70bp而再度創造新高。至於同期德國之CDS基點只有88.75bps，法國為194.56bps、愛爾蘭為573.75bps、葡萄牙為1，148.92bps、西班牙為391.42bps、與義大利為415.12bps等（詳如表3-2）[205]

表 3-2 歐元區國家信用違約交換合約（CDS）

單位：%

時間	德國	希臘	義大利	愛爾蘭	葡萄牙	西班牙	法國
2010.01.28		396					
2010.02.03		423			226.5	168	
2010.04.27		850	150	233	352	197.5	
2010.07.06		1,975		780	850	297	
2011.06.30		1,952.36.	171.04		744.78		
2011.07.29	64.25	1,721.77	310.24			362.99	122.05
2011.08.31	74.75	2,261.11	360.54	769.41	917.89	357.56	154.17
2011.09.30	112.23	5,391.29	469.98			382.24	187.31
2011.10.05	108.29	5,247.78	474.35	712.37	1,139.57	375.82	185.42
2011.11.02	88.63	5,830.41	498.30	727.59	1033.21	380.83	184.26
2011.11.30	99.48	8,122.39	486.82	710.94		1060.20	408.27
2012.01.15	104.23	6,930.48	502.77			408.16	219.42
2012.02.15	88.75	9,268.70	415.12	573.75	1,148.92	391.42	194.56

資料來源：參考標準普爾公司、惠譽公司、穆迪公司。與李顯峰資料整理而來。

---

205. 李顯峰（2012 年 9 月 20 日）。歐債危機與主權信用評等：刀俎魚肉或代罪羔羊？歐盟經濟治理研討會（頁 111-125）。臺灣歐盟中心。

（二）希臘 CDS 屢創新高投資人對其債信失去信心

由上所述，希臘之政府債券被國際投禿鷹以CDS基點無券放空押注後，其十年期公債CDS基點自2010年1月28之396bps，不斷被推高至2011年5月12日已高達1，390bps，同年9月9日更高達3，238bps，至9月13日已衝至4，437bps之更高價，9月30日更推高至5，391.29bps，此乃顯示市場已對希臘債信幾乎已完全失去信心，而認為隨時會發生重整、違約、或退出歐元區之狀況[206]。爾後CDS基點仍舊不斷上升，到了2012年3月9日因被認為違約而CDS基點被暫停報價，惟3月12日Fitch上調評等為B-級（展望穩定），隨後又因希臘國會大選之情勢不明朗，5月17日被Fitch調降為CCC級（展望為負向）。另外，參照其他CDS數據所述希臘之經濟與社會情勢持續惡化狀況，6月30日CDS基點已狂升超過一萬點為10，667.2bps，7月31日更提高至17，145.1bps天價，而創造全球CDS基點之歷史新高，8月29日因情勢較穩定而微降至15，625.8bps，爾後CDS基點乃隨情勢逐漸穩定而下降。至於其他PIIGS國家之CDS基點方面，葡萄牙與西班牙之CDS基點報價似呈互動關係，諸如2011年5月23日葡萄牙最高時為2，018.6bps，西班牙為次高之544.3bps；西班牙同年6月1日最高時為602.7bps，葡萄牙為次高之1，185.0bps。另外，愛爾蘭於2011年8月31日情勢最糟時之CDS基點為769.31bps，以後因情勢較穩定而逐漸下降，至2012年8月29日僅435.7bps。義大利之CDS基點在2011年6月30日僅171.04bps，以後因情勢惡化而不斷上升，至2012年6月1日時曾高達569.2bps，到了同年8月29日情勢較穩定時則又降為455.7bps。

貳、應管理 CDS 以免造成市場信心危機

一、穩定市場應管理 CDS 或禁止無券放空

---

206. 黃得豐（2011 年 9 月 30 日）。全球金融危機與歐元區之發展與困境。外交部外交領事人員講習所（頁 4-5）。

（一）金融海嘯時美國緊急禁止 CDS 無券放空

有人認為此次歐債危機實係華爾街金融業重施故伎，因而金融海嘯實為歐債危機之導火線，而美國卻置身度外致令德國甚為不滿。復因希臘債信危機已被國際禿鷹以CDS無券放空而愈演愈烈，據估計當時散佈全球之CDS約有40兆美元，若都來狙擊或押注歐債危機，則歐元區根本無法抵擋。有鑑於2008年金融海嘯最高潮時，美國國際集團（AIG）等因其CDS部門承作太多CDS合約，當必須執行違約賠償時，才發覺自已理賠金不夠，而差點因「玩火自焚」而被CDS無券放空所拖垮，迫使美國政府於9月16日緊急接管AIG，次日並由證管會（SEC）嚴格限制「禁止CDS無券放空」，也因而使情況相同之摩根史丹利與高盛兩家超大型投資銀行逃過一劫，惟美央行（FED）仍於9月21日迫使該2投資銀行改為銀行控股公司。此外，英國亦於當時曾做相同之限制以因應危機。

（二）EU 規範管理 CDS 並分別禁止無券放空

由上所述，2010年3月5日德國總理梅克爾接見希臘總理後，曾表示「CDS就像幫鄰宅投保只為毀了它而從中獲利，允宜儘快從嚴約束」。而EU執委會雖然於3月9日呼應德、法兩個核心成員國家，有關「對CDS基點應嚴加控管」之要求，惟因意見分歧而無定論。後來EU於5月17日制定相關法規後，德國由其聯邦金管署（BaFin）於5月18日下令「自19日起至明年3月底止，禁止利用對德國10大金融保險機構，及歐元區成員國所發行之公債無券放空」，以維護整體金融穩定，及避免危機持續惡化。該禁令對國際禿鷹確實已產生嚇阻效果，惟整個歐債危機仍須從較實質之配套策施妥為處理。其過程雖然歷經波折，且一再衝擊國際金市場。幸好以德、法為主之核心成員國家經濟已逐漸好轉，除已帶動歐元區經濟亦好轉之外；又使整過歐債危機之衝擊與影響亦逐漸緩和。

二、禁止無券放空與穩健經濟均可抑低 CDS

（一）禁止透過 CDS 無券放空已達穩定市場效果，

　　鑒於上述德國無券放空禁令2011年3月底已到期；爰可確定禁止無券放空期間歐元區已較平靜，而暫時躲過國際禿鷹以CDS無券放空之狙擊。到了2012年中歐債危機再度被國際禿鷹嚴重狙擊，而重挫股市並已籠罩全球金融市場之動盪不安，進而衝擊經濟之復甦與發展，為穩定並保護證券市場與銀行債券，義大利乃宣佈手上未持有證券之投資人（以國際禿鷹為主），自同年7月20日起至7月27日止禁止透過CDS無券放空1週，且西班牙亦於7月23日禁止無券放空3個月。由於德國上述禁令已對國際禿鷹產生嚇阻效應，後來其他歐元區之成員國，亦分別於金融極度動盪不安時禁止透過CDS無券放空，且均已達到穩定與保護證券市場之效果，因而義、西兩國之金融危機處理措施亦已獲得預期之效果。惟當時未儘快對避險工具加以有效監管，則CDS仍隨時會在國際金市場上興風作浪，且其規模亦將迅速擴大而貽害無窮。

（二）核心國家穩健經濟因而 CDS 未被推高

　　近年來因受歐債危機衝擊與各信用評等機構不斷調降評等之影響，引起歐債國家長年期公債殖利率與CDS合約報價之巨幅波動。允宜就2011年6月至2012年8月期間歐元區之核心國家德國與法國CDS合約之變化情形析述如次：歐元區之CDS常以德國CDS基點為參考比較之基準，固然CDS基點亦常隨危機情勢或經濟情勢而變動，例如德國之CDS在2011年7月29日才64.25bps，9月後則因經濟情勢變動而上升逾100bps，9月30日曾高達112.23bps，隨後又因情勢好轉而逐漸下降，至2012年8月29日已跌至58.7bps。至於歐元區另一個核心國家法國，其CDS在2011年11月30日曾高達408.27bps，至2012年8月29日已跌至136.15bps。換言之，主張對CDS應加以管理或禁止無券放空之德國與法國等核心國家，其經濟發展尚稱穩健且體質良好，因而CDS基點亦較穩定而未被國際禿鷹或投機客推高。

第十二章
衝擊 EU 部份會員國之銀行監理

第一節　財金風暴危機促成制度檢討改革

壹、金融海嘯加速 EU 檢討改革監理制度

一、金融海嘯後加速檢討金融監理問題

（一）金融海嘯衝擊後已顯示金融監理疏漏

　　歐債危機爆發之原因應追溯發生於2008年9月之金融海嘯，當時的歐債國家華麗之外表因而被陸續戳破後，PIIGS國家之債務問題乃陸續浮上檯面，而成為EU迫切需要解決之問題。若從危機處理之角度而言，EU面對金融海嘯衝擊後除已進行危機控管，而以大量資金援助金融體系、增進公共投資、與關照社會問題之外；尚已促使EU開始思考反省在金融監理上有何疏漏，並找尋解決方法。若從危機之預防而言，歐、美金融管制架構之失敗被認為是此波金融危機發展之一個關鍵，因而有必要尋求一個較新並要求金融主管機關更審慎監理（prudential supervision）之金融管理架構。因此，EU執委會主席巴洛索（J. M. Barroso）沉痛地表示「金融海嘯讓EU了解加強跨國金融監督之重要性，因其不僅造成經濟成長衰退，更讓納稅人不願為國家付出應盡之繳稅義務」。此外，金融體系之監理制度似可分為總體審慎（Macro-prudential approach）與個體審慎（Micro-prudential approach）二種途徑。總體審慎之目標在防範發生金融危機時，依據實質生產額對總體經濟所發生之潛在重大損失風險；個體審慎係以個別金融機構之健全與否為重心，是一種由下而上之金融監理方式，其目標在限制個別金融機構因經營不善，或金融危機所發生之風險。

（二）金融海嘯後已提出金融監理專案報告

　　總體與個體審慎應互相結合或同時採行，以減少可能對金融體系穩定所造成損害之內在與外生風險。事實上，美國與EU在這方面之對話自2003年起即已開始，但往往因為國家內部之考量而進展緩慢。金融海嘯爆發後EU乃快速在這方面做出回應，法國前央行總裁德·拉賀謝（de Larosière）組成專案小組，在2009年2月提出一份EU在金融監理上之高水準區分報告（又稱de Larosière報告），在該報告中分別針對金融海嘯之成因、政策與監理改革、EU監理改革、及全球監理改革等議題提出多項建議，而該報告也在同年6月獲得EU會員國之支持，成為EU金融監理改革之核心架構[207]。另外，金融監理之結構往往會影響監理之效率與有效性，甚至也會影響金融監理責任之明確性及監理成本，因而對金融監理之實施具有重要意義。此外，關於監理機構間之協調合作方面，隨著金融自由化之貫徹、金融廣化與深化程度之提高、與各國金融體系之組織結構日益複雜，各國轉為非常重視國內金融機構之運作情形。

二、尋求解決二個層次之金融監理問題

（一）統一之 EU 金融體系與分割之監理架構

　　鑒於EU係由27個會員國所組成，金融監理權尚由各會員國所擁有，而因各國之金融監理法規互異而易衍生諸多相關問題；允宜尋求金融管制之相關規範一致化，以避免因其差異而發生上述之相關問題。由於統一之EU金融市場與會員國相互分割之金融監理體制，其間之矛盾已導致了諸多問題，隨著EU金融市場整合之發展，金融自由化與歐元啟動帶來之金融廣化與深化，與跨境業務之規模不斷增大，EU金融市場之整合最終仍將會全面實現。雖然EU內銀行監理有關法規係由EU統一制定，各會員國參照EU制定之相應法規以監督其本國金融機構，惟因上述監理制度已經越來越難以解決日益增多之跨境金融活動，允宜儘速建立EU統一之金融

207.COM（2009）252final

監理架構。此乃由於當前EU金融監理體系存在之主要問題，實質上源於統一之EU金融體系，與相互分割之金融監理制度間之互相矛盾。

（二）歐元區各成員國分割之金融監理體制

隨著EU統一市場之形成與歐元啓動，EU各會員國之金融體系更爲緊密地聯繫在一起，頻繁而高額之跨境資本流動使得金融危機之傳遞更爲容易。在這種情況下，各會員國金融監理機構間之協調變得極爲重要，而相互分割之金融監理體制也顯得難以適應，這就促使EU必須對金融監理體系進行改革與調整之主要原委。換言之，EU之銀行監理主要仍係以各會員國的法規制度加以規範，而EU並無立法權限來統一監理全區內各會員國之銀行，只能透過協調之方式來調整與各會員國之監理規則。此外，20世紀80年代以後，EU銀行業在新的經營環境中進行了大規模之併購重組，其發展呈現出市場集中化，集團化經營之趨勢越來越顯著，面對此一變化EU銀行業之監理結構亦將有所改變。

（三）EU 目前仍為二個層次之金融監理架構

由上所述獲悉，EU與會員國間之金融監理架構可分爲二個層次：一是會員國自行監理，另一則是跨國合作。EU各會員國之金融監理制度架構互異，其監理機構與政府之關係各國不盡相同，各會員國之銀行監理架構與法規仍然彼此不同。由於金融監理之組織結構存在著集中監理與分業監理兩種不同模式，且因EU各會員國之金融演進發展與監理文化皆各不相同，所選擇之金融監理模式亦不盡相同，因而集中監理與分業監理之組織結構並存，並可將其分爲單一、兩個、按性質分業、與多頭機關分業等4種模式。而EU各會員國金融主管機關之組織架構係該國考量其金融演進與發展、防範金融危機、保持金融穩定、降低監理成本、與提高監理效率等所做出之理性選擇。

貳、單一金融市場法規與阻礙集中化原因

一、單一金融市場目標之法規與工作原則

關於統一之EU金融體系與跨國合作方面，EU均承繼並依循過去所訂定之指導方針，對金融體系所揭示之協調或調和觀念與相關之金融規則加以建構[208]。其中又以1986年之單一歐洲法（Single European Act）通過後，對於建構內部單一金融市場目標具有法律依據與相關條約之約束力，並已朝向總體審慎監理之方向邁進。此外，1977年之第一號銀行指令與1989年之第二號銀行指令及其相關之業務協調指導方針，尚對單一銀行業市場確立下列三項重要之工作原則：

其一，法規最低協調標準（minimum harmonization of rules）：指各會員國必須遵守最低標準，且統一之審慎監理標準（諸如資本適足率要求、債務償還率、監督管理穩定性、信息批漏、與大額風險控管等）。

其二，監理慣例相互承認（mutual recognition of supervisory practices）：要求各會員國在進行審慎監理時，對彼此監理之法律架構與監理行為之有效性相互承認（諸如對信貸機構之共同定義、核發銀行執照之客觀標準、及設立分行與跨國服務之規定等）均已協調統一，而地主國則保留與貨幣政策實施有關之管理權，如準備金要求等。

其三，母國監管原則：意指每個銀行有權使用單一執照在整個EU地區從事業務活動，如提供跨國服務或是在其他會員國設立分行，並由發照之母國當局來進行監督（諸如銀行業審批與持續之最低資本適足率要求、大股東之監督控制權、對表外業務之參與、適當之會計與審核機制、自有資金調和比率、與存款人保障方面之立法等）。對於希望在外國設立分行之信貸機構，母國當局要加以穩健管理並對其財務結構負責。因此，監督之權責在於母國，而地主國必須認可母國之監理職權，金融機構不需要面

---

208. 歐洲央行網站〈http：//www.ecb.int/ecb/legal/pdf/en_draft_law_con_1995_7.pdf〉,pp.4-6.

對母國與地主國兩方不同之監理單位，可避免重複監督與花更較高之管理費用，且母國必須確保所管轄銀行之審慎監理職權，以維護自己國家金融體系之穩定。

二、阻礙 EU 監理集中化進程之主要原因

（一）金融監理集中化具有不利金融體系之穩定

　　由上所述，EU金融監理架構迄今實際上仍由各會員國分別執行審慎監理，EU並未在集中監理方面獲得權限或取得多大之突破。而阻礙EU監理集中化進程之最主要原因，係認爲金融集中化具有不利於金融體系穩定之特性，金融集中化固然能給參與者更多交易機會並分散風險，惟當發生大型金融危機時，金融風險更容易通過相互關聯之金融機構擴散傳播。因此，有人認爲金融集中化本身具有不利於金融體系穩定之特性，致使各方面很難做出一致性之結論。EU似已在金融海嘯衝擊後吸取教訓，即應在EU層面建立集中化危機管理與解決機制，而各會員國亦希望有效解決整合與市場穩定性間之關係不確定問題。此外，有效管理風險並解決危機是一項艱鉅之任務，因而應速建立起更爲有效之系統風險防範機制。若EU無法或不願建立起堅實之防禦措施，並以此來預防不可避免之危機表現轉化成系統危機，則審慎監理所帶來之正面效應可能將微乎其微。

（二）監理責任之成本分配與動機考量均欠妥

　　1.現行監理責任與成本之分配機制仍甚鬆散：發生金融危機時各成員國監理責任與監理成本之分配機制，係由各國監理單位分別對受危機影響之跨國金融集團，設在本國範圍內之分支機構來負責。目前EU針對跨國危機發生時各國監理協調合作機制仍十分鬆散，且無確定之工具加以保障實施。因此，當危機發生時，對補償儲戶、銀行倒閉和財政支出、國有化、緊急貸款、國家保障、與政府支持之銀行債權人等危機成本，最終仍須由各會員國來單獨承擔。因而乃促使各會員國極力保有各自對其金融機

構之監理與控制權。

2.各國對監理責任與動機常有不同之利益考量：目前EU對跨國金融機構之監理與危機管理，仍依靠各會員國監理機關之合作與信息交流，惟因責任之界線有時並不清楚，而不同監理機關之動機並不一致，且常會有不同之利益考量。而監理功能之發揮最終應與各成員國危機管理與解決能力、債權人之最後救濟手段、與存款保證責任等密切相關。若上述之監理責任成爲各會員國自己之責任，則任何EU層級試圖加強監理機制之努力勢必遭到會員國之反對。

第二節　各國金融監理制度阻止風暴狀況

壹、析述各會員國個體審愼監理之模式

一、較為集中之單一與兩個機關監理

（一）以單一監理機關模式阻止風暴

EU原有5個會員國將不同金融部門之監理機關，合併爲單一監理機機關構之集中監理模式。其中又以北歐之瑞典早在1980年代中期，就已成功地採用單一監理機構模式，而1668年設立之瑞央行仍然存在：丹麥於1988年在丹央行、儲蓄銀行監理局、與丹麥保險監理局合併後成立單一機關，而1818年設立之丹央行已不存在：英國是世界金融大國中第一個採用此種監理模式之國家，1997年10月英國金融服務局（FSA）正式成立，從2001年12月1日在金融服務及市場法框架下全面對英國金融業之監理：奧地利金融市場局從2002年4月開始運行：德國把原來分別獨立之銀行、保險、與證券之聯邦級機構經過多年合併爲聯邦金融監理局（BaFin）之單一金融監理機構，從2002年5月開始運作。外此，2012初英國又再改回英央行監理後，只剩下4個會員國採單一監理機關之模式。

（二）以央行督導監理機關模式阻止風暴

愛央行依據2003年之立法重組爲由該行設立之金融服務監理局兩個機構，負責整體金融部門監督管制，並負責與金融服務有關之消費者保護金融海嘯衝擊全球後，各國爲挽救危機而提出之紓困方案，除均已就衰退與財政支出付出慘重代價外；尚提出金改以設法阻止再次發生類似之風暴。至於英國提出之金改計畫係由英財長於2010年6月16日宣佈略以，信貸危機更凸顯英央行須熟悉金融業各環節，才能即時給予協助，至於疏於防範危機而被抨擊失職之FSA，其監理機關之權限被切割爲維護消費者權益、打擊經濟犯罪、與金融監理職權，而併入英央行旗下3部門。換言之，1694年設立之英央行不但又變成銀行或信貸機構之監理機關；而且其職權尚擴及原由8個機關監理之保險公司與投資銀行等工作，至於上述金改計畫自2012初正式生效。

（三）以兩機關監理模式阻止風暴

EU有3個會員國將融合度高之銀行與證券業務，兩個金融領域監理合併到一個監理機構，而另一機構負責保險業監理。諸如芬蘭將兩個金融監理機構分別爲芬蘭金融監理局，及社會事務與健康部領導下之保險監理局：比利時在2002年8月改革後由兩個監理機構負責，銀行和金融委員會負責銀行和證券部門監理，經濟部長領導下之保險管理辦公室負責保險部門監理：盧森堡也將金融監理之責任分配到兩個監理機構，金融部門監理委員會負責銀行、基金、與金融部門之監理，而保險委員會負責保險與再保險監理，至於保險機構之執照頒發則仍由財政部負責。

二、央行監理銀行與較爲分業之多頭監理

（一）央行直接監理銀行餘按性質分業監理

EU原有5個會員國係根據金融機構性質，而分別負責不同領域之監理

機構，諸如義大利由義央行（1859年設立）管銀行、證券委員會管證券、與保險監理協會管保險；希臘由希央行（1840年設立）監理信貸機構與租賃、資本市場委員會監理證券與衍生性金融商品、保險企業與精算委員會監理保險；西班牙由義央行（1856年設立）監理所有之信貸機構、國家證券市場委員會監理證券市場與經濟交易商等、保險與養老基金管理總局監理保險業與養老基金；葡萄牙由葡央行（1821年設立）監理信貸機構與金融公司與證券委員會監理證券，保險協會監理保險與養老基金。荷蘭由荷央行（1609年設立，1814年改組迄今）監理銀行或信貸機構，其它金融機構另由專責機構監理。換言之，歐元區內有希臘、西班牙、荷蘭、義大利、與葡萄牙等五國係由央行直接負責監理工作，而上述五國都具有輝煌之財、金歷史，惟除荷蘭外都是南歐PIIGS國家[209]。至於愛央行設立金融服務監理局兩個機構監督管制，且英財長於2010年6月16日宣佈金融海嘯衝擊期間失職之FSA被切割為英央行旗下3部份，且自2012初正式生效後，英央行又變成金融主管機關。因此，目前EU地區實際上有7個會員國由中央銀行直接監理銀行。

（二）法國之多頭機關分業監理模式

法國金融監理體制之特徵是在銀行、證券、與保險每個領域都有兩個以上之監理機構進行監理，各機構之監理職責既有分工又有一定交叉茲要述如次：

1.銀行業有4個監理機構：銀行金融管制委員會負責確定資本要求與經營條件等；信貸機構與投資公司委員會負責發放執照批准；銀行業委員會負責監理；全國信用與證券理事會負責發展趨勢分析。

2.證券市場有2個監理機構：證券委員會負責保護投資者利益、向投資者充分揭露信息、保證金融市場正常發揮功能、監理信息揭露、承擔資

---

209. 黃得豐（2013 年 2 月 6 日）。歐元區與英國之央行參與銀行監理之檢討（頁 7-8）。國政研究報告，

本市場機構、與產品之審批工作；金融市場理事會係法國證券業之主要自律性機構，負責對受管制市場之監理、批准提供投資服務、及確定與執行適用於所有投資服務提供者規章。

　　3.保險部門有2個監理機構：保險部門由保險監理委員會與經濟事務部監理，保險監理委員會負責保險公司之監理與保護被保險人；並由經濟事務部負責頒發執照之管制[210]。

貳、EU 朝向總體與個體審慎監理併重與架構

一、金融海嘯突顯重要性並從兩層面檢視

（一）金融海嘯後突顯更重視總體審慎監理

　　總體審慎監理係指以總體導向強化金融法規與監理，以整體金融體系為重心，並強調其與總體經濟間的關係，以避免引發經濟衰退，是一種由上而下的金融監理方式，其目標在於減少金融系統不穩定，避免因金融失衡而對經濟發展產生負面影響，或導致總體經濟成本上升。長久以來各會員國之金融主管機關因欠缺系統性風險之觀念而多認為，若個體審慎監理能維持個別金融機構健全發展，就能維繫整體金融穩定，殊不知個別金融機構健全運作，亦會發生整體金融體系之動盪。總體審慎監理是金融法規與監理之一種概念，為個體審慎監理之反義字，用來界定金融不安定之起因與如何透過公共政策預防金融不安定。此次金融海嘯後已更突顯出總體審慎監理之重要性受到重視，並已顯示原有之個體審慎監理方式缺乏分析架構，以協助預測與處理全球逐漸增大之金融失衡，對系統性風險之基本認知亦不足。尤其是未能理解不同類型金融機構，在總體經濟穩健與承作高風險業務之問題，加上過度相信金融體系具有自我調適能力，以致於低估大量累積債務與槓桿操作之可能後果，終於導致危機之發生。

---

210. 江書瑜（2013 年 1 月）。歐洲銀行系統性風險之研究 - 銀行監理發展（頁 76-81）。

（二）從順景氣風險[211] 檢視總體審慎監理

　　有鑑於總體審慎監理之短期目標，係在一個全面性支架構下將系統風險納入考量，利用分析金融系統所面對風險因素的結果，連結與經濟體系各部門間之交互影響；允宜從跨時間層面之順景氣風險發生防杜系統性風險之觀點檢視總體審慎監理之內涵。順景氣風險屬於時間範疇，又稱爲聚集風險（aggregate risk），當金融機構均傾向於景氣好時過度承擔風險；景氣差時過度保守而產生擴大景氣循環之問題，並損害金融部門與實質經濟之穩定。因而總體審慎監理中有「跨時間層面」之監理機制，亦即要讓金融體系一直維持在穩定之狀態，不要隨著時間演進或經濟好壞趨勢而大幅變動，因金融機構會依據經濟好壞趨勢，透過放款或投資等業務之增加或緊縮，進而擴大經濟循環週期的幅度。由此可見，金融體系之放款行爲常有促進景氣繁榮，或是更惡化加速景氣蕭條的之現象，這種現象被稱爲「順景氣循環問題」。爲了應付順景氣循環問題，以整體金融體系爲重心，注意金融體系與總體經濟之間的關係，設法維持金融體系更加穩定。當景氣繁榮時，總體審慎監理要求提列更多準備，將來一旦景氣變差，就可以立刻動用這些準備。如此一來，就不會再有景氣過熱或景氣衰退現象產生。

（三）從跨機機層面檢視總體審慎監理

　　鑑於金融體系存在之網狀連結風險（network risk）屬於跨金融機構間之「共同曝險」（common exposures）或「相互連結」（interlinkages）問題；爰會導致特定時點發生金融機構之連鎖倒閉之系統性風險。所以總體審慎監理中有「跨機構構層面」之監理機制，就是要避免任何一個金融機構嚴重衝擊整體金融體系之安定，因此，就需要預警指標及預防工具。亦有人認爲金融體系由央行貨幣與外匯、金融市場、金融機構、與金融基礎

211.Ravi Bansal,"Temperature,AggregateRisk,and Expected Returns",〈https：//faculty.fuqua. duke.edu/~rb7/bio/Temp_risk.pdf〉,pp.2-3

建設（financial infrastructure）所構成，任何單一之金融機構可能影響到其他金融機構，也可能影響到金融市場之交易活動，甚至有可能影響到整個金融體系。由於金融機構間存在「共同曝險」與「相互連結」兩種現象，金融機構彼此緊密連結，關係錯綜複雜。近年來，許多金融創新商品不斷推出，各金融機構因為出售、購買、共同合作這些商品，彼此間變得更加密不可分，機構間透過高度網絡化傳遞效應很容易產生系統性風險。而該風險係指當事件發生時，對於全體與部分金融系統帶來損傷，或對於整個實質經濟面都造成負面之衝擊與影響。

二、EU 朝向總體審慎監理改革與新機構職能

（一）金融海嘯後 EU 已朝向總體審慎監理之改革

　　到了金融海嘯衝擊後EU乃開始進行金融監理改革，依照2009年EU執委會規劃之里斯本策略（Lisbon Strategy）而設立歐洲系統風險委員會（European Systemic Risk Board，ESRB）與歐洲金融監理總署（European System of Finance Supervisors，ESFS），負責對全體會員國金融體系之流動性、貸款呆帳準備、及資本適足性等，提出風險性警告與建議，並管理EU會員國之金融風險。至於上述ESRB之主要職能在負責識別、評估、與監控整個EU金融體系運行中，可能出現的各種威脅金融穩定之系統性風險，在出現重大風險之前及時發出預警並在必要情況下向EU提出政策建議。因此，ESRB會制定一整套統一之衡量標準，對跨國金融機構面臨之風險進行統一評估，以便確定相關金融機構面臨之風險類別。且該機構還將負責建立一套以不同顏色代表不同風險級別之預警體系，準確反映金融機構面臨之不同風險程度，並且據此對相關金融機構提出建議或者發出警告，從而為EU金融體系之健康穩定發展保駕護航。為提高該機構預測風險之能力，EU會成立一個專門之顧問委員會為其提供建議。換言之，其主要之職能為：發展EU之總體審慎風險評估、允許有關監理機關在風險

評估後告知相關機構、與加強預警機制之有效性等。爲提高ESRB之權威性，ECB總裁會在該委員會成立之最初5年內兼任主席。

（二）歐洲金融監理總署（ESFS）之主要職能

由於考慮到銀行、證券、與保險之監理法規不同，而在ESFS之下分別成立銀行之EBA、負責協調保險與基金之EIOPA及負責協調政券與市場之ESMA，來統一協調EU會員國間跨境金融活動之監理。該三個泛歐洲金融監管機關負責對EU會員國間金融監管協調之銀行、證券、與保險等3個監管委員會，已經升格爲3個金融監管局，EBA設在英國倫敦、ESFS與EIOPA設在德國法蘭克福、及ESMA設在法國巴黎。ESFS迄今僅係對整個EU金融體系進行個體審慎監理之職能機構，因而擁有三大職能；第一，收集個體審慎監管資訊，確保EU金融法規得到遵守和金融監管保持一致，調解會員國在監管領域之分歧和爭議。第二，對出現疏忽或缺乏審慎性之金融機構加以監督，必要時直接下達監管決定。第三，加強各會員國金融監管機關之溝通與協調，促使EU各會員國共同抵禦跨國境與範圍較大之金融體系風險。換言之，目前ESFS仍係與各會員國金融監管機關並存之個體審慎監管機構，在無權指揮會員國金融監管機關前，仍非EU之總體審慎監管機構。至於其主要之職能爲：在調和母國與地主國間之利益，並加強跨境基礎上之國家監理的決定過程與做法；確保各會員國之金融機構在一個公平的競爭環境；在EU範圍內提升危機預防與管理，並提升監理效率之成本效益。

第三節　應籌建單一監管機制共同防杜危機

壹、EU 檢討監理制度與籌建銀行聯盟之原委

一、EU 金融監理改革之檢討與原委

（一）檢討總體與個體審慎監理之權責區分

　　雖然該等泛歐監理機關擁有凌駕單一會員國金融監理機關之權限，而根據EU會員國達成之協議，「泛歐監理機關不能以任何方式，干涉會員國之財政責任」，亦即不能命令會員國政府對銀行紓困。若該3個監管局若在「會員國之監管機關違反EU法規時、有兩個或兩個以上之會員國監管機關出現分歧、或會員國提出實施緊急狀態」等三種情況下，則可以擁有超越會員國監管機關之權力，不但有權監督各會員國監管機關執行EU之相關法律規章；而且可對這些機關發佈指令或提出警告，以確保EU相關法律得到遵守。因此，三個監管局之設立目前暫以保證各會員國監管規則協調一致，與統一執行EU之規定為目的，若會員國拒不執行EU之相關法律規定，該三個監管局可越過會員國監管機關，直接對相關金融機構下達監管決定。至於對於金融機構之日常監管權責仍掌握在各會員國手中，而其與EU之金融總體與個體審慎監理機構仍屬分工合作而已。換言之，金融海嘯後EU之金融監理改革係以目前最先進方式，將監理分為總體審慎及個體審慎來與會員國分工合作，期盼新的金監理架構能發揮穩定EU金融體系之作用[212]。

（二）EU 欲籌建銀行聯盟以預防金融危機

　　金融海嘯引爆歐債危機後，EU似正歷經一場脫胎換骨之經濟陣痛，因而有人認為意識形態上之撙節與成長對立，若仍無法解決債信危機問題，則應成立強力之跨國金融監理機制，方能有效遏止類似危機再次爆

212.OJ2010 C239/05

發。因此，EU乃提議促使銀行聯盟（Banking union），讓ECB監督歐元區所有銀行之計畫，以期終結歐洲幾年來之金融與經濟亂象。該計畫亦將促進歐元區與範圍更廣之EU深化經濟整合，以期透過集權EU之方式協助各會員國銀行實施體制與運作改革，而其改革目的在切斷債台高築國家與其掙扎求生銀行間之連結，以解決2010年初以來困擾EU的歐債危機之核心問題[213]。此外，在EU整合過程中經濟層面之整合不斷的發展與深化，可說是區域聯盟中之一大創舉，特別是歐元共同單一貨幣之發行與流通。關於整個EU銀行整合方面，雖亦頒佈了不少相關之政策，惟仍停留在會員國間之信息交換與建立合作機制，以預防各項可能危害EU金融體系之各類風險，而這類機制卻不具有強制性，也沒有一個共同之機構來領導各EU會員國，共同處理各類風險所產生支跨境危機。復因EU內27個會員國所制定之銀行法規尚存著極大之差異，因而當危機產生時各國對危機補救之方式亦互異。歐洲自2008年爆發金融海嘯以來，EU執委會總計投入約4.8兆歐元（約占EU整體會員國GDP之37%）來拯救經濟。因此，一個共同且有效整合之銀行聯盟，會對歐元區注入一劑強心針，透過銀行聯盟建立一道預防金融風險之防火牆，此又需要各會員國間相互信任。

二、倡議成立單一銀行監理機制之原委

（一）銀行危機會衝擊全體金融與歐元之穩定

金融海嘯後許多銀行受到衝擊與影響而變著較為脆弱，因而亦使許多國家為了不使銀行倒閉，須以鉅資挽救銀行而負債累累，債務之問題若無法得到有效解決，陰霾將會一直困擾著EU每個會員國。此外，EU會員國內部之金融市場逐步不斷之整合，彼此間之金融市場與金融業務之關係密切，因而較高負債之會員國必定會影響整個EU之金融穩定，且若危機越演越烈勢必會衝擊與影響單一貨幣"歐元"之穩定性。一旦歐元區之銀行共同監理開始執行，EU執委會就會針對各EU會員國現有之存款保證制度

---

213. 歐盟設銀行聯盟（2012年9月17日）。法德現分歧。明報新聞。

與銀行復甦重建等相關計畫進行改革，以便邁向新階段之金融整合[214]。至於EU積極推動銀行聯盟或單一銀行監理機制，以便減輕會員國政府因處理與其銀行負擔，可增強銀行彼此間之信任與金融穩定，及保障存款人或消費者之權益。

（二）EU 倡議成立跨境銀行聯盟之主要原委 [215]

1.欲減輕會員國政府因處理問題銀行間之負擔：在2008年至2011年期間，EU不斷對面臨危機之會員國銀行伸出援手，而救援金額高達45兆歐元，這樣大筆金額之援助已超出EU原先所預估。有鑑於此，EU乃自2011年7月推出對銀行之資本需求調整計畫，希望確保各銀行之資本額能足以應付任何金融風暴衝擊，而未來之計劃將可能賦予ESM擁有直接紓困歐元區之銀行能力。換言之，若單一之銀行監理機制開始上路後，ESM將可以直接援助有需要之歐元區銀行，以減緩銀行間經營不善與風暴衝擊之惡性循環，並可以減輕各國政府背負龐大債務之壓力。

2.可增強銀行彼此間之信任與促進金融穩定：EU執委會已經提出關於銀行聯盟各項提案，來改善EU金融體系之各項法規，這也代表著銀行法規將會有更進一步之協調和整合，在法規整合之基礎上將能促使銀行聯盟發展腳步更加快速。EU之單一銀行監理機制將會嚴格且獨立之監理歐元區內銀行，屆時EU將賦予ECB最終監理職責來監督歐元區內之銀行，如此不但可增強銀行彼此間之信任；而且還能夠促使歐元區之金融穩定。

3.處理問題銀行時應確保存款人之權益：EU為了振興銀行與有效解決銀行之問題，因而在2012年6月對銀行頒布諸多規定。而該規定顯示當EU監理機關使用各種方法來處理問題銀行時，必須要確保不會損害到存款人之權益，目的在保護存款人之存款不會受到剝削。透過金融規定之議程，

---

214. 歐 盟 執 委 會 網 站，<http：//ec.europa.eu/commission_2010-2014/barnier/headlines/speeches/2012/12/20121218_en.htm>
215. 江書瑜（2013年1月）。歐洲銀行系統性風險之研究-銀行監理發展（頁125-126）。

不斷改善金融市場之有效性、整合度、與透明度，以確保存款保證基金能夠適時對整體經濟提供資金支援[216]。

貳、籌建單一監管機制由 ECB 主導

一、檢討後認為應建立單一監管機制

（一）認為現有金融監理制度會損害單一市場

　　EU區內之銀行監理制度主要還是依據會員國之法律規範，因而EU層級無法全面之監督會員國之銀行營運狀況，特別是在金融海嘯後各會員國主要仍須專注於自己國家銀行之救援。經EU檢討與評估後認為現有金融監理制度不但無法有效監督，還可能會損害到EU不斷致力完成知單一市場，甚至動搖整個EU之經濟基礎。因此，EU方面不斷召開高峰會議討論徹底解決之方案，為了重新恢復EU會員國對銀行與歐元之信心。EU執委會乃於2012年6月6日提出草案，並與西班牙一齊提議常設紓困基金ESM直接對銀行挹注現金，以改變紓困金必須經過各國政府同意之規定。EU將提出草案賦予各會員國金融監管機關「積極干預權」，以便接管困頓銀行、分拆銀行、與強迫債券持有人承擔損失等。若獲會員國採納則將是邁向建立一套泛歐監管系統之第一步，以便執行清算工作與關閉困頓銀行。此乃ECB呼籲成立銀行聯盟之關鍵內容，ECB總裁德拉吉曾對EU和IMF雙雙倡議之歐元區銀行聯盟表示肯定，並提出讓歐洲金融監督集中化、成立銀行紓困基金、及泛歐存款擔保機制等構想，作為替銀行聯盟計畫奠定基礎之3大支柱。

（二）會商籌建有效單一監管機制與破產機制

　　然而成立銀行聯盟之提案遭遇不小阻力，德國表態反對係擔心必須

216. 大紀元網，〈http：//www.epochtimes.com/b5/12/6/26/n3621676.htm%E6%AD%90%E7%9B%9F%E9%A0%98%E8%A2%96%E4%BF%83%E8%A8%AD%E7%AB%8B%E9%8A%80%E8%A1%8C%E8%81%AF%E7%9B%9F〉，2012 年 6 月 26 日。

因此而承擔他國銀行破產損失，EU領袖經過逾13個小時之會談，在2012年6月29日凌晨達成一項協議，允許EU動用救援基金協助，壓低財政困難會員國之借貸成本，並直接注資銀行業。EU領袖29日發表聲明指出：EU領袖堅信打破銀行與主權國家間之惡性循環，是刻不容緩之事；直接注資銀行將在建立「有效之單一監管機制」後實施，該法案最快2014年生效，屆時ECB也會參與其中；將為EU銀行業提供部分官員所稱之破產機制，且將責成各國每年向銀行徵收相當於總存款額1%之費用，以作為銀行倒閉之準備金，並保留至情況緊急時以貸款或債務擔保之方式，挹注給EU區內財務緊絀之銀行。EU執委會與各會員國領袖針對銀行聯盟之議題進行討論，希望可以藉由組成銀行聯盟來穩定EU金融體系。在幾次開會後各國元首同意，開始規劃銀行聯盟這項負有重大意義之政策，咸認為應分階段進行，而首要工作先針對目前EU對金融機構之相關法律規範內容做修改，目的是要深化單一市場並且強化EMU，確保單一市場能夠有效完成。

二、籌建單一銀行監理機制之協商經過

（一）EU 以加強財政整合為由提出銀行聯盟

關於對ESM直接注資銀行方面，荷蘭曾對此提出需要更改條約並經各國批准之質疑，不過EU執委會發言人卻於2012年7月2日堅稱不用經過更改條約之程序。在7月28至29日之EU峰會上各國領袖同意，要進一步深化與加強EMU整合各項政策，來解決當時所發生關於經濟層面之危機，各國領袖在會議中討論到諸多方案以加強EMU整合，其中亦包括銀行聯盟這個重大之議題。該聯盟將會促成EU在EMU整合中一項很重大之發展，同年9月12日EU執委會主席巴洛索復以「加強財政整合」為由，提出籌組EU銀行聯盟計畫，而欲建立單一銀行監理機制（Single Supervisory Mechanism，SSM），以進一步加強EU區內危機之處理。至其主要內容包

括：欲將SSM隸屬ECB管轄、ECB有權監理歐元區銀行與對違規銀行開罰或撤照、與有權動用正式之穩定機制ESM爲銀行紓困等，並希望新監理機制能趕在2013年初完成。有關此項建議最後之發展係由ECB擔當重任，根據2012年10月23日一份確立ECB爲SSM主管機關之立法草案顯示，ECB亦將獲得監管銀行家薪酬等權力。

（二）ECB 監管銀行之行動將分兩個階段

　　各會員國對於SSM提案之意見原仍甚分歧，經過幾個月來在峰會上之溝通協調與討論後，直到2012年12月之峰會上各國才達成決議。爲了使新的機制可以充分發揮功能，ECB在正式監管前還有許多轉換準備工作，整個歐元區之監督行動將會分兩個階段進行。第一個階段ECB會首先監督歐元區內重要之大型信貸機構與銀行，特別是那些需要處理公債問題之銀行。第二階段之任務，ECB預計花費一年之時間先完成各項準備工作，最主要是希望能夠盡快完成立法且相關規範可以儘早開始執行。此一SSM預定自2013年4月1日開始運作，惟要等到2014年3月才能完全上路。屆時預估先有6，500多家之銀行（目前EU約有8，350家銀行，預估42.5兆歐元之資產）受到ECB監理，未來一旦歐元區內之銀行發生流動性不足問題，ESM將不需要再透過會員國政府，直接就可以對該銀行進行援助。爲了使ECB能夠擔負起監督歐元區眾多銀行之責任，各個會員國銀行監理機關仍要負起支援ECB之責任，透過每日定期資訊交換，以及執行ECB賦予之任務，來確保所有歐元區內之銀行都能受到嚴格控管。

第十三章
歐債危機對台灣經濟面之衝擊與影響

第一節　對台灣經濟與貿易之衝擊與影響

壹、歐債危機與進出口消長影響經貿表現

一、危機衝擊與市場動盪不安影響經貿表現

（一）直接或間接影響均波及台灣之產業發展

　　鑑於歐債危機未能進入有序重整之流程或持續進行管控，全球經濟均飽受衝擊；爰若危機持續蔓延，則美國、日本、中國大陸亦將受到衝擊與影響，進而波及全球與我國之經濟。為探討歐債危機之發展趨勢對台灣產業之影響，除應在發展趨勢上觀察其演變與擴大之可能性之外；尚應透過台灣出口與投資EU之消長趨勢，以觀察重要產業之可能影響。而歐債危機對台灣經濟與貿易之影響，似可以區分直接影響與間接影響兩個部分：直接影響方面，若就貿易面觀察台灣出口約有9%直接銷往EU，另透過中國大陸與美國等加工後，再間接出口EU，對若干以EU為出口主力之產品已經受到衝擊；間接影響方面，由於歐債危機及美國經濟不確定性，使東亞新興國家股市波動加劇，造成全球經濟成長趨緩，並進一步波及國內之經濟表現。

（二）市場動盪不安影響貿易與經濟層面

　　歐債危機固然會影響台灣對EU之出口，尤其2011年6月以來，台灣對EU出口轉為負成長；對美國出口成長亦明顯受歐債危機波及。出口減緩，影響民間投資意願，由於台灣經濟成長向以外貿為主要動力，在出口

年增率逐月下滑之情況下，致使廠商之投資意願延遲。歐債危機除歐元區經濟首當其衝而受到拖累，導致經濟復甦力道薄弱外，也導致國際資本市場之資金移動，市場投資者由於擔憂歐債危機問題不斷擴大，大規模拋售歐元資產，資金流入新興經濟體及國際商品市場，引發全球金融市場動盪不安，直接反映在股市與匯市，進而影響貿易及實體經濟，影響層面廣大，亟需政府及相關政策因應[217]。

二、對 EU 進出口消長影響台灣之經濟表現

（一）從總體出口消長析述對台灣之影響

在對台灣經貿及產業之影響上，2011年我國對EU之27國出口金額為285.53億美元，占總出口比重約為9.26%。若從成長率來看，2011年對EU之27國出口成長4.6%，低於對全球出口12.3%，顯示歐元區經濟成長趨緩已對出口造成影響。此乃由於2011第4季台灣對EU出口下滑12.5%，遠低於對全球之成長4.5%年，到了2012年第1季對EU出口下滑7.7%，遠低於對全球之-4.0%（詳見表3-3）。至於細項產品方面，2011年台灣對EU之15國出口，下降最多之為木材及其製品（-15%），石油及煤製品（-71%）及電子零組件（-18%）。而電子零組件中，下降較多之產品以光電材料及元件、印刷電路板、與其他零組件之衰退幅度最大（詳見表3-4）。

217. 黃得豐（2011 年 9 月 30 日）。全球金融危機與歐元區之發展與困境 -- 整體觀察與分析 --（頁 4-5）。第 7 次臺灣歐盟論壇。外交部外交領事人員講習所。

表 3-3　台灣自全球、歐盟 27 國進出口概況

單位：百萬美元；%

年度 項目	出口				進口			
	金額		成長率		金額		成長率	
	全球	歐盟 27 國	全球	歐盟 27 國	全球	歐盟 27 國	全球	歐盟 27 國
2005 年	198,424	22,479	8.8	-1.2	182,610	17,635	8.2	4.5
2006 年	224,013	24,811	12.9	10.4	202,695	17,845	11.0	1.2
2007 年	246,673	27,008	10.1	8.9	219,248	19,937	8.2	11.7
2008 年	255,625	28,056	3.6	3.9	240,444	19,631	9.7	-1.5
2009 年	203,671	21,319	-20.3	-24.0	174,367	15,687	-27.5	-20.1
2010 年	274,596	27,299	34.8	28.1	251,233	21,332	44.1	36.0
2011 年	308,253	28,553	12.3	4.6	281,434	23,997	12.0	12.5
2009 年 4 季	59,873	6,521	16.9	4.1	52,804	4,568	18.1	26.5
2010 年 1 季	61,781	6,354	52.5	36.8	56,857	4,765	78.3	60.8
2 季	70,100	6,425	46.2	36.1	62,862	5,196	53.7	39.6
3 季	70,342	6,658	27.1	22.6	64,129	5,372	31.5	21.2
4 季	72,373	7,862	20.9	20.6	67,385	5,999	27.6	31.3
2011 年 1 季	73,776	7,237	19.4	13.9	69,223	6,016	21.7	26.3
2 季	80,320	7,390	14.6	15.0	74,762	6,532	18.9	25.7
3 季	78,513	7,047	11.6	5.8	70,674	5,718	10.2	6.4
4 季	75,645	6,879	4.5	-12.5	66,774	5,732	-0.9	-4.5
2012 年 1 季	70,823	6,682	-4.0	-7.7	65,165	5,308	-5.9	-11.8

資料來源：參考經濟部國際貿易局與中華經濟研究院之資料。

表 3-4　我國對歐元區 17 國出口

單位：百萬美元；%

52 部門編號及名稱		2008	2009	2010	2011	2011 相對 2010 之增減率（%）
01	農產	22	18	25	35	40
02	畜產	1	0	0	0	0
03	林產	6	3	4	5	25
04	漁產	1	1	1	1	0
05	礦產	1	0	0	1	0
06	加工食品	55	69	58	57	-2
07	飲料	6	8	10	15	50
08	菸	0	0	0	0	0
09	紡織品	335	276	303	322	6
10	成衣及服飾品	94	74	90	90	0
11	皮革、毛皮及其製品	62	57	56	68	21
12	木材及其製品	37	19	20	17	-15
13	紙漿、紙及紙製品	46	39	47	51	9
14	印刷及資料儲存媒體複製	21	13	14	17	21
15	石油及煤製品	852	1,374	1,121	320	-71
16	化學材料	1,169	898	1,217	1,506	24
17	化學製品	247	124	156	165	6
18	藥品	55	83	103	118	15
19	橡膠製品	359	246	309	345	12
20	塑膠製品	610	518	620	673	9
21	非金屬礦物製品	142	98	102	124	22
22	鋼鐵	1,054	509	832	1,192	43
23	其他金屬	253	424	95	783	724
24	金屬製品	2,265	1,558	2,251	2,800	24
25	電子零組件	7,808	5,515	7,624	6,259	-18
26	電腦、電子及光學產品	4,428	3,369	4,659	5,195	12
27	電力設備	792	571	762	831	9
28	機械設備	2,413	1,220	1,551	2,109	36
29	汽車及其零件	655	501	637	755	19
30	其他運輸工具	2,185	1,861	2,224	2,261	2

31	家具	359	295	344	347	1
32	其他製品及機械修配	716	641	732	776	6
33	電力供應	0	0	0	0	0
34	燃氣供應	0	0	0	0	0
35	用水供應	0	0	0	0	0
36	污染整治	0	0	0	0	0
37	營造工程	0	0	0	0	0
38	批發及零售	0	0	0	0	0
39	運輸倉儲	0	0	0	0	0
40	住宿及餐飲	0	0	0	0	0
41	傳播服務	18	165	247	267	8
42	電信服務	0	0	0	0	0
43	資訊服務	0	0	0	0	0
44	金融及保險	0	0	0	0	0
45	不動產服務	0	0	0	0	0
46	專業、科學及技術服務	0	0	0	0	0
47	支援服務	0	0	0	0	0
48	公共行政服務	0	0	0	0	0
49	教育服務	0	0	0	0	0
50	醫療保健及社會工作服務	0	0	0	0	0
51	藝術、娛樂及休閒服務	0	0	0	0	0
52	其他服務	128	140	187	259	39
	合計	27,193	20,692	26,406	27,764	5

資料來源：參考行政院主計處與中華經濟研究院之資料。

（二）從總體進口消長析述對台灣之影響

關於進口方面仍請參照上述之表3-3，在歐債危機以前之2007年我國自EU之27國進口達199.37億美元，占國總進口比重約為11.7%，高於自全球其他地區進口8.2%。爾後因金融海嘯衝擊而進口額逐年下滑，在歐債危機發生後之2010年進口額回升至213.32億美元，惟進口成長率36.0%仍低於自全球其他地區進口之44.1%。到了2011年我國自EU之27國進口達239.97億美元，占國總進口比重約為8.52%，與我國對EU出口同呈下滑。EU之27國進口成長12.5%，和自其他地區進口12.0%相若，顯示歐元貶

值之效應,並未反映在對我國出口之競爭力上,因而對我國自其進口影響不大。在季變化上,2011第4季台灣對EU出口下滑4.5%,遠高於全球之下滑0.9%年,到了2012年第1季EU進口持續下滑11.8%,亦遠高於全球的-5.9%。此乃反映EU之歐債危機已影響到其出口之供應能力。不過,設備材料進口減少,當時認為可能會影響台灣對EU之出口能力,而予密切的觀察[218]。

貳、歐債危機對我國經濟之衝擊與影響

一、對我國經濟與產業之直接衝擊與影響

(一)我國十大主要出口商品 2012 年多陷入衰退

由於歐債危機不斷延燒後,已拖累全球經濟陷入不振或衰退,經濟不振或衰退會導致需求下降,而因台灣產業係以外銷為經濟發展之主要導向,若國外訂單減少,會令商品貿易方面之出口下降。當海外需求降低則會使廠商訂單減少,且若營收狀況惡化必然會影響廠商之投資意願,而企業投資下降會對總體經濟成長產生負面之影響。另一方面,人民財富縮水與造成政府稅收下降,會使政府收入和支出差距逐漸擴大,且財政赤字逐漸上升,如此則將進一步影響國內之股市表現,而使經濟狀況更加惡化。若以國貿局之數據析述,2012年上半年我國對EU出口減少9.6%,在十大主要出口商品中,僅機械產品成長3.6%以及與車輛、航空器、船舶有關運輸設備成長0.7%,其餘出口商品都陷入衰退。至於出口之衰退幅度係以精密儀器、鐘錶、與樂器之37.4%為最高,其次依序為資訊與通訊產品衰退26.4%,基本金屬及其製品衰退19.4%,電機產品衰退18.9%,電子產品衰退18.0%,塑膠、橡膠及其製品衰退16.7%,化學品衰退15.8%,以及其他機械與電機設備衰退12.7%。

(二)按四位碼商品分析我國較擅長商品亦多衰退

---

218. 仝註 217,頁 5-9。

　　依據歐洲統計局之資料顯示略以，我國為EU第22大出口市場與第16
大進口來源國，至2012年第2季截止，EU出口總額為8，283.0億歐元，
其中對我國出口為77.1億歐元（較前一年度同期衰退7.7%）；EU自國外
進口總額達8，895.9億歐元，其中自我國進口金額為118.22億歐元（較前
一年度同期衰退7.0%）。若以我國之四位碼商品（HS）分析，二極體與
電晶體等半導體裝置（HS8541）對EU出口即大幅減少48.5%，自動資料
處理機與閱讀機等（HS8471）出口亦顯著減少28.1%，機器之零件與附
件（HS8473）減少20.1%，鋼鐵製螺釘、螺栓、螺帽等（HS7318）減少
9.3%。至於HS對EU出口增加方面，車輛之零件與附件（HS8714）增加
13.7%，有線電話或電報器具（HS8517）增加4.5%，以及非動力之二輪腳
踏車（HS8712）增加3.3%，積體電路與微組件（HS8712）亦增加3.3%。
由上述數據析述獲悉，我國較為擅長之電子產品、資訊與通信產品、及電
機產品之出口大幅衰退，因而會對經濟造成衝擊與影響[219]。

二、對我國經濟與產業之間接與綜合影響

（一）經由其他國家之間接出口比率卻甚高

　　若以亞洲國家垂直分工之概念來看，在生產出口商品之過程中，所
投入之進口中間財的價值，亦即出口商品中來自國外之價值所佔程度的垂
直專業化（Vertical Specialization，VS）指數越高，顯示出口商品生產過
程中需要進口中間財之比重越高，亦即垂直分工之程度較高，因而受世界
經濟景氣影響也較深。若亞洲主要國家之VS指數分析，我國之指數僅低
於新加坡，惟高於南韓與中國大陸。此外，由於我國對EU出口約占總出
口值之9%，因而EU景氣下滑對我國出口之直接影響較小，惟經由中國大
陸與其他國家加工後，間接出口至EU之比率卻甚高。我國直接對中國大
陸出口占總值之40%，而中國大陸出口至EU占其出口總值之19%；我國出
口至美國占我國出口總值之12%，而美國出口至EU占其出口總值之18%；

---

219. 仝註 217，頁 73-75。

我國出口至日本占我國出口總值之6%，而日本出口至EU占其出口總值之12%。因此，若以2012年上半年我國對中國大陸與美國出口分別減少9%和11%，對日本亦減少3.5%分析，獲悉歐債危機已經間接影響我國透過其他國家對EU之出口[220]。

（二）已衝擊我透過他國出口並造成綜合影響

若以與我國貿易關係最密切之中國大陸析述，它亦是EU最大進口來源國，2011年EU自中國大陸進口成長已減緩至3.4%，至2012年第3季已轉為衰退0.3%。而同期我國對中國大陸銷售HS商品之衰退狀況依序為：二極體與電晶體等半導體裝置（HS8541）衰退13.8%，液晶裝置（HS9013）衰退7.0%，積體電路與微組件（HS8542）衰退4.6%。換言之，歐債危機已經導致中國大陸對EU出口大幅減少，此亦因而會造成間接衝擊與影響我國對中國大陸之貿易表現，且對美國與日本之狀況亦然。另外，歐債危機對我國經濟之綜合影響尚應包括：因我國股、匯市重挫或震盪之連鎖反應，諸如使廠商財務週轉面臨流動性困難或危機、使廠商經營陷入困境、導致工廠停產裁員或關閉、失業人數增加致使消費者支出萎縮、對消費造成影響、使企業投資意願降低、造成政府稅收減少、與影響政府支出等，均會直接或間接影響我國出口至其他國家[221]。

第二節　對台灣重要產業之衝擊與影響

壹、歐債危機對台灣科技產業之衝擊與影響

一、對台灣電子產產業經貿之衝擊與影響

（一）我國對歐洲貿易與歐洲電子製造業現況

---

220. 仝註 217，頁 73-74
221. 卓惠真與王儷容（2012 年 12 月）。歐洲主權債務危機發展對台灣經濟之影響與因應
　　策略（頁 II=III3）。中華經濟研究院。

　　根據主計處與中華經濟研究院之統計資料顯示，2011年台灣與EU之15國出口金額278億美元，年成長率為5.1%，相較於台灣對全球出口平均成長率達12.3%仍有一段落差。若以出口項目進行細項分析，2011年我國對EU之15國出口前十大合計，占該出口金額比重達85%，其中以電子零組件最為主要，占總出口金額比重達22.5%，其次為電腦、電子及光電產品，比重達18.7%。惟若以2010至2011年成長率來分析，電子零組件衰退達17.9%。此衰退主要原因來自於EU失業率仍高居不下、電子產品相關消費力道因而疲弱、EU本土電子製造業缺乏成長動能、與取消太陽能出口補助政策導致供過於求等，顯示台灣出口之科技產品確已受到歐債危機衝擊（詳見表3-5）。

表 3-5　我國科技產品對 EU15 國之出口

單位：百萬美元

科技產品名稱	2008	2009	2010	2011	2010/2011 Growth Rate （%）
電子零組件	7,080	5,515	7,624	6,259	-17.9%
電腦、電子及光學品	4,428	3,369	4,659	5,195	11.5%
金屬製品	2,265	1,558	2,251	2,800	24.4%
其他運輸工具	2,185	1,861	2,224	2,261	1.7%
機械設備	2,413	1,220	1,551	2,109	36.0%
化學材料	1,169	898	1,217	1,506	23.7%
鋼鐵	1,054	509	832	1,192	43.3%
電力設備	792	571	762	831	9.1%
其他金屬	253	424	95	783	724.2%
其他製品及機械修配	716	641	732	776	6.0%
其他	4,110	4,126	4,459	4,052	-9.1%
合計	27,193	20,692	26,406	27,764	5.1%

資料來源：參考行政院主計處與中華經濟研究院（2012/05）之資料。

（二）對 EU 出口衰退會衝擊台灣電子產業

　　據悉2011年我國對EU之15國電子零組件出口中，以光電材料及元件佔最大宗，比重達47.6%，出口金額為29.8億美元；若以年增、減率分析，其中包括半導體衰退11%、光電材料及元件衰退23%、印刷電路板組件衰退16%、其他電子零組件衰退10%（詳見表3-6）；其中光電材料及元件衰退幅度如此大之原因，主要係EU政府之財政困窘，包括德國、西班牙、與義大利等國逐步刪減太陽能補助政策，EU主要太陽能廠諸如Solon、Solar Millennium和Solar hybrid等在2011年陸續宣布破產，而全球最大之太陽能供應商Q-Cells於2012年第一季宣布無力清償債務、與德國Aleo宣布將在同年底關閉其位於西班牙之20MWp模組產能，都影響到我國相關材料與元件供應商之出口狀況。此外，台灣電子零組件產業主要之優勢在於以消費電子市場為主之半導體、印刷電路板組件、與其他電子零組件等。因此，依賴EU電子廠在此領域之出口狀況將呈現衰退，其年減率皆達一成以上，並估計在2012年由於EU之消費電子廠營運狀況無大幅改善狀況下，出口衰退恐有持續擴大之趨勢，因而應儘速積極與EU洽簽經濟合作之協議。

表 3-6　我國對 EU 之 15 國電子零組件出口狀況

單位：百萬美元

電子零組件	2008	2009	2010	2011	2010/2011 增減率 (%)
半導體	1,432	965	1,141	1,013	-11%
光電材料及元件	3,220	2,576	3,889	2,981	-23%
印刷電路板組件	2,111	1,035	1,289	1,088	-16%
其他電子零組件	1,045	939	1,305	1,177	-10%
合計	7,808	5,515	7,624	6,259	-18%

資料來源：參考行政院主計處與中華經濟研究院（2012/05）之資料。

　　除EU消費電子製造之營運狀況不甚理想外，目前台灣電子製造業在EU佈局甚深，其中尤以資訊產品製造為主，主要之原因在於接近EU消費

市場，各公司研發中心與生產基地（詳如表3-7）。鴻海於EU佈局最深，包括捷克、匈牙利、與芬蘭皆設有工廠。此外，在EU開始擴大到東歐地區後，東歐之工資成本仍然僅是西歐地區的五分之一，且這些EU新成員國非常渴望獲得來自海外之投資，並在可以提供就業機會之項目和投資方面提供了非常優惠之政策。另外，包括鴻海與其他台灣電子廠商，在捷克都獲得了為期十年之稅收優惠政策，在東歐地區生產電視機，並可以避免EU徵收14%之進口關稅[222]。

表 3-7　我國主要電子資訊大廠於歐洲佈局狀況

廠商	研發中心	生產基地
宏碁	-	英國新南威爾斯
華碩／和碩	-	波蘭、捷克
緯創	荷蘭	捷克
廣達	德國	德國、荷蘭（組裝）
英業達	-	英國蘇格蘭、捷克
鴻海	-	捷克、匈牙利、芬蘭
大同	-	捷克
宏達電	英國	-

資料來源：參考中華經濟研究院（2012/06）取自各公司之資料。

二、對台灣通訊產業經貿之衝擊與影響

（一）通訊產業在 EU 經營已面臨市場萎縮

EU過去由於受惠於先進通訊技術投入，以及結盟開放式之產業架構，包括Nokia、Ericsson、Alcatel等EU通訊與電信大廠主導第二代行動通訊標準（GSM），在全球造成新一波行動通訊革命，也促成Nokia佔據全球行動通訊市場龍頭超過10年；然而近來全球智慧行動市場之質變，及歐債危機衝擊EU電信業收入與盈利銳減，促使EU對於下世代通訊技術投入、新世代移動數據和4G基礎建設呈現落後，間接影響台灣通訊產業對

222. 仝註 217，頁 87-96。

EU之業務，而過去台灣行動通訊終端業者，與歐洲電信營運商共同合作模式也受到嚴苛考驗。在歐債危機當中幾家EU通訊大企業，也先後採取削減股東分紅或是資產輕量化措施，以因應持續來襲之歐債危機。EU通訊市場之利潤空間漸小，而許多電信運營商在爭奪所剩無幾之新用戶資源，乃促使越來越多之運營商開始調整全球布局。因此，台灣有些電信營運商選擇了出售在EU之資產；有些改變了既有之EU發展策略。EU電信營運商經營面臨挑戰，而在行動終端部分也由於消費者支出意願降低，與整體費率補貼條件優惠取消等，讓EU主要國家在行動通訊終端市場呈現萎縮，與全球將近5%之成長率呈現對比，顯示市場已明顯陷入危機。諸如法國、德國、義大利、西班牙、與英國等，在2011年行動終端市場都呈現衰退，其中德國（-16.0%）與義大利（-13.3%）甚至是有兩位數下跌（詳見表3-8）。換言之，在2012年全球經濟與EU仍未明顯復甦狀況下，EU之通訊市場仍無法看見曙光。

表 3-8　EU 主要國家行動終端市場規模

單位：千元新台幣

國家	2008	2009	2010	2011	2010-2011 成長率
法國	20,672.9	24,526.4	27,155.9	25,733.8	-5.2%
德國	35,253.7	33,058.4	34,177.4	28,706.5	-16.0%
義大利	24,102.9	22,381.0	25,249.2	21,897.9	-13.3%
西班牙	18,271.8	21,582.4	24,467.1	22,475.2	-8.1%
英國	32,076.4	38,391.1	41,576.6	41,512.7	-0.2%

資料來源：Gartner；工研院 IEK（2012/08）與中華經濟研究院之資料。

（二）面對歐債危機台灣產業與政府之因應策略

2008年全球金融海嘯衝擊後，EU各國實施擴張性財政政策，因大量舉債使得EU主權債務問題發酵，而自2011年下半年起全球經濟成長趨緩連帶使得歐債危機影響更為深遠，而截至2012年歐洲景氣前景仍無法樂觀；長期而言，雖然歐債危機後金融面問題可以解決，然而經濟實質

面之衝擊仍需相當長時間才能改善，包括降低年輕人失業率、提高工作年資、與縮減社會福利等，均非可輕易達成之工作。EU經濟與金融重建之路甚爲漫長，必須透過結構性改革，包括經濟結構、勞動市場結構、與產業結構等，進而推動成立EU財政聯盟，甚至於建立歐元區集權之財政部，並希望能由發行歐元債券等，以期共同解決目前EU所面臨之財政與經濟問題。至於過去與EU之電信公司合作十分密切之台灣智慧型手機大廠宏達電，除在產品創新面臨國際挑戰外，也因此波歐債危機而在EU受創嚴重。從2002年替EU電信營運商O2代工第一款智慧型手機開始，宏達電從EU逐步累積智慧型手機設計與製造能力，進而邁入全球行動通訊品牌大廠，從EU智慧型手機市場佔有率資料顯示，宏達電因面對三星（Samsung）與蘋果（Apple）嚴重之市場瓜分，已從2008年之全球第三位逐步下滑至2012年之第五位[223]。

---

223. 仝註 45，頁 98-100。

第十四章
歐債危機對雙向投資與金融之影響

第一節 對台灣與歐洲雙向投資之影響

壹、歐債危機對台、歐雙向投資之影響

一、對全球與歐洲核備之投資狀況 [224]

（一）比較核備對全球與 EU 之投資狀況

　　通常企業之投資行為受景氣波動之影響相當敏感，除極少數企業之投資是在不景氣時逆勢加碼外，多數企業在不景氣或景氣前景不確定提高情況下，均採取減少投資之因應策略。因此，在2008年以來，全球經濟受金融海嘯及歐債危機相繼衝擊下，不但導致全球景氣下滑；而且亦導致全球景氣展望風險提高，因而台灣企業對全球與EU之投資亦明顯受到影響，而全球與EU企業對台灣之投資也受到影響。依據經濟部投資審議委員會統計資料顯示，以表3-9與表3-10加以對照及比較我國核備對全球與EU，在2007年至2012年前個7月之投資狀況，並自我國核備對全球之投資分析：2007年達64.7億美元，經過金融海嘯吹襲降至2009年之30.1億美元，下降速度相當快；2010年歐債危機衝擊再降至28.2億美元，2011年回升至37.0億美元，2012年前7月再顯著回升至63.7億美元，已達2011年全年之1.7倍，其主要係集中在對新加坡投資大幅成長所致，並非台灣企業對全球景氣復甦之信心已有所提高，而對EU投資仍無明顯起色。

---

224. 仝註 217，頁 50-73

（二）從對 EU 整體投資與主要產業分析

　　1.從對EU整體投資分析：2007年達4.2億美元，但2008年金融海嘯初起便驟降至1.4億美元，2009年再降至1.0億美元，2010年及2011年受歐債危機衝擊，進一步分別降至0.5億及0.4億美元，2012年前7月也僅有0.3億美元，對EU之投資可謂已接近停擺，由於在歐債危機前之2009年，對EU之投資金額已相當低，因此歐債危機已無從影響或已相當輕微。此乃由於國內企業對EU經濟前景之信心仍然多存戒心，因而投資意願較低。

　　2.對EU投資以電子、電腦、與光學之製造業為主：對全球之投資以製造業、金融及保險業為主要產業，惟對EU投資則以製造業、批發及零售業為主，其中製造業又以電子零組件業與電腦、電子產品及光學製品製造業為主，這些產業受影響之程度也最明顯。

　　3.對EU投資主要集中在對荷蘭投資：我國對荷蘭之投資金額自2007年至2012年前7個月分別為4.0億美元、0.5億美元、0.7億美元、0.3億美元、0.3億美元、與0.2億美元，亦即在歐債危機後投資金額已明顯下降。

表 3-9　我國核備對全球投資分業統計表

產業別	金額（百萬美元）					
	2007	2008	2009	2010	2011	2012*
合計	6,470.0	4,466.5	3,005.6	2,823.5	3,696.8	6,370.9
農林漁牧業	0.0	9.8	0.0	0.4	0.0	0.0
礦業及土石採取業	0.5	0.0	0.0	0.2	0.0	0.0
製造業	1,517.3	1,883.2	908.5	1,106.6	1,152.8	1,574.1
食品製造業	15.1	13.4	6.1	8.9	10.7	3.7
飲料製造業	0.0	0.0	0.0	0.0	0.5	0.0
菸草製造業	0.0	0.0	0.0	0.0	0.0	0.0
紡織業	62.8	93.3	19.5	18.5	19.9	37.7
成衣及服飾品製造業	0.3	31.4	16.6	5.0	3.6	19.1
皮革、毛皮及其製品製造業	0.6	15.3	0.6	0.0	0.0	3.4
木竹製品製造業	0.0	2.0	0.0	0.0	0.0	0.3
紙漿、紙及紙製品製造業	0.0	3.0	4.0	6.0	0.9	6.4
印刷及資料儲存媒體複製業	0.0	18.0	0.0	0.0	0.0	0.0
石油及煤製品製造業	1.0	7.9	0.7	5.0	6.1	0.5
化學材料製造業	58.9	25.8	145.0	153.6	43.4	236.8
化學製品製造業	8.3	4.7	5.3	0.9	8.0	5.9
藥品製造業	5.0	6.4	85.7	12.5	13.7	5.7
橡膠製品製造業	7.6	3.2	0.4	0.0	2.8	0.0
塑膠製品製造業	8.4	4.0	7.2	4.3	10.9	19.4
非金屬礦物製品製造業	7.5	11.2	4.2	302.6	5.2	2.2
基本金屬製造業	27.4	450.7	0.0	0.0	289.4	237.7
金屬製品製造業	115.4	83.8	132.4	294.0	92.2	16.5
電子零組件製造業	420.2	903.0	350.1	172.2	452.9	903.7
電腦、電子產品及光學製品製造業	469.9	68.1	63.1	65.0	69.5	28.9
電力設備製造業	71.1	20.8	36.5	32.0	15.8	21.3
機械設備製造業	200.8	70.5	19.0	2.3	68.7	10.1
汽車及其零件製造業	8.3	25.9	1.4	14.3	10.4	5.1
其他運輸工具製造業	23.0	16.8	0.1	2.0	24.5	2.0
家具製造業	1.2	1.1	0.0	0.1	0.1	0.0
其他製造業	3.6	2.7	10.4	7.4	3.7	5.4

產業用機械設備維修及安裝業	0.8	0.1	0.1	0.0	0.0	2.3
電力及燃氣供應業	0.1	3.3	0.0	0.0	0.0	0.0
用水供應及污染整治業	0.0	0.0	0.0	0.0	6.6	11.0
營造業	1.7	9.0	3.1	17.1	2.0	5.3
批發及零售業	169.8	328.5	286.4	223.7	311.1	184.9
運輸及倉儲業	0.2	124.7	62.4	57.8	137.8	49.7
住宿及餐飲業	1.1	0.0	0.0	0.0	5.2	0.0
資訊及通訊傳播業	38.0	170.6	68.2	16.6	413.9	21.8
金融及保險業	4,649.3	1,799.7	1,395.2	1,249.1	1,546.4	4,471.7
不動產業	21.6	21.5	18.1	0.1	1.6	11.6
專業、科學及技術服務業	5.9	29.2	23.7	21.3	54.4	23.5
支援服務業	50.4	38.9	3.4	4.1	7.3	2.9
公共行政及國防；強制性社會安全	0.0	0.0	0.0	0.0	0.0	0.0
教育服務業	0.0	0.1	0.0	0.0	0.0	0.0
醫療保健及社會工作服務業	2.9	7.7	9.2	5.6	5.5	4.3
藝術、娛樂及休閒服務業	5.6	4.1	0.2	0.2	0.0	0.0
其他服務業	3.8	4.4	27.4	7.5	8.7	10.0
未分類	1.7	31.7	199.8	113.1	43.5	0.0

資料來源：經濟部投資審議委員會與中華經濟研究院之資料（2012年僅包含前7月數字）。

表 3-10 我國核備對歐洲投資分業統計表

產業別	金額（百萬美元）					
	2007	2008	2009	2010	2011	2012*
合計	418.2	137.7	99.5	50.6	39.3	30.6
農林漁牧業	0.0	0.0	0.0	0.0	0.0	0.0
礦業及土石採取業	0.0	0.0	0.0	0.0	0.0	0.0
製造業	404.4	73.0	30.9	28.9	22.4	2.5
食品製造業	0.0	0.0	0.0	0.0	0.0	0.0
飲料製造業	0.0	0.0	0.0	0.0	0.0	0.0
菸草製造業	0.0	0.0	0.0	0.0	0.0	0.0
紡織業	0.0	0.0	0.0	0.0	0.0	0.0
成衣及服飾品製造業	0.0	3.1	0.0	0.0	0.0	0.0
皮革、毛皮及其製品製造業	0.0	0.0	0.0	0.0	0.0	0.0
木竹製品製造業	0.0	0.0	0.0	0.0	0.0	0.0
紙漿、紙及紙製品製造業	0.0	0.0	0.0	0.0	0.0	0.0
印刷及資料儲存媒體複製業	0.0	0.0	0.0	0.0	0.0	0.0
石油及煤製品製造業	0.0	0.0	0.0	0.0	0.0	0.0
化學材料製造業	0.3	0.0	0.0	0.0	0.0	0.0
化學製品製造業	0.0	2.8	1.0	0.0	0.0	0.0
藥品製造業	1.6	0.0	0.0	0.0	0.0	0.1
橡膠製品製造業	0.0	0.0	0.0	0.0	0.0	0.0
塑膠製品製造業	0.0	2.4	0.0	0.0	0.0	0.0
非金屬礦物製品製造業	0.0	0.0	0.0	0.0	0.0	0.0
基本金屬製造業	0.0	0.0	0.0	0.0	0.0	0.0
金屬製品製造業	0.0	3.5	0.0	0.0	0.0	0.0
電子零組件製造業	18.7	53.6	1.1	0.2	1.0	0.0
電腦、電子產品及光學製品製造業	379.8	7.0	19.5	28.2	21.4	0.3
電力設備製造業	1.7	0.6	9.1	0.1	0.0	0.0
機械設備製造業	0.0	0.0	0.0	0.0	0.0	0.0
汽車及其零件製造業	1.9	0.0	0.3	0.4	0.0	0.0
其他運輸工具製造業	0.6	0.0	0.0	0.0	0.0	0.0
家具製造業	0.0	0.0	0.0	0.0	0.0	0.0
其他製造業	0.0	0.0	0.0	0.0	0.0	2.0
產業用機械設備維修及安裝業	0.0	0.0	0.0	0.0	0.0	0.0
電力及燃氣供應業	0.0	0.0	0.0	0.0	0.0	0.0
用水供應及污染整治業	0.0	0.0	0.0	0.0	0.0	0.0

營造業	0.0	0.0	0.0	0.0	0.0	0.0
批發及零售業	10.0	56.4	50.8	7.9	6.7	16.9
運輸及倉儲業	0.0	0.0	0.0	0.0	0.0	0.0
住宿及餐飲業	0.0	0.0	0.0	0.0	0.0	0.0
資訊及通訊傳播業	0.8	0.3	3.9	0.5	0.0	2.0
金融及保險業	1.8	2.7	5.0	7.9	2.4	0.0
不動產業	0.0	0.0	7.5	0.0	0.0	0.0
專業、科學及技術服務業	0.3	0.1	0.0	0.0	0.6	9.2
支援服務業	0.0	0.2	0.0	0.0	0.0	0.0
公共行政及國防；強制性社會安全	0.0	0.0	0.0	0.0	0.0	0.0
教育服務業	0.0	0.0	0.0	0.0	0.0	0.0
醫療保健及社會工作服務業	0.9	0.1	0.0	0.4	0.0	0.0
藝術、娛樂及休閒服務業	0.0	0.0	0.0	0.0	0.0	0.0
其他服務業	0.1	3.6	1.4	0.4	2.1	0.0
未分類	0.0	1.2	0.0	4.5	5.1	0.0

資料來源：經濟部投資審議委員會與中華經濟研究院之資料（2012年僅包含前7月數字）。

二、核准自全球與歐洲之僑外投資狀況

（一）比較核准來自全球與 EU 之投資狀況

依據經濟部投資審議委員會所顯示之統計資料，分別以表3-11與表3-12加以對照及比較我國核准來自全球與EU，在2007年至2012年前個7月之投資狀況，並要述如下：

1.從我國核准來自全球之整體投資分析：2007年達153.6億美元，經過金融風暴吹襲降至2008年之82.3億美元，2009年之再降至48.0億美元，下降速度相當快。到了2010年歐債危機衝擊再降至38.1億美元，2011年回升至49.6億美元，2012年前7個月僅有27.9億美元，推估全年約50億美元，大致僅維持2011年之水準。而來自歐洲之投資金額仍相當低，仍然沒有明顯起色。

2.從我國核准來自EU整體投資分析：2007年達71.0億美元，惟2008年金融風暴初起便驟降至21.4億美元，2009年再降至20.9億美元，2010年及2011年受歐債危機之衝擊，進一步分別降至12.3億及7.2億美元，2012年前7個月也僅有7.1億美元，全年可望能恢復至2010年之水準，自EU之投資可謂仍處於較疲軟狀態，但主要是受金融海嘯與歐債危機之影響，在2010年及2011年每年都低於10億美元，而2012年已有反彈之跡象。

（二）比較核准來自全球與 EU 之主要產業投資 [225]

1.從我國核准來自全球投資之主要產業分析：在2007年是以製造業、金融與保險業、及批發與零售業為主要產業，自EU投資也是以此三大產業為主，其中製造業又以電子零組件業與非金屬礦物製品製造業為主，這些產業受影響之程度也最明顯，尤其是非金屬礦物製品製造業，在2007年自全球仍有27.4億美元投資，其中有26.3億美元是來自EU，惟自2008年起，投資金額都低於1億美元。另外，金融與保險業之投資受金融海嘯及歐債危機之影響也相當顯著，在2007年自全球仍有50.3億美元之投資，其中自EU有16.7億美元，惟2012年前7個月自全球僅有7.8億美元，其中自EU僅有0.5億美元，可見歐債危機已使EU對我國之金融及保險業投資幾乎停擺，衝擊與影響亦較大。

2.從我國核准來自EU投資之主要產業分析：主要是來自荷蘭之投資，而下降速度亦相當明顯，2007年至2012年前7個月之投資金額分別為63.1億、16.2億、9.9億、4.3億、5.3億及3.1億美元。

上述有關我國與EU之雙邊投資分析，金融海嘯之衝擊較為劇烈，且力道遠大於歐債危機，可能係因金融海嘯後，台、歐雙邊各項投資已有所減少，因歐債危機僅係加深影響故衝擊力道較低，惟2012年似已略有回升之跡象，若欲恢復至金融海嘯前之水準，恐尚須一段期間。

---

225. 仝註 217，頁 50-53。

表 3-11　我國核備來自全球華僑外投資分業統計

產業別	金額（百萬美元）					
	2007	2008	2009	2010	2011	2012*
合計	15,361.2	8,232.1	4,797.9	3,811.6	4,955.4	2,791.5
農林漁牧業	14.4	2.5	2.2	4.1	30.9	0.0
礦業及土石採取業	2.7	2.8	0.6	0.7	3.2	1.1
製造業	8,019.7	2,381.7	990.6	1,321.0	1,463.2	917.6
食品製造業	64.6	10.2	106.2	12.6	35.1	20.9
飲料製造業	0.9	0.2	0.2	0.7	1.6	0.9
菸草製造業	39.9	42.7	0.0	0.0	0.0	0.0
紡織業	8.3	4.6	16.4	5.9	3.9	4.0
成衣及服飾品製造業	3.4	1.2	1.5	3.4	2.2	1.3
皮革、毛皮及其製品製造業	1.9	19.2	5.1	2.2	0.4	4.9
木竹製品製造業	3.5	0.1	0.0	2.3	0.3	0.0
紙漿、紙及紙製品製造業	20.8	181.0	9.1	148.3	12.5	4.9
印刷及資料儲存媒體複製業	1.2	1.4	9.2	3.1	1.9	1.4
石油及煤製品製造業	0.0	6.9	0.0	0.5	2.0	0.4
化學材料製造業	331.3	71.8	59.7	100.5	108.7	44.0
化學製品製造業	32.8	4.2	5.5	120.7	66.4	13.2
藥品製造業	94.8	46.3	31.8	24.2	17.4	11.0
橡膠製品製造業	1.2	1.1	0.0	3.3	5.8	3.3
塑膠製品製造業	31.2	126.0	28.9	43.4	40.6	21.4
非金屬礦物製品製造業	2,735.5	34.8	31.3	8.4	9.7	2.6
基本金屬製造業	715.8	9.6	0.3	23.8	20.2	5.4
金屬製品製造業	300.5	51.2	321.1	133.1	68.7	21.4
電子零組件製造業	3,120.3	684.0	243.8	351.2	587.0	535.0
電腦、電子產品及光學製品製造業	287.7	403.6	54.9	52.1	61.4	20.9
電力設備製造業	57.6	65.9	41.2	103.7	102.0	45.2
機械設備製造業	80.6	106.3	19.6	61.8	112.9	58.8
汽車及其零件製造業	41.9	9.2	2.2	15.8	37.7	5.9
其他運輸工具製造業	6.3	19.2	0.1	63.1	142.8	3.4
家具製造業	0.2	1.5	0.7	1.0	0.9	0.2
其他製造業	37.2	479.5	1.7	35.0	20.4	86.9

產業用機械設備維修及安裝業	0.0	0.0	0.0	0.6	0.6	0.5
電力及燃氣供應業	40.4	10.5	1.2	22.4	16.8	1.7
用水供應及污染整治業	11.3	7.1	3.2	17.6	0.1	2.0
營造業	101.0	91.8	24.4	35.8	64.8	39.0
批發及零售業	943.0	608.5	660.5	388.0	749.0	650.2
運輸及倉儲業	40.2	58.5	30.6	29.8	15.8	53.3
住宿及餐飲業	1.2	70.7	32.4	11.5	27.8	16.4
資訊及通訊傳播業	223.9	91.2	52.0	86.0	119.2	82.2
金融及保險業	5,032.8	4,374.5	2,235.6	1,514.9	1,823.6	782.9
不動產業	62.2	135.1	251.5	136.1	243.3	111.6
專業、科學及技術服務業	662.1	85.6	80.2	110.0	227.4	60.1
支援服務業	17.3	36.6	16.0	41.8	19.4	42.1
公共行政及國防；強制性社會安全	0.0	0.0	0.0	0.0	0.1	0.0
教育服務業	1.7	0.7	2.1	1.8	0.2	0.0
醫療保健及社會工作服務業	0.8	0.0	0.0	0.7	0.0	0.0
藝術、娛樂及休閒服務業	11.8	0.0	0.2	0.7	2.4	1.2
其他服務業	174.6	274.1	414.1	88.6	148.4	30.0
未分類	0.0	0.0	0.5	0.0	0.0	0.0

資料來源：經濟部投資審議委員會與中華經濟研究院之資料（2012年僅包含前7月數字）。

表 3-12 我國核備來自歐洲地區僑外投資分業統計表

產業別	金額（百萬美元）					
	2007	2008	2009	2010	2011	2012*
合計	7,096.4	2,139.4	2,085.1	1,230.7	716.5	705.0
農林漁牧業	0.1	0.0	0.0	0.0	0.0	0.0
礦業及土石採取業	0.0	0.0	0.0	0.0	2.8	0.9
製造業	4,934.4	1,027.0	116.6	337.3	202.7	293.5
食品製造業	0.0	0.2	0.1	0.1	0.6	10.4
飲料製造業	0.0	0.0	0.0	0.0	0.0	0.0
菸草製造業	39.9	42.7	0.0	0.0	0.0	0.0
紡織業	0.0	0.0	0.0	0.8	0.3	0.2
成衣及服飾品製造業	0.0	0.0	0.0	0.0	0.0	0.0
皮革、毛皮及其製品製造業	0.0	0.1	0.2	0.0	0.0	0.0

木竹製品製造業	0.0	0.0	0.0	0.0	0.0	0.0
紙漿、紙及紙製品製造業	4.8	3.2	0.0	0.0	0.0	0.0
印刷及資料儲存媒體複製業	0.0	0.0	0.0	0.0	0.0	0.0
石油及煤製品製造業	0.0	0.0	0.0	0.0	0.0	0.0
化學材料製造業	0.0	9.6	32.0	0.1	18.6	31.6
化學製品製造業	1.1	0.0	0.0	97.0	3.5	1.4
藥品製造業	12.0	0.0	26.7	0.2	0.2	0.0
橡膠製品製造業	0.0	1.0	0.0	0.0	0.0	3.3
塑膠製品製造業	0.0	40.4	0.0	0.1	0.0	0.0
非金屬礦物製品製造業	2,628.3	0.3	0.0	0.0	0.0	0.7
基本金屬製造業	681.2	2.6	0.1	10.0	8.6	2.0
金屬製品製造業	154.3	0.9	2.1	3.7	6.5	3.2
電子零組件製造業	1,296.0	96.2	40.5	164.0	35.9	233.9
電腦、電子產品及光學製品製造業	64.7	258.2	2.9	10.2	15.0	-0.5
電力設備製造業	0.0	8.2	8.7	21.2	3.7	0.0
機械設備製造業	46.7	86.2	3.2	6.4	2.8	4.2
汽車及其零件製造業	5.3	0.0	0.0	6.7	13.1	0.0
其他運輸工具製造業	0.0	0.1	0.0	0.7	92.1	1.6
家具製造業	0.0	0.0	0.0	0.0	0.0	0.0
其他製造業	0.0	477.2	0.0	15.9	1.6	0.1
產業用機械設備維修及安裝業	0.0	0.0	0.0	0.0	0.3	0.3
電力及燃氣供應業	12.7	8.7	0.5	8.3	6.1	0.6
用水供應及污染整治業	3.1	0.0	0.1	8.1	0.1	0.0
營造業	7.3	41.4	0.1	0.9	4.9	0.0
批發及零售業	269.2	138.7	116.5	54.6	71.7	301.2
運輸及倉儲業	6.8	12.6	5.6	15.4	0.0	43.4
住宿及餐飲業	0.0	0.1	24.3	0.6	0.5	0.2
資訊及通訊傳播業	104.8	0.5	2.5	0.7	0.8	1.8
金融及保險業	1,673.7	850.4	1,602.7	783.0	286.4	50.4
不動產業	0.0	1.5	0.1	0.7	0.0	0.9
專業、科學及技術服務業	59.1	33.9	41.2	13.5	132.1	1.0
支援服務業	6.6	2.4	2.6	0.0	4.2	0.1

公共行政及國防;強制性社會安全	0.0	0.0	0.0	0.0	0.1	0.0
教育服務業	1.7	0.0	1.2	1.4	0.0	0.0
醫療保健及社會工作服務業	0.0	0.0	0.0	0.2	0.0	0.0
藝術、娛樂及休閒服務業	0.0	0.0	0.0	0.0	0.0	0.0
其他服務業	16.9	22.2	171.2	5.9	4.1	11.0
未分類	0.0	0.0	0.0	0.0	0.0	0.0

資料來源:經濟部投資審議委員會與中華經濟研究院之資料（2012年僅包含前7月數字）。

貳、對台、歐間服務貿易之沖擊與影響

一、對台灣之不含金融業服務業之影響

（一）歐債危機對服務業之直接影響有限

　　根據OECD統計資料顯示，台灣與EU間之服務貿易量，自2004年之64.12億美元大幅成長至2010年之110.89億美元；台灣對EU之服務出口亦逐漸成長，2004年台灣對EU之服務出口達24.95億美元，2007年達43.42億美元，爾後受到全球金融海嘯之影響而呈下滑趨勢。而2010年台灣對EU之服務出口雖亦有所成長，從2009年之33.18億美元成長至2010年之38.82億美元，惟台灣對EU服務貿易一直是維持逆差，除2007年逆差幅度較小約為8.13億美元外，自2008年13.75億美元後幅度逐步擴大，2009年為14.45億美元，2010年逆差幅度則達33.25億美元。除此之外，不論進口或出口，我國服務貿易占EU整體服務貿易之比重皆偏低，以出口而言，我國對EU出口金額占EU從他國進口金額之比重均在0.3%以下，我國服務貿易占EU出口金額之比重均在0.30%至0.44%之間，顯示我國與EU直接服務進、出口之比例均甚低，因而歐債危機對我國服務業之直接影響很小[226]（詳見表3-13與圖3-1）。

---

226. 仝註217，頁161-162。

表 3-13　台灣與歐盟間之服務貿易

單位：百萬美金；%

項目別	2004	2005	2006	2007	2008	2009	2010
台灣自歐盟進口	3,917	4,002	4,358	5,155	5,584	4,763	7,207
占歐盟總服務出口比重	0.36%	0.33%	0.32%	0.32%	0.31%	0.30%	0.44%
台灣對歐盟出口	2,495	3,071	3,059	4,342	4,209	3,318	3,882
占歐盟總服務進口比重	0.25%	0.28%	0.26%	0.30%	0.26%	0.23%	0.27%
服務貿易總額	6,412	7,073	7,417	9,497	9,793	8,081	11,089
台灣對歐盟服務貿易順（逆）差	（1,422）	（931）	（1,299）	（813）	（1,375）	（1,445）	（3,325）

註：服務貿易數據通常比貨品貿易數據晚一年公布。

資料來源：OECD 與中華經濟研究院之資料。

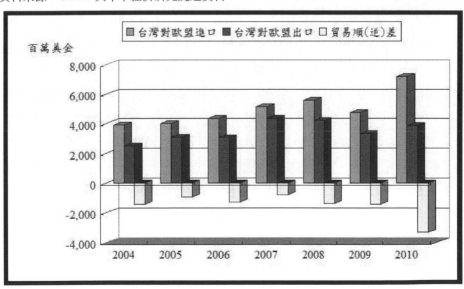

資料來源：OECD 與中華經濟研究院之資料

圖 3-1　台灣與歐盟間之服務貿易情形

（二）從投資與消費均下滑而言仍會衝擊服務業

由於歐債危機造成全球經濟之減緩及國際股市重挫，亦影響台灣經濟之發展，其影響可分為兩個層面。就實質面而言，直接影響台灣對EU之出口，間接影響台灣對主要出口國家，如中國大陸與美國之出口減少。根據我國海關出口統計資料顯示，台灣2012年1至7月累計對EU出口轉為負成長，且對美國出口負成長12.4%，對中國大陸亦負成長9.1%。若就金融面而言，歐債危機造成國際金融市場動盪不安，影響投資人之投資信心，在信心不足下造成台股之不斷下跌，而此悲觀氣氛之直接影響之就是民間消費下滑[227]。且受歐債危機衝擊使得民間投資與消費雙雙下滑之同時，進而造成台灣經濟成長率下滑與失業率攀升現象，因而對我國服務業之發展仍會造成衝擊。

二、歐債危機對台灣服務業之間接影響

（一）仍會間接影響到台灣服務業之發展

根據亞洲開發銀行（ADB）對2012年亞洲四小龍之經濟成長三種情境模擬進行預測結果顯示，若歐債危機繼續惡化後，並全面爆發為全球性之金融經濟危機，則對東亞地區造成嚴重之衝擊。ADB分別利用「僅歐元區陷入經濟衰退」、「歐元區及美國均陷入衰退」及「引發新的全球經濟危機」三種情境模擬東亞所受衝擊之程度大小（見表3-14），由模擬結果得知，縱使金融海嘯影響僅對歐元區造成經濟衰退，也會對台灣經濟成長造成相當程度之衝擊，且均較主要對手國——南韓為嚴重。所以，雖然歐債危機對台灣服務業之直接影響不大，惟隨著對台灣經濟成長之衝擊，會因消費力趨於保守之情況下，仍然會間接影響到台灣服務業之發展。

---

227. 仝註217，頁161-163。

表 3-14　ADB 對 2012 年亞洲四小龍之經濟成長預測

	台灣		南韓		新加坡		香港	
Baseline（ADB 12/6 基準預測值）	4.1		3.9		4.0		4.0	
	所受衝擊 （百分點）	新預測值 (%)	所受衝擊 （百分點）	新預測值 (%)	所受衝擊 （百分點）	新預測值 (%)	所受衝擊 （百分點）	新預測值 (%)
情境 1：僅歐元區陷入經濟衰退	-1.2*	2.9	-0.8*	3.1	-2.0	2.0	-1.2	2.8
情境 2：歐元區及美國均陷入衰退	-1.5*	2.6	-1.0*	2.9	-2.5	1.5	-1.6	2.4
情境 3：引發新的全球經濟危機	-2.1*	2.0	-1.4*	2.5	-3.7*	0.3	-2.4*	1.6

資料來源：參考中央銀行（2011），國際經濟情勢展望與中華經濟研究院之資料。

（二）台灣服務業對歐洲之投資相對較少

　　另我國服務業對EU之投資，基於風險考量，已儘可能降低自有資金曝險，多採以技術與know-how與他人合作之方式，這也就是極標準之區域授權方式，故在財務面之風險相對較低。另外，亞洲國家之餐飲料理與食品在EU之接受度仍算不錯，使得許多餐飲服務業在EU之投資受歐債危機之影響相對亦較少。此外，EU幅員大，各國狀況也大不相同，因而業者在進行區域投資或擴展時，會進行差異化之評估，選擇較有利之市場進行開發，諸如降低歐債國家義大利之投資行為，而對經濟體質較強之德國，投資則抱持相對較樂觀之態度。基本上，歐債危機對於服務業之影響並沒有想像中嚴重，而依據受訪之業者指出，台灣本身未經審慎規劃政策之推行，反而對服務業之發展產生較大的影響。又如基本工資之調漲與油電價上漲等，均會增加企業主之經營成本，其衝擊程度反而會比歐債危機來得強烈與直接[228]。

---

228. 仝註 217，頁 164-166。

第二節　歐債危機對台灣金面融之衝擊與影響

壹、對我國資本市場之衝擊與之影響

一、我國資本市場係屬「淺盤市場」

　　自2009年11月發生希臘債信危機以後，每次風暴所造成之歐、美股市重挫，台灣資本市場之股票市場均無法倖免。後來歐債危機一再引發全球金融市場動盪不安，投資者因擔憂危機不斷擴大，乃直接拋售與反映在股市與匯市上，尤其自2010年7月以來，因歐、美一連串之利空消息全球股市，影響層面廣大。金融市場方面，每次歐債危機風暴所造成之歐、美股市重挫，台灣之市場均跟隨大跌，幸好債券市場與基金市場等，所受波動與影響不大，故尚能持續健全運作。股市方面，由於台股係屬「淺盤市場」，此乃由於我國資本市場中之證券交易，絕大部份集中在股票交易，既無適足之債券交易或其他資本市場互補；又無金融中心之特殊資源，諸如香港有金融房產資本市場，或新加坡有全亞洲最大之境外金融（OBU）資本市場可以容納，因而較易受外在因素影響而大漲或大跌，市場波動幅度亦較為劇烈。又如自2010年7月以來，因歐、美一連串之利空消息重挫全球股市，我國股市自2011年8月初以後已迅速帶量重挫1,358點，跌幅15.6%，且已連續跌破年線、2年線、及5年線等重要支撐點後，所造成之市場投資信心低落，而形成短期震盪與中期整理之格局。復因自2011年8月2日外資開始賣超以後，金額迅速增加，尤其8月5日後我國股市跟隨國外連續大跌3天，因而8月第一週賣超1,266.29億元，係台股史上最大之單週外資超賣金額。

二、政府關切危機動態而妥為應變與處理

　　由於外資匯出自2011年7月以來金額即已不斷增加，7月淨匯出20億美元，8月在10日以前匯出28億美元，以後雖然逐漸減少，惟已對國內匯市

形成壓力。通常外資賣超後，須待國際股市回穩，才會陸續再匯入國內，並轉賣超為買超，當時幸虧國安基金適時進場護盤，已減緩恐慌與賣壓。此外，金管會除呼籲外資應重視國內長期基本面較佳之投資標的，而真正投資台股之外；尚要求執行119件庫藏股申報案，以減緩賣壓。另外，台灣證券交易所亦自8月15日起舉辦5場（包括29家上市與15家上櫃）業績說明會，以吸引外資。歐債危機風暴所造成之歐、美股市重挫，在同年12月25日歐、美股市結束前，我國股市跌逾20.75%，甚至還跌比歐洲之德國（14.97%）、法國（18.47%）、與英國（6.56%）更深，而我國最大貿易競爭對手韓國卻僅跌8.96%，顯示歐債危機2011年已重挫我國股市。到了2012年初以來台股又跟隨國外而回漲，後來尚因國內有課徵證所稅案之爭議，而又造成我國股市一路下滑，從3月之8,170點跌至6月4日之6,857點。至於歐債危機之衝擊方面，2012年6月全球股市尚受到希臘國會選舉後，是否退出歐元區而震盪，就連我國政府當時亦因而須隨時應變或危機處理[229]。

貳、歐債危機對匯市與其他市場之影響

一、外匯係屬「淺碟市場」卻相對穩定

由於我國外匯市場屬於「淺碟市場」，未若國際金融中心之胃納大與資源豐富，任何風吹草動均會造成甚大波動，因而外匯市場與貨幣市場關係密切。此外，我國貨幣市場之國際化程度很低，不論是票券市場、拆款市場、或貨幣市場共同基金等，其交易對象仍多以國內為主，故受到歐債危機之衝擊很小且較穩定。另外，歐債危機風暴衝擊時幸有央行調節得宜，防守在1美元等於新台幣29元附近，遇有投機炒匯，升破29元後，央行即有美元買單進場防守，並常使新台幣匯率轉升為貶。例如2011年8月4日被投機客視為資金避風港之東亞貨幣全面走升，央行乃將一路走升之新

---

229. 仝註 217，頁 164-166。

台幣打到貶值，並與其他亞洲央行聯手阻擋熱錢炒匯。美債降評時央行提前於8月7日推出「內外雙通報機制」，亦即對內由大型公股銀行在匯市盤中通報大額買賣掛單，以供央行參酌應否進場調節；對外尚與其他東亞各國央行互通訊息，以穩定匯價，並力阻國際投機客炒匯。

二、央行已嚇阻炒匯並妥為穩定匯市

有鑑於熱錢將影響總體經濟管理，及金融體系之穩定，且大規模與突發之外資流動，會使整體經濟之穩健復甦陷入風險；爰自2009年11月希臘發生危機後，我國央行立即禁止熱錢停泊於台幣定期存款，以避免原投資歐元之外資在台灣炒匯，而影響台灣之出口競爭力。復因台灣在基本面與利率面在亞洲之穩定度一向名列前茅，因而國際熱錢與資金湧入之壓力一向很大，若未加重力道嚇阻炒匯與阻止台幣升值，難保不會影響或傷害台灣之出口。若以單週之日平均成交量分析，自2011年8月8日至12日止第一週之日平均成交量為17.85億美元，較7月下旬增加78.5%，主要係因該週台股之外資大量賣壓並匯到國外；自15日至19日止第二週之日平均成交量為12.37億美元，已較上週減少30.7%，此又與上述之台股外資賣壓已減緩，且匯往國外資金已較少之互動有關。此外，自去年8月初以後迄今，雖有2012年4月後之證所稅案爭議，外資大量賣超與匯出而影響匯率波動，惟央行尚能使新台幣匯價維持在29元至30元附近徘徊，盤中波動幅度並不大，因而較國外之匯市相對的穩定[230]。

參、對我國金融機構之衝擊與影響

一、直接衝擊不大仍有間接之企業艱困效應

由於歐系銀行與台灣銀行體系之業務往來不多，而PIIGS國家之政府債券主要都由歐洲銀行體系所持有，且我國銀行仍不夠國際化，因而

---

230. 仝註217，頁155-156。

歐債危機對我國銀行之影響並不大，對其他金融業之影響亦然。若以本國銀行之國際債權（international claims）分析，通常尚須包括境內銀行（DBU）之國內外分支機構與境外銀行（OBU）之合計數，根據我央行資料，近年來本國銀行對歐洲之，債權餘額2008年為434.7億美元（占全部國際債權餘額之30.1%）。由於金融海嘯後美國之次貸危機相關問題尚待解決，本國銀行對歐洲債權餘額增加，2009年大幅提高至567.86億美元（占36.25%），2010年再提高至625.79億美元（占35.73%），而當年9月底對PIIGS國家公債投資之曝險金額為43億美元，僅占我國對歐洲債權餘額之6.87%，亦即對銀行國外投資之衝擊並不大。因此，2011年第2季曾創造666億美元之最高點，後因歐債危機之衝擊擴大而動盪不安，乃開始降低債權餘額至2011底為594.95億美元（占31.36%）。2012年第1季因希臘公債已與民間債權人談妥減債協議，且EU正進行財政整合因而市場已回穩，對歐洲債權餘額乃又增加至631億美元（占31.1）。

二、危機若惡化企業倒帳拖垮銀行

　　根據金管會提供之資料略以，2011年9月本國金融業對PIIGS國家公債投資，若折合當時匯率約為銀行8，710萬美元（其中對希臘僅投資4，640萬美元）；保險59億125萬美元；證券3，729萬美元，另有對西班牙聯貸1.3億美元，而本國銀行對歐洲債權餘額，已迅速由對PIIGS國家移轉為對德國債權，且期間有70.5%在一年以內，因而投資風險相對較低。換言之，歐債危機對我國金融業之直接影響方面，因與銀行體系之業務經營最為密切之金融市場，除上述之股票市場遭受衝擊外，其他諸如債券市場、貨幣市場、與外匯市場等，尚能健全運作，此乃我國財政狀況佳，且經濟體質良好，因而不論上述市場之發行市場或流通市場，均未受到太大之衝擊，故不會影響銀行體系之業務經營。至於間接影響方面，仍應注意並預防歐債危機之演變與發展，若風暴持續延燒或擴大，則恐造成相關產業因外銷不順利，而影響業務經營或衰退。若發生經營危機必會拖延償還銀行

貸款，甚至會因情勢惡化而造成鉅額倒帳，進而拖垮銀行或演變爲更嚴重
之金融風暴[231]。

---

231. 仝註 217，頁 153-154。

The Causes & Impacts of European Debt
Crisis as well as Its Settled Ways

第肆篇
歐債危機的解決之道
與
法制改革

緒　言

　　本篇分爲五章，以探討歐債危機之解決方式與法制改革：第十五章爲歐債危機發生後的解決之道與發展，先要述EU、IMF、與ECB共同採取危機處理，並建立EFSF防火牆機制；再敘述EU要求各國厲行撙節措施，與推動財政法制之改革。第十六章析述EU會員國之處理措施與安排，先概述由核心國家配合EU主導危機處理；再敘述由歐元區成員國共同改善財政紀律，及危機可能採取措施與因而提升中國地位。第十七章敘述ECB參與處理危機並執行治標問題(包括對希臘提供新援助、擴大EFSF之規模與功能、及由ECB支撐受危機影響之銀行等「3個核心行動」)，而ECB會持續支撐銀行融資，可緩和銀行之流動性危機問題。此外，尚提及已開始研議推動長期法制改革之治本問題。第十八章析述治本問題須改革SGP，先檢討2005年SGP第一次改革之背景與問題，並檢視財政規範之適切性，而認爲其規範應明確清楚且運作要有足夠彈性；再分析2010年SGP第二次改革之法案以「財政協約」與「6項包裹」爲重點，及欲達成之四大目標，而強調財以強化財政規範與紀律框架爲改革核心。本篇在最後第十九章分析籌設泛歐金融監管系統(PESS)與其爭議，分述籌建PESS之爭議經過，最後決議在新機制下授權ECB審愼監理職權.而未授權ECB者仍屬會員國之監理職權。此外，尚分析歐元區與英國由央行參與監理之制度，及其與權責與功能，雖然EU決議PESS推動將採用英央行制度，惟英國仍表示不願參加PESS。

第十五章
歐債危機發生後的解決之道與發展

第一節　最初採取之危機處理與因應對策

壹、採取危機處理並要求厲行撙節措施

一、EU 與 IMF 共同採取危機處理

（一）最初法國與 ECB 均不同意 IMF 協助

　　上述希臘債信危機引爆歐債危機後，最初希臘欲向IMF求助，惟以法國為首之成員國及ECB均認為不宜，因認為由IMF協助有損歐元區之面子。雖然法國與ECB均不同意IMF協助，德國卻暗示可由IMF協助[232]。由於危機不斷蔓延與擴大至所有PIIGS國家，經EU不斷協調與溝通，且幾經挫折後，終於能邀請EU相關機構及歐元區成員國各相關領袖，甚至於IMF來協調援助事宜。最後在德國總理梅克爾堅持下決請IMF協助，亦即由EU與IMF先於2010年4月29日共同宣布將對希臘金援1，100億歐元，而解除希臘債信危機[233]。且於5月11日決定「與IMF分兩階段，以7，500億歐元執行紓困方案」：第一階段由EU執委會在金融市場募集600歐元，作為歐債國家之紓困資金。第二階段須俟上述600歐元用盡後，由IMF出資2，500億歐元，並由歐元區成員國出資4，400億歐元成立EFSF之防火牆，俾對財政欠佳成員國提供救急之用。

---

232. 黃得豐（2012年3月9日）。歐央行違反超然獨立性致新總裁難找。工商時報，A1版。
233. 黃得豐（2010年12月25日）。2010年歐債危機之回顧與展望——金融。國政研究報告。

（二）危機擴大後德國總理堅持請 IMF 協助

　　而有「歐元之父」之稱的諾貝爾經濟學得獎主孟代爾認為「問題並不在歐元而是在赤字與債務」，故應儘速改善財政，IMF只能作為最後手段，且德國財長乃提出成立歐洲貨幣基金機制（EMI）構想，而由歐元區成員國及ECB自行協助，以代替IMF。後因希臘債信危機逐漸蔓延與擴大，而迫使IMF參與協助危機處理，至於EFSF係在盧森堡成立之有限公司，因而歐債危機仍須仰賴如同外來紓困，而須提供如擔保紓困之bail-out，或以財政支出對艱困銀行紓困，且銀行持有公債欲轉換為資金時，仍須以該公債作為擔保品向本國央行融資，然後本國央行轉往ECB再融資。至於其資本係由EU透過政府間協議方式募集，6月7日歐元區財長會議時已通過分攤數額，其中又以德國所分攤之1,230億歐元最多。至於EFSF最主要之任務，在對歐債國家提供擔保，惟不得對民營機構貸款，或在金融市場購買公債。雖然擁有AAA之最佳評等，惟仍須按照超額抵押方式始可募資。若以4,400億歐元之資本，可能僅能募得2,500億歐元之資金。因此，除德國反對以外，其他成員國均認為應該增資。

二、EU 採取危機處理與制度化政策

（一）成立小組負責提升經濟與預算風險監管

　　由上所述，自2009年12月1日里斯本條約生效時，依據該條約選出之第一位常任主席范宏培就任後適逢歐債危機，乃對危機發展甚為關切，除積極努力邀請EU及歐元區各相關領袖外；尚與IMF負責人協調援助事宜。此外，范宏培主席還成立「特別小組」，負責改革SGP與提升經濟及預算之風險監管，此一發展似已顯示EU逐漸向政治整合或經濟治理之方向邁進[234]。此外，EU欲開徵銀行稅以作為成立「危機重建基金之財源，俾維護EU銀行體系之穩定，並避免系統性風險。另外，將禁止以CDS基點做空

---

234. 黃得豐（2011 年 6 月 16 日）。評估歐債危機之影響與因應方法。國政研究報告。

公債及無券放空，並對以匯兌避險之衍生性金融商品加以管理，且將進行EU地區之銀行壓力測試並公布測試結果。據悉，EU將自行成立較具公信力之信用評等機構，以防止美國部份信評公司繼續對歐債危機興風作浪。到了6月17日西班牙成功發行公債後，整個危機乃暫時告一段落。

（二）EU 提議制裁與法、德提出競爭力公約

2010年9月30日EU執委會提議「各成員國未來若預算與赤字超限，未能整頓財政失衡者，將執行下列之罰鍰制裁：若預算赤字逾GDP之3%上限者，最高將罰其GDP之2‰；若政府負債逾GDP之60%上限者，須逐年縮減5%，直到符合規定為止；經EU監控後發現未依決議整頓財政者，最重可處罰其GDP之1%」。2011年2月4日德國與法國提案要求通過，以提高競爭力與解決週邊成員國之債務危機之「法—德競爭力公約」（The Franco-German Competitiveness Pact），其主要內容為「六項政策範圍」（Six Key Policy Areas）將包括：要求歐元區各成員國以憲法規定債務上限、為促進勞工流動而應互相承認學歷與資格證明、調整年金統計與提高退休年齡、採用相同評價基礎之公司所得稅率、廢除與通膨指數掛勾薪資制度、及統一設立國家級之銀行危機處理體制等，堪稱歐債危機以來最具體有效之政策，亦為爾後推動長期法制改革之治本問題奠定良好基礎。

貳、歐央行參與危機處理與專家檢討重建

一、歐央行化解危機與歐元集團提出建議

（一）歐央行亦參與化解歐元區流動性問題

為因應希臘債信危機後所引發之市場風暴與衝擊，ECB總裁特理謝在2010年5月10日首度購買希臘所發行之公債與民間債券，並無限期提供「3個月期資金」。似已違反央行必須遵守之超然獨立性原則。以德央行為首之若干成員國央行甚為反對，因為放寬擔保品之規範，除讓希臘之垃圾級

公債亦得作為擔保品外，尚將原為因應金融海嘯之措施繼續沿用，今後必
將衝擊ECB健全之運作，及穩定歐元區信用與金融之目標。雖然，ECB 7
月1日已成功化解歐元區流動性問題，亦度過9月30日銀行業之緊縮危險
期，以對抗金融市場危機與提振投資人之信心，並持續執行該救急政策與
寬鬆之貨幣政策。使歐元區之企業將可持續獲得充分之融資，以加速經濟
復甦。雖然如此，ECB為執行其「證券市場計畫」或SMP後，當時已累計
3，300億歐元，持有歐元區政府公債725億歐元（絕大部分為PIIGS國家之
公債），而為部份成員國所不能諒解[235]。

（二）ECB 總裁與歐元集團主席分別提出建議

ECB總裁特理謝12月2日宣稱「歐元並沒有危機，惟成員國必須盡
最大努力，增進量化與質化之彈性，以處理歐債危機與金融穩定」。此
外，盧森堡總理兼歐元集團主席容克爾（J-C.Junker）12月5日建議「由即
將成立用以取代EFSF之『歐洲債券局』（European Debt Agency EDA）
發行「歐洲債券」（E-bond）並提供成員國50%以上之「歐洲貸款」
（E-loan），讓債信危機國家之公債得折價交換E-bond，其損失由債信危
機國家與投資人共同分擔，以確保償債能力」。惟若如此恐讓市場會有債
券重整之疑慮，德國與法國均已公開表示反對。另外，義大利前總離普洛
迪（R.Prodi）12月8日認為「EU缺乏團結、短視、與缺乏領導力」，惟對
於「歐元區危機可能解體」之說法卻嗤之以鼻，因而認為「EU只有向前
行，才能解決目前之問題」。

二、美國與 EU 檢討推動債務重建之問題

（一）美國專家之看法偏向於債務重整

歐元區自從發生債信危機以後，即不斷有人就有關該區是否能渡過
難關與是否解體，而從不同角度提出意見，惟眾說紛紜而莫衷一是。約在

---

235. 黃得豐（2011 年 6 月 16 日）。評估歐債危機之影響與因應方法。國政研究報告。

20年前就已預言「歐元將成為經濟負擔」之美國哈佛大學教授費德斯坦（Martin Feldstein），於2010年3月17日預言「希臘會退出歐元區」，4月29日尚斷言「即使獲得金援希臘終會倒債」，且認為其他PIIGS國家亦難逃一劫。「末代博士」羅比尼教授4月底認為「希臘最後會被迫退出歐元區，若欲重生則須重整債務，且其他PIIGS國家亦應加強財政調整及深入結構性改革」。美國諾貝爾經濟學得獎主克魯曼（P.Kruman）6月19日認為「強制節約，會讓西班牙等債信欠佳國更難復甦，不但會使歐元區之危機更惡化；而且會把節約惡果輸到全世界，包括美國」。且前IMF首席經濟學家哈佛大學教授羅格夫（K.Rogoff）12月初指出，PIIGS國家之債信危機可能會重整公債，而財政節約（撙節措施）將導至經濟發展停滯。

（二）認為最後將以布雷迪計畫大規模減債

甚至於連IMF都曾持有這種看法，認為恐將如拉丁美洲1980年代所陷入之「失落之十年」，最後在1987才以布雷迪計畫（BRADY Plan）大規模減債解決。此外，美國企業研究所之拉克曼2010年12月初認為「成長才是關鍵」，若以目前EU之銀行持有，PIIGS國家公債，曝險部位佔其GDP之14%觀之，任何債務重整所引發之骨牌效應立即會引發信用枯竭，而導致另一場全球金融危機。另外，花旗集團首席經濟學家布易特（W. Buitter）12月10日提出所謂「歐元區求生存之三步驟」：首先，若能繼續收購PIIGS國家之公債，直接對其挹注至少1兆歐元，或經成員國擔保而由EFSF發行E-bond，或提供成員國E-loan以降低重整風險；其次，以納稅人之錢支援問題銀行，以避免系統性危機；最後，由債信危機國家與投資人按IMF債券重整機制.或共同簽署「集體行動條款」（collective action clauses，CACs），以分攤債務履約風險。

（三）EU 會員國方面之看法較為樂觀

盱衡EU會員國方面之看法，大概因其均設身處地而較能掌控狀況，故均較為樂觀。首先，連尚未加入歐元區之英國，其前任首相布朗

（G.Brown）2010年11月9日表示「雖然歐元區遭受債信危機、銀行破產、與經濟結構性障礙等危機，同時肆虐與摧殘.我仍希望英國加入歐元區。因其只能成功，不能失敗。否則，其災難與衝擊將超越歐洲以外之地區」。因此，應以「全球成長計畫」解決上述三個問題。其次，以歐洲政策研究中心主任葛洛斯（D.Gros）最近認為「葡萄牙、愛爾蘭、與希臘等週邊國家之倒債，不會成為歐元區之末日，只有當西班牙與義大利等大國倒債才會」。亦即上述週邊國家若退出歐元區時，歐元區本身應無大礙，惟其銀行既不得參加ECB之例行性貨幣政策操作；又會被排除在清償系統之外，且ECB亦不再接受以週邊國家之公債為擔保品之融資。如此，則其原已脆弱之銀行體系將會破產，而引發系統性危風險，進而會導致倒債危機，亦即其負面代價會遠比未退出歐元區更為慘重。換言之，歐元區因歐債危機所發生之動盪與不安，經過危機處理與協商改善後，已逐漸穩定與恢復正常。

第二節　以金融穩定基金建立防火牆機制

壹、由歐盟主導危機處理開始從嚴執行

一、成立 EFSF 並擴大其規模與權限功能

（一）EU 與 IMF 共同採取救急危機處理

2009年12月1日范宏培主席就任後，即對債信危機甚為重視，並積極努力邀請EU及歐元區各相關領袖，甚至與IMF負責人協調援助事宜，由於危機不斷蔓延，先由EU與IMF在2010年4月29日共同對希臘金援1，100億歐元，而解除希臘危機。此外，EU於2010年5月11日決定以7，500億歐元成立EFSF，將對財政欠佳會員國提供救急之用[236]。惟因希臘一直達不到原

---

236. 黃得豐（2011 年 6 月 16 日）。評估歐債危機之影響與因應方法。國政研究報告。

先承諾之目標，財政赤字較預期更大，GDP成長則較預期更低，這也突顯
當初制定援救計畫的假設太樂觀。尤其最近半年以來似顯得停滯不前與偏
離軌道，各紓困有關方面乃產生意見分歧，又因評等全面下降，而再度引
發債信危機之蔓延。投資人擔心「二次衰退」而使全球股災繼續延燒，並
造成金融海嘯後最嚴重之危機[237]。

（二）擴大 EFSF 之規模與權限功能

　　當年歐元區成員國雖已完成對EFSF擴大規模與功能案之通過程序，
惟到了2011年12月9日舉行之EU例行峰會，仍在討論EFSF擴大權限案之細
節。至於對EFSF資金之運用方面，法國主張將EFSF改為類似銀行機制，
並由ECB提供資金，用以紓困國內投資問題歐債之銀行。德國認為購買問
題歐債之銀行應自行發行金融債券籌資，若無法籌資時由政府提供支援，
而動用EFSF係最後一道防線。因此，德國認為EFSF可用來對所有發行公
債之成員國提供擔保，使投資人認為其發行之公債信用更加可靠。另外，
有人提出擴大規模之「折衷方案」：把臨時性EFSF機制之4,400億歐元，
與2013年中將改制為永久性ESM之5,000億歐元加以合併，使資本額為
9,400億歐元，並將ESM提前在2012年中取代EFSF。

貳、德、法穩住局面希臘不會退出歐元區

一、EFSF 提供紓困且德、法堅守穩住局面

（一）EFSF 階段採外來紓困方式以公債為擔保品

　　債信危機由EU處理後，經希臘承諾往後3年會更嚴厲緊縮支出，以換
取EU及IMF共同紓困。當時希臘曾列舉一系列樽節支出、削減預算赤字、
增加稅收、與改革經濟，因而由EU與IMF於2010年4月29日共同宣布將分
批提供總額1,100億歐元之第一套紓困計畫，並於5月11日成立（8月開始

---

237. 同註 236。

運作）臨時性之EFSF以建立防火牆。後來又決定「EFSF在2013年6月改由EU正式穩定機制之ESM取代與接辦[238]。惟若穩定機制仍在EFSF階段，則歐債危機似仍須仰賴如同外來紓困，而必須提供如擔保紓困之bail-out，且銀行持有公債欲轉換為資金時，仍須以該公債作為擔保品向本國央行融資，然後轉往ECB再融資。到了2013年6月ESM接替EFSF後，因採取CACs之集體行動共識決，若經通過啟動ESM後，則處理債信危機猶如免擔保紓困之bail-in[239]。

（二）由於德、法核心成員國堅守共識而穩住局面

由上所述，歐債危機當時雖然情況緊張，惟歐元區核心成員國從未有希臘倒債之看法，或市場混亂現象，此似與德、法等核心成員國之經濟體質穩健，及其仍會共同穩定局勢之態度有關。到了2012年5月21日法國財長公開表示「已能接受持有公債之銀行自願協調之任何方案」，亦即法國已支持即將到期之希臘債務延期，一改前與德國對抗之做法。此似與2011年5月德、法兩國總理在法國西海岸所達成之承諾有關[240]，亦即在2013年以前，都不會強迫任何成員國進行債務重整，而只要兩大核心成員國仍堅守該共識，並尋求合理之因應方式加以解決即可，因而2011年9月14日德、法兩國曾與希臘完成「三方會談」。換言之，希臘債信危機除非狀況突然惡化至難以掌握，否則在2013年以前希臘應暫時不會發生重整或退出歐元區。

二、德、法穩住局面希臘不會退出歐元區

（一）德、法之觀點雖分歧惟情況已能暫時穩住

當年歐元區成員國中較遵守財政紀律之德國、荷蘭、與芬蘭均表示不

---

238. 黃得豐（2012 年 7 月）。歐債危機籠罩全球惟仍可渡過難關。全球工商，No.652（頁 22-28）。全國工商總會。
239. 黃得豐（2010 年 12 月 25 日）。從財金觀點回顧歐債危機。國政研究報告，智庫網路報。
240. 黃得豐（2012 年 2 月 2 日）。今年春天，歐債危機不必恐慌。工商時報，A6 版。

願再繼續紓困，尤其德國仍拒絕背負金援其它會員國之重擔，並堅持加入IMF之援助管道，惟德國國內之民意普遍認為，其經濟實力必定成為EU未來之主要金援者，同時金援措施也可能違反TEU等相關條約規定，並盡量維持ECB之超然獨立性。因此，德國乃認為必須建立一套法律架構以規範市場經濟活動，並限制政治力之介入，而在此法律架構下追求目標。至於法國則因本身非自由市場經濟之傳統，故政府偏好以政府干預之形式主導經濟發展，尤其在經濟衰退之情形下，更需要透過權衡性財政政策支撐經濟發展，因而法國對於市場失靈之恐懼多過於政府失靈。故法國主張建立更有效之經濟治理模式，而非單純由法規監管總體經濟發展，此亦顯示德、法對於歐債危機或經濟治理之根本差異，雖然德、法之觀點常產生分歧，惟最後卻能殊途而同歸，而使歐債危機之情況已能暫時控制。

（二）核心成員國仍會穩住債信危機之局面

希臘無力償債而希望EU與IMF再給予額外紓困貸款，IMF以希臘執行撙節措施方案不力，而希望EU給予保證，EU則要求希臘政府先與在野黨協商。至於上述2013年6月ESM接替EFSF後，因採取CACs之集體行動之共識決，若啟動ESM後則處理債信危機猶如「免擔保紓困」。惟當時仍在ESFS階段，債信危機似仍須仰賴「擔保紓困」，亦有歐債國家以財政支出對艱困銀行紓困。此外，銀行持有公債欲轉換為資金時，仍須以其作為擔保品向其本國央行融資，然後轉往ECB再融資。由於當時歐債危機仍未有希臘倒債跡象，或市場混亂現象，此似與歐元區核心成員國之經濟體質穩健，及其仍會共同穩定局勢之態度有關。亦即只要德、法兩大核心成員國仍堅守該共識，並尋求合理之因應方式加以解決即可，因而不會有PIIGS國家重整或退出歐元區之情形[241]。

---

241. 黃得豐（2012 年 5 月 30 日）。放心，希臘最近仍不會退出歐元區。工商時報，A6 版。

第三節　歐元區成員國積極推動撙節措施

壹、檢討財政改革希臘亦應從收入面推動

一、採納專家建議以檢討推動財政改革

（一）採羅比尼建議推動撙節措施及 IMF 援助

　　歐債危機後雖然羅比尼教授認為「債信危機應讓IMF援助，且須撙節支出，而不是想在傳統上太守法之國家加稅，或修補法律漏洞以改善其財政狀況」。由於財政改革應包括撙節支出措施與增加稅收，希臘乃率先於2010年2月以後，進行全面性之撙節支出措施與查稅工作，以澈底改變過去浮濫開支與逃漏稅之亂象，其他債信欠佳國家亦比照辦理。至於執行方式，多以公務員減薪、凍結退休金、刪減離職金、加稅、及修補法律漏洞，以取消租稅減免等最為普遍。在2009年9月30日EU執委會提議「各成員國未來若預算與赤字超限，未能整頓財政失衡者，將執行下列之罰鍰制裁案」後，EU已同時參考羅比尼教授建議，可參考波羅地海東岸3小國（愛沙你亞、拉脫維亞、與力陶宛）當年脫離蘇聯後仍用盧布為共同貨幣時，所採行以內部貶值（internal develuation）方式屬行財政撙節支出措施因急，而要求各債信欠佳國，應透過撙節支出措施與加稅還債，才能改善其財政結構與經濟之體質，並可增加投資人之信心[242]。通常採行撙節支出期間，尚須熬過2至4年之財經陣痛期，亦即撙節支出期間經濟發展一定不會好轉。

（二）應兼採減少補貼或變賣財產方式

　　EU與IMF每次對歐債危機國家撥付紓困款時，除重申加速財政改革外；尚要求擴大國家財產私有化之進度與規模。此外，美國諾貝爾經濟學得獎主史蒂格利茲一直認為「雖然歐元區總體而言是平安的，惟各成員國

242. 黃得豐（2011 年 6 月 16 日）。評估歐債危機之影響與因應方法。國政研究報告。

太努力削減赤字，恐將使該區之經濟復甦更遲延，且會對投資人構成威脅」。美國企業研究所之拉克曼（D.Lachman）認為「缺乏匯率貶值與超高發債利率狀況下，若進行削減財政赤字，恐會使經濟更為衰頹」。綜合美國專家之看法，認為金融海嘯後經濟復甦最重要，若要同時刪減預算則其處境有如「上有鍋蓋，下有鐵板」，根本不可能。此外，各債信欠佳國為避免快速撙節支出與加稅有害經濟發展，乃同時採行出售國家財產之方式，以開避財源。諸如西班牙將出售國家彩券公司與西班牙機場航空公司之部份股權。又如希臘將計劃出售6,000多個小島，藉由出售小島以課徵大量稅費，及因開發建設可增加工作機會，如此可使歐元區兼顧經機復甦與財政改革，增加觀光收入。換言之，上述計畫若能順利執行成功，則似可渡過難關而避免債務重整。

二、希臘應從租稅與國產收入面改革財政

（一）希臘仍應從租稅與國產等收入面努力

　　EU持續施壓要求希臘進行結構性改革與重整經濟，惟EU又擔心對希臘放寬縮減財政赤字目標後，其他歐債國家亦會要求跟進。此外，亦擔心若以強硬態度催逼希臘人民，恐怕導致反效果。希臘政府持續陷入困境，此乃過去希臘政府常對選民做過多之承諾，或過份討好選民所造成。而太優渥之福利制度、減稅、輕稅、或逃漏稅等，必然會造成財政之入不敷出，最後就會發生財政危機。另外，歐債危機以後Eurostat之數據顯示，希臘2010年之名義GDP為2,273億歐元，而政府公債總額達高達3,286億歐元，占GDP比率為148.3%。2010年EU與IMF為希臘提供第一批聯合紓困款時所設定之「希臘2011年縮減赤字目標為其GDP之10.6%」。即使依照EU與IMF之保守預估，2011年希臘名義GDP下滑至2,148億歐元後，其全年之預算赤字占GDP比重仍為9.4%。因此，希臘除應積極緊縮財政支出外；尚應從租稅與國產等收入面努力。希臘估算2011年財政收入只有882

億歐元，年減2.3%，而財政收入減少係因希臘經濟衰退幅度大於預測，又普遍存在之居民逃稅行為，且政府宣布之民有化計劃進程緩慢，與努力削減財政赤字導致政府部門薪資水準下滑，致使個人收入整體水準顯著下滑。

（二）從查稅與國有財產私有化方面改革

　　1.查稅與租稅改革：由於實施新稅法致使個人收入所得稅之徵收額度低於預期，乃將個人所得稅起徵點由10,000歐元降至5,000歐元。另外，較具爭議之措施係通過電費帳單徵收財產稅，據悉未繳稅者會被斷電，而此項措施將增加相當於GDP的1.1%稅收收入。由於徵稅效率低下及逃稅行為，希臘個人收入所得稅占GDP比率較歐元區2005年至2009年的平均值低4個百分點。根據希臘經濟工業研究基金會估計，希臘個人所得稅逃稅額相當於GDP的2.5%至3.8%[243]。

　　2.國有財產私有化：希臘財經結構之一個重要特徵是，政府持有大量的不動產所有權，通過推動一部分不動產權的私有化等出售計劃，將吸引外資並帶動經濟成長。因此，政府仍可以通過降低公共部門薪資水準與減少公共部門就業，提高徵稅效率及推行國有資產出售計劃等方式減少財政赤字。至於私有化累積收益目標：中期目標為500億歐元、2012年：45億歐元、2013年：75億歐元、2014年：122億歐元、與2015年：150億歐元……。

貳、希臘從支出面與勞動結構等推動改革

一、實施撙節支出措施之相關改革

（一）推動撙節支出措施以改善財政赤字

---

243. 卓惠真與王儷容（2012年12月）。歐洲主權債務危機發展對台灣經濟之影響與因應策略（頁25-27）。中華經濟研究院。

1.希臘政府努力改善財政赤字：根據Eurostat之數據顯示，希臘2011年政府財政支出高達1,080.0億歐元，也較上年減少5.5%，希臘財政赤字達198.1億歐元，而上年財政赤字規模爲238.6億歐元，財政赤字較上年萎縮17.0%，顯示希臘政府已經改善財政赤字。

2.從下列財政收支目標努力改善財政赤字：（1.）削減額外33億歐元政府支出，相當於希臘2012年GDP比重1.5%：醫療支出11億歐元、公共投資4億歐元、國防預算3億歐元、退休年金3億歐元、與中央政府支出3億歐元。（2）期望至2014年政府預算赤字減少7%，若經濟衰退超出預期則延長至2015年。（3）財政收支目標：2012年主要財政赤字（primary deficit）不得超過20.6億歐元、期望2013年主要財政盈餘（primary surplus）達到36億歐元以上、與2014年主要財政盈餘達到96億歐元以上。至於政府公債之利息支出因占GDP比重龐大，諸如2012年爲5.4%、估計2013年爲5.4%、與2014年爲6.0%，因而均未予記入。

（二）從削減公共部門龐大薪資支出縮減赤字

希臘財政赤字擴張，主要原因在於其公共部門龐大與運作效率低，且希臘政府等公共部門就業人數及薪資支出成長過快。來自希臘經濟工業研究基金會的數據顯示，自1980年至今的30年間，希臘公務員人數已經增加一倍（估計在2010年總共約75萬人），公務員在希臘總就業人數中，所占比率高達17%。公共部門薪資支出成長也十分迅速，特別是過去10年，公共部門就業成長超過10%，公共部門平均薪資增加一倍。雖然希臘政府推行一系列緊縮財政措施，以進一步削減66億歐元支出以縮小財政赤字，此項措施包括：額外20%的減薪計劃，其中公務員削減薪資15%，公共部門削減薪資25%；基於年金在之前已經削減10%的基礎上，而再平均減少4%；將3萬名公務員納入所謂的「勞動儲備」（labour reserve）中，其工資將被削減40%，並且在1年之內將可能被解雇。財政部此一縮減赤字計劃已經提交國會審查，大幅削減財政赤字措施，也因而引起希臘國內不

滿，導致希臘公務員及民營企業雇員發動24小時的全國大罷工，以抗議政府緊縮經濟政策。

二、經濟勞動結構與財金撙節措施改革

（一）經濟結構失衡必須撙節措施改革

　　希臘經濟結構失衡，導致希臘實質經濟萎縮成為縮減的代價，經濟陷入衰退也促使財政加速惡化的風險。希臘民間消費占GDP比率高達70%至75%，在整體EU會員國中亦係相對較高的；政府支出及投資則分別占GDP之17%和15%。由於消費占GDP比率較高，希臘縮減赤字措施中之減薪計劃及提高個人所得稅之計劃，都將削弱消費者支出，與抑制經濟成長。而長期經濟結構失衡導致削減赤字之進程十分艱難。以2011年而言，受政府消費、民間消費及投資分別減少5.2%、7.7%和19.6%之影響，希臘2011年GDP衰退7.1%。根據Eurostat發布5秋季預測報告顯示，2012年希臘經濟表現仍難挽回頹勢，無法脫離衰退困境，政府消費減少會惡化至6.2%、民間消費及投資減少會分別改善至7.7%和14.4%，而GDP也會持續衰退6.0%。

（二）勞動結構與財金必須以撙節措施改革

　　1.勞動市場改革：（1）至2015年裁撤15萬個公部門職缺，2012年年底前將3.0萬公部門員工納入勞動力儲備系統，僅提供相當於底薪40%之薪資，並於1年後解雇以遇缺不補之方式，將公部門人力需求縮減至原來的五分之一。（2）削減最低薪資水準而將平均最低薪資水準調降22%，調降25歲以下勞工適用之最低薪資水準32%，調降社會安全捐（薪資稅）5%。

　　2.債券交換計畫：透過下列2種方式：（1）ECB之信用增強機制協定（Credit Enhancement facility Agreement）：希臘政府委託ECB為機制代表，利用EFSF所提供之350億歐元債券，買回ECB轄下各國央行所持有之

希臘債券。（2）民間部門參與計畫（PSI）：希臘政府發行面額價值700
億歐元新債券，EFSF提供面額價值300億歐元債券。

3.銀行資本重組：（1）希臘銀行業估計將因參與國債減記計畫而損
失170億歐元。（2）資本比率（核心第一級資本比率）：2012年第三季達
到9%，2013年第二季進一步上升至10%。（3）銀行可透過對政府出售普
通股或可轉換公司債取得援助資金（參見表4-1）。

表 4-1 希臘財政撙節與改革方案

財政節約	1. 削減額外 33 億歐元政府支出，相當於希臘 2012 年 GDP 比重 1.5%： （1）醫療支出：11 億歐元 （2）公共投資：4 億歐元 （3）國防預算：3 億歐元 （4）退休年金：3 億歐元 （5）中央政府支出：3 億歐元 2. 至 2014 年政府預算赤字占 GDP 比重減少 7%（若經濟衰退超出預期則延長至 2015 年）。 3. 財政收支目標（政府利息支出未記入）： （1）2012 年：基本財政赤字不得超過 20.6 億歐元 （2）2013 年：基本財政盈餘達到 36 億歐元以上 （3）2014 年：基本財政盈餘達到 96 億歐元以上
勞動市場改革	1. 至 2015 年裁撤 15 萬個公部門職缺： （1）2012 年年底前將 3.0 萬公部門員工納入勞動力儲備系統，僅提供相當底薪 40% 的薪資，並於 1 年後解雇 （2）以遇缺不補的方式，將公部門人力需求縮減至原來的五分之一 2. 削減最低薪資水準： （1）將平均最低薪資水準調降 22%，調降 25 歲以下勞工適用的最低薪資水準 32% （2）調降社會安全捐（薪資稅）5%
銀行資本重組	1. 希臘銀行業估計將因參與國債減記計畫而損失 170 億歐元。 2. 資本比率要求（核心第一級資本比率）： 2012 年第三季達到 9%，2013 年第二季進一步上升至 10% 3. 銀行可透過對政府出售普通股或可轉換公司債取得援助資金。

債券交換計畫	1.ECB 信用增強機制協定：希臘政府委託 ECB 為代表，利用 EFSF 所提供之 350 億歐元債券，買回 ECB 轄下各國央行所持有，希臘債券。 2. 民間部門參與計畫：希臘政府發行面額價值總計 700 億歐元新債券， EFSF 提供面額價值總計 300 億歐元債券
國有財產私有化	1. 私有化累積收益目標：中期目標為 500 億歐元。 （1）2012 年：45 億歐元 （2）2013 年：75 億歐元 （3）2014 年：122 億歐元 （4）2015 年：150 億歐元
產業結構改革	降低如醫護人員、碼頭裝卸工人、會計師、導遊及不動產仲介人等專門職業進入門檻，提高產業競爭力

資料來源：引用 WSJ&Reuter 及卓惠真 & 王儷容之資料

第十六章
歐盟會員國之處理措施與安排

第一節　由核心國家配合歐盟主導危機處理

壹、由歐盟主導危機處理為開始從嚴執行

一、執行更嚴格之規則並積極進行危機處理

（一）EU 財長會議同意執行更嚴格之預算規則

　　經過2年多驚心動魄之股市崩跌震盪與歐債危機之衝擊，有識之士均認為若各成員國認同歐元之長期價值，則應在貨幣整合之後進行更徹底之財政整合。2011年9月5日德國總理梅克爾與EU理事會常任主席范宏培會商之「核心歐洲」建議，研擬由歐元區成員國簽定比里斯本條約更緊密之合作協議，而將財政政策、社會福利政策、與稅制等涉及主權之政策等，交給EU作更強勢之整合[244]。此外，非歐元區成員國之英國財長歐司本稍後亦與德國總理梅克爾、德國財長蕭伯樂、歐元集團主席容克爾（盧森保總理）、及ECB總裁特理謝會商後，一致認為「欲加強歐元區財政整合則須修改里斯本條約，如此才可使各成員國間之經濟與財政政策獲致協調」，而使邁向財政聯盟之方向有了更為重大之進展。另外，ECB總裁特理謝9月6日再度重申「歐債危機反映歐元區之弱點，不能僅單獨靠ECB購買成員國公債，建立中央財政部是較可行方向」。到了9月17日EU財長會議決定5大事項中亦已同意「執行更嚴格預算規則」，雖然該規則已延宕約一年，惟上述決定似已顯示EU會員國首度願意交出部份財政主權，倘若如此，既可解決歐債危機的燃眉之急；又可提振投資人對歐債之長期信心。

---

244. 黃得豐（2011 年 6 月 16）。評估歐債危機之影響與因應方法。國政研究報告。

（二）EU 已進行危機處理以解決債務危機

　　若以成員國整體之觀點分析，2009年11月20日PIIGS國家之10年期公債，平均殖利率為7.57%，2010年1月平均卻降為7.42%（各別成員國之殖利率大致為：希臘12.9%、愛爾蘭8.8%、葡萄牙7.1%、西班牙5.3%、及義大利3%以下），且均低於8%。固然希臘與愛爾蘭殖利率已逾8%而過高，會傷害財政健全性與歐元區之命運共同體，惟其整體成員國狀況畢竟與阿根廷不同，不但EU與IMF已共同進行危機處理；而且PIIGS國家已樽節支與加稅，並促成全歐元區進行財政改革。另外，上述2010年2月4日德國與法國提案要求通過之「法-德競爭力公約」，才正要開始機極推動。因此，當時一般認為歐債危機仍會拖延甚至於擴大，歐元區雖會遭受衝擊與市場動盪，惟未來之整合趨勢仍未改變，且核心國家仍舊穩定。換言之，只要核心國家仍不斷介入及積極參與，則表示歐元區仍然不會有多大之問題。

二、第二套紓困應提供擔保以舊債換新債

（一）德國認為投資人應分攤「紓困方案」成本

　　德國原建議民間債權人應參與希臘債券延後支付之責任，以紓減其短期資金之壓力，而ECB先是堅決反對，後來特里謝總裁表示「可以接受投資人在債券到期時，自願認購新債之計畫」，惟仍拒絕直接參與紓困方案，亦不願將ECB持有之公債展延期限。次日德國財長仍再度公開表示「當無力償還變得不可避免時，民間債權人必須參與，並同意展延7年償債」，以協助分攤「第二套紓困方案」之成本，讓希臘有充裕時間減縮其財政赤字與公共負債，此又必須獲得ECB之支持」。倘若ECB持續抗拒到底，最後歐元區似將由其納稅人資助此一預算缺口，當時估計至2014年約有900億歐元將陸續到期。

（二）紓困應提供擔保才能以舊債換新債

　　為避免希臘6月29日將到期公債無法償付，所引爆新的債信危機，而各相關方面正逐漸化解歧見中，且最可能之因應方式，係由希臘持續落實撙節支出方案，並提供其資產為擔保品，而由EU與IMF提供約650億至800億歐元之「第二套紓困方案」，讓希臘得以發行新公債換舊公債。此一方案先於6月20日由容克爾主席在盧森堡主持之歐元區財長會議中評估，再送給23日至24日在當地召開之EU高峰會議討論。雖然當時一般認為會同意提供該一額外之融資，惟在德國堅持下，仍要求民間債權人分擔責任或成本[245]。

貳、核心成員國仍會尋求穩住債信降低危機

一、德國曾考慮藉 LIKOBA 功能以降低危機 [246]

（一）法、德競爭力公約以憲法規定赤字與債務上限

　　上述在歐債危機中，德國並無義務同意或背負金援其它會員國之重擔，並堅持加入IMF之援助管道，而2011年3月11日歐元區召開峰會前即已傳出，有部份成員國認為2010年5月EU與IMF決定分兩階段成立穩定機制，應先成立EFSF，再要求能提高紓困基金與准其購買危機歐債，惟德國不會同意或讓步。會後證實德國總理梅克爾均未同意，並以除非各國依照2011年2月4日德、法提案通過之「法-德競爭力公約」（F-GCP），以憲法規定赤字與債務上限。另於2010年11月EU領袖決議決定次年3月下旬討論設立永久性之穩定機制ESM，以便取代將於2013年6月到期之EFSF，德國總理梅克爾堅持只有在情勢緊急時ESM才能動用。換言之，德國希望大家遵守財政紀律，惟若發生債信危機時處理機制亦應合理有效而減少亂花錢[247]。

---

245. 黃得豐（2011 年 6 月 16 日）。評估歐債危機之影響與因應方法，國政研究報告。
246. 黃得豐（2011 年 3 月 15 日）。德國將藉 LIKOBA 功能降低歐債危機。工商時報，A6 版。
247. 同註 245。

（二）德、法立場或認知常互異仍會共同穩住局面

鑒於法國立場主要受到其政治形態與非自由市場經濟之傳統，且偏好以政府干預之形式主導經濟發展，尤其在經濟衰退之情形下；爰更需要透過權衡性財政政策支撐經濟發展。因此，自金融海嘯後法國主張建立更有效之經濟治理模式，而非單純由法規監管總體經濟發展，也提出由政府干預之經濟發展導向政策，帶有弱化ECB超然獨立性之想法。此外，早在1997年阿姆斯特丹峰會中法國即要求建立歐元集團，使政策協調能在部長理事會之架構下進行，不需透過代表EU整體利益之EU執委會進行，唯有如此法國才能確保本身利益不會被犧牲。此外，法國也考量本身與德國間之關係，並透過推動泛歐層級之議題，可作為其延伸與鞏固政治影響力之方式，使法國在EU整合過程中不會成為被遭邊緣化之國家。至於德國之立場或認知就常與法國不同，尤其自歐債危機發生後，不論在經濟或政治因素上，德國扮演起舉足輕重之角色。有鑑於1920年代之超級通貨膨脹，與兩德統一後產生之通膨等歷史教訓；允宜堅持將德央行在於穩定貨幣價值與超然獨立性移殖到ECB章程中，此與法國認為ECB職責在於協助國家經濟發展之想法便有所衝突。另外，德國認為經濟治理必須建立一套法律架構以規範市場經濟活動，並制限政治力之介入，而貨幣同盟便是依照德國之想法建立。在此法律架構下，ECB必須履行穩定物價之目標、財政政策透過訂定上限規範、限制成員國過度擴張財政、與排除財政政策中之道德危險以追求穩定公共財政的目標。尤其受到歐債危機之影響後更加深德國強化財政監管與建立自動制裁之想法[248]。

二、德國曾考慮成立具有財金穩定功能之基金

（一）德國已遵守財政紀律卻不滿須攤最高金額

有鑑於第二次大戰後德國憲法規定必須「嚴格遵守財政紀律與參加歐

---

248. 陳揆明（2011 年 12 月）。歐洲整合與歐洲經濟治理之關係。淡江大學歐盟資訊中心通訊第 32 期（頁 40-42）。

洲整合」；爰認爲儘管德國對EU處理歐債危機之方式不滿，亦不至於退
出或置諸度外，反而會尋求較佳之法規制度，更積極參於與介入[249]。在法
規方面，已由兩大核心成員國推動上述「法—德競爭力公約」要求各國遵
守，旨在彌補貨幣聯盟之不足與提高競爭力，除上述已由德國總理梅克爾
提醒之赤字與債務上限外，2011年3月24至25日EU危機高峰會時，尚協調
「勞工流動、退休年齡、公司所得稅、薪資制度、及國家級銀行危機處理
體制等」。自從2009年11月爆發希臘債信危機，後來擴大至所有PIIGS國
家，一再衝擊全球金融市場。由於德國最遵守財政紀律，故初期對債信危
機之紓困反應冷淡，而法國與ECB則以政治因素而反對IMF協助。爾後又
因危機逐漸延燒，ECB總裁特理謝甚至爲參與援救，而違規購買低品質公
債，且不顧央行超然獨立性原則。最後梅克爾雖然同意協助，惟條件爲先
制止國際禿鷹以CDS對歐債之押注、狙擊、與掠取紓困成果，且不顧法國
與ECB反對而邀請IMF協助以減輕負擔。至於EU與IMF共同成立之EFSF中
有4，400億歐元由歐元區成員國出資（德國須分攤1，230億歐元而引起德
人不滿），又因其募資時須採超額抵押方式，故僅能募得2，500億歐元。
因此，大部份成員國均認爲應該增資，惟德國反對，且斯洛伐克已兩度拒
付攤額。

（二）德國曾考慮另行成立歐洲穩定成長投資基金

　　既然當時在制度方面處理機制欠佳又花錢，且ECB又已違反央行超
然獨立性原則，據悉德國曾考慮參探1974年9月其爲防止漢堡Herstatt銀行
倒閉引發危機擴散，而緊急設立之銀行團流動性供應銀行（LIKOBA）
機制。依據2010年12月23日「南德日報」透露政府內部文件略以，德國
考慮另行成立一個永久性之紓困機構，稱爲「歐洲穩定成長投資基金」
（ES&GF），將享有等同於ECB之獨立地位，其任務爲貸款援助財政困難
之成員國、購買歐元區公債、及監督金援成效等，亦即將設立與LIKOBA

---

249. 黃得豐（2011年3月15日）德國將藉LIKOBA功能降低歐債危機。工商時報，A6版。

相同功能之機制以減少歐債危機[250]。而ES&GF實已具有LIKOBA相同之功能，而後者之任務爲篩選銀行等級以決定信用額度，若銀行有流動性需要時可按該額度取得LIKOBA之匯票，持向德央行貼現因急。此種既能於平時肩負與銀行流動性互相保障之功能；又可讓銀行放心經營與改善體質，必要時尚可提供緊急資金，成爲防杜系統性危機最有效之機制。其功能已被德國視爲聯邦金管會（BaFin）、德央行、4家存保機構以外之第4種金管機構，且自其設立以來已使德國金融較其他歐美國家穩定。綜上所述，獲悉當時德國寧可由類似LIKOBA功能之機制妥處歐債危機；亦不願再放寬欠妥而又花錢之機制[251]。

第二節　由歐元區成員國共同改善財政紀律

壹、由 PIIGS 國家執行撙節支出政策

一、回顧 PIIGS 國家執行撙節措施之概況

　　回顧Eurostat提供之經濟預測分析顯示，由於推動撙節措施或其他緊縮政策，PIIGS國家之赤字，除義大利在Monti總理執政期間努力推動財政改革而符合規定在GDP之3.0%以內（2010年爲赤字4.5%；2011年爲3.8%）之外，愛爾蘭爲7.6%（2010年30.8%；2011年爲13.4%），已大幅減少預算赤字，今後將努力朝GDP之3%以下邁進。其餘之PIIGS國家均未見改善，諸如葡萄牙爲6.4%（2010年爲9.8%；2011年爲4.4%）、西班牙爲10.6%（2010年爲9.7%；2011年爲9.4%）、與希臘爲10.6%（2010年爲10.7%；2011年爲9.5%）。換言之，PIIGS國家仍須積極推動財政改革，包括撙節支出與租稅改革，以便改善財政結構，並爲爾後之經濟發展奠定更穩健之基礎。歐債危機後深受衝擊之PIIGS國家，除義大利外，均已先

---

250. 黃得豐（2011 年 3 月 15 日）。德國將藉 LIKOBA 功能降低歐債危機，國政研究報告。
251. 黃得豐（2011 年 9 月 30 日）。全球金融危機與歐元區之發展與困境 -- 整體觀察與分析 --
　　（頁 8-9）。第 7 次臺灣歐盟論壇。外交部外交領事人員講習所。

後獲得EU與IMF紓困,而接受紓困之先決條件即執行撙節措施（或自我紓困）,透過削減政府支出與增加稅收而尋求財政均衡。惟持續緊縮與撙節支出會使消費者轉趨保守而抑制國內需求,甚至於會削弱經濟動能,或使相關經濟活動陷入困境。此外,上述義大利雖然赤字符合在其GDP之3%以內規定,惟因Monti總理執行財政改革已引發強大反彈,且義大利主要政黨均傾向於反對撙節措施,或改採取減稅措施以討好選民。因此,義大利2012年已高達GDP之127%政府負債恐將持續攀高。

二、PIIGS 國家執行撙節措施尚稱積極

近年來PIIGS國家實施撙節措施尚稱積極,且撙節措施項目繁多,復因各國之狀況互異而各具特設色,允宜彙總概括析述如次:

1.全部PIIGS國家均參與執行之撙節措施:包括增加稅收或提高稅率、削減公共部門員工之薪資支出、與削減社會福利支出等。

2.部份PIIGS國家執行之撙節措施:（1）延長退休年齡:除葡萄牙外,其餘PIIGS國家均已實施。（2）減少公共投資:除愛爾蘭,其餘PIIGS國家均已實施。（3）鬆綁雇主裁員規定:希臘與西班牙已實施。（4）改變退休金或年金計算方式,及減少特定職等權益:愛爾蘭與希臘已實施。（5）稽查逃漏稅:希臘與義大利已實施。（6）公營事業民營化:葡萄牙與希臘已推動中。（7）鼓勵長期失業者重回工作崗位:只有愛爾蘭實施。

綜上所述,在撙節措施執行過程中,已不斷遭遇既得利益者罷工示威或反彈,並造成分歧情形,惟過高之赤字與政府負債均有害財政健全性,亦不利於經濟體質與進一步發展,因而歐元區之撙節措施或緊縮政策仍會持續執行[252]。

---

252. 卓惠眞與王儷容（2012 年 12 月）。歐洲主權債務危機發展對台灣經濟之影響與因應策略（頁 25-27）。中華經濟研究院。

貳、其他成員國與英國執行撙節與增稅

一、其他成員國執行撙節支出政策概況

　　雖然各國均不滿PIIGS國家發生債信危機，惟卻能共體時艱而共同配合因急.亦紛紛屬行撙節支出與加稅。連債信狀況最佳之德國，亦自2010年3月開始課徵銀行稅，且同年6月25日宣佈「自明年起將貫徹4年節省800億歐元之財政緊縮計劃」，並取消原來適用減免規定之租稅，例如VAT有部份採7%課稅者，均全面提高至一般課徵標準19%。至於歐元區全面推動之撙節措施，先以緊縮財政支出與加稅爲重點，諸如自公務員減薪、退休金減少、延長退休年齡、或減少兒童福利等，從較不影響經濟發展之層面著手。另外，除採取加稅措施以增加收入外；尚可取消原減免之租稅，以便能全面提高至一般課徵標準。各成員國仍不斷加稅或減薪，刪減預算與減少補貼或變賣財產。諸如法國仍提高退休年齡，義大利刪減教育支出，德國提早削減補貼以緊縮政府支出。

二、因財政重建而提高 VAT 與課徵富人稅

　　由於金融市場信用不安，而必須實施財政重建，因而使歐元區各國相繼提高VAT與並對裕層課徵特別稅（富人稅），例如非歐元區之英國自2011年1月起將VAT由17.5%提高至20%。另外，對富裕層課徵新之特別稅也蔚爲潮流，義大利政府對年收入50萬歐元以上者，課徵3%特別稅，預計可增加40億歐元稅收；同樣的，法國也對年收入超過50萬歐元者，課徵3%之特別貢獻稅，預計年度可增加20億歐元稅收；葡萄牙則對收入超過15.3萬歐元之所得者，課徵2.5%的新稅（詳見表4-2）。事實上，對富裕層課徵特別稅對歲入之效果有限，但是對財政重建則具有象徵意義，一般認爲，高所得者對解決政府債務問題應該作出貢獻。增稅雖是財政重建之一環，但是也引發導致景氣下滑之疑慮，且爲擴大增稅對象，也引發民眾強

烈之不滿與對政府失去支持,甚至引發社會動盪之風險[253]。

表 4-2 各國主要財政緊縮及增稅政策

國家	緊縮政策及主要措施	增稅措施
義大利	縮減 598 億歐元支出,在 2014 年以前達到預算平衡;提高退休年齡及燃料價格及削減支出。	提高 VAT 稅率(20→21%)及富裕層稅課徵特別稅。
法國	至 2016 年總計削減預算 650 億歐元。 加速改革退休金制度。	以大企業及富裕層為中心增稅 72 億歐元,提高營業稅及公司稅稅率、富裕層稅課徵特別稅、提高酒類及香菸稅率,自 2012 年 10 月起提高 VAT 稅率(19.6%→21.2%)。
希臘	五年內削減政府支出 143.2 億歐元。削減退休年金及薪資,計畫裁減 3 萬名國營企業員工;公營企業削減工資和增加收費,醫院節省成本和增加共付金額,家庭福利的家境調查。減少:轉移和運營支出、公共部門的短期契約、軍事支出(占 GDP 比率的 1.2%)。	增稅 140.9 億歐元,包括新增財產稅,以及提高 VAT 稅率(19%→21%→23%);採取各種措施加快稅收和稅收罰金的徵收,採取措施打擊燃料走私,提高徵收效率,續發電訊執照,延長機場特許權期限(占 GDP 比率的 0.1%)。
西班牙	2012 年削減 300 億歐元支出;提高退休年齡及削減政府部門公務員薪資;削減對風力發電廠的補貼並減少失業福利轉移,並對國家彩票公司及機場管理公司實施部分私有化。	提高煙草消費稅稅率,以及 VAT 稅率(16%→18%→21%(2012 年 7 月起調升)),導入新的能源稅,以及徵收道路交通費。
葡萄牙	通過緊縮 2012 年預算,將赤字占 GDP 比率降至 3%;取消公務員補貼及削減福利支出;削減公共工資、養老金和社會轉移(占比率 GDP 的 2.2%)。	提高 VAT 稅率(20%→21%→23%),並減少稅收優惠(占 GDP 比率的 0.8%)、富裕層稅課徵特別稅、提高所得稅。 2013 年平均所得稅率由 2012 年的 9.8% 調高至 13.2%。

---

253. 歐盟官方網站,http://europa.eu/rapid/press-release_MEMO-12-656_en.htm?locale=en 以及卓惠眞與王儷容(2012 年 12 月)。歐洲主權債務危機發展對台灣經濟之影響與因應策略(頁 23-24)。中華經濟研究院。

英國	至 2015 年削減財政預算 830 億英鎊。 削減內政、司法及外交等支出。	提高 VAT 稅率（17.5% → 20%）。
德國	至 2014 年總計削減預算 800 億歐元；削減社會福利預算，四年內裁減 1 萬名公務員	提高 VAT 稅率（16% → 19%）。
愛爾蘭	削減公共工資和相機支出、並累進社會福利及資本支出（占 GDP 比率的 2.4%）。	修改個人所得稅的收入範圍和抵免額；將醫療保健和所得稅納入統一的社會徵收範圍內；收緊對私人養老金繳款的各種稅收減免；減少稅收優惠（占 GDP 比率的 0.9%）。

資料來源：參考卓惠真與王儷容之研究整理資料。

第三節　危機採取措施之評估與對中國影響

壹、提供紓困方案必要時有秩序重整

一、共同機關監督財政希臘應自我紓困

（一）歐元區應在貨幣聯盟後邁向財政聯盟

　　上述經過歐債危機之衝擊後，有識之士均認同歐元仍有長期價值，惟應在貨幣整合之後進行更徹底之財政整合。並於2011年9月5日梅克爾總理與范宏培主席會商之「核心歐洲」，建議把涉及主權之各項政策等，交給EU作更強勢之整合。且經會商後一致認為「欲加強歐元區財政整合則須修改里斯本條約，才可使各成員國間之經濟與財政政策獲致協調」，而使財政聯盟之方向有了更為重大之進展。另外，ECB總裁特理謝亦於同年9月6日再度重申「歐債危機反映歐元區之弱點，不能僅單獨靠ECB購買成員國公債，建立中央財政部是較可行之方向」。到了9月17日EU財長會議決定5大事項中亦已同意「執行更嚴格之預算規則」，該決定顯示EU會員國已願意交出部份財政自主權，如此才可解決燃眉之急與提振投資人對歐

債之信心。若回顧前EU執委會主席普洛迪早已呼籲應速建立財政聯盟，以與貨幣聯盟並駕齊驅，近年來歐債危機衝擊後渠再重申上述呼籲，足見其高瞻遠矚與用心良苦。此外，特里謝卸任ECB總裁後亦多次呼籲「歐元區除ECB外，尚應建立歐洲財政部，如此則ECB就不會違反央行超然獨立性原則而購買成員國公債」。另外，連非歐元區之前英國首相梅傑亦以「沒有財政聯盟之貨幣聯盟太冒險」[254]。

（二）評估違約重整且希臘須落實自我紓困

由於希臘執行撙節支出與財稅收入之成效一向不佳，經濟持續衰退，及對即將到期之公債發生償債問題等，再度引發希臘恐將重整或違約之論述。2011年6月1日當Moody's再將希臘信評由B1連降3級至Caal後，即有人以市場經驗法則認為「被評為Caal信評之債券，約有50%會違約」，亦即顯示債務重整之主權控管風險（sovereign risk control）有一半會發生危機。9月2日對希臘紓困談判中止時，即有IMF官員甚至於表示希臘恐將於2012年3月前會變成失序之硬違約（hard default），並可能引發骨牌效應，因而有人認為希臘98%會違約，為避免希臘因執行撙節支出不力，無法達成目標，並造成紓困談判中止，而持續衝擊全球金融市場。同年9月17日EU財長會議在決定「10月3日表決是否提撥80億歐元給希臘」時，乾脆要求與會之希臘財長「在2015年前須裁撤10萬名公務員工，其中5萬名自10月1日起就應減薪，今年底前須關閉或整併其他65個國營機構」，以免希臘再度因執行不力而無力償還到期公債。換言之，雖然希臘目前暫無違約、重整、或退出歐元區之虞，惟仍須確實落實「自我紓困」，始可順利獲得外來紓困而度過難關[255]。

---

254. 黃得豐（2011 年 10 月 25 日）。評估歐洲債信問題及後續發展。國安局研討報告。
255. 黃得豐（2011 年 9 月 27 日）。希臘還是可以渡過難關。工商時報，A6 版。

二、評估可能重整、違約、或退出之方式

（一）國際上較常見的違約、重整之因應方式

1.違約（default）或硬違約：（1）債務拋棄（repudialion）：撤銷對投資人之債權償還義務。（2）交叉違約條款（cross-default provision）：若某一筆債券違約，則其他流通在外尚未到期之債券亦均跟隨違約。（3）布雷迪債券（Brady Bonds）：美國前財長Brady處理拉丁美洲債信危機時，將違約債券或國際聯貸延長7年，且以較低之利率進行市場導向之債券互換（debt swap），而轉換為高度流動性或市場性之債券。

2.重整債券（debt restructuring）：（1）債務重新協議（resheduling）：乃宣佈對目前與未來到期之債券均予延緩（moritarium）、延期（delay）或延緩（rollover），然後依新協議之條件，包括最常見之「到期日與殖利率之緩和」方式。（2）債務轉股權互換（debt for equity swap）：投資人之債權可轉換為股權，透過市場導向之債券互換，將債券轉換為發債國家各項權益領域之投資。（3）多年重組協議（multiyear restructuring agreement或MYRA）：指目前無法履行償債義務，惟投資人仍同意保留債券時，則須以此種MYRA方式重整債務與契約之條件（包括重整成本、較低之殖利率、繳付本息之寬限期、延長新債之期間、及保證發債人不會再違約之風險等）。

（二）有人從財經觀點認為希臘應退出歐元區

依據2010年5月下旬英國CEBR智庫曾警告，除非希臘退出歐元區改用自己貨幣，且貶值15%以上，始可提昇出口競爭力與擺脫債務糾纏，留在歐元區將無法催動經濟成長。2011年2月10日哈佛大學羅格夫（K.Rogoff）教授建議「希臘與葡萄牙若為重建財政秩序，最好應退出歐元區10至15年」，3月1日又重申「倒債已勢所難免，應速退出歐元區」。2011年5月上旬德國Ifo智庫亦認為，讓希臘脫離歐元區是「兩害相權擇其

輕」，唯有如此方能自行貶值，以提昇競爭力。若留在歐元區「內部貶值」自行調降薪資與物價20%至30%，恐會引發內戰。此外，5月下旬美國馬里蘭大學莫里西（P.Morici）教授，及美國諾貝爾經濟得獎主克魯曼（P. Kruman）教授，均分別提出希臘應退出歐元區之類似主張。甚至於連德國經長2011年9月13日當梅克爾總理已決定續挺希臘後，仍提示「應建立希臘可能有秩序退出機制之可能性」。

貳、危機對中國大陸影響與其扮演角色

一、中國大陸對歐債危機援助之三個階段

（一）第一階段為「對外開放與走出去戰略」

此一階段（2000年至2009年底）中國大陸透過對EU進行租賃、工程、高科技、能源、與金融業之併購（M&A）或策略聯盟，而認為可因而縮短認識EU之時間、能在短期間獲得大量技術、與快速提昇產業水準與競爭力。因此，中國大陸對EU進行多角化之投資，並已使EU成為中國大陸之最大出口市場。希臘在2009年11月發生危機前，早與中國大陸建立密切之關係，以期共同建立「海上絲路」，而與中國大陸在中亞地區建立之「路上絲路」互相呼應。因此，並以34億歐元接管希臘最大港口派雷烏斯（Piraeus）碼頭經營權35年，另斥鉅資建立新碼頭與物流中心。既要把該港口建造成南歐之鹿特丹，以配銷中國大陸產品至全巴爾幹半島與東歐；又要掌控亞、歐、非3洲通道之海、陸運輸之總樞紐。後來希臘債信危機後，已獲得給予援助與支持之承諾，並簽署14項商業協議，而總金額數十億歐元之合作範圍甚廣，包括航運、造船、鐵路民營化、房地產、及農產品出口等。

（二）第二階段為「保持靜觀其變之態度」

此一階段（2010年初至2011年底）係在歐債危機發生後不久，中國大

陸雖曾對部分PIIGS國家發行之公債作象徵性之投資，惟與EU之期待相差甚大。此外，2011年7月歐債危機惡化後，中國大陸曾擬挹注IMF資金以協助解決歐債危機，當時美國婉拒係認為中國大陸有意透過該挹資，以增加人民幣之特別提款權（SDR）份額，而EU附和係因期待美國能對歐債危機提出援手。到了8月初美國發生調升債限危機後，與歐債危機共同衝擊全球金融與經濟。EU國家乃轉而希望外匯存底最龐大（當時約3.2兆美元）之中國大陸能提供協助。8月中法國薩科吉總統擔任G20國家輪值主席時，曾要求與會之胡錦濤主席協助，義大利領袖亦曾作相同之要求。此外，EFSF執行長後來亦親自走訪中國大陸，希望發行人民幣計價之債券籌資，以作為挽救歐債危機之籌碼。惟當時新華社卻以「中國並非歐債危機之救世主」而回應略以「雙方仍存有障礙，尤其EU成員國迄今尚未承認中國大陸為完全市場經濟地位，而無法創造和平互利之雙贏環境」[256]。另外，當時之溫家寶總理尚以「EU應以自身能力為基礎，而應推動機制性、結構性、與根本性之改革」。

（三）第三階段為「出手援助歐債危機」

此一階段（2012年初以後）IMF可用籌碼已捉襟見肘，中國大陸再度表示欲挹注IMF資金以協助歐債，美國依然婉拒。惟EU國家認為美國似不希望中國大陸協助處理歐債危機，而顯示歐、美之利益立場並不相同。因此，以德國為主之EU成員國，轉而支持中國大陸透過IMF協助處理歐債危機。2012年2月初德國總理梅克爾訪問中國大陸時，強調德國會以「嚴格之紀律性、集中性、與制度性之態度解決歐債危機」，要求中國大陸提供資金給IMF、EFSF、ESM、或直接投資PIIGS國家之公債，中國大陸已給予積極正面之回應。因此，2012年2月8日西班牙發行40億歐元之公債時，中國大陸已認購25%公債，全球金融市場亦立即給予正面之反應。

---

256. 黃得豐（2011 年 10 月 25 日）。評估歐洲債信問題及後續發展。國安局研討報告。

二、歐債危機對中國之經貿與戰略影響

（一）從雙邊經貿關係分析對中國之影響

由上所述，EU駐中國大陸大使艾德和曾表示，2012年EU將爲中國大陸之最大外銷市場，若以2011年中國大陸對EU出口3，560.2億美元，成長14.4%（2010年成長31.8%），與中國大陸爲EU第二大外銷市場，且EU在2011年對中國大陸出口2，111.9億美元，成長25.4%（2010年成長31.9%，）估算，2012年中國大陸可能超過美國，而躍居EU之最大外銷市場。至於IMF於2012年2月6日指出「中國以前因能遵守財政紀律，故能進一步刺激國內經濟發展，並有餘裕因應2009年金融海嘯之衝擊。惟因EU爲中國之最大出口市場，若歐債危機持續惡化，則2012年中國之經濟成長可能會由原預期之8.25%腰斬至4.25%」，而認爲歐債危機對中國影響甚大。雖然上述之觀點互異，惟中國之地位卻因而更爲重要與提昇。

（二）從全球經濟、戰略、與通貨之版塊移動分析

法國席哈克總統1995年就任後，便認爲中國大陸係一日漸重要且不可忽視之夥伴，不但經濟發展優勢，可促進EU雙邊經貿互利之發展，而且兩國在聯合國皆爲安全理事國，在國際經濟中具有獨立而重要之角色，並在地緣國際議題，及促進多極化理念上均有相似之觀點，爰可共同發揮戴高樂主義，以制衡美國之超強權力，甚至於可建立共同政經價值之反美軸心（Anti-U Saxis）。此外，近年來在中國大陸順差持續擴大，歐美逼升人民幣以便取得貿易之平衡，及法國已採取保護主義之際，中國大陸尚能獲得德國大力支持與協助，且已獲德國允諾，將在2016年前推動EU成員國承諾完全市場經濟地位。綜上所述，歐債危機助漲中國地位之提昇，亦即全球經濟將形成EU、美國與中國大陸三強鼎立之現象，未來美國、EU、與中國大陸似將會形成全球之三角戰略態勢，而美元、歐元、與人民幣亦

將成為全球最重要之通貨[257]。上述EU與中國大陸之發展,亦有必要密切注意。若原對中國大陸之武器禁運因而解除,將涉及東亞地區與台灣之安全與平衡結構,不宜掉以輕心。關於德國協助中國大陸,將於5年內獲EU成員國承認為完全市場經濟國家,及建立戰略夥伴關係等方面,雖然對我國並無直接威脅,惟今後我國仍應加強與EU及德國增進實質關係,包括運用ECFA效應與鼓勵台灣企業仿傚中國大陸,而前往德國證交所上市等。

257. 黃得豐(2011 年 10 月 25 日)。評估歐洲債信問題及後續發展。國安局研討報告。

第十七章
歐央行參與處理並執行治標問題

第一節　歐央行參與處理而違反超然獨立性

壹、ECB 參與處理危機而衝擊業務健全運作

一、ECB 救急勞苦功高卻違反超然獨立性原則

（一）ECB 為反對 IMF 援助而參與危機處理

雖然ECB於1998年6月1日設於德國法蘭克福，7月1日運作後便就近參照最遵守超然獨立性之德央行，且自ECB設立以來，不論貨幣或外匯市場，附條件交易（RP/RS）與央行窗口之操作方式，一般認為皆與德央行無異，近年來卻為配合挽救歐債危機，而違反央行超然獨立性原則[258]。此乃由於希臘發生債信危機後，最初ECB為維護央行超然獨立性原則，尚於2010年1月信誓旦旦地表示「ECB不會為了特別國家而改變貸款擔保政策，且會按預定進度於今年底停止實施緊急擔保品貸款政策，恢復常規運作」。至於ECB改變態度之原因，據悉係因初期德國強調嚴守財政紀律，一直不太願意援助希臘或PIIGS國家，而特理謝總裁為配合法國總統沙克吉反對其政敵，即IMF總裁史特勞斯康（Straus Kahn）所提供之援助，乃於3月25日向歐洲議會報告「ECB將於明年繼續實施緊急貸款政策，且將接受擔保品最低門檻為BBB之評等」。換言之，ECB為參與援救而違反央行超然獨立性原則，因而2010年12月23日華爾街日報曾以「ECB為協助挽救債信危機，而執行其證券市場計畫後，已累計3,300億歐元，並持有甚

---

258. 黃得豐（2011 年 10 月 25 日）。評估歐洲債信問題及後續發展。國安局研討報告。

多之PIIGS國家之公債，因而堪稱為全球最大之垃圾債券基金」[259]。

（二）ECB 執行救急措施卻違反超然獨立性原則

有鑑於歐元區一般交易習俗或資金支付，並不常用支票，而多以其存款帳戶進行GIRO方式之劃款轉撥，因而歐元區實際流通在市面之現金僅占M3（廣義貨幣供給）之9%，且其70%之融資係透過銀行體系而非金融市場，爰視銀行為金融體系與經濟活動最具關鍵性之角色。因此，銀行體系之穩定甚為重要，惟許多銀行均已參與希臘公債之投資，至於特理謝總裁所執行之3項措施如次：

1.持續以緊急擔保品貸款向市場注資：此次歐債危機持續延燒期間，不但有些存戶怕銀行發生危機而預先提款避險；而且銀行彼此間亦失去信心乃造成拆款不易，並已造成信用緊縮現象。ECB為配合挽救歐債危機，把因應金融海嘯之非常規政策延後，持續以緊急擔保品貸款向市場注資，並無限期提供3個月期資金。

2.從寬認定上述擔保品與紓困標準：ECB從寬認定上述擔保品與紓困標準，而購買希臘所發行之公債（已被調降為垃圾級）與民間債券，此乃金融界最忌諱之「寬鬆方便門檻（Convenant-lite Loan），該兩項政策皆會造成金融體系失調，且會因融資浮濫而引發膨脹與泡沫危機，並已違反央行必須遵守之超然獨立性原則。

3.購買公債與民間債券之外尚無限期提供資金：ECB更於2010年5月10日提出所謂「核子選項」（Nuclear Option）之「證券市場計畫」，並配合全球六大央行（包括美央行、英央行、日央行、加央行、瑞士央行、與ECB），共同進行大規模換匯（Fx. Swaps）交易，以充分供應美元與流動性。既已將財政赤字貨幣化，對赤字國家直接融資；又參與美國推動寬鬆貨幣政策，使熱錢湧向亞洲而增加通膨壓力。若從危機處理之角度看，

---

259. 黃得豐（2011 年 10 月 24 日）。評估歐洲債信問題及後續發展（頁 5）。國政研究報告。

ECB參與救急避免銀行體系之流動性危機，固然功不可沒，惟其似已違反央行必須遵守之超然獨立性原則。以德央行為首之若干央行甚為反對，因為放寬擔保品之規範，除讓希臘之垃圾級公債亦得作為擔保品外，尚將原為因應金融海嘯之措施繼續沿用，今後必將衝擊ECB健全之運作，及穩定歐元區信用與金融之目標。

二、ECB 恐將無法健全運作惟仍將配合政策

（一）德央行總裁反對 ECB 憤而放棄接任其總裁

德央行總裁韋伯（A.Webber）乃呼籲「ECB應嚴守財政紀律，因購買債信危機公債必會造成通貨膨脹，並認為ECB總裁似已不像貨幣政策決策者，反而更像外交官」。因此，反對ECB背棄央行原則之韋伯總裁乃被視為鷹派，最後甚至於放棄接任ECB總裁之機會。因現任總裁特理謝之任期應至2011年10月底退休，原認為最有可能接任之德央行總裁韋伯深知其理念已無法被接受，且ECB亦將無法健全運作，乃於2011年2月9日向梅克爾總理請辭，而使此一人事案產生重大變數，因而使梅克爾原欲借重渠以穩定歐元，及平息國內反對增加危機紓困等希望皆落空。此外，韋伯總裁請辭亦已造成德國人失望與市場擔心，並曾導致致歐元下跌。但韋伯總裁卻向反對歐元之德國人警告「德國不應退出歐元區，迄今仍懷念馬克的人是不對的，因歐元至少會和馬克一樣強勁」。雖然整個債信危機乃轉為緩和，惟ECB違反原則之後續效應仍然不斷，其未來之演變將攸關歐元與歐元區，甚至於全球金融市場之發展。至於當時可能接ECB總裁較主要人選依序為：義央行總裁德拉吉（M.Draghi）、芬央行總裁立坎寧（E.Liikanen）、盧金融主管梅爾西（Y.Mersch）、及將接任德央行總裁之魏德曼（J.Weidman）。據悉當時若由新任之德央行總裁接任，則德國與周邊國家間之對立將更加深；若由法國支持之德拉吉接任，有人認為只要回顧歐元整合前，義大利里拉貶值次數最多之紀錄，而推測歐元區新的

惡夢才要開始。雖然適當之ECB總裁新任人選比想像中更難找[260]，惟最後卻由德拉吉接任ECB總裁職務。

（二）ECB 為化解流動性問題仍將持續配合政策

ECB在2010年7月1日已成功化解歐元區流動性問題，亦度過9月30日歐洲銀行業之緊縮危險期，此乃ECB所執行之寬鬆貨幣政策奏效。12月2日ECB總裁特理謝宣布「基準利率維持1%不變；將持續無限制供應購買公債之現金至明年4月以後」，以對抗金融市場危機與提振投資人之信心，並持續執行該救急政策與寬鬆之貨幣政策。同年12月16日EU第7次高峰會議決定增資50億歐元，使其資本額增至107.6億歐元，相信其功能必會大增。若從ECB持續寬鬆貨幣政策，以充分供應銀行流動性方面分析，歐元區之企業將可持續獲得充分之融資，以加速經濟復甦。雖然如此，羅比尼教授認為「ECB執行之寬鬆貨幣政策仍不夠，因PIIGS國家迫切需要歐元貶值，或供給充足之貨幣應急，而ECB暫時不必憂心通貨膨脹」。

ECB為防止情況失控，並穩定金融市場信心，其總裁特理謝2011年9月15日宣佈該行將與美、英、日、與瑞士等國央行，共同於10月12日、11月9日、與12月7日實施3次「美元流動性供給之3個月期互換操作」，以防止因緊縮而推升利率之現象。因此，亦有人認為ECB係「歐債危機之唯一救星」，並以既然歐元區缺乏財政移轉機制，若由ECB購買包括垃圾級之歐元區公債，則可強化銀行與發債政府間原已甚為嚴重之負面反饋循環；若由ECB擔保債信危機公債，亦可避免把越來越多已負擔不起之民間債務社會化[261]。

---

260. 黃得豐（2011 年 3 月 9 日）。歐央行心總裁為何難產？工商時報，A6 版。
261. 黃得豐（2011 年 9 月 30 日）。全球金融危機與歐元區之發展與困境 -- 整體觀察與分析 --（頁 1-11）。第 7 次臺灣歐盟論壇。外交部外交領事人員講習所。

第二節 EU 處理治標問題並研議治本問題

壹、按照 G20 框架先處理三個治標問題

　　歐債危機持續延燒並衝擊全球金融與經濟後，亦已引起上述G20國家之關切，2011年10月15日G20財金首長在巴黎舉行例行會議時，發表公報略以「我們樂見EU推動經濟治理大改革，並樂見歐元區推動『三個核心行動』（對希臘提供新援助、擴大EFSF之規模與功能、及由ECB支撐受危機影響之銀行）[262]」。由於上述「EU推動經濟治理大改革」乃長期結構性法制改革之治本問題，因而將會於下章有關SGP財政規範改革中詳述。雖然英國每日郵報（Daily Mail）於峰會後評擊上述「三個核心行動」所制定「歐債處理方案」僅係貼膠布解決方法（stickling-plaster solution），而解決歐債危機之根本方法還是財政同盟（或財政聯盟）[263]」，惟因其係EU亟待處理之短期直接危機，屬於暫時化解危機且甚為重要之治標問題[264]，允宜分別析述如次：

一、由 EU 與 IMF 對希臘持續提供新援助

（一）希臘須與債權人以減債方式債務重整

　　由於希臘債信危機持續延燒並衝擊全球金融與經濟，因而首先應對其提供新援助以緩和短期直接危機，在2011年10月22日EU財長會議轉述「三方組織」調查報告，以「由於希臘3個月以來，執行撙節措施方案皆未達成，且其經濟發展嚴重惡化，故必須暫緩核發第一套紓困計畫第6筆紓困金（80億歐元），及將重新檢討擬議之第二套紓困計畫（1,090億歐元）。為免發生硬違約，須將目前希臘政府負債約佔GDP之160%，在2020年前降至110%以下，則民間債權人應減少債券價值60%，才能使第二

---

262. 黃得豐（2012 年 2 月 22 日）。2012 年歐債危機對我國之影響。遠景基金會研討報告。
263. 黃得豐（2011 年 12 月 5 日）。財政整合才能從根本上解決歐債危機。國政研究報告。
264. 黃得豐（2011 年 10 月 25 日）。評估歐洲債信問題及後續發展。國安局研討報告。

套紓困計畫維持在1,090億歐元；若減少50%，則該計畫須增至1，140億歐元」。至於德國至同年10月26日仍認為至少應減少債權之50%，而法國因其銀行持有最多之希臘債權故反對超過40%，因而EU領袖臨時峰會最後決議「民間債權人應認賠50%，第二套紓困計畫將增至1,300億歐元」。

（二）希臘減債成功已締造最大規模之債務重整工程

由於PIIGS國家中以希臘情況最糟，其負債3，600億歐元，約佔GDP之165%。因而EU與IMF乃要求「流動在外之公債2，060億歐元，至少要有75%之民間債權人參與債務重整（restructuring），才能獲得1,300億歐元之第二套紓困計畫」。到了2012年2月希臘與代表民間債權人之國際金融協會（IIF）進行協商，希臘同意提供355億歐元現金預付本息、部份債務由EFSF擔保、及發行可轉換權證（Warrants）債券等誘因，以享受較高利率（當希臘經濟好轉時），而與IIF達成下述協議：同意希臘減債53.5%，以勾銷約1，030億歐元之債務；若參與協商之民間債權人達到66%，希臘才能夠啓動共同行動之CACs；若參與比率達到86%，才可用CACs強迫民間參與人參加債務重整。此一協議達成後，三大信評公司均將希臘債信降至最低，其中S&P甚至於將希臘降為選擇性違約（selective default），且當Fitch在同年2月底將希臘降為限制性違約（restricted default）後，ECB乃暫停銀行以希臘公債作為貸款抵押品。

（三）希臘減債後又因國會選舉而使危機籠罩全球

到了2012年3月8日之換債最後期限時，已可確定參與協商之比率高達95.6%（合計1，969.3億歐元，包括依希臘法律發行公債1，767.5億歐元，及依國際法發行公債而至3月23日期限才處理之201.8億歐元），因而可減少1，000億歐元之公債，如此則希臘在2020年前可把政府債務降至GDP之120%。此一金融史上最大規模債務重整工程成功之後，EU財長會議3月9日即宣佈「希臘可獲得第二套紓困計畫」。換言之，上述協議結果不但歐元區核心國家均甚為肯定；而且IMF總裁拉加德亦宣稱「歐債危

機已暫時解除」。此外，ECB尚表示將再度接受希臘公債作為銀行之擔保品。另外，希臘雖然於2012年5月6日由32個政黨參加國會選舉，因反對撙節支出之「左派聯盟」（第2高票）與「民主左翼黨」（第4高票）雖然獲高票而無法組閣，乃再使危機衝擊又籠罩全球，並使雅典股市5月7日大跌6.67%；8日又跌3.6%，其股票指數已跌至620.54點，為20年以來之新低。幸好6月17日再度重選國會後，情勢逆轉而由右派之「新民主黨」獲勝，並已組閣成功才又解除危機，因而股市乃由谷底翻升，並逐漸大幅回升。

二、拓展短期挑戰之 EFSF 以提高防火牆功能

（一）EU 以 ESM 取代 EFSF 並擴大防火牆功能

關於擴大EFSF之規模與功能方面，歐元區17個成員國均已完成對EFSF擴大規模案之通過程序，上述德國認為持有購買問題歐債之銀行，應自行發行金融債券籌資，若無法籌資時再由政府支援，而動用EFSF資金係最後一道防線。至於支撐受歐債危機影響之銀行方面，歐元區17個成員國建議EFSF得以現有4,400億歐元，對投資人提供20%至30%之損失擔保方式，而發揮槓桿擴充功能至1兆歐元（2011年底布魯塞爾峰會已決議「ESM將提前於2012年中實施、在緊急狀況下ESM得按85%多數決動用、ESM與EFSF同時存在而持續至2013年中、ESM與EFSF合計5,000億歐元之上限將在2012年3月檢討、及EU會員國應於10天內對IMF挹注2,000億歐元供其支配運用」等）。換言之，自2012年中開始ESM會逐步取代EFSF業務與防火牆功能[265]。另外，該峰會亦要求EU會員國對IMF挹注資金（可望增加6,000億美元之紓困基金）供其支配運用後，則將來IMF對PIIGS國家紓困之籌碼亦較多，因而亦可更加提高IMF之防火牆功能。

（二）ESM 提前於 2012 年中與 EFSF 並存一年

鑒於過去德國因深怕擴大紓困基金規模，恐使PIIGS國家會有不落實

---

265. 黃得豐（2011 年 12 月 5 日）。財政整合才能從根本上解決歐債危機。國政研究報告。

撙節支出之道德危險；爰經常對擴大紓困基金規模持反對立場。惟因希臘債信危機已漸穩定，德國財長2012年2月25日乃首度同意在3月討論擴大紓困基金規模。且2月26日G20國家財金首長會議時，非EU之會員國希望EFSF與2012年中即將上路之ESM合計5,000億歐元基金，能擴增至7,500億歐元（1兆美元）[266]。此外，雖然德國遵守財政紀律，卻須分攤最多紓困金給PIIGS國家，而引起德國人憤怒，並已造成梅克爾總理之基民黨在地方選舉7連敗。因此，德國國會2012年2月27日雖然以壓倒性票數通過「對希臘1,300億歐元之第二套紓困計劃捐助案」，惟德國憲法法院2月28日判決：德國總理梅克爾在國會成立9人小組之「特別委員會」以便快速通過EFSF規模之作法「有很大程度上」違反憲法，此一判決可能會限縮德國未來處理歐債危機之效能。另外，德國國會2012年6月雖以壓倒性票數通過「ESM防火牆與財政協議案」，亦被全球金融市場視之為重大利多，惟因左派團體反對並提告，而使德國憲法法院須花2至3個月時間，才能舉行公聽會加以解決。

三、由 ECB 負責支撐歐元區銀行體系流動性問題

全球六大央行（包括ECB）自2010年5月10日即以「為確保市場深度與流動性」為由，而提出其所謂「核子選項」低利率換匯供應流動性因急，2011年12月1日再度進行即期美元之低利率換匯2,000億美元，以紓解資金短缺現象。此外，ECB並針對歐元區銀行體系資金緊縮狀況，而分別於2011年10月12日、11月9日、與12月7日提供3個月期拆款，以紓解短期資金旱象[267]。另外，ECB 2011年12月21日開始以1%利率對523家歐洲之銀行，提供4,890億歐元之長期再融資操作（longer-term refinancing operations，LTROs），2012年2月29日再對800家銀行提供5,000億歐元之相同期限LTRO，而紓緩銀行體系中長期資金缺口。由於希臘已與民間投資人達成減債協議，相信銀行體系逐漸可恢復互信，而進行正常之拆款市

---

266. 黃得豐（2011 年 12 月 5 日）。財政整合才能從根本上解決歐債危機。國政研究報告。
267. 同註 266。

場業務，則局部流動性不足之問題始可獲得解決。至於爲因應銀行危機而要求設立之「歐洲銀行聯盟」，6月底EU峰會則係參考英國於2011年6月16日決定改變重由英央行監理銀行作法，而決定在2011年底前在ECB之下設立監管銀行之單一SSM機構[268]，此乃EU正朝向加強金融穩健與安全性之方向邁進。有關ECB持續支撐銀行流動性問題，以協助EU處理歐債危機之短期直接危機乙節，將併於下節「ECB持續支撐銀行流動性問題」中詳述。

貳、研議推動長期法制改革之治本問題 [269]

一、財政整合係長期結構性之治本問題

（一）先財政治理改革始可邁向財政聯盟

關於G20國家財金首長會議在巴黎發表公報略以「我們樂見EU推動經濟治理大改革」乙節，有鑑於財政聯盟與經濟治理乃長期之結構性法規制度改革，屬於較長期推動之治本問題；爰應積極與建立財政整合，始可邁向財政聯盟與經濟治理之目標，並可解決財政失衡、稅收問題、跨國就業、與經濟改善等，均係屬於解決歐債危機之治本問題。因此，2009年爆發希臘債信危機不僅揭開歐債危機之序幕，亦迫使EU執委會與部長理事會重新檢視EMU財政規範之適切性。而2010年SGP改革亦讓EMU朝向財政治理框架邁進，顯示EU執委會與部長理事會欲進行財政治理避免危機，是否將成爲經濟治理一環仍值得觀察[270]。另外，成立財政同盟倡議之再度出現，代表部分EMU會員國領袖已開始思考EMU更進一步之整合，希望深入合作能讓各國找到比目前更有效之財政治理方式，然此倡議尚未受到EMU會員國普遍之支持。換言之，若SGP未能發揮監督各國預算發展

---

268. 黃得豐（2012 年 7 月）。歐債危機籠罩全球惟仍可渡過難關。全球工商，No.652（頁24-26）。全國工商總會。
269. 黃得豐（2012 年 2 月 22 日）。2012 年歐債危機對我國之影響。遠景基金會研討報告。
270. 黃得豐（2011 年 12 月 14 日）。歐債危機須從財政整合加以根本解決。國家政策研究基金會。

之功能，亦未能在債信危機爆發前提出預警，則顯示SGP需要另一次之改革以應對新的挑戰。至於推動財政治理改革方面，至少應達到重新強化政策整合功能、處理總體經濟不均衡與競爭力落差問題、要求各國建立更全面性財政監督框架防範超額赤字或負債、及更嚴格且確實之違規罰則等四大目標。

（二）治本問題必須積極邁向財政聯盟

由於部分EMU成員國認為，財金政策雙軌制代表EMU已不符歐元區發展之實際需求，更進一步之整合勢在必行，而成立財政同盟係解決EMU困境之最佳途徑。若財政同盟順利成立，不僅表示將結束目前EMU之財金政策雙軌制，更代表EU將達到完全之經濟整合，成為人類發展史上的創舉，此將對EU其他政策方面之整合帶來如何之效應，值得討論。因此，上述2011年9月德國總理梅克爾與EU理事會主席范宏培會商之「核心歐洲」建議，由各成員國簽定比里斯本條約更緊密之合作協議，而將有關財政政策、社會福利政策、稅制等涉及主權之政策等，交給EU作更強勢整合。因而同年9月17日EU財長會議決定「執行更嚴格之預算規則」，此乃歐元區成員國首度願意逐漸交出財政自主權。此外，連非歐元區成員國之英國財長歐司本，稍後亦與EU領袖洽談此一問題，並一致認為「欲加強歐元區財政整合則須修改里斯本條約，而使邁向財政聯盟之方向有了更為重大進展。換言之，此一財政聯盟不但能監督財政困難成員國之預算與競爭力；而且尚能以歐元區之財政移轉支付功能化解歐債危機[271]。

二、治本問題應推動長期結構性法制改革

（一）布魯塞爾峰會已決定推動財政協約

到了2011年11月底EU與歐元區已擬妥建立「經濟暨貨幣同盟之穩定、整合與治理條約」（The Treaty on Stability，Coordination and

---

271. 黃得豐（2012年2月22日）。2012年歐債危機對我國之影響。遠景基金會研討報告。

Governance in the Economic and Monetary Union），簡稱「財政協約」
（Fiscal compact）[272]之相關計畫與執行財政紀律監控，且EU理事會主席
與歐元區核心成員國之元首於同年12月初之協調後，提出「終極解套方
案」，以後再俟機透過修改里斯本條約，才能使財政聯盟發揮財政移轉支
付功能。此外，對於與總體經濟有關之各項要件，諸如預算、工資、赤
字、及盈餘等之監督與整合等，尚於該峰會中決議「以更緊密之財政經濟
合作邁向財政聯盟」而均予併入財政協約中討論，及加強協調有關共同
利益之重大經濟政策。至於財政協約之主要內容：每年結構性赤字不得
逾GDP之0.5%、應納入成員國之法律體系、赤字逾GDP之3%者將受到制
裁、今後由EU執委會全權制裁而不再經過部長理事會，及以後再俟機修
改里斯本條約等。

（二）財政協約與「6項包裹」為治本問題中堅

由於2011年底之EU峰會已決定推動「財政協約」，要求各會員國立
法平衡預算赤字，尤其赤字不得逾GDP之0.5%，否則將會遭受懲罰，後來
因英國與捷克拒絕簽字，而成為「25國財政協約」。因此，乃決議「今後
只要有12會員國認可，則「財政協約即可生效」[273]。此外，EU峰會另於
2012年3月簽署「財政協約」[274]，作為政府間合意之條約而非EU法律之一
部分，僅須12個歐元區成員國批准即可在2013年1月1日生效，且於一年內
用立法方式轉化為內國法規，由各國自行監控執行情形，並創立以歐洲法
院為中心之司法執行機制（該院有權對締約國裁定GDP之0.1%罰款，交付
ESM或歸EU預算[275]。而EU各國領導人卻同意「財政協約」涵蓋範圍將比
2011年底生效之「6項包裹」（Six-pack，另於下章詳述）改革法案更加廣

272. 谷瑞生（2012 年 9 月 20 日）。歐盟經濟治理與里斯本條約（頁 43-61）。歐盟經濟制
　　理研討會。臺灣歐洲聯盟中心。
273. 黃得豐（2012 年 2 月 22 日）。2012 年歐債危機對我國之影響。遠景基金會研討報告。
274. 同註 40。頁 62-64。
275.European Commission Economic and Financial Affairs,"Six-pack?Two-pack?Fiscal
　　compact?A Short Guide to the New 96 The BBC,"Euro Fallson Rumours Greece Is to Quit the
　　Eurozone,http：//www.bbc.co.uk/news/business-13317770(May 7,2011)

泛與嚴格，兩者均係結構性法制改革之治本問題，且其爲治本問題之兩大
支柱。因而可平行運作，以確保各國審愼規畫其預算分配。至於其運作協
調事宜將持續由EU執委會、部長理事會、及歐洲議會討論，並將視執行
狀況持續檢討改善。

第三節　歐央行持續支撐銀行流動性問題

壹、ECB 持續提供融資以執行危機治標問題

一、ECB 融資可緩和銀行之流動性危機

　　ECB總裁德拉吉自2011年10月底上任後爲穩定金融市場，已推出具長
期操作之LTROs貸款計畫而獲好評。該LTROs係指ECB分別於2011年12月
和2012年2月，兩度以1%之低利率向歐元區成員國數百家銀行提供總計達
1兆歐元之資金，貸款期限長達3年，惟銀行擁有在貸款期限還有1年時提
前還款之彈性，該條件可視之爲史上最寬鬆，而這2輪之貸款預計分別於
2014年12月和2015年2月清償。若欲獲得上述由ECB提供LTROs之銀行仍
須交付抵押物，亦即應按照下列程序辦理：銀行獲得由ECB提供之3年期
貸款，用這筆錢去購買歐元區成員國之主權債券，並將該主權債券質押給
ECB而視爲交付抵押物。換言之，購債銀行可因而獲得較高公債殖利率與
較低借款利率間之差價，既可使歐債危機之主權債券有了買家；又可使購
債銀行能賺取較高之差價。

二、ECB 透過 LTROs 貸款購債將任務轉嫁銀行

　　關於LTROs對抑制歐債危機之作用方面，因該計劃已在一定程度上緩
解EU銀行之流動性危機，至少可以在短期內和緩或化解歐元區資金緊縮
之形勢，也使銀行更容易在2012年中滿足9%資本適足率之要求。此外，

市場投資者則希望歐元區政府有較明確之銀行融資救助方案,而當LTROs計劃實施後,市場投資者認為,銀行系統發生類似雷曼兄弟倒閉之風險幾可避免,並有助於防止出現「無序去槓桿化」局面或銀行破產之現象。因此,ECB實施LTROs計劃後,尚可為歐債國家解決公債殖利率上揚偏高之問題。雖然按照EU之相關條約規定ECB不得救助單一國家或機構;不過,LTROs貸款銀行購買歐債危機之主權債券似未違反規定。換言之,ECB似已繞過自己之法律限制,而間接地將原來自己希望承擔之任務轉嫁給銀行,以避免市場再對其前已違反央行超然獨立性原則之指責[276]。

貳、ECB 須解決歐債危機而致拆款市場失靈問題

一、對於 ECB 以 LTROs 解決資金問題之檢討。

如上所述,ECB透過LTROs之運作,雖可對EU之銀行提供流動性援助,惟若銀行放款意願仍然低落,則會造成信貸緊縮之可能性,此亦將傷害經濟成長前景,並導致失業率已處於15年來之最高。因此,ECB乃在2012年7月宣布更多之措施,諸如放寬擔保品之標準與多年期低利融資等,以擴大前已放寬之擔保品規則,並增加銀行體系之流動性。至於爾後實施額外流動性措施之時間點,則仍須取決於ECB對EU峰會決議之評估與市場反應。雖然LTROs恐無助於降低歐債危機之主權債券違約風險、可能會減弱若干國家改革之動力、或甚至於會影響ECB救市之動力,惟歐債國家卻已解決公債殖利率偏高與上揚之問題,尤其是2至3年期國債之息差均已明顯縮小。此外,歐洲許多銀行則趁機進行套利交易,亦即以ECB所提供之低利LTROs資金,買進殖利率較高之歐債國家公債。根據德意志銀行之估計,上次LTROs總額4,420億歐元之貸款中,約有高達5成之資金投入政府公債。

---

276. 黃得豐(2011 年 10 月 25 日)。評估歐洲債信問題及後續發展。國安局研討報告。

二、ECB 考慮降拆存或隔夜 RP 至零或負利率

由於有些銀行擔心拆、放款亦會引發壞帳，故寧可把結餘之流動資金存在ECB隔夜存款帳戶中，據估計每日透過隔夜存款途徑而存入ECB之資金約有8，000億歐元（約1兆美元），此將會阻礙各銀行之拆、放款運作，這些資金若能流至有實際資金需求之中小企業等，則應有助於整體經濟之上揚。因此，乃促使ECB考慮把隔夜存款或附買回交易（RP）之利率降至零或負利率，如此又可能傷害ECB欲提振貨幣市場之計畫，因而曾造成決策者的政策障礙之一。惟隨著歐債危機減輕通膨壓力，且又抑制經濟之成長，故評估此舉可能是利大於弊，因而ECB官員曾於2012年6月中旬表示略以，把目前之存款利率往下降已不再是禁忌。至於其他央行方面，瑞典央行於2009年7月時成為全球第一個向隔夜存款收費之央行，而美國Fed. 2011年則拒絕把存款利率自0.25%再向下調。基於上述理由，ECB乃於7月5日宣布降低基本融通利率、抵押融通利率、與存款利率各1碼。同時，英央行與大陸人行亦於同日宣布寬鬆貨幣政策（參見表4-3）。ECB降息可降低銀行之資金成本；而ECB將拆存利率降低到零，以鼓勵銀行業將多餘資金拆放或貸給其他金融機構、企業界、或一般消費者，而不要再轉存到ECB。

表 4-3 全球主要央行近來寬鬆措施

全球主要央行	目前利率（%）	最新措施
歐元區	0.75	7月5日降息1碼，存款利率也降至0
中國大陸	6.31	7月5日再降息1碼，1個月來第2次
英國	0.5	7月5日擴大資產收購規模500億英鎊，至3，750億英鎊
美國	0-0.25	6月將扭轉操作期限延長到年底
日本	0-0.1	2月擴大資產收購規模、設定通膨目標
澳洲	3.5	6月降息1碼，2011年11月來第4次
印度	7	4月降息2碼，3年來首次
巴西	8.5	5月降息2碼，10個月來第7次

資料來源：聯合報 2012 年 7 月 6 日之相關資料。

第十八章
治本問題須改革 SGP 並推動財政協約

第一節　SGP 財政規範指標檢討與改革背景

壹、現行 EMU 整合 SGP 財政規範指標之檢討

一、應簡明富彈性並與穩定財政最後目標連繫

（一）SGP 規範應明確定義清楚且運作有足夠彈性

　　由上所述，長期結構性法規制度改革乃解決歐債危機之治本問題，而SGP之財政規範，又為解決歐債危機治本問題中甚為重要之一環。固然一個良好的財政法規之首要條件，係對其欲規範之內容有清楚定義（well-defined），在法規執行方面亦須有良好之配套措施[277]。且EU雖對加入EMU之成員國，設定審核標準、清楚步驟、與達成期限等，惟其對於EMU內部各國財政、經濟、貨幣、與預算政策之建制，仍有所不足[278]。雖然其「趨同標準規約」確定加入EMU成員之一體化適用標準，然而用以評估會員國加入EMU後財政狀況之TFEU第126條，與「超額赤字程序規約」之執行，仍有待部長理事會進一步加以規範。換言之，SGP不僅能補充原先TEU與TFEU之不足，其本身亦成為實際規範EMU會員國之重要財政規範，無論在對各國財政狀況之審核標準、EU執委會與部長理事會所負責之職責、與懲罰機制等，皆有較TEU與TFEU更為細緻明確之定義與規範。此外，SGP與2規則在用語上亦保留了許多詮釋空間，諸如在界

---

277. G. Kopits and S. Symansky,"Fiscal Policy Rules,"IMFO ccasional Paper 162(July 1998),12.
278. Grabitz/Hilf/Nettesheim, Das Recht der Europäischen Union,46.Ergänzungslieferung,2011 München,Art. 3 EUV Ziele der Union,Rn.59

定超額赤字與負債之「例外狀況」時，何謂「暫時性現象」、「非常態事件」、「重大影響」、與「嚴重經濟衰退」等，並未進行更細緻或量化之定義，而成為SGP執行時之模糊空間或法律漏洞。至於其運作具有足夠彈性（flexible）方面，SGP對財政狀況之規範是以量化數據方式進行，使得規範本身顯得明確而又僵化。惟SGP規範之模糊空間在判斷一國財政狀況是否達成中期預算目標、是否須提出警告、與是否須執行制裁等方面，反而又有許多詮釋空間，亦給予EU執委會與部長理事會相當之裁量權。因此，在因應不景氣與金融財經循環等問題時，SGP之實行卻反而較具有彈性空間[279]。

（二）SGP計算方式應規則透明並須與目標聯繫

　　SGP在計算EU各國提出之「穩定計畫」與「趨同計畫」時，已有更符合時代需求之新計算方式，以便讓EU執委會所提出之統計報告更加規則與透明（transparent），惟其在會計方面透明化與簡明易懂之修正，並不代表所有問題之解決。因各個EMU成員國本身之會計方式並未統一，故在體整統計數字時常出現不同之數字或計算結果，且各項數據本身也有相當大之詮釋空間。這使得EU執委會每年3月與9月收到之各國財政統計報告，有了「編造帳目」與「道德風險」之問題，即政府赤字與負債接近規範值之EMU成員國，有可能會以修改數據方式，避免被EU執委會或部長理事會之警告或制裁，而使EMU潛在之財政問題可能被掩蓋或忽視。至於與最後目標有足夠聯繫（adequate relative to the final goal）方面，EMU制定財政規範之目的，在於增加各EMU成員國之預算審慎性（budgetary prudence），以避免一個國家之超額赤字或債務使其它EMU成員國連帶受害。然而，SGP財政法規要求EMU成員國所提出之財政計畫，多以單年度之預算計畫為主，因而被部份學者批評對於EMU財政規畫之眼光不夠長遠，未能達到永續發展之效果，反而只著眼於短期僵固性之預

---

279. 成元欣（2013年3月）。歐盟《穩定暨成長協定》研究（頁43-45）。政治大學碩士論文。

算平衡或接近平衡[280]，不但未能眞正促進EMU財政穩定，以促使各EMU成員國只致力於在短期內，對EU執委會與部長理事會交出好看之財政報表，而非以達到穩定財政爲目的所進行EU相關之制度性改革[281]。

二、應與經濟政策連貫且須以財稅改革鞏固

（一）財政規範應與經濟政策連貫且可執行

良好之財政政策應能與相關經濟政策具有連貫性，並能達到整合之效果，而SGP只明訂EMU會員國應該達成之目標，與違反或未達成目標時之罰則，對於一國政府應該採取如何之途徑達成目標，SGP財政規範並未妥善限制，且未促進各國制定相關財政整合政策。換言之，EMU成員國在加入歐元區之後，其本身不健全之財政體系，反而成爲金融海嘯等經濟或歐債危機中，破壞歐元穩定與歐洲經貿發展的重要因素之一。而具有可執行性方面，SGP及1466/97與1467/97號規則（或2規則）在闡釋EU財政規範、加強預算監督與對經濟政策之整合、及加速闡明超額赤字程序之執行等三方面，原已具體化TEU與TFEU等宣示性條文之可實踐性，爲各項程序制定執行時間表與完成期限，達到了當初立法通過上述各項財政法規之最主要目的。然而，自2002年EMU之德、法核心成會員國陸續開始有延後執行「穩定計畫」之現象，並延伸爲EU執委會與部長理事會在執行SGP與裁決方面之爭議後，SGP與2規則能否眞正落實已受到各界質疑，因而要求改善上述法規之呼聲越來越高，最終導致2005年對SGP之第一次改革[282]。

（二）財政規範應簡單明瞭且須財稅改革加以鞏固

280.Norbert Horn,Die Reform der Europäischen Währungsunionund die Zukunftdes Euro，NJW 2011,S.1398

281.M.Buti,S.Eijffinger,and D.Franco,"Revisiting the Stability and Growth Pact：Grand Designor Internal Adjustment?"11-12.

282. 黃得豐（2012年2月22日）。2012年歐債危機對我國之影響。遠景基金會研討報告。

　　若就評估EMU成員國財政狀況之量化標準方面而言，SGP設定了GDP
之3%赤字規範與GDP之60%負債上限規範，可說是相當簡單明瞭，使欲
加入國家瞭解其須達到標準與加入EMU後所須負擔之義務。然而此種簡
單化之量化指標，卻也表示評估一國財政狀況及設立財政目標時，有過於
簡略與一體化適用之風險，加上預算計畫多以單年度而非長遠計畫為主，
也使得各國在經濟體質不一之情況下，難以達成一體化適用之財政目標，
並可能以各種方式追求在短期內達成帳面數字目標，而非可永續發展之財
政改革，進而使各國對進行制度改革缺乏誘因。至於公共財政有所改革以
鞏固財政規範方面，若欲落實SGP仍須依靠各國，藉由其租稅與政府支出
改革等相關政策，以確保政府赤字與負債未超過SGP之量化限額，若一國
未有效採取改革政策，SGP並未對此有所制裁或懲罰而猶如一隻不會發威
之老虎[283]。換言之，一國公共政策能藉財稅改革加以鞏固（underpinned by
public financere forms）與發揮支持力量，仍取決於一國之政治意志與意
願[284]。而在2009年底希臘債信危機引發歐債危機後，EMU成員國亦開始檢
討為何各國在租稅與政府支出之改革，未能有效減少赤字與負債，並使整
個EMU與歐元之發展，受到個別成員國不良財政阻礙及傷害。

貳、評析第一次改革並檢討財政規範仍欠妥

一、增大詮釋空間與運作判斷彈性之不妥

（一）增加詮釋空間與整體思考有違簡單一致性

　　SGP迭遭批評之處在於EMU成員國之財政體質互異，經濟發展落差性
亦大，而一體化適用之財政紀律對各國而言不符合經濟理性與現實，造成
遵守規範之意願降低，亦使得財政規範無法真正落實，特別是針對其效率

283.V. Passalaqua,Rechtliche und politische Probleme des Stabilitätspakts,Baden-Baden
　2002,S.57
284.A. Schumann,"Revising the Stability and Growth Pact：Remedying Forfeited Chancesor
　Coping with Future Challenges,"Espírito Santo Research Paper Series2(March 2005)：12-13.

與目的性，最常見之批評爲規定僵化不靈活與無效率[285]。至於2005年改革後之新SGP，因各國可制定不同中期財政目標之空間，使EMU成員國有意願遵守財政規範，避免產生超額赤字或債務。此外，新SGP在法規詮釋與運作上之彈性增加，且增加「其他相關因素」要件比重以評估一國財政表現，而使各國不必擔心結構性改革是否造成國家赤字或負債，進而更願意將資金投入結構性改革，並促進公共財政之永續發展。整體而論，欲比較新、舊SGP宜從財政規範在「有效執行以維持EMU整體經濟穩定」與「考量國家個別性」間尋求平衡之過程中，對其複雜度、權衡範圍、定義明確度、與執行力等要素之調整妥協進行探討。若從EMU成員國之角度來看，新SGP最重要貢獻在於滿足了「因國而異」之需求，與法規詮釋及運作上之彈性，因而可提高各國對新SGP之認同，進而提升財政規範之正當性。惟從EMU整體需求思考卻可能是此財政規範之大缺陷，因舊SGP「簡單一致性」之最大優點已不復存在，且新SGP在改革後若爲因應成員國需求，而增加財政規範之詮釋與運作彈性，並賦予更多運作空間而使各方皆能藉此獲利，如此則財政紀律之規範內容必將更複雜，且各項標準定義亦將會更加模糊。

（二）擴大運作彈性及判斷空間有違簡單明瞭

由於新SGP增加詮釋空間與運作彈性之方式，有部份係來自於賦予部長理事會對各國財政更多之權衡權力，而被質疑讓單純財政紀律有更多之政治操作空間，反而使新SGP更爲窒礙難行。L.Calmfors指出SGP之改革已將其從以法規爲基礎之財政規範，轉變成以人權衡決策爲基礎之規範，尤其反映在對一國赤字評估，與超額赤字程序之執行上[286]。換言之，SGP之原目標乃利用簡明方式，限制各國不可藉其政策影響整體經濟表現，惟改革後過度擴大運作彈性以適應各國不同體質，卻顯得與原先制定SGP之

285.Norbert Horn,Die Reform der Europäischen Währungsunionund die Zukunftdes Euro,NJW 2011,S.1398

286.89L. Calmfors,"What Remains of the Stability Pactand What Next?"Swedish Institute for European Policy Studies,8(2005)：pp.58-70.

目標背道而馳。此外，部長理事會雖在其報告中指出，新SGP將更具簡單性、透明性、與可執行性，惟過度考慮不同國家狀況無法一視同仁地執行，且超額赤字程序亦無法迅速因應即時性之經濟危機。即使新SGP將各國需求納入改革更能獲得支持，惟此結論僅在新SGP懲罰機制，能公正執行之前提上方得成立。至於部長理事會決議執行之懲罰機制，政治操作是否會再影響懲罰之公平性，仍令人存疑。而這是否再度令新SGP之可信度降低，進而讓改革效果打折，值得思考。ECB執行董事鞏沙雷茲-派拉蒙（J.M.González-Páramo）亦提出相似論點，認為新SGP對因國而異之中期預算目標、朝中期預算目標調整之路徑、與將結構改革列入超額赤字程序考慮等，皆是為了提升SGP之經濟理性，惟經濟判斷之空間增加，卻與原規則簡單與嚴格遵守之原則背道而馳[287]。

二、整體經濟穩定與國家個別性仍無法兼顧

（一）落實規範有助整體發展卻常不利個別國家

雖然2005年之改革後之新SGP已呼應了各國之要求，而希望能藉由賦予其在設定各項財政目標時，能更符合經濟現實與經濟理性，並擴大新SGP之因國而異性之條文詮釋與規則運作彈性。然而舊SGP之最大優點在規則簡單一致性，使財政紀律在運作與實踐上可迅速因應各國問題，並可評估各國實行成果等優點，反而因SGP改革而不復存在。相反地，賦予部長理事會對SGP過多之權衡權力，使SGP之法律規則基礎被人為權衡決策基礎取代。而為了詮釋與運作彈性卻使得規範變得更加複雜、標準定義更加模糊、與取消一體化適用性等，更使新SGP受到各界質疑而無法增加執行力，反而使各國有更多漏洞，而逃避對赤字及負債之削減義務，甚至於將新SGP之落實程度，置於各國善意遵守而非其強制力。此外，EU

287.J.M. González-Páramo,"The Reform of the Stability and Growth Pact：An Assessment,"Member of the Executive Board of the ECB Speechin Conferenceon"New Perspectives on Fiscal Sustainability,"(October13,2005)

執委會與部長理事會在改革提案中認爲舊SGP須改革之處，在新SGP中也未完全反映出來，尤其在財政數據治理上未能落實法律規範，此亦成爲後來爆發希臘債信危機之主要原因。對EMU及其成員國而言，兩方需求有所不同，財政規範之執行力越好，強制性越高，各成員國財政預算部位越透明，對EMU整體發展越有正面幫助，相對的對各成員國而言就越不利，尤其在經濟衰退或不景氣時期更是如此。衝突妥協的結果，在「維持EMU整體經濟穩定」與「考量國家個別性」之間，新SGP可說是各方所能接受之改變，也可說其並非是各方所想要之最好結果。

（二）整體穩定欠公平且因國而異仍無彈性

盱衡EU各國領袖與EU執委會與部長理事會經過數年之協商討論，乃將對SGP改革倡議由理論落實爲實際，並將SGP之改革區分爲「預防性改革」與「修正性改革」，亦即對2規則之變革。而欲期財政規範架構更有實際可操作性，改革乃在量化規範與運作時間表上進行修正，希望更能符合會員國需求，以促使其能夠遵守財政規範。然而綜觀2005年之改革內容，可發現SGP嘗試在「維持EMU整體經濟穩定」與「考量國家個別性」間取得平衡，前者著重於財政規範之一體化適用；後者則強調須考量不同國家之相異體質，而給予在制定中期預算目標，與適用法規之詮釋上有更多彈性。而EU執委會與部長理事會希望，藉由給予EMU成員國財政上更多之彈性空間，以換取會員國遵守財政規範，惟此是否真能達到目的，仍然令人存疑。且財政規範架構之懲罰機制在該改革中，仍未獲得長足之改善，政治性仍然在制裁與否之決策中佔有一席之地。當財政規範一體化適用之公平性受到削減，因國而異之彈性詮釋空間卻增加，在衝突妥協中產生之新SGP，並未改善原先之全部缺點，卻已讓外界產生新的疑慮。

第二節　SGP 第二次改革之法案重點與目標

壹、SGP 改革與經濟整合目標之 6 項包裹法案

一、歐債危機後 SGP 改革並提出財政治理議案

（一）歐債危機暴露財政治理規範缺陷須再整合

　　2009年底希臘債信危機暴露EU財政治理規範之缺陷後，迫使各界重新檢視SGP，希望了解爲何EMU財政規範架構未能發揮應有功能，避免EMU成員國出現超額政府預算赤字或債務，或甚至是在債務危機發生前提出預警。首先，EU貨幣與財政之財金政策雙軌制體系，已被證實無法滿足歐元區需求。自EMU運作以來，貨幣政策雖然統一由ECB管理，惟財政政策卻仍由各成員國自行主政。中央化之貨幣政策與非中央化的財政政策雙軌運作之結果，是各成員國實行取向不一的財政政策，而又無法以貨幣政策彌補財政政策之不足，造成赤字與債務難以消弭，及歐元競爭力下降，且歐元區發展不均衡之現象日益嚴重。其次，EMU及SGP雖皆強調成員國在制定國內財政政策時，須致力符合EMU整體發展路線所需，要求成員國需提出中期預算目標，且理事會亦可根據EU執委會之建議，在成員國偏離其中期預算目標時，對該成員國發出早期預警，避免該國產生超額赤字，惟此規定對未能充分回應早期預警之當事國並無罰則，導致法規執行力有限，最後成員國財政政策實行結果，可能與EMU發展目標背道而馳。此外，綜觀SGP中預防性部分與修正性部分規範，多建立於對成員國的期待之上，要求成員國符合法規要求，惟在制裁部分卻定義不足，加上執行不力，致使如希臘一般之財政問題仍會存在於EMU之中[288]。

（二）2010 年 SGP 改革時已提出改善財政治理議案

　　爲回應希臘債信危機所暴露EU財政治理之不足，避免未來發生類似

---

288. 黃得豐（2013 年 4 月 16 日）。從歐債危機原委探討財政聯盟之必要性。國政研究報告。

危機，影響EMU與歐元穩定，EU於2010年陸續提出多項改善財政治理之構想與提案，並通過所謂「6項包裹」之一系列改革法案，藉由修正SGP規範內容，加強對EMU層次及EMU各會員國之財政監督，並強化修正與制裁之執行力，希望在未來能有效達到嚇阻及懲戒效果[289]。2010年5月12日，EU執委會首先就改革財政治理提出「強化經濟政策整合」目標草案[290]，並認為財政治理目標可透過下列方式達成：包括縮減程序所需時間、制定嚴格之制裁規定、擴大超額赤字程序適用對象至超額債務國、檢視各國提出之「穩定與趨同計畫」、及加強同儕監督等。此外，為有利於各國了解EU整體財政發展趨勢與政策需求，EU執委會亦創建相關制度，以整合各種不同之財政監督程序時間表，用以檢視各國表現並提出改善建議之期限，俾利各國得以遵照EU評量結果而修正其財政規畫。

二、SGP 經濟整合目標之 6 項包裹改革法案

2011年6月30日EU執委會通過上述經濟整合目標草案，確立上述財政治理改革目標與達成目標所需途徑，同年9月29日部長理事會通過EU執委會依據其經濟整合目標草案，所提出之修正SGP立法提案，包括5項規則及1項指令，簡稱為「6項包裹」改革法案，並於2011年12月13日生效，以下按照發佈時間順序先後要述其改革法案內容：

（一）修正 1466/97 號預算與經濟政策監督規則（1175/2011 號規則）

該規則全文為Regulation（EU）No 1175/2011 of the European Parliament and of the Council of 16 November 2011 Amending Council Regulation（EC）No 1466/97（加強對預算情況之監督及對經濟政策之監督與整合）on the Strengthening of the Surveillance of Budgetary Positions

---

289.European Commission Economic and Financial Affairs,"Six-pack?Two-pack?Fiscal compact?A Short Guide to the New EUF is calof the ECB Speechin Conferenceon""New Perspectives on Fiscal Sustainability,"(October13,2005).2012-3-14_six_pack_en.htm.
290.成元欣（2013年3月）。歐盟《穩定暨成長協定》研究（頁80-81）。政治大學碩士論文。

and the Surveillance and Coordination of Economic Policies，EU執委會在規則中倡議成立「經濟對話」（Economic Dialogue）機制，歐洲議會得邀集部長理事會主席、EU執委會主席、與歐元集團主席等，共同討論EU經濟政策發展方針，以促進EU各機構間就經濟發展加強對話，達到多邊監督（multilateral surveillance）效果，俾確保EU發展之透明化及可信度。此外，新設計一個「歐盟財政學期」（European Semester）制度，以確保經濟政策緊密協調並持續趨向一致表現[291]。

（二）修正 1467/97 號超額赤字程序執行規則（1177/2011 號規則）

該規則全文為Council Regulation（EU）No 1177/2011 of 8 November 2011 Amending Regulation（EC）No 1467/97（加速並闡明超額赤字程序執行）on Speeding Up & Clarifying the Implementation of the Excessive Deficit Procedure，除了現行SGP之制裁機制外，EU執委會尚倡議「有息罰金存款」（interest-bearing deposits）、「無息罰金存款」（non-interest-bearing deposits）與相反條件多數決（reverse qualified majority voting，相反QMV）等新制度，部長理事會僅能在相反QMV（約有2/3國家不同意制裁）情況下不執行，讓制裁程序有「自動執行」之特色[292]，以會員國更加重視SGP相關規定之落實。

（三）要求歐元區預算監督之有效執行規則（1173/2011 號規則）

該規則全文為Regulation（EU）No 1173/2011 of the European Parliament and of the Council of 16 November 2011 on the Effective Enforcement of Budgetary Surveillance in the Euro Area，EU執委會在規則中倡議若部長理事會確認一國已偏離中期預算路線，則EU執委會得據此做出決定（decision），要求當事國提交相當於前一年度GDP 0.2%之有

---

291. 谷瑞生（2012 年 9 月 20 日）。歐盟經濟治理與里斯本條約（頁 57-58）。歐盟經濟制理研討會。臺灣歐洲聯盟中心。
292. 李貴英（2012 年 9 月 20 日）。歐盟經濟治理與歐盟財政（頁 127-150）。歐盟經濟制理研討會。臺灣歐洲聯盟中心。

息罰金存款。此一決定除非由部長理事會透過條件多數決否決（即相反
QMV），否則即視爲通過。至於利息數額將由EU執委會根據當時之市場
風險決定。

（四）要求經濟超額不均衡現象執行方案規則（1174/2011 號規則）

該規則全文爲 Regulation（EU）No 1174/2011 of the European
Parliamentand of the Council of 16 November 2011 on Enforcement Measures
to Correct Excessive Macro economic Imbalances in the Euro Area，EU執委會
在規則中倡議「超額不均衡程序」新制度，其目的除欲確保各國不再發生
超額赤字或負債等情事，亦希望藉由對話與規範，加強預算政策整合，使
會員國皆能朝EMU規劃方向前進。而以減少人爲權衡空間，目的係在發
揮鼓勵各國遵守規範之效果而非爲懲罰。

（五）預防與修正總體經濟不均衡現象規則（1176/2011 號規則）

該規則全文爲 Regulation（EU）No 1176/2011 of the European
Parliamentand ofthe Council of 16 November 2011 on the Prevention and
Correction of Macro economic，EU執委會在規則中倡議「經濟計分板」
（Scoreboard）與「超額不均衡程序」（Excessive Imbalance Procedure，
EIP），即在處理總體經濟發展不均衡及競爭力落差問題方面，1176/2011
號規則第2條中已將「不均衡」（imbalance）定義爲「任何對總體經濟發
展造成負面影響，或有可能對會員國、EMU或EU整體造成負面影響之經
濟發展趨勢」。爲了早期發現這樣之潛在危機並要求會員國妥爲改善，
EU執委會乃在該規則中倡議「經濟計分板」與「超額不均衡程序」等新
的預警（10個經濟與財政指標）與修正機制加以因應。

（六）要求會員國建立預算框架指令（2011/85 號指令）

該指令全文爲 Council Directive 2011/85/EU of 8 November 2011 on
Requirements for Budgetary Frameworks of the Member States，EU執委會

倡議若欲深入整合歐元區之財政政策，則應要求各成員國在其國內建立「預算框架」（budgetary framework）。所謂預算框架，係指構成與形成政府預算決策之一整套安排、程序、規定、與機制，且該指令希望將健全EMU財政之任務，從EU層級落實至各成員國。

貳、SGP 第二次改革 EMU 欲達成之四大目標

一、重新強化 SGP 之財政政策整合功能（財政學期制度）

EU執委會認為SGP雖然作為EMU最重要之財政紀律，惟其監督、預警、修正、制裁、與促進政策整合之功能並未被充分發揮，且歐債危機證明SGP之執行落差已對EMU經濟發展造成威脅。為使各國之財政政策能更好地整合，以使EU經濟得以達到設定之成長與就業率目標，EMU未來應加強SGP中之財政政策整合功能，藉由檢視各會員國提交之「穩定與趨同計畫」以確保其所執行之財政政策符合EMU整體發展方向。另外，EU執委會在1175/2011號規則中倡議成立「經濟對話」欲達到多邊監督效果，並設計「歐盟財政學期」制度程序以每6個月為一期，由EU執委會與部長理事會分析各國之預算與改革計畫，並由該理事會向各國提出建議，以期削減所計畫之財政政策可能失衡與在改革計畫中之缺點。

其目標為加強協調尚在準備中之主要預算決策與改革計畫，且在第二個6個月會有一個成員國學期（national semester），主要係成員國在考量EU建議後，應採取之預算與改革方案[293]。因此，EU執委會每年接近年底時將提出「年度成長觀察」（Annual Growth Survey），作為隔年度EU經濟成長與提升就業率之政策參考。而每年之3月，各國領袖將就彼此依據前一年「年度成長觀察」所設計之國家政策規畫進行討論，確保各國政策經過整合而非對EU成長造成抵消效果。各國並將在4月時提交「穩定與趨同計畫」，供部長理事會5月時進行檢視，該程序將於6月底7月初結束。

293.Petr Blizkovsky,op.cit.,p.5

換言之，3月至6月之時間屬於EU機構討論整體發展進度，並檢討各項政策時期，其餘時間則爲各國落實EU政策時期。

二、處理經濟不均衡與競爭力落差問題（經濟計分板）

EU執委會爲處理總體經濟發展不均衡與競爭力落差方面，在預防與修正總體經濟不均衡現象規則（1176/2011號規則）設計了一套新預警機制稱爲「經濟計分板」，係以10個經濟與財政指數爲預警指標，評估各國經濟發展與確保盡可能涵蓋所需之資訊。當總體經濟之失衡程度高過或低於規定之門檻值時，即啓動「超額不均衡」之修正程序，以確保迅速修正過度失衡與切實反映經濟問題。EU執委會會定期公布「經濟計分板」結果並提評估報告，明確列出經濟數值超過規定門檻之會員國，而部長理事會、歐元集團、與EU執委會將會就該報告進行討論，以了解經濟數據是否反映該國有「不均衡」現象。若EU執委會認爲該國之經濟表現，顯示其有受到「不均衡」現象影響之可能，將對該國進行深度審查（In-depth Review），進一步了解不均衡成因欲其是否會形成「超額不均衡」，及此不均衡現象對該國、EMU、或EU是否會造成威脅。若EU執委會認爲該國確實存在不均衡現象，則將通知部長理事會、歐洲議會及歐元集團，部長理事會並得依據EU執委會建議（recommendation），對不均衡成員國做出「建議」要求改善，此即表示該國進入「超額不均衡程序」之修正機制。當事國需依據部長理事會「建議」之要求，向EU執委會與部長理事會提交修正方案（corrective action plan），明確闡釋其將採取之改善手段與執行時間表，且其修正方案必須符合EMU發展方向，至於「超額不均衡程序」在部長理事會認定已修正不均衡現象時結束。

三、要求在國內建立全面性財政監督框架（建立預算框架）

隨著EMU設立SGP機制後原期望財政能穩定，各國必須致力於兩個目

標，一方面歐元區應阻止某些成員國陷入無清償能力而破產之危險，另一方面亦應確保EMU整體之財政穩定[294]，因而EU乃以具有法律拘束力之規章設立財政穩定機制，要求財政陷入危機之成員國必須採取措施，以穩固財政與確保其金融穩定。上述要求各國建立預算框架指令（2011/85號指令），EU執委會要求各國在其國內建立「預算框架」（係指構成與形成政府預算決策之一整套安排、程序、規定及機制），以期能更深入整合成員國之財政政策。其中尤其重要者，包括成員國應根據其本身經濟體質，及其在整體EU經濟中所扮演之角色，設計不同之預算規畫。另成員國在規畫其中期預算目標時，應以未來數年而非僅以單一年度為設計與預估基準。此外，該指令亦強調獨立之預算監督職能，及管理中央政府與其他層級之地方政府彼此間財政關係之功能。換言之，該指令所欲達到之目標乃在於將健全EMU財政之任務，從EU層級落實至各成員國。EU執委會認為，若僅由EU或EMU扮演財政監督規範角色，顯然無法完全事先防範財政脫節。惟有讓成員國也承擔義務，才能將成員國與EMU更緊密連結，且能讓EU經濟能按照預定路線發展。

四、更嚴格且確實之違規罰則（相反 QMV 表決罰金存款）

過去SGP最讓人詬病者乃罰則未能落實，導致財政紀律可信度降低與執行困難。EU執委會為改善此一缺陷，除了舊SGP中即存在之制裁機制外，EU執委會在歐元區預算監督的有效執行規則（1173/2011號規則）中又引進「有息罰金存款」、「無息罰金存款」與「相反QMV」（表決時只有成員國得參加投票，且面臨罰則之當事國票數並不列入計算）等制度，用以提升財政紀律之制裁效力，按下列程序執行「自動執行」之制裁：

1.若部長理事會確認一成員國已偏離中期預算目標：EU執委會得據此

294.H.Kube/E.Reimer,Grenzen des Europäischen Stabilisierungsmechanismus,NJW 2010,S.1911

做出決定（decision），要求提交相當於前一年度GDP 之0.2%的「有息罰金存款」。除非在部長理事會以2/3條件多數決否決（相反QMV），否則即視為通過，而利息由EU執委會根據當時之市場風險決定。

2.若超額赤字與偏離中期預算目標已提出「有息罰金存款」又嚴重偏離預算規畫現象：EU執委會可依上述相同程序，另要求當事國提交相當於前一年度GDP之 0.2%的「無息罰金存款」，該決定通過與否之過程同上。

3.若部長理事會認定超額赤字當事國並未有效消除赤字：EU執委會可建議部長理事會制裁該當事國，要求提交相當於前一年度GDP之0.2%罰款，除非以「相反QMV」否決裁該，否則已提交之「無息罰金存款」應轉為罰款。

4.若部長理事會認定一國未能有效修正超額不均衡現象：EU執委會可據此建議部長理事會，要求該當事國提交相當於前一年度GDP 之0.1%「有息罰金存款」。

5.若連續2次忽視部長理事會之政策建議或已超額不均衡卻連續2次未達要求：EU執委會可建議部長理事會對該國祭出罰則，懲罰其提交相當於前一年度GDP之 0.1%罰款，該決定通過與否之過程同上。

第三節　SGP 強化財政規範並邁向經濟治理

壹、SGP 改革已較強化財政規範與紀律制裁

一、較為強化財政紀律權衡空間與整合功能

（一）在紀律條文詮釋與運作上增加權衡空間

　　綜觀SGP之兩次改革，可瞭解EMU財政紀律思考邏輯之發展脈絡。2005年時SGP面臨之主要批評多來自於「EMU應否有人為制定之財政紀律框架、何謂良好財政紀律之設計邏輯、SGP是否為良好之財政紀律設計、SGP應存廢或加強、SGP規範定義之釐清」等面向。其所反映者乃是EMU從整體發展之角度出發，設計了SGP等財政規範，在保障歐元穩定發展之同時，卻忽略了中央化貨幣自主權與非中央化財政自主權，財金雙軌制下之成員國所必須要有之預算決策彈性空間，使得成員國對SGP之遵行效果不彰，導致SGP在實踐上障礙不斷，進而讓各方質疑SGP之存在價值。因此，2005年SGP第一次改革之目的，即嘗試在「維持EMU整體穩定」與「考量國家個別性」之間取得平衡，藉以提升成員國遵行SGP之意願。此次改革強調EU執委會與部長理事會在評估會員國財政表現時得考量更多隻參考因素，並賦予成員國更多之預算決策空間，讓成員國有更多之決策彈性，避免僵化之量化規範使EU執委會與部長理事會，疲於處理無益於EMU發展之違紀問題。改革結果係SGP允許成員國制定因國而異之中期預算目標，也同意在財政紀律條文之詮釋及運作上增加權衡空間。若就EMU本身而言，其財政紀律原有之簡單一致性，及一體化適用性等特色卻已大幅縮減。

（二）回歸財政規範紀律框架加強政策整合

　　相較於2005年SGP改革著重重新定義與增加決策彈性，2010年SGP改革之特色，在於回歸SGP最初之設立目的，即作為「整合EU財政政策」

之紀律框架，輔以利用量化門檻監督各成員國財政發展，使其不對EU整體發展造成負面影響。此一改革方向深受2009年希臘債信危機影響，該危機引發歐債危機後衝擊歐元穩定與EMU整合，各界雖曾認為EMU即將解體或EU整合將走向終結[295]。然而，經過EU危機處理、紓困、與撙節措施後，EMU與歐元情勢大致趨於穩定，EU前景不再顯得悲觀，此時各國領導人也才重新思考如何避免類似危機再度發生。2010年間EU執委會提出「6項包裹」改革法案，顯示各方已朝向更進一步改善EU財政紀律，因EMU與歐元之穩定須依賴EU機構之監督，與各成員國執行負責任之財政政策，才能完整地規範所有可能影響EMU與歐元穩定之因素。因此，EU執委會認為SGP之再改革應從加強政策整合出發，將EMU與歐元穩定發展之責任，重新分配予EU各機構與成員國。首先，EU執委會將EU機構執行之各項經濟評估，與提出政策大計之時間表統一，便利成員國根據EU機構之評估結果，檢討其各項政策規畫並做出改善。另外，EU執委會亦要求在各國內建立「預算框架」，確實妥善制定其預算政策，並利用「超額不均衡程序」，迫使成員國修正超額赤字與負債，及可能對EMU與歐元穩定造成潛在威脅之各項因素。

二、財政規範與財政紀律成為改革核心

（一）強調財政規範與紀律之政策整合功能

希臘債信危機引發之歐債危機後，各界乃聚焦於解決EMU財政紀律未獲得保障之問題上，討論重點轉為強調「如何強化財政紀律之執行」，對SGP之再改革，亦重新強調其作為財政規範之「財政政策整合功能」，且此次改革仍應確保EMU整體之財政穩定[296]，並關注EMU整體經濟整合之發展方向。EU執委會在「6項包裹」改革法案中引進「經濟對話」、「EU財政學期」、「經濟計分板」、「超額不均衡程序」、與「預算框

295.The BBC,"Euro Fallson Rumours Greece Is to Quit the Eurozone,"http：//www.bbc.co.uk/news/business-13317770(May 7,2011)

296.H.Kube/E.Reimer,Grenzen des Europäischen Stabilisierungsmechanismus,NJW 2010,S.1911

架」等新制度，目的除欲確保會員國不再發生超額赤字或超額債務等情事
外；亦希望藉由對話及規範，加強預算政策整合，使各國皆能朝EMU規
劃方向前進。而「有息罰金存款」、「無息罰金存款」與相反QMV等制
度，則係用以提升財政紀律之制裁效力，增加制裁程序之「自動執行」特
性，減少人為權衡空間，目的並非僅為懲罰，而係希望鼓勵成員國遵守規
範之效果。綜觀2次SGP改革後獲悉，如何透過改革提升成員國遵守SGP規
範之意願，並強化SGP之執行力，以確保EMU與歐元發展獲得保障，一直
是EMU財政紀律之最大問題。因此，EMU將2010年SGP改革目標放遠，
不僅著重於赤字與負債之短期門檻；而且尚強調須承諾制定長期負責任之
預算政策，並加強政策整合以確保各國政策皆朝共同目標前進，避免對
EMU發展造成抵消效果。

（二）整合財政政策之紀律框架成為改革核心

歐債危機迫使重新檢視SGP之功能，EU執委會與部長理事會認為SGP
之所以功能不彰，原因在於其最初設立之目的未受到足夠重視。因此，
2010年依據EMU目標所提出之修正SGP立法草案，又稱為「6項包裹」改
革法案顯示，讓SGP重新回歸「整合歐盟財政政策」之紀律框架角色，
成為此次改革之核心概念。SGP之再改革從加強政策整合出發，未來穩
定EMU及歐元發展之責任，將不僅屬於EU機構，也將是EMU成員國必須
肩負起之義務。EU執委會與部長理事會希望藉此讓成員國，在財政規範
架構中能更有責任感，使SGP從成員國制定預算起便發揮監督功能。此
外，再度有成立「財政同盟」之倡議出現[297]。德國總理梅克爾係成立財政
同盟之最重要推動者[298]，並強調係歐債危機後EU避免造成分裂之唯一方

297.M. D. Bordo,A. Markiewicz,and L. Jonung,"A Fiscal Union for the Euro：Some Lessons
from History,"Working Paper of National Bureau of Economic Research 17380(September
2011)：1-33.

298.H.Pidd,"Angela Merkel Vows to Create 'Fiscal Union' across Eurozone,"The Guardian,http：
//www.guardian.co.uk/business/2011/dec/02/angela-merkel-eurozone-fiscal-union(December
2,2011)102

式，且EU亦已著手研究為成立財政同盟，而必須規劃之TEU修改工作[299]。法國前總統薩科奇曾大力支持財政同盟，惟法國總統歐蘭德（François Hollande）上任後，認為在既有財政紀律架構下仍有許多工作尚待完成，而對財政同盟之支持轉趨保守[300]，至於英國更不會參加任何與財政預算相關之新條約[301]。

貳、將向財政同盟與經濟治理邁進一大步

一、SGP 改革與財政協約將邁向經濟治理

（一）簽署嚴格財政協約與「6 項包裹」平行運作

上述「6項包裹」改革法案係來自於EU內部對SGP再改革的需求而產生。因此，法案內容仍多著重於財政紀律的維持，惟亦可看到EU執委會嘗試將規範重點，從單純財政面更往外擴大至任何可能造成經濟穩定威脅之因子。隨著時序前進，EU執委會另又提出多項立法草案，欲作為SGP之輔助之用，對SGP及「6項包裹」改革法案中各項修正措施制定更嚴格之監督標準，或再次宣示經濟治理之重要性[302]。對於與總體經濟有關之預算、工資、赤字、與盈餘等之監督及整合，EU峰會另於2012年3月簽署「財政協約」[303]，作為政府間合作決議之條約而非EU法律，因而僅須12個歐元區成員國批准，即可在2013年初生效，且於一年內轉化為內國法規自

---

299. G.Hewitt,"One Giant Step to EU Fiscal Union,"The BBC,http：//www.bbc.co.uk/news/world-europe-14557635(August17,2011)

300. G.Hewitt,"One Giant Step to EU Fiscal Union,"The BBC,http：//www.bbc.co.uk/news/world-europe-14557635(August17,2011).ne12,2012.

301. C. Bremer and E. Pineau,"France Wants Crisis Measures before Fiscal Union,"The Reuter June 12,2012

302. L.Baker and M.John,"Europe Pushes Ahead with Fiscal Union,UK Isolated,"The Reuters,December 9,2011.

303. 谷瑞生（2012 年 9 月 20 日）。歐盟經濟治理與里斯本條約（頁 43-64）。歐盟經濟制理研討會。臺灣歐洲聯盟中心。

行監控執行情形，並創立以歐洲法院爲中心之司法執行機制[304]。而EU視「財政協約」與「6項包裹」，均係結構性法制改革之治本問題，且其爲治本問題平行運作之兩大支柱，以確保各國審愼規畫其預算分配。

（二）SGP 改革與財政協約均已邁向經濟治理

鑒於EU新的財政治理模式非常複雜，主要係因其並不屬於EU機構而屬於EU會員國之職權範圍；爰乃造成有些措施並不適用於全體EU會員國，諸如SGP與EFSF僅適用於17個歐元區成員國，但亦對其它國家開放；加強之經濟治理僅適用於26個會員國，英國並不適用[305]。此種現象若從施行經濟治理上觀之，歐元區在EU中猶如一個特殊之小團體，惟其決策卻又深深的影響著其它EU會員國，甚至於會影響全球經濟之榮枯，並會挑戰著EU之整合與運作[306]。此乃由於2009年11月以後，因希、葡、與愛陸續陷入歐債危機，並已嚴峻的考驗SGP。因而在2010年5至6月間，EU執委會乃提出改革SGP之草案，對於出現不遵守財政紀律之情形，應給與嚴格之「制裁」，由EU執委會決定是否違反穩定標準，惟財經部長理事會亦得提出異議。亦即EU會員國有義務降低預算赤字與負債總額，違反SGP時會受到重罰。另外，應調適EU會員國之預算規定與預算政策，而各國亦有應遵守並避免發生修正總體經濟之失衡現象[307]。至於與總體經濟有關之預算、工資、赤字、與盈餘等之監督及整合等，則已簽署「財政協約」而與「6項包裹」法案平行運作且更加嚴格，此一趨勢既可確保各國，能審愼規畫其預算分配與運作協調；又可逐漸使EU邁向整個經濟治理之一環。

---

304. 李貴英（2012 年 9 月 20 日）。歐盟經濟治理與歐盟財政（頁 127-136）。歐盟經濟制理研討會。臺灣歐洲聯盟中心。

305. European Commission Economic and Financial Affairs,"Six-pack?Two-pack?Fiscal compact?A Short Guide to the New 96 The BBC,"Euro Fallson Rumours Greece Is to Quit the Eurozone,May 7,2011.

306. 陳揆明（101 年 1 月）。歐洲經濟治理下財政監督機制之研究（頁 3）。台北市。

307.Petr Blizkovsky,op.cit.,p.7

二、提升競爭力而朝向財政聯盟邁進一大步

（一）簽署歐元附加條約以提升成員國競爭力

由於EMU成員國間經濟發展差異與存在不同之預算政策，因而造成在單一貨幣體系中之緊張關係，在共同貨幣之條件下，負債累累之國家就面臨持續之結構性問題。因此，若欲讓這些國家繼續留在EMU，就必須徹底調適各國間之經濟政策與預算政策[308]。為求進一步經濟治理與第二次SGP改革，德國乃提出一個歐元附加條約議案，經23國（歐元區17國與丹、波、立、拉、羅、與保等6國）於2011年3月簽署。該附加條約係包含2020策略有關之一系列承諾，並強調緊密協調各國經濟政策以維護單一貨幣，俾達到提高競爭力、促進就業措施、維持公共財政持續性、與從銀行監理範圍加強金融穩定等之4大目標。因此，會員國必須採取改革措施以提升成員國競爭力，包括以生產力為準改善薪資結構、採取租稅改革、提高就業之措施、及以退休金改革與減少負債方式維持公共財政等。此外，為促進各國穩固之公共財政，應改變目前之退休金制度、健保制度、與社會福利政策等，亦即以縮減社會支出而減輕公共財政之負擔[309]。另外，歐元附加條約與「EU財政學期」相結合，並由EU執委會負責監控各國承諾之執行程度，惟因並非EU法律而無強制執行之機制[310]。

（二）推動財政協約已朝向財政同盟邁進一大步

有鑑於成員國不願將財政主導權轉移至EU層級；爰EMU僅側重於貨幣同盟發展，而經濟與財政政策仍無法達到高度協調與合作[311]。由於EMU乃係奠基於各會員國政治協商下之結果，而非單純透過經濟治理履行所創

308.Ein Fassohne Boden,FAZ vom 30.3.2011,S.12
309.Jan Bremer,Europäisches Parlamentlegtseine Positionzur"Economic Governance"fest,NZG 2011,S.286
310. 李貴英（2012 年 9 月 20 日）。歐盟經濟治理與歐盟財政（頁 132-133）。歐盟經濟制理研討會。臺灣歐洲聯盟中心。
311. 陳揆明（101 年 1 月）。歐洲經濟治理下財政監督機制之研究（頁 3）。台北市。

造之產物[312]，EU機構嘗試藉由立法方式，從各層面管制各國財政表現，希望能促進EU總體經濟成長與提升就業率，惟因各法案規範內容既重複又複雜，EMU財政治理框架已顯得疊床架屋。追本溯源，其根本問題仍在於財金政策雙軌制所致，惟應否成立財政同盟尚在討論之中，EU是否將順利過渡至深度整合階段，尚屬未知。若EU成立財政同盟則將是人類發展史上之一大創舉，不僅標誌著EU從EMU更進一步朝完全經濟整合前進，更代表在財政同盟之中，各國財政自主權已某種程度將由EU機構所管轄，目前疊床架屋之財政法規將有可能更簡化且易於遵行。此外，成立財政同盟需要全體EU會員國同意方可實施，此一趨勢也代表從EMU成立以來，SGP作為最重要之財政紀律，未來將有可能藉由政治合意之助力，從單純法律治理進一步發展，至於EU可否順利深度整合仍有待觀察[313]。

312.Francisco Torres(2007),"the Long Road to EMU：The Economic and Political Reasoning behind Maastricht",Núcleode Investigaçãoem Políticas Económicas(NIPE),Working Paper No.23

313.成元欣（2013年3月）。歐盟《穩定暨成長協定》研究（頁82-87）。政治大學碩士論文。

第十九章
籌設泛歐金融監管系統與其爭議

第一節　籌建泛歐銀行監管系統之監理權

壹、新機制之籌建與授權 ECB 之監理職權

一、新機制僅能稱為泛歐銀行監管系統

（一）金融海嘯與歐債危機促成規劃新機制

　　由上所述，EU近幾年來歷經金融海嘯與歐債危機之衝擊後，認為單一貨幣需要一個單一監理機制加以搭配始稱完善，因而乃考慮由制定歐元區貨幣政策之ECB，來進行銀行或信貸機構審慎監理。因此，EU執委會巴洛索主席2012年9月12日乃以「加強財政整合」為由，提出籌組EU銀行聯盟計畫，其內容包括將銀行或信貸機構之監理機關隸屬ECB管轄、ECB有權監理歐元區銀行，與對違規銀行開罰或撤照、ECB將有權動用ESM為銀行或信貸機構之紓困基金、及將建立存款保證機制等，並希望新監理機制能趕在2013年初完成。若就法律層面析述[314]，EU運作條約第127條第6項規定「ECB被賦予監理職責」等[315]，亦即透過ECB之監理應可確保EU監理機制，能公平監督歐元區內之銀行或信貸機構。亦即ECB強而有力之專業能力監控，尚可促使金融穩定並有效預防金融風險或危機，不會偏袒任何會員國（包括歐元區成原國與EU會員國）之利益。

（二）新監理機制僅能稱為泛歐銀行監管系統

---

314. 黃得豐（2013年2月6日）。歐元區與英國之央行參與銀行監理之檢討。國政研究報告。
315. 江書瑜（2013年1月）。歐洲銀行系統性風險之研究—銀行監理發展（頁76-81）。

由於EU監理機制原以分散在各會員國之監理機關爲主，各個會員國在其審愼監理之歷史發展過程中，對於監理自己國家領域之銀行或信貸機構，必定擁有自己一套體系與較爲專業之機制。因此，爲了能夠有效監理國內之銀行或信貸機構，各會員國勢必會發展一套適合自己國家之監理架構。此外，雖然EU財長與央行總裁會議2012年12月13日已達成同意設立之協議，然後EU峰會授權ECB將肩負起歐元區之監理職責，惟這並不代表將完全取代會員國之監理機關，未來各會員國之監理機關仍須盡全力幫助ECB執行審愼監理工作[316]。因此，此種既不統一又不健全之EU銀行聯盟或單一EU監理機制，如上所述本文僅能稱爲「泛歐銀行監管系統」或PESS，因ECB與各會員國之監理機關同時存在，並須各自依照規定執行審愼監理並分工合作。至於EU監理職權方面，依照規畫中之監理機制仍將會確保其獨立性，因而將來ECB之貨幣政策與審愼監理會分開進行[317]。

二、在新機制下授權 ECB 審愼監理之職權

（一）在新機制下授權 ECB 審愼監理之職權

1.依據EU運作條約授權ECB執行審愼監理之職權：該條約規定可授權ECB對銀行或信貸機構執行下列之審愼監理職權：（1）有權對歐元區已核准經營之銀行取消其核准許可。（2）對銀行或信貸機構取得股份與處理進行評估。（3）確保EU針對銀行或信貸機構審愼監理發佈之規定能夠有效執行，必要時亦可以對其下達更高之監理要求。（4）將朝向執行總體審愼監理之職權。（5）當危機可能影響到銀行或信貸機構之生存能力時，應提早進行干預以減輕危機傷害。

2.銀行或信貸機構之壓力測試與資本適足率：（1）監理機關應透過壓力測試檢視監理結果是否符合實際狀況，俾建立更加穩固之監理機制。

---

316. 黃得豐（2011 年 9 月 30 日）。全球金融危機與歐元區之發展與困境—整體觀察與分析—（頁 1-11）。第 7 次臺灣歐盟論壇。外交部外交領事人員講習所。
317. 黃得豐（2013 年 2 月 6 日）。歐元區與英國之央行參與銀行監理之檢討。國政研究報告。

（2）對EU會員國之銀行或信貸機構壓力測試，亦須該會員國之監理機關配合，以評估個別銀行或信貸機構誇國之營運情形。（3）要求歐元區內辦理信債業務之銀行或信貸機構，均應該以一套穩健之組織架構經營業務，並確保其內部營運之資本適足率。

（二）在新機制實施前 ECB 須做好之工作與制度

1.在該監管系統付諸實施前仍須努力做好相關工作：雖然目前EU各會員國已對泛歐銀行監管系統或PESS達成協議，惟要付諸實施仍將有甚大之努力空間，首先必須讓負責監理工作之ECB確實取得權力，各相關國家仍須協議讓出主權由ECB監理銀行，並應服從ECB之監理命令，以確實監理歐元區，與EU其他同意參加監管系統會員國之銀行或信貸機構。

2.應儘速設立存基金並保護存款人與消費者：鑒於存款保證（險）機制係屬金融安全網之一環；允宜協議設泛歐銀行存款保證（險）基金，以逐漸取代各會員國之存款保證（險）機制，俾進行問題銀行或信貸機構之倒閉與危機處理事宜。此外，尚應規畫未來全EU各銀行或信貸機構之存款人保障，與金融消費者之保護工作等，俾讓該監管系統得以順利推行。

貳、會員國職權與分工合作而非成員國亦可加入

一、仍屬會員國之職權則將與 ECB 分工合作

（一）未授權 ECB 者仍屬會員國之監理職權

由於ECB只能針對協商條約所授予之權力執行審慎監理，至於下列未授權者，則仍由會員國銀行監理機關自行執行監理工作：

1.仍繼續對本國銀行或信貸機構之監理工作：（1）對銀行或信貸機構之消費者保護工作。（2）對銀行或信貸機構申請可自由流通營運與服務之許可通知。（3）預防不肖業者透過洗錢等方式危害金融體系之穩定。

2.對跨國銀行或信貸機之監理與協調工作：（1）對於來自第三國銀行或信貸機構設立分支機構之核准，與其在EU境內提供跨國服務之監理工作。（2）現有之監理機制是透過各會員國監理機關每日固定信息交換，以監督跨境之銀行或信貸機構運作狀況。（3）跨國銀行或信貸機構審慎監理之主要經營業務行為，仍以母國與地主國間之協調為主，今後此一監理協調機制仍然需要繼續運作。

（二）ECB與會員國在境內與跨境監理分工合作

1.ECB與各會員國在境內業務監理之分工合作：（1）ECB並非取代會員國之銀行監理，而是透過相輔相成之方式來進行統一監理，並穩定EU金融體系。（2）由於整個區域範圍太大，各會員國銀行監理機關仍需要配合ECB進行每日之信息交換，以完成ECB所交付之工作。（3）基於環境、資源、語言等限制上之考量、與會員國對於自己國內市場之了解等，ECB仍須仰賴會員國之銀行監理機關執行各項審慎監理，以收事半功倍之效果。（4）ECB將在內部設立監理委員會，各國都將有一名代表加入該會，這些代表可透過該委員會發表意見與行使職權。

2.ECB與各會員國在跨境業務監理之分工合作：（1）EU會員國之銀行或信貸機構可在境內自由設立分支機構，與自由提供跨境之金融服務，惟在泛歐銀行監管系統下，ECB將同時扮演母國與地主國之角色，以取代原母國與地主國間之複雜監理互動方式。（2）各國代表可透過ECB之監理委員會，監督管理各會員國間跨境營運之銀行或信貸機構[318]。

二、非歐元區之EU會員國亦可申請加入

（一）金融國際化後更須建立跨國單一監理機制

在金融國際化與全球化發展之下，已迅速突顯跨國金融監理方式之

318.黃得豐（2013年2月6日）。歐元區與英國之央行參與銀行監理之檢討。國政研究報告。

重要性，尤其在金融海嘯與歐債危機之衝擊後，單一國家似已無法有效危機處理或監控系統性風險，因而需要藉助國際制度以建立妥善規範，俾使跨國間之金融監理合作更有效率。鑒於EU在經濟方面之整合固然已有甚為突出之表現，且被譽之為全球最具代表之區域性組織與最佳單一貨幣整合；爰若能順利推出泛歐銀行監管系統，則可讓EU在金融整合上能邁出一大步。因此，未來對於總體審慎監理之系統性風險與危機處理之防範，仍須仰賴PESS或國際間之彼此合作，一旦該監管系統規劃成功並開始運作後，其對於銀行或信貸機構各項監理之措施與規範，將可提供國際組織在執行監理機制方面甚為重要之參考典範，並可促進EU與全球之金融體系均能更加穩定。此外，雖然EU推動該監管系統開始運作後，有許多監理職責將會轉移由ECB負責執行，因而非歐元區之會員國仍可向ECB申請加入，而接受ECB主導之審慎機制。

（二）加入後可與 ECB 主導之監理機制密切合作

由於設立PESS後，ECB只有權監理歐元區內之銀行或信貸機構，非歐元區之會員國仍保有自己原來之監理權限。因此，非歐元區之會員國仍可向ECB申請加入該監管系統，以爭取與ECB指導之監理機制密切合作，惟該會員國須先採取必要措施，以確保其國內銀行監理機關可無異議遵從ECB之審慎監理規範，並執行ECB所下達之指令。因而，未來該監管系統實施後，有關歐元區與非歐元區間之監理協調，仍係由ECB與非歐元區會員國監理機關間，透過監理協會所召開之討論會來進行[319]。當非歐元區之會員國監理機關與ECB間之密切合作達到一定程度後，ECB就會答應讓非歐元區監理機關派代表加入監理委員會，使其亦可取得所有監理機關進行審慎監理時之相關資訊[320]。

---

319. 同註 315，頁 76-81。
320. 黃得豐（2013年2月6日）。歐元區與英國之央行參與銀行監理之檢討。國政研究報告。

第二節　歐元區與英國由央行參與監理之檢討

壹、檢討歐元區央行與英央行參與監理之演進

一、歐元區央行與英央行廣泛參與監理及監理方式

表 4-4 歐元區與英國之央行參與銀行監理情形

國家	央行廣泛參與銀行之監理	由央行執行全部銀行監理	央行參與銀行監理形式		
			央行參與監理機關之委員會分工合作	分配給央行具體之特殊監理任務	央行和銀行監理機關分享資源與信息
德國	是		是	是	是
瑞典	是		是		
丹麥					
愛爾蘭	是				是
奧地利	是		是	是	是
芬蘭	是		是		是
比利時	是		是		
盧森堡					
義大利	是	是			
希臘	是	是			
西班牙	是	是			
葡萄牙	是	是			
荷蘭	是	是			
法國	是		是		是
英國	是	是			

資料來源：參考江書瑜，歐洲銀行系統性風險之研究－銀行監理發展之相關資料加以整理

（一）歐元區內各國央行均廣泛參與審慎監理

　　歐洲係全球現代金融業務與金融監理之發祥地，因而或基於歷史演進之原委，或基於監督管理之需要，而使歐元區各國之央行均廣泛參與銀行之審慎監理。此外，亦有部份歐元區成員國乃建立有效之機制，以與金融

監理機關進行合作與協調，而使央行能夠直接或間接參與金融監理，以避免減少因央行淡出銀行或信貸機構監理後，會對審慎監理與貨幣政策所可能產生之不利影響。因此，在歐元區目前除了丹麥與盧森堡無央行外，其它各國之央行均廣泛地以不同形式，直接或間接參與銀行或信貸機構之審慎監理。由於丹央行在1988年與該國之儲蓄銀行監理局，與丹麥保險監理局合併爲金融監理機關，而由其經濟事務部長領導後已無央行。至於盧森堡本來就沒有設立央行，因而在未加入歐元區之前係與比利時共同使用比央行，且當時兩國流通之貨幣（比郎與盧郎）匯價均係1：1等值，並可互相流通而不必再兌換。

（二）歐元區央行與英央行之金融監理方式概況

歐元區之央行與英央行對於銀行或信貸機構之金融監理方式，仍應視其與金融監理機關間之審慎監理狀況而互異，且單一國家之監理狀況與功能亦會有重疊之處，因而乃就表4-4分類之內容概述如次：

1.有由央行執行全部銀行之審慎監理：除了歐元區之希臘、西班牙、荷蘭、義大利、與葡萄牙等5個成員國之外；尚有2012年初奉英財長命令將原金融主管機關（FSA）納入管理，而又恢復由英央行直接對銀行或信貸機構，執行審慎監理之英國，及狀況與英國甚爲類似之愛爾蘭。

2.央行參與監理機關之委員會分工合作：有歐元區奧地利、芬蘭、比利時、與瑞典等4國。

3.分配給央行具體之特殊監理任務：只有歐元區之德國與奧地利2國，其特殊監理任務，係指對銀行或信貸機構持續監督或金融檢查。

4.央行和銀行監理機關分享資源與信息：有歐元區之德國、愛爾蘭、奧地利、芬蘭、與法國等5個成員國，指分享員工行政管理等源資與技術信息等。

二、英國監理制度與英央行職權之演進

（一）英央行最早監理銀行後來才由 FSA 取代

　　荷王威廉三世1688年因與英公主瑪麗結婚而兼任英王時，乃全盤引
進荷蘭較為先進之金融技術與典章制度，並仿荷央行而於1694年設立英央
行並開始監理銀行或信貸機構，及又引進荷蘭改良之匯票以充分供應經貿
與商業之需要。惟英央行甫設立即開立匯票支付英、荷對法、西對抗之
「九年戰爭」開支，戰後因英政府在1697年拒付匯票而發生嚴重之違約，
因而英政府乃迅速以法令將國內匯票法制化後，匯票之使用率才顯著增
加，至於上述之違約爛帳最後係由荷蘭銀行家代為償還。此外，17世紀英
國尚發行先進之本票以代替現金貸放與流動，且英央行開始發行全球最早
之可兌換黃金銀行券（紙幣），以代替當時流通之鑄幣，後來英央行並獨
佔貨幣發行權，此等較進步之金融貨幣制度，乃促成1760年至1850年間之
英國產業革命，而使英國之經濟與金融逐漸取代荷蘭而領導世界，19世紀
初葉倫敦已取代阿姆斯特丹而成為世界最大之金融中心。一直到英國自
1972年加入EC後，其金融體制經過「Big Ben金融大改革」後，乃逐漸與
歐陸國家整合。除於1986年依據甫制定之金融服務法設立証券與投資總署
（SIB），接管原由英央行執行292年之銀行或信貸機構監理權之外，尚把
由來已久之銀行或信貸機構由專業經營制度改為綜合經營制度。到了1997
年5月成立隸屬財政部長之FSA以取代SIB，並逐漸取代英央行等8個水平
體系之監理機關，而使監理體制能變為較有效率之垂直體系。

（二）金融海嘯後 FSA 監理職權又被英央行取代

　　英國之FSA於1997年5月成立，惟至2001年11月才全部完成接收，並
取代原由英央行等8個機關監理之工作，而使英國成為全球金融大國中，
最早達成金融監理體制一元化之垂直體系目標。金融海嘯衝擊全球後，
歐、美各國為挽救危機而提出之紓困金額，已遠超過以前所有危機之規

模。各國為挽救危機而提出之紓困方案，除均已就衰退與財政支出付出慘重代價外；尚提出金改以設法阻止再次發生類似之風暴。英國付出全EU最多之ELA救銀行才穩定其金融體系，因而提出之金改計畫，而由英財長於2010年6月16日宣佈略以「央行係金融業仰賴之最高放款機構，而信貸危機更凸顯央行須熟悉金融業各環節，才能即時給予協助」，對於疏於防範危機而被抨擊失職之FSA，將被切割為維護消費者權益、打擊經濟犯罪、與金融監理職權而併入英央行旗下為3部份。換言之，英央行不但又變成1986年改制為SIB前，已監理銀行或信貸機構292年之銀行監理機關；而且其職權尚擴及原由8個機關監理之保險公司與投資銀行等工作，至於上述金改計畫已自2012初正式生效。

貳、檢討歐元區央行參與審慎監理之方式

一、由央行執行全部銀行之審慎監理權責

（一）有輝煌財金史之南歐國家由央行全權監理

　　歐元區內有希臘、西班牙、荷蘭、義大利、與葡萄牙等五國係由央行直接負責監理工作，而上述五國都具有輝煌之財、金歷史，除荷蘭外都是南歐國家。據悉，16世紀義大利半島由德國改隸西班牙統治後就已出現央行。由上述哈布斯堡之德皇卡爾五世（兼西班牙王查理五世）於1522年頒佈「匯票須以黃金匯付」敕令，使熱那亞撐控全歐匯兌與票券交易，而當年德、西之銀行體制完全相同，熱那亞為全球最大金融中心，在首都布魯賽爾西郊布魯日（Brügge）創辦之Vanden Burse證交所之買賣方式已在全歐洲進行，而原設於首都之皇家交易所自1571年首創全球最早之期貨交易，後來尚運用1592年在米蘭設立之全球最早城邦型央行Saint Ambrogio銀行劃撥轉帳方式，執行全球最早之GIRO拆款市場[321]與上述金融市場之

---

321. 黃得豐（2012年9月）。「歐洲金融市場專題研究」教材（頁23-26）。淡江大學歐洲研究所。（未出版）

資金調度。後來德、西於1556年分家，西王菲律浦二世1561年才由布魯塞爾遷往新都馬德里。換言之，西班牙王在16世紀已締造全球最大之殖民帝國，並以最大金融中心熱那亞掌控全球金融盛世70年。

（二）荷央行係全球最早與功能最大之國家型央行

因西班牙國王菲律浦二世堅持以天主教治國，且對土耳其作戰而須課重稅，乃引起尼德蘭北部七省新教徒之反抗而組成「烏特勒支聯盟」。該聯盟1581年7月廢黜西班牙國王，自行成立「尼德蘭聯合七省共和國」（「荷蘭共和國」），1589年後雙方交戰20年，至1609年簽訂停戰協定時，荷蘭事實上已獨立，其工商與金融又更為發達。到了「德國三十年戰爭」至1648年結束簽署「威斯特法里亞條約」（堪稱史上最大國際會議，共有145帝王邦主參加）後，荷蘭與瑞士才正式獲國際承認而自該帝國獨立。此外，16世紀末西班牙沒落後之金融卻由獨立後之荷蘭全盤承受，荷央行首創全球最早之國家型央行，阿姆斯特丹銀行自1609年設立以來便執行劃撥轉帳拆款市場[322]、資金調度、與協助監理工作，並調節自1602年設立全球最早之阿姆斯特丹股票交易所資金（17世紀設立之新阿姆斯特丹交易所，即目前全球規模最大之紐約交易所）。至於荷央行監理之短期金融市場與主導之拆款市場均較熱那亞時代更為進步與繁榮。另外，荷蘭以政府之信用對銀行之存款客戶提供擔保，不但使阿姆斯特丹成為全歐洲最安全與方便之金融市場；而且迅速成為全歐洲最大之儲蓄與交易中心。復因荷蘭准許用白銀結帳，且荷央行吸收金、銀貨幣時，經稱量與檢驗後會發給經該行保證之票據（或收據），其功能已類似本票，可在金融市場上買賣或流通，其改良之匯票亦被國內、外之商人普遍使用。由於阿姆斯特丹之各種外幣交易興盛，當時因荷央行擁有充足之金銀貨幣，乃能掌握歐洲國際支付體系與鑰匙，使貨幣市場之資金充分供應並促進繁榮，因而阿姆

---

322. 黃得豐（2012 年 9 月）。「歐洲金融市場專題研究」教材（頁 23-26）。淡江大學歐洲研究所。（未出版）

斯特丹在17至18世紀期間乃成為全球最大之金融中心[323]。

二、央行僅參與金融監理機關之部份權責

（一）分配給央行具體之特殊監理任務

　　1.德央行負責執行特定監理任務：已成立單一監理機關之成員國，其央行僅負責監督金融機構所發生之風險類別，或對金融機構進行金融檢查[324]。因而德央行仍須透過下列方式才能參與聯邦金融監理總署（BaFin，係由原聯邦銀行局、聯邦保險局、與聯邦證券期貨局，於2002年5月1日合併而成之監理機關）對銀行或信貸機構之監理：（1）德央行透過其214家分支行對全國銀行或信貸機構之持續監督（包括金融檢查方式），雖已發揮甚大之監理功能[325]，惟仍須注意BaFin發出之指南是否一致。（2）法律要求德央行須接受BaFin在監理規則制定方面之諮詢。（3）德央行與BaFin間還建立「金融市場監理論壇」以進行金融監理工作之合作與協調，並就金融監理整合之問題提出建議。

　　2.奧央行負責執行特定監理任務：奧央行仍繼續對銀行或信貸機構進行金融檢查、特別重視信用風險與市場風險、加強央行執行特定審慎監理工作之作用、負責金融檢查報告之全部處理工作、與在金融市場實施各項規章前接受諮詢等。

（二）央行參與分工合作及分享資源與信息

　　1.已成立單一監理機關者其央行參與相關委員會分工合作：央行參與單一監理機關之監理委員會或管理委員會，以便對有問題之銀行或信貸

---

323. 黃得豐（2012 年 6 月 15 日）。從德、西歷史恩怨探討西班牙銀行危機。工商時報，
　　A6 版。
324. 劉紹洲（2012 年）。《歐盟金融市場一體化及其相關法律的演進》（頁 209-210）。北京：
　　人民出版社。
325. 黃得豐（1992 年 3 月）。德國金融制度（頁 84-92）。財政部金融局。

機進行管理，此種類型之參與相當普遍[326]。諸如德央行以觀察員身分參加BaFin之理事會議，並派代表參加BaFin之諮詢委員會議；瑞央行與瑞典金融監理局已達成諒解備忘錄而分工合作，該行依法負責監理支付系統、促進金融穩定性、督導評估銀行部門之風險、與該行之監理重點係放在大銀行集團等。

　　2.央行參與監理機關分享資源與信息之成員國：監理機關與其央行分享技術信息與員工行政管理等源資。例如法央行雖不直接負責銀行或信貸機構業之監理，惟其對監理之參與仍非常廣泛。法央行行長是銀行與金融管制委員會的7名成員之一，是信貸機構和投資公司處為銀行與金融管制委員會，及經濟事務部合作中之決策做準備工作，亦為實施信貸機構與投資公司委員會之決策做準備。除了與其他市場當局保持緊密之關係，法央行對於監督可轉讓債務證券市場負有監理責任。銀行與金融管制委員會給予法央行採取所有必要之措施，以保證可轉讓債券市場平穩運行之責任。

第三節　籌建泛歐銀行監管系統之爭議

壹、由 ECB 負責新機制監理職責之爭議

一、泛歐銀行監管系統由 ECB 主導之問題

（一）就權責功能言金融監理機關與央行仍互異

　　鑒於金融監理機關之審慎監理任務在維護金融體系之健全與穩定；爰認為金融監理機關之角色應該超然獨立，且因金融監理涉及資訊不對稱之問題[327]，或存款大眾與投資散戶常專業不足，因而對金融機構之規範本來就較其他產業更為嚴格。尤其對有辦理吸收存款之銀行或信貸機構，其

---

326. 王志軍。前揭書（頁 154-155）。
327.Doris Hildebrand,The Role of Economic Analysis in the EC Competition Rules（The Hague：Kluwer Law International,1998），pp.12-15.

監理與規範方式又須更為謹慎，以免發生經營不善或倒閉，而造成存款人擠兌或產生骨牌效應之系統性風險，除會影響國內金融體系之穩定外；尚會造成國際或全球性之金融危機。至於央行在金融體系中最主要之角色，除操作貨幣政策控管全國信用與外匯之外；尚扮演支付與清算系統之總樞紐，亦即擔任銀行或信貸機構之最後貸款者角色。此乃由於金融體系中常存有系統性失靈或流動性之問題，因而央行須提供充裕資金，以協助流動性困難之銀行或信貸機構，俾減少恐慌性擠兌，並促進金融體系恢復穩定[328]。此外，迄今為止EMU之金融架構亦係採貨幣政策與審慎監理分開制，歐元區之貨幣政策係由歐元區成員國央行與ECB所形成之ESCB統一決定與執行，而審慎監理與金融穩定等事宜則由各成員國自行辦理。今後若該監管系統開始實施後，必將逐漸改由ECB主導監理事宜，而歐元區成員國則應予配合並分工合作。因此，將會有一段期間對新機制之權責功能，或或對其適用情形均會產生爭議。

（二）從條約與法律面探討 ECB 監理之問題

依據TFEU第127條第5項規定，ESCB應幫助成員國之金融監理機關，順利實施審慎監理與穩定金融體系之相關政策[329]。又據ESCB與ECB章程議定書（Protocol on the Statute of the ESCBS and ECB）第25條有關審慎監理之規定[330]，ECB對部長理事會、EU執委會、與會員國之主管機關，就審慎監理與維持金融體系穩定之共同立法範圍與執行，得提出建議並接受諮商[331]。此外，為達成泛歐銀行監管系統之目的，ECB得遵照部長理事會依據里斯本條約第105條第6項之規定所作之決議[332]，而將其作為信用機構與其它金融機構（保險事業除外）執行審慎監理之特定措施，惟該決議要求ECB須得到所有EU會員國之同意，方能行使泛歐銀行監管系統之監管職

---

328. 黃得豐（2011年3月9日）。歐央行違反超然獨立性致新總裁難找。工商時報，A5版。
329. Art.127（5）TFEU
330. 歐洲央行網站，〈http：//www.ecb.int/ecb/legal/pdf/en_statute_2.pdf〉，頁 7-8。
331. 同註 315。頁 126-129。
332. Art.105（6）TFEU20Art.105（6）TFEU

權[333]。由於非歐元區成員國之英國,原來就甚擔心會失去決策表決權卻又
不願參加,若英國不同意則將阻礙泛歐銀行監管系統之推動。另外,金融
市場普遍認爲ECB扮演泛歐銀行監管系統樞紐角色對EMU非常重要,既可
有效解決過去3年來對歐債危機防堵不彰之問題;又可引導各國放棄更多
主權與分擔更多風險。惟如此恐將修改現行歐盟條約才能辦到,而修改該
條約又是目前大家都不願碰之議題。因此,EU財長會議乃於2012年12月
13日協商後,同意在法案推行前採用雙重投票機制,亦即由參加該監管系
統之歐元區成員國與非歐元區成員國分兩輪投票議[334]。

二、監理機制與貨幣政策合併操作之爭議

(一)貨幣政策與監理機制之操作應區別 [335]

　　若泛歐銀行監管系統或PESS完成規劃開始運作後,ECB將被賦予操
作貨幣政策與審慎監理機制之雙重職責,而EU方面亦曾表示此兩種機制
在操作上將會分開進行,主要原因係要避免彼此間發生潛在之利益衝突。
例如ECB爲了處理市場之價格問題時,通常在執行貨幣政策上會適時調整
利率,惟調整利率之同時卻也相對的影響銀行或信貸機構之收益或償付能
力。因此,在規劃之提案中也明確提出多項原則,來對貨幣政策與審慎監
理之操作加以區別[336]。爲了妥善分隔這兩個職責之運作,確保監理工作之
有效執行,ECB將會策劃一系列之執行計畫,而在ECB內部之架構底下建
立一個監理委員會,專門處理監理銀行之各項重大職責。本文乃推斷EU
授權ECB肩負監理職責之泛歐銀行監管系統架構,即係參考英國金融改革
後2012初生效之金融監理模式,認爲主要在熟悉金融業各環節並能處理信
貸危機即可[337]。

---

333. 同註 315,頁 123-129。
334. 林士傑(2012 年 12 月 24 日)。歐元區將設單一銀行監管機制。台灣金融研訓院。金
　　融情勢週報。
335. 歐盟官方網站,<http://europa.eu/rapid/press-release_MEMO-12-662_en.htm?locale=en>
336. 歐盟官方網站,<http://europa.eu/rapid/press-release_MEMO-12-662_en.htm?locale=en>
337. 黃得豐(2013 年 2 月 6 日)。歐元區與英國之央行參與銀行監理之檢討(頁 14-
　　15)。國政研究報告。

（二）ECB 將操作貨幣政策與審慎監理之雙重職責

雖然有人主張央行不宜直接負責銀行或信貸機構之審慎監理工作，而應由超然獨立之金融監理機關負責即可，惟若央行與金融監理機關間缺乏緊密之合作與協調，央行就難以充分了解銀行或信貸機構之發展，亦不能了解銀行或信貸機構之運作情形，而不利於風險上之防範。因此，在歐元區各國之央行均廣泛參與銀行之審慎監理，或建立起有效之機制，以進行央行與金融監理機關間之合作與協調，使央行能夠直接或間接參與金融監理，以減少央行淡出銀行業監理，可能會對金融監理與貨幣政策之不利影響。由於上述ECB內部之管理協調會即將負責PESS監理委員會之監理工作，因而監理委員會之主席與副主席均將由ECB管理協調會選出。此外，監理委員會之成員還包括ECB管理協調會之4個代表與各個會員國央行或監理機關推派之代理人所組成[338]。此種由ECB操作貨幣政策與審慎監理雙重職責之機制，不但與2012年初金改計畫正式生效之英央行職責相仿；而且似在對於央行因須操作貨幣政策，而不宜直接審慎監理銀行的理論之一項挑戰。事實上ECB自2012年月10以後，便已搜集各國審慎監理銀行資料，甚至於還包括虛擬貨幣（第三方支付），並參酌英（Virt-X）、德（STP）、法（Relit）在證券市場採用網際網路交易之管理方式等，以因應未來PESS之需要。

貳、EU 會員國對該監管系統與架構之反應

一、會員國對該監管系統與架構持贊成態度

（一）EU 已達成同意設立泛歐銀行監管系統之共識

EU財長與央行總裁會議歷經數月協商與2012年12月13日談判14小時後，才達成同意設立泛歐銀行監管系統或PESS之協議，並將對ECB賦予更多權力，諸如未來可能直接提供銀行或信貸機構紓困金、有權要求銀行

338.Ibid.

或信貸機構提高資本適足率、與勒令經營不善之壞銀行或信貸機構停業等。並預定該監管系統之新機制將於2014年3月實施,此堪稱金融海嘯以來EU銀行體系最大改革措施之一[339]。上述協議顯示大家已原則上贊同成立該監管系統,據悉,EU認為3年來對歐債危機防堵策施之成效不彰,成立該監管系統可望作為歐元區經濟之基石,且象徵解決銀行或信貸機構之問題已獲得初步之共識。惟在推行前仍應針對可能發生之爭議妥為協商解決,並須詳加規劃該監管系統之相關配套策施,始能讓EU與歐元區之財政金融邁向更為寬廣之未來。

(二) 以法國為主之南歐會員國已表示贊成

以法國為主之南歐會員國對PESS之提議一直採支持態度,而法國認為該監管系統必須涵蓋EU之所有銀行或信貸機構(約8,350家總行),不論該銀行或信貸機構之大小皆應接受統一監理,且各項監理措施應該由ECB主導或實施。此外,法國認為一旦該監管系統達成協議,即可阻絕歐元發生波動或危機之禍源,且銀行或信貸機構與歐債危機間亦具有關連。這次歐債危機亦突顯EU仍缺乏跨國金融監理之重大缺失,儘管各國對PESS實際運作仍存有不同之建議,惟邁向該監管系統之路是目前舒緩歐債危機最好之方法。因此,希望該監管系統可以盡早運作以解決歐債危機,並可藉此向世界證明歐元是值得被信賴的,以增強各國對歐元之信心。

二、對該監管系統與架構表示不贊成或保留

(一) 英國對該監管系統與架構已表示不贊成

有鑑於銀行審慎監理與金融穩定並非易事,而各國監理方式與資源之差異甚大,原已存在嚴重之良莠不齊;爰EU兩大金融強國英、德已表示

---

339. 林士傑(2012 年 12 月 24 日)。歐元區將設單一銀行監管機制。台灣金融研訓院。金融情勢週報。

不贊同或保留之態度，而英國已立即公開表示不參加。此乃由於英國之金融歷史與實力均不容忽視，倫敦還曾經是世界最大之金融中心，英國之金融監理制度一直以來也是各國學習之對象，惟英國對EU之許多政策均採取不加入立場，此次銀行由PESS監管之計畫，英國亦對新監理機制相當擔心[340]。雖然英國不在歐元區而得不加入該計畫，除因顧慮倫敦之許多國際銀行在歐元區進行交易，其業務將會受到ECB新監理制度之影響之外；尚希望能確保倫敦金融城之自治地位。若英國未納入該監管系統或銀行聯盟所面臨之風險，將會隨著ECB新權力之擴增，在制定相關規範之議程中英國聲音會變得更小。另外，英國亦擔心現在大部份集中在倫敦進行之歐元外匯交易，未來亦有可能會逐漸移到歐洲之核心德國法蘭克福或法國巴黎，並會將原大部份集中在倫敦之歐元外匯交易改由ECB監管[341]。

（二）德國態度保留並反對聯合存保機制

德國身為EU內最大經濟體與最主要會員國，在此次歐債危機中又扮演著舉足輕重之角色，一直以來亦是EU整合發展之最主要之動力。雖然在許多EU議題上德國較為慎重，因而常在一開始時持反對意見，然後經不斷協調與溝通後卻還是會接受。此次之PESS開始提案時德國均持保留態度，雖然2012年10月之EU峰會上各國已達成共識，德國最後亦同意建立PESS機制，惟對此機制之設計與運作等細節常堅持自己之立場。德國總理梅克爾表示同意建立此機制，其前提是需要先建立一套完善而具真正強制約束力之監理機制，否則將不會進一步討論對其他國家實施直接融資之行動。而德國財長更關切ECB貨幣政策與金融監理間之潛在利益衝突問題，此恐係自歐債危機爆發以來，德國已經提供許多資金援助面臨危機之成員國，使得其納稅人之負擔越來越重。若在設立該監管系統後，德國人仍會擔心難免又要負擔紓困銀行之資金，亦即讓德國納稅人之口袋再度暴露在新需求之中。因此，EU領袖未來必須討論與處理更緊密之財政整合

---

340. 黃得豐（2011 年 8 月 5 日）。歐盟金融之演進與相關改革之檢討。國政研究報告。
341. 同註 315，頁 134-137。

細節，包括提議歐元區國家設立一筆單獨預算，以便在出現緊急金融或經濟震盪時有救急資金可以運用。

此外，梅克爾總理2012年9月17日表示「在2013年初新金融監理機關就要匆促上路根本不可能，而建立新體制應花些時間以確保其品質」，且無意參與聯合存款保證機制。此乃由於德國擁有全球最佳之存款保證機制，為避免銀行放任倒閉而由政府賠付存款人之道德危險，其存保機構政府並未花錢介入，而係採銀行或信貸機構以「業者自律」之方式，由公營商銀、民營商銀、公銀儲銀、與合作銀行等4大銀行公會分別設立之存保基金，所辦理之幾乎可「全額賠付」之存保機制，惟對問題銀行之危機處理仍由其主管機關BaFin與德央行處理。有鑑於此，德國乃擁有較其他國家更健全與穩定之金融體系，因而耽憂若規劃未妥善，就參與EU急就章之聯合存款保證機制，不但將會傷害其現有之銀行健全與金融穩定；又恐將要參與負擔其它成員國，因銀行倒閉或危機處理之賠付資金[342]。

---

342. 黃得豐與中華經濟研究院合撰（2012年9月）。歐債危機對台灣產業的影響與因應。（頁35-36）中華民國工商協進會。

The Causes & Impacts of European Debt
Crisis as well as Its Settled Ways

第伍篇
歐債危機之啓示展望
與結論

緒　言

　　本篇分爲四章，以總結全文之啓示、展望、與結論：第二十章爲首要啓示，乃應洽簽經濟合作協議(ECA)，先要述台、EU推動ECA之緣起、內容、與影響；再從關稅觀點析述簽署ECA對台灣產業影響，並檢討韓、歐簽署FTA降稅之替代效果恐會不利台灣出口。第二十一章強調應健全銀行體質與國際金融安全網，爲因應金融國際化後之外來衝擊，銀行應參考英、德之先進制度，而全面落實作業風險管理(ORM)，以抑低風險並可兼收興利與防弊之效能。此外，尚析述實施ORM之配套措施，諸如四眼原則、假輪調、及超然獨立與密集之內部稽核等。另外，今後應重視國際合作協調，以透過國際金融安全網化解危機。第二十二章敘述歐債危機之重要後續演變與展望，除分述PIIGS國家撙節措施之演變與展望外；尚說明EU財政與金融邁向更寬廣之整合，及歐元後續演變與逐漸發展爲強勢貨幣。雖然EU仍爲高失業率，惟危機緩和使其它經濟狀況多已回穩，且ECB已制止銀行拆存，並擴大寬鬆貨幣政策。本篇在最後第二十三章總結全文時，除說明因瞭解危機而要台灣引以爲誡外；尚提及EU因歐債危機衝擊而推動治標與治本問題，並要求屬行撙節措施與推動財政改革，且已陸續生效與穩定局勢。展望未來，仍應重視各項紀律規範以穩健財政，並在結論中重申穩健財政乃經濟發展之重要基礎，健全財政始可維持總體經濟之穩定發展，及應對過時之法制儘速改革才是國家長治久安之道。

第二十章
首要啓示乃應洽簽經濟合作協議

第一節　速簽經濟合作協議提升國際競爭力

壹、台、EU 經濟合作協議之內容與影響

一、推動與 EU 洽簽經濟合作協議之緣起

（一）歐債危機後台灣可協助 EU 開拓東亞市場

　　綜上所述，歐債危機衝擊與影響全球，惟對台灣之衝擊除股市較大、匯市較小外，對一般財、經與金融之衝擊與影響並不大，因而與EU加強經貿合作仍爲我國甚爲重要之工作方向。隨著歐債危機之持續，EU尋求合作對象以便開拓中國大陸，與東南亞市場之壓力亦已增加，而台灣是很好之合作夥伴。因而催生台灣和EU簽署經濟與貿易合作之協議有其必要，爲強化我國與EU簽署該協議，仍須透過政、經多方面之努力，以對抗韓國在EU市場之激烈競爭，並協助我業者能爭取公平有利之國際貿易環境。因此，台灣將對EU洽簽「經濟合作協議」（Economic Cooperation Agreement，ECA[343]納入首要施政工作，以提升我產業國際競爭力，並協助我業者進行全球經貿布局，此乃歐債危機對台灣之最大啓示。由於EU與台灣之貿易關係向來密切，台灣係EU在東亞之第五大出口市場，僅次於中國大陸、日本、韓國、與新加坡，同時EU爲我國第一大外資來源、第四大貿易夥伴，僅次於中國大陸、日本與韓國，尤其在機械設與電機設備等商品方面。

---

343. 黃得豐與中華經濟研究院合撰（2012 年 9 月）。歐債危機對台灣產業的影響與因應（頁 167 與頁 193）。中華民國工商協進會。

（二）EU 對台灣欲洽簽 ECA 態度亦相當正面

　　復因EU與韓國之FTA於2012年7月1日正式生效，而韓國為台灣之最大貿易對手國，其外匯與經貿政策均會影響我國之對外貿易，為提升我國之出口競爭力，及避免在區域貿易競爭裡被邊緣化，我國已積極向EU表達希望簽定ECA之意願。而EU對於台灣-EU洽簽ECA之態度亦相當正面，歐洲議會2012年9月通過決議，再度呼籲EU與台灣磋商ECA，並採具體措施以加強台歐間經貿關係。歐洲議會召開全會，通過歐洲議會外交委員會提出之「歐盟共同外交暨安全政策主要面向及基本選擇決議案」（Resolution on the main aspects and basic choices of the Common Foreign and Security Policy）。其中有關台灣之第94項決議文呼籲，EU執委會與歐洲理事會應採納2011年5月11日歐洲議會通過之版本，儘速與台灣洽簽ECA，以強化雙邊經貿交流，因而EU已列為與我優先推動ECA之目標及對象。

二、推動洽簽 ECA 之效果及措施與內容 [344]

（一）對台灣 -EU 雙方經貿利益具加乘效果

　　2011年10月，第23屆台灣-EU經貿諮商會議召開後，台灣與EU在加深雙方經貿關係上已取得共識，並共同認為台灣與EU洽簽ECA是一個可行且有效之方式。EU若與台灣洽簽ECA不但可提升EU出口至台灣產品之市占率，並有利於EU廠商在亞洲市場進行投資，更可藉由台灣作為進入中國大陸市場之跳板。為協助我業者爭取公平或有利之國際貿易環境，我國已將洽簽ECA納入重要施政工作，以提升我產業競爭力並進行經貿布局。因此，台灣-EU洽簽ECA才能鼓勵台商進一步投資EU，亦可強化EU廠商在快速成長的亞太市場之競爭力，對台灣-EU雙方之經貿利益具加速度乘數效果。另外，台灣-EU洽簽ECA仍會涉及EU會員國政治之心態與優先順

---

344. 同註 343，頁 167-174。

序，而似未若想像中那麼順利。惟EU各公會或協會則較基於經濟利益考量，而對政治顧慮較少，因而傾向於樂見台灣-EU洽簽ECA。

（二）推動台灣-EU洽簽ECA主要措施內容

1.堆積木式推動策略：在正式洽談ECA前，先就各項議題進行合作，朝向台、EU經濟整合之方向邁進。

2.動員國內，外布建遊說網路：依經貿情勢之改變撰擬階段說帖，持續向EU總部、會員國境內之行政、立法部門及工商、學術團體等進行遊說運作，同時透過官方及民間會議提出我方訴求。

3.舉辦說明會或座談會：持續於EU總部及重要會員國，舉辦與ECA有關之研討會或說明會，以達到有效遊說及造勢之目的。

4.促進國內外業者瞭解及支持：適時舉辦業者座談會，徵詢國內業者意見，並尋求其了解與支持，另應善用台北歐洲商會既有人脈與管道，以建立互利合作與協調推案。

5.研析產業利益及因應市場開放之衝擊：根據韓、EU簽署之FTA預擬歐方可能要求開放項目，並將研究結果提供主政單位評估，同時徵詢產業界意見，藉此提出談判攻守策略與研擬產業因應措施。

貳、簽署ECA影響台灣產業與EU投資[345]

一、從關稅觀點析述ECA對台灣產業影響

根據經濟部工業局資料顯示，EU對台灣之出口逐年成長，近10年來成長約70%。不過，目前EU出口至台灣之產品有許多仍需被課徵關稅。在2010年台灣自EU進口之前百大六位碼產品中，非零關稅產品項目占了二分之一（50項），進口合計達55.6億美元，目前在台灣面對之平均關稅

---

345. 同註343，頁171-175。

約爲6%。在這50項產品中，台灣自EU以HS87章（汽機車）之進口金額最多，達12.9億美元；其次則是HS84章（機械設備）及HS38章（雜項化學品），均達9.1億美元（詳表5-1）。若以EU在台灣面對之關稅障礙析述，則以HS21章（雜項調製品）與HS87章（汽機車）15%以上最高。由具體之產品項目分析，由於EU出口至台灣之汽機車產品金額較多，目前在台灣面對之關稅障礙亦較高，且是EU極具競爭優勢之產品項目。因此，整體而言，EU與台灣洽簽ECA後，其汽機車產品（HS87）受益程度將很大。在汽機車產品方面，台灣在EU市場僅在自行車有較強之競爭力，惟金額僅8億美元。而EU之HS87章進口金額最多之小客車（300億美元），台灣之市占率尚不到0.5%（約1.35億美元）。而在精密機械產品方面，台灣僅在工具機之市占率較高（8.6%），唯EU自台灣進口金額並不多（2.7億美元）。因此，ECA對EU汽機車及精密機械相關產品之衝擊應不大，況且EU尚可用原產地規定規範台灣產製的產品，視同其進口之關稅優惠條件。

二、ECA 有助於 EU 在東亞市場之投資佈局

倘與台灣洽簽ECA，亦有助於EU在東亞市場之投資佈局，尤其以汽機車及精密機械產品爲例，2010年中國大陸爲EU第二大之汽機車及精密機械產品出口市場，占EU汽機車及精密機械產品總出口之13~14%（分別爲237億美元及420億美元），僅次於美國，顯示EU恐基於技術外洩，或是中國大陸仍有投資障礙，仍將許多汽機車及精密機械產品相關產品留在區內製造，並沒有直接赴中國大陸投資生產。在中國大陸關稅極高且直接投資又有其風險之情況下，由於台灣對智慧財產權之保護較完善，投資環境亦較中國大陸自由化及法治化，兩岸ECFA之洽簽，正好可提供EU汽機車及精密機械廠商很好之契機。

表 5-1　2010 年自 EU 進口前百大六位碼產品中非零關稅產品項目

單位：百萬美元；%

HS2	名稱	六位碼項數	台灣自全球進口值	台灣自歐盟進口值	歐盟在台市占率	台灣平均 MFN 稅率
	合計	50	28,280.50	5,559.85	19.66	6.00
84	機械設備及其零附件	18	4,971.98	914.23	18.39	3.22
87	汽機車及其零附件	7	2,466.68	1,289.04	52.26	15.93
85	電機設備及其零附件	4	1,716.44	251.93	14.68	5.46
38	雜項化學產品	3	2,635.16	913.28	34.66	3.73
29	有機化學產品	3	1,299.82	482.91	37.15	1.33
39	塑膠及其製品	3	1,087.59	191.47	17.61	3.33
42	皮革製品	2	258.17	154.89	60.00	6.60
19	穀類粉、澱粉或奶之調製食品	2	210.68	78.45	37.24	10.50
30	醫藥品	1	1,431.99	809.58	56.54	0.67
27	礦物燃料、礦油及其蒸餾產品	1	11,363.25	226.28	1.99	2.41
21	雜項調製食品	1	463.39	58.03	12.52	16.95
22	飲料、酒類及醋	1	84.78	55.29	65.22	10.00
28	無機化學品	1	54.83	35.77	65.24	1.00
90	光學、精密儀器及其零附件	1	41.77	34.40	82.36	5.00
74	銅及其製品	1	142.92	33.29	23.29	2.50
69	陶瓷產品	1	51.04	31.02	60.77	8.00

資料來源：參考經濟部工業局與中華經濟研究院之相關資料。

第二節　歐債危機與韓歐簽約對 ECA 之影響

壹、檢討韓歐簽署 FTA 降稅之替代效果 [346]

一、降稅替代效果恐使台灣出口更落後

（一）受韓歐 FTA 降稅替代效果影響產品

根據行政院經建會委託中華經濟研究院分析韓EU簽署自由貿易協定或FTA對台灣經濟之影響[347]，結果顯示台灣與韓國在EU市場競爭較大之產品中，目前台灣輸出EU金額仍高於韓國，惟未來可能受韓歐FTA降稅替代效果之影響下，恐導致台灣出口值落後於韓國，茲要述此類產品如次：

1.塑化製品：HS392690（其他塑膠製品及第3901至3914節之材料製成品），其中又以HS39269097（未列明之其他塑膠製品及第3901至3914節之材料製成品）影響程度較大。

2.紡織業：HS550320（聚酯製未粗梳、未精梳、或未另行處理，以供紡製用之合成纖維棉）。

3.電機相關產品：HS852589（其他監視器）及HS854370（其他儀器器具），該二項產品又分別以HS85285990（其他彩色監視器）與HS85437090（其他儀器器具）影響程度較大。

4.運輸工具及其零件與附件：HS870810（保險槓及其零件）。

（二）將受韓歐 FTA 影響而擴大出口差距產品

---

346. 黃得豐。歐債危機對我國經濟與金融之衝擊與展望。中華民國工商協進會台中分會演講稿。2012 年 12 月 109/8/2013 日。

347. 顧瑩華（2010）。《歐盟－韓國 FTA 對我國經濟及產業之影響評估》。行政院經建會。黃得豐與中華經濟研究院合撰（2012 年 9 月）。歐債危機對台灣產業的影響與因應（頁190-193）。中華民國工商協進會。

同樣在台灣與韓國在EU市場競爭較大之產品中，目前台灣輸EU金額稍落後於韓國，但未來可能受韓歐FTA影響而擴大台灣與韓國輸EU出口差距，茲要述此類產品如次：

1.視訊產品：HS852580（電視攝影機、數位相機及攝影機），該項產品又以HS85258019（其他電視攝影機、數位相機及攝影機）影響程度較大。此外，HS852190（其他錄放影器具，不論是否裝有影像調諧器者均在內）受影響程度也可能較大。

2.運輸工具及其零件與附件：HS870870（車輪及其零件與附件），該項產品又以HS87087085（鋁製輪胎及其零件與附件）影響程度較大。

二、對內需型投資商機與服務業之影響

在批發零售、環保服務、及觀光服務由於韓國對EU額外開放，是否會對台灣造成排擠效應尚須觀察。因為此種內需型投資，只要當地市場有商機，排擠效果不易發生，若台灣有商機，EU企業不會因為在韓國投資就不來台灣投資。因此，台灣本身是否具有商機，才是影響外商投資意願之主要因素，而韓國總體政策涵蓋率為62%，有高達93%之WTOplus政策項目被納入FTA本文中，僅有50%extra政策項目被列入歐韓FTA中[348]。不過，台灣目前朝向以服務業為主之經濟體發展，且台灣之服務業落後國際甚多，若歐韓FTA實施則韓國之法制與貿易規範，將與先進國家接軌，服務業發展環境勢必比台灣更具吸引力，韓國之服務業也將更具競爭力，這值得政府及產業關注。此外，該研究模擬結果指出，不管是對台灣總體經濟影響，或是對台灣個別產業之影響，美韓FTA對台灣之衝擊影響皆略大於歐韓FTA，這應是美國與台、韓之貿易關係較頻繁所致。另外，在韓國與其他國家洽簽FTA時，台灣同時與中國大陸洽簽ECFA，則韓國與其他

348. 郭秋慶（2012 年 9 月 20 日）。主持「歐洲對外簽署之文本分析與類型研究」之論述。歐盟經濟治理與里斯本條約（頁 207-215）。歐盟經濟制理研討會。臺灣歐洲聯盟中心。

國家洽簽FTA，對台灣之負面衝擊不僅可以被抵銷，台灣之經濟仍可以進一步向上提升。

貳、歐債危機對台、歐整合之影響

一、歐洲議會決議洽簽以強化雙邊經貿交流

我國遊說團自2011年開始，便積極出訪EU進行台、EU洽簽ECA遊說工作，向EU會員國官員與產業公會代表說明台EU洽簽ECA對雙邊貿易與投資利益，爭取產業界對台EU洽簽ECA之支持。我國有鑑於韓EU簽署FTA時，曾經遭遇EU汽車製造業強烈反對，而台灣汽車零配件業競爭力強，為防患於未然；爰在整個台、EU之ECA洽簽過程，採取先爭取德國與法國汽車相關業者支持，以化解阻力。談判之過程非短期內可實現，歐債危機之處理亦同，惟若歐債危機解決與雙邊貿易關稅障礙降低，則我與主要競爭對手國，將可立足於公平點上進行貿易競爭。而歐洲議會亦於2011年5月11日與2012年9月分別通過決議，呼籲EU與台灣磋商ECA，並採具體措施強化雙邊經貿交流。2011年是里斯本條約生效後，歐洲議會首度就EU共同外交暨安全政策（CFSP）通過對台友好決議，而別具特殊意義。2012年歐洲議會同意之CFSP決議，納入更多對台灣有利之內容，顯見台歐實質關係已更趨密切。

二、ECA 雖不受歐債危機影響惟仍應爭取

雖然歐債危機爆發而衝擊或影響全球，惟並未影響EU對外洽簽FTA進度，因為東亞地區經濟持續穩健成長，反而是EU現階段積極爭取市場。此外，EU正積極與印度、新加坡、馬來西亞、與加拿大洽簽FTA，至於台、EU洽簽ECA，若為我國之中長期規劃，則暫不會受歐債危機影響。有了EU洽簽ECA，才能鼓勵台商進一步投資EU，亦強化EU廠商在快速成長之亞太市場競爭力，對台歐雙方之經貿利益具加乘效果。惟台灣與

EU洽簽ECA涉及政治因素，及EU會員國之心態與優先順序，因而並不如想像中那麼順利。而EU各公會則比較偏重於經濟利益考量，對政治顧慮少，故傾向於樂觀台灣與EU簽署ECA，乃是預料中之事。

　　台灣目前雖然暫不在EU簽署其FTA之優先名單中，簽署ECA亦面臨政治上之困難與不確定性，惟因隨著歐債危機之擴大，EU尋求合作對象開拓中國大陸與東南亞市場之壓力增加，台灣係很好之合作夥伴。因此，為尋求EU與台灣簽署ECA之可能性，以催生台灣與EU之ECA有其機會，仍須透過政治與經濟多方面之努力。此外，建議參照韓國作法，政府輔導國內工商團體成立「ECA民間推動委員會」，由工商團體整合產業界意見，除可反映產業界基本立場萬；又可作為諮商之參考，並經由國際工商團體協助政府，推動與主要國家洽簽ECA或FTA。另外，亦可運用具有影響力之國際工商組織，例如歐洲工商聯合會（Business Europe），以協助推動我國與其他國家或地區簽訂ECA或FTA，俾儘速加強在國際市場之競爭力[349]。

---

349. 同註 343。2012 年 9 月（頁 190-193）。

第二十一章
應健全銀行體質與國際金融安全網

第一節　我國銀行應全面落實作業風險管理

壹、實施作業風險管理以兼收興利與防弊

一、歐洲銀行已普遍實施作業風險管

（一）內控與風險管理可抑低虧損並改善業務經營

　　BIS下設之巴塞爾銀行監理委員會（BCBS）1998年9月發佈之「金融機構內控制度架構」與2003年2月發佈之「銀行作業風險管理與監督原則」，已要求全球金融體系確實施行以內控為基礎之作業風險管理（Operation Risk Management，以下簡稱ORM）。而BCBS認為金融體系不正當之內部作業流程、人員與系統所形成之舞弊、或因外部詐欺違約事件而造成銀行損失之風險，均應儘速推動以內控為基礎之ORM加以抑低，崁入其他風險意識在日常工作中，全面實施廣義型或整合型風險管理（Integrated Risk Management，IRM），始可改善體質以因應與防杜金融危機，以確保銀行資產之安全，及確保債權與資產品質之提昇。至於以內控為基礎之ORM，係指可發揮職務分割或分工牽制（separation of duties）與交叉牽制(Cross Checking)功能以改善業務經營之ORM，亦即將風險性資產先確定營運目標後，配合金融資訊系統，而將作業流程切割為數個階段，由不同行員處理，可使金融體系在業務經營過程中，同時兼顧興利與防弊，既能督促行員依規辦理與提昇人員素質，以降低潛在風險；又可使銀行大力拓展業務，而提高營業目標，因而須速推行ORM以改善金融經營問題。換言之，若欲健全金融監理，做好內控與風控實為其必要條件。

（二）可督促業者自律並兼顧作業流程與營運目標

　　由於實施風險管理應貴在大眾化且簡易可行，而應避免停留在紙上作業或高深之理論分析，且以內控爲基礎之IRM重視簡易可行與全面推動。而此種ORM已將風控與維持內控制度健全性等，併入歐洲金融體系之平時業務流程中，既已成爲日常工作之不可缺少之一環；又可減少交易過程之錯誤與流弊。且EU各會員國之監理機關多嚴格督導，各金融機構平時應做好內部控制，亦即督促業者自律並做好內部牽制、風險管理、與內部稽核。而內部控制之範圍指由總經理率領各級業務人員，做好營業中之內部牽制與風險管理；由總稽核率領之各級稽核人員，做好業務後之密集檢查與抽查；亦可由監察人抽查或預警分析（alarm system）等場外監控（off-site surveillence）。此外，金融機構只要做好自律與內控，既可取代主管機關派員檢查之功能，而在防弊方面收事半功倍之效；又可藉以提昇經營體質，以回饋本身興利與增加營運績效。另外，歐洲以內控爲基礎之ORM充分運用內部牽制之雙重監控功能，並妥善運用金融資訊系統而併入ORM運作。換言之，ORM不但可防止作業流程疏失並提昇人員素質；而且可降低潛在風險並提高營運目標，若由業者自行做好興利與防弊，則較可放心拓展新種業務，以提高利潤與降低風險。

二、實施 ORM 以抑低授信與投資之風險

（一）實施 ORM 以抑低授信案件之信用風險 [350]

　　1.風險性資產之授信案件應按6個階段分工牽制：係指將授信案件配合金融資訊系統，而將作業流程按業務功能編組切割爲下列6個階段，由不同行員就該授信案件分別做好各階段工作而共同處理，以利分工牽制並發揮交叉牽制(Cross Checking)之功能：（1）初審：客戶申請授信，經辦人與複核人員均應共同與客戶交談，或提出相關問題，若與規定不合，在

---

350. 同註 343。2012 年 9 月（頁 156-157）。

此階段即予拒絕。（2）徵信：若通過初審，即交由營業單位（分行）自行徵信，大額授信才由總行徵信室處理，有些銀行會要求複核人員亦分別徵信較爲客觀，若認爲未能確保債權即予拒絕。（3）複審：若通過徵信後，仍須併初審資料再度書面複審，以免誤判而被倒帳。（4）確定：複審後才依據全盤狀況決定應授信之類別、金額、還款方式、與利率等。（5）撥款：若通過確定階段後應先進行相關擔保品之抵（質）押，及簽約對保手續後才撥款。（6）追蹤：若通過撥款階段後，即按期（3或6個月）進行對客戶授信後追蹤工作，並核對資金用途與處理資金過程或流程，是否與初審所提計劃或簽約相符[351]。

2.處理違約或財務狀況惡化授信及大額授信案之監控：若發現借款人有不符或明顯違約，或財務狀況已惡化時，即應提出抗議，或應啓動約定之「加速條款」，經完成通知或催告程序後，即應一次收回「問題貸款」，以確保債權並減少呆帳損失。另外，通常送董事長或總經理核判之大額授信案，除營業單位（分行）外，總行亦會指派專人進行授信後追蹤，以發揮雙重監控功能並確保債權，因而有時總行追回「問題貸款」之速度還比該營業單位更快。

（二）由 ORM 抑低投資之市場風險甚具效能

1.風險性資產之投資案件應按5個階段分工牽制：（1）篩選投資標的：爲抑低投資案件之市場風險，先由專家分組篩選適合投資之標的。（2）確定投資標的與停益（損）點：各組須按組既定流程處理，最後由負責主管（或投資長）挑選、判斷、與確定投資標的，及其停益（損）點之比率大小。（3）市場下單買、賣操作：將確定之投資標的，經辦人應以最有利時機下單而買、賣操作。（4）投資後之交割與清算事宜：完成下單買、賣操作之投資標的，經辦人應妥善處理相關之融資（券）、交割、與清算事宜。（5）投資後追蹤或執行停益（損）點：所有買入之投

---

351. 黃得豐（2012年11月27日）。穩健金融業以因應歐債危機與衰退。工商時報，A6版。

資標的均應妥爲追蹤，或對該投資標的執行停益（損）點交易。上述每1階段之經辦人或主管均有複核人員雙簽負責，以防範「惡棍交易員」、「倫敦鯨」（全美最大之JPMP或摩根大通銀行因其倫敦分行之B.M.Iksil對垃圾債券反向操作，且其VaR模型失靈又不願切實作好歐洲式之ORM，至2012年4月底其因惡棍交易而損失70億美元）、或「個人英雄主義」之舞弊。

2.以內控爲基礎之ORM對風險性資產之管理效能常優於監理：有鑑於EU督促業者將內控併入以內控爲基礎之ORM運作，由業者自行做好興利與防弊，而獲得之「面」的效應；爰較由主管機關派員檢查之「點」的效果爲佳，亦即以英、德兩大金融國家爲主之業者「自律」，常優於政府監理。總之，以內控爲基礎之ORM既可使業者儘速提高經營水準與競爭力；又可使主管機關節省許多時間、人力、與物力，而專注於例行監理與新種業務之核准。換言之，做好內控與風控實爲健全金融監理之必要條件。

貳、實施以內控爲基礎 ORM 之配套措施

一、先做好四眼原則與假輪調等內部牽制

（一）須先以四眼原則取代傳統之雙簽

1.傳統之業務雙簽（double-sign）常流於形式：傳統之金融機構業務雙簽，係由事先指定之人員互相簽署，因而會有互相尊重或幫忙現象，並常流於形式或互相包庇。復因其主管與複核人員固定而較無警覺心或防弊功能，若發生弊端或疏失，多由經辦人負責而複核人員較無責任。

2.四眼原則（four-eyes principle）複核須與經辦人負相同之責任：（1）四眼原則係經辦人把案件呈核後，才由其主管臨時指定位階相當之行員同事加以複核，因須與經辦人負相同之責任，故對於發現任何問題或

疏失，皆應先要求經辦人更正後才簽名負責。（2）四眼原則亦視金額大小而分層負責：仍需逐級呈核，同樣亦均由其各級主管臨時指定複核人員，一直到最後判決為止。有鑑於呈送總經理以上之金額甚大，若有任何弊端或疏失，對銀行之業績與聲譽影響甚大；爰須以四眼原則雙簽，最為安全可靠。

3.歐洲金融體系因而會有2個以上之董事長與總經理：為落實兼具興利與防弊功能之四眼原則，須有兩個以上之高層負責人分工合作，既不會業務重疊；又不會分散經營領導權[352]。若單一負責人經營領導權未能充分發揮，則單一領導權之經營績效只會原地踏步或每況愈下。另外，此種雙簽制度亦會迫使各級主管與行員，認真瞭解與熟悉同事之相關業務，以備隨時奉命擔任複核人員，因而可促使大家守法與依規辦事，並累積業務多角化經驗，進而提昇金融人員之素質。

（二）人員假輪調亦可促進興利與防弊

人員假輪調（temporary rotation）可避免同一職位停留過久而產生弊端：營業單位之員工在同一職位停留過久，較容易產生弊端，因而每2年就應正式輪調外，過去有強迫員工休假制度以防弊。而假輪調制度係在相關業務人員下班前，ORM作業部門通知營業單位（分行），自次一營業日開始暫時調離至另一營業單位，接任相同職級之同樣工作，到期後自動回原營業單位歸鍵。例如本週通知A分行存匯副理調H分行接相同職位工作；H分行存匯副理調C分行；C分行調F分行；F分行調A分行，各工作2個月後自動歸鍵。下次亦可通知信託襄理由A分行調D分行等（亦調動至臨時指定之分行之相同職位工作）各3個月，持續辦理，除各分行經理須留下掌控業績成長外，幾乎大家都有機會暫時調離原工作崗位。當被ORM作業部門通知假輪調時，須立即向其經理辦理剩餘工作之移交，該經理會在下個營業日交給前來接任工作之假輪調者；反之亦然。假輪調到

---

352. 黃得豐（1992年3月）。德國金融制度。財政部金融局（頁84-92）。

期時亦須向當地經理辦理相同之移交工作，而回到原工作崗位接下假輪調者所移交之工作，並由營業單位（分行）通報ORM作業部門，整個作業流程才算告一段落。至於人員假輪調可使「不斷以未交換票據暫緩提出而自客戶帳內虛存款實挪用、盜用公款後循上述方式不斷挖東補西彌補、將保管客戶之股票盜賣卻尚未補回等弊端」迅速現形[353]。

二、須有超然獨立與週延之內部稽核

（一）稽核人員應超然且不與業務人員輪調

1.稽核人員應超然獨立並有效執行周延之查核：BCBS於2003年2月發佈「處理原則」之「原則二」規定：銀行之董事會爲確保ORM架構之合理可行，除應定期檢討執行策略外；尚應責由總稽核所領導具有訓練與專業能力之稽核人員，執行有效且周延之查核。且爲避免業務與利益衝突並尊重稽核之超然獨立性，內部稽核人員均不得直接參與任何業務審查或會議，惟須於交易後或事後定期與密集確認ORM執行之情形，而僅能對業務或ORM流程透過稽核加以監督與瞭解。

2.稽核人員與業務人員永遠不得互相輪調：BCBS尚以「說明17點」提醒「董事會必須確保稽核之獨立性」，因而總稽核所領導之各級稽核人員，其人事、預算、及績效考核等，均須超然獨立於總經理所領導之各級業務人員之外，才能客觀合理與避免因業務性質衝突而產生之後遺症，並使總經理拓展業務可因而收事半功信之效。至於兩種性質衝突人員永遠不得互相輪調，稽核人員應自行培訓（例如新進稽核人員通常須訓練1年之法規與業務），而不是與業務人員輪調，否則將會衍生更多利益衝突，而無法落實內控與ORM。

---

353. 黃得豐（2011 年 7 月 16 日）。銀行經營問題應以作業風險管理解決。中央網路報（頁 6-7）。

（二）交易完成後即執行查核並留戳記負責

1.交易完成後由稽核人員執行例行之稽核工作：稽核人員在執行ORM過程之認何交易完成後，即可進行其例行之稽核工作，並順便協助對ORM之確認或查核，至於銀行較主要之稽核人員如次：（1）駐行稽核人員：通常營業單位（分行）每20個業務人員配置1稽核人員，超過後再酌增1人，均與業務人員在一起上班。（2）駐區稽核人員查核：通常每20個分行派1人駐區，超過20家再酌派1人。駐區稽核至少應於每3個月，派人前往轄區之分行詳細抽查1次。（3）總行稽核人員：總行稽核部門每半年會派人前來，執行1次較詳細抽查。（4）總行另請會計師查核：總行稽核部門會另請會計師執行一般例行檢查時，通常會比較分析3年之資產負債表與損益表，並查核ORM過程之執行情形。

2.駐行稽核人員應執行4種稽核工作：（1）1天查1次：營業結束後抽查當天成交金額較大之前10%各種業務，此種查核事實上已可代替營業單位（分行）業務主管，每天營業結束所應執行之遵行法律主管制度（Compliance Officer）之抽查工作。（2）2天查1次：自每日上班以後至營業結束前依照既定之規劃，抽查2天以來成交金額較大之前20%各種業務。（3）1週查1次：依既定規劃抽查1週以來成交金額較大之前40%各種業務。（4）1個月查1次：抽查1個月以來成交金額較大之前60%各種業務。駐行稽核人員雖然與業務人員在一起上班，惟不可參與任何營業、雙簽、或業務會議，而只做自己之4種內部稽核工作，並協助對ORM之確認或查核。

3.稽核人員應就所查核之傳票或憑證留下戳記：（1）稽核人員執行上述8種查核時，均應就所查核之傳票或憑證留下「已查驗」戳記，以肩負「查核無誤」之責任，俾免查核浮濫。（2）在查核過程中，相關業務人員須全面配合，否則各該分行之經理會被調職或負完全責任[354]。

---

354. 同註 343。（2011 年 7 月 16 日）。（頁 8-9）

第二節　應重視金融安全網與國際合作協調

壹、加強金融安全網與風險管理並穩定金融體系

一、應加強金融安全網與督導落實風險管理

（一）加強金融安全網以嚴防金融全球化後之危機

　　鑒於銀行係以提供人力資源與資金媒介爲主要業務之尖端服務業，其業務經營充分影響整個經濟與社會；爰自金融國際化與自由化後，整個金融業乃逐漸演變爲全球化之產業，猶若全球相連之生命共同體，因而政府更應嚴格管理並督導業者落實風險管理。惟在金融全球化後，銀行之授信與投資的風險係數之起伏轉折顯著，其經營管理過程中隨著內、外在環境之演變與發展，除因本身經營不善引發系統性風險、資金流動性不足、與發生重大弊案等內在因素，及重大災害與景氣欠佳影響等外在因素外；尚有匯兌、政治、社會、戰爭、與市場動盪等風險衝擊所產生之外部成本。爲因應未來國際金融業務演變與危機之發展，除應加強金融業之風險管理外；尚應加強國際金融安全網（Financial Safty Nets）之協調與合作。而在金融海嘯後重要國際金融機構，包括IMF、世界銀行（World Bank）、BIS、與國際存款保險機構協會（IADI）等分別提出應加強「金融安全網」之內容，包括金融主管機關（執行審慎監理，並加強一般金融監理）、央行（擔任銀行之最後融通者，並提供支付清算系統）、及存保機構（保障存款人權益，並使問題銀行順利退場）等3大支柱。

（二）政府應督導業者落實風險管理

　　由於近年來歐債危機之衝擊，已造成台灣相關產業因外銷持續不順利，進而影響業務經營或衰退。倘若風暴與衰退持續延燒或擴大，則恐造成經營危機而拖延償還銀行貸款，甚至會因情勢惡化造成鉅額倒帳而影響金融體系之穩定。換言之，銀行會面臨因環境、管理、事務、與財務等因

素所引起之信用、利率、市場、流動性、匯率、國家主權、科技營運、表外風險、或破產等9個主要風險之侵蝕與滲透，若未妥為監控與管理，則會影響其業務經營之成敗與得失[355]。此乃金融海嘯與歐債危機後之重要啟示，除已加深大家對風險管理之重視外；尚已將風險管理方式演變為上述之廣義型或整合性風險管理。因此，政府更應嚴加督導銀行將風險管理精神深植於企業文化內，從上自董事會，下至全體員工均應將風險管理視為本身之責任，大家通力合作，以便在日常之工作運作中，崁入風險意識而把風險放在心上加以管理。若銀行能將風險管理各項流程落實於日常業務中，則既可健全本身業務經營與增加績效；又可共同穩定金融體系，而為預防下一次金融危機衝擊做好準備工作。因此，各國金融主管機關乃要求銀行應加強風險管理，而使風險等外部成本內部化。

二、應監控金融體系健全體質以防杜危機

（一）政府應監理控管金融體系以健全體質

事實上，我國之金管會、央行、與中央存保公司（CDIC）上次在金融海嘯衝擊後，尚能發揮金融安全網之應有功能。至於此次在因應歐債危機之衝擊方面，除應注意並預防其演變與發展外；尚應從政府監理控管方面與金融業健全本身體質方面加強金融之穩定，始可因應金融危機與經濟衰退之衝擊，並健全金融業務經營、確保金融消費者之權益、與維持大眾之信心[356]。此外，金融體系通常可包括以貨幣為基礎（money-base）而由央行以貨幣政策控管之貨幣與外匯；以銀行為基礎（bank-base）即以銀行為主之業務多屬於須與顧客議商之間接金融；以市場為基礎（market-base）即以金融市場提供各種組織結構或信用工具（credit instrument）與資金互相交易，及充當資金供需媒介之市場；允宜由金融主管機關與央行

355.Anthony Sauders & Meria Millon Cornett,Financial Institutions Management：A Risk Management Approach 4/e,Mc Craw-Hill.Education,2003,US.
356. 同註 343。2012 年 9 月。頁 171-175。

妥爲監理控管。既應儘量避免國際金融危機之蔓延與衝擊；又應共同維護金融秩序之穩定，並共同對付全球金融危機，俾共同促成金融體系穩定所要求之安全性、流動性、及收益性。

（二）應妥為監理控管金融體系以防杜危機

1.以貨幣爲基礎貨幣政策控管之貨幣與外匯方面：央行除以貨幣政策與外匯措施控管之貨幣與外匯，並作爲金融市場交易後之支付工具之外；尚擔任銀行之最後融通者，並提供金融業者支付清算系統。

2.以銀行爲基礎屬於業務多須與顧客議商之間接金融方面：以銀行爲主之金融機構，不論銀行、保險、或基金（投顧公司），其業務多係與顧客在營業處所直接議商貸款、理財、或投資條件之間接金融。須由金融主管機關執行審愼監理，以便要求金融業者穩健經營。對以貸款或投資爲主之風險性資產均須考量安全性、流動性、及收益性等三大因素。

3.以市場爲基礎而提供各種信用工具與資金交易之直接金融方面：以金融市場提供各種金融工具或信用工具與資金互相交易，及充當資金供、需媒介之市場，屬於直接金融。亦即由衆多之資金供、需者與信用工具或金融工具相互會合，共同決定資金價格（利率，殖利率，或股價）之總體經濟活動場所，而使資金供、需者均可藉金融工具或信用工具之買賣，以達到互相運用資金或籌措資金之目的。因此，對所有金融工具或信用工具之投資，均應先考量其潛在風險（安全性）、變現流通（流動性）、及利潤報酬（收益性）等資產特質，尤其是貨幣市場及資本市場之債券市場與股票市場。

貳、應加強國際金融安全網之協調與合作

一、發揮金融安全網功能以處理金融危機

（一）金融危機應緊急處理以避免系統性危機

由於全球金融危機詭譎多變，每次發生危機之原因與狀況又多不相同，且危機擴散傳遞速度似已逐漸加快。此乃由於金融業務複雜化與槓桿化後，所造成之金融創新控管失當、銀行業務迅速擴大、系統風險蔓延之關聯性更高、及槓桿操作與資產負債缺口之反應加快等所造成。此外，上述自金融海嘯以後各國均緊急動用龐大資金以挽救危機，歐債危機後為避免銀行危機或系統性風險，仍由各成員國央行提出緊急流動性援助或ELA，諸如德國已援助6,460億歐元（至2012年9月為止）、比利時720億歐元、愛爾蘭8,700億歐元、與希臘10,950億歐元（後二者仍由緊急流動性援助(ELA)援助中）。因我國在國際政治之處境艱困，諸如IMF、世界銀行、與BIS等較重要之國際金融機構均未能參加，若有任何國際金融危機時，無法獲得其關切與資助。幸虧我國中央存款保險公司，有參加國際金融安全網中，甚為重要之國際存款保險機構協會或IADI，透過與會員國之交流與合作，可共同穩定金融與避免骨牌效應而混亂金融等。因此，2008年金融海嘯衝擊全球經濟與金融時，中央存款保險公司率先配合IADI，在亞洲宣佈實施全額保險，因而穩定台灣地區之存款人信心，並與金融主管機關及央行共同穩定台灣金融安全與穩定。

（二）金管會與央行亦已發揮金融安全網功能

我國除央行已充分發揮功能外，金管會亦執行巴塞爾銀行監理委員會，所制定「有效銀行監理核心原則」中有關審慎監理之規定，而我國已符合規定之審慎監理，包括全面推動公司治理制度、有效的資訊系統、申請人符合「適任原則」之經營良好無違規紀錄、有效之反洗錢措施、適足之巴塞爾資本協定、與防止利害關係人借款濫用等。至於穩健之風險管理

與健全之內部控制制度方面則仍待加強，尤其風險性資產業務多未分工牽制、稽核人員與業務人員仍互相輪調、總稽核未能超然獨立於總經理之外、及尚未全面實施以作業風險管理爲主之ORM或IRM等。此外，存款保險問題雖非審愼監理之範疇，惟卻爲金融安全網之一環。台灣已有中央存款保險公司執行限額保險，且對外資銀行在台分行，係採由母國存保機構保障之方式。惟仍應未雨綢繆並妥爲協商，必要時尙應建立防火牆機制，以愼防因在台有分支機構之外資銀行，發生經營問題或金融危機後，拖累在台之分支機構或台灣整體金融秩序之安全

二、仍可透過國際金融安全網化解危機

（一）我國已參加國際存款保險機構協會

　　我國中央存款保險公司已參加國際金融安全網中甚爲重要之IADI，透過與會員國之交流與合作，可共同爲健全金融體系、存款保險制度、與民眾信心等3大支柱而努力，並達成保障存款人權益、穩定金融、執行問題金融機構退場、與避免骨牌效應混亂金融等目標。IADI於2002年在BIS成立時，我國爲創始會員國之一，其成員尙包括IMF、世界銀行、亞洲開發銀行（ADB）、部份國家之央行與金融主管機關等，到了歐債危機發生後之2010年底共有106個會員國與地區參加。此外，IADI爲協助維持國際金融穩定，因應國際金融動盪與穩定全球金融秩序，乃與IMF及世界銀行等研擬國際共同接受之準則，以促進專業經驗之交流與提升存款保險制度之功能，並發佈「核心原則評估」，以有效評估存款保險制度之效能。至其評估範圍包括保障額度、資金籌措、職權、跨國合作、全額保障轉換爲限額保障、公眾意識宣傳、早期偵測與及時干預措施、以過渡銀行（Bridge Bank）處理問題金融機構、賠付、及資產回收等。因此，若發生國際性金融危機或任何困難狀況時，中央存款保險公司可透過與IADI之國際性合作，而化解金融危機與應付挑戰。

（二）今後仍應充分發揮存款保險機制之功能

　　鑒於存款保險係具有低成本而高效益之政策工具；爰可用以保障存款人之權益、維護社會大眾對金融體系之信心、與促進金融市場之穩定等，且存款保險機制尚可爲經濟發展帶來長期之安定力量。此外，至2010年底取消全額保障後，2011年初改爲最高300萬台幣之限額保險。面對歐債危機之衝擊與影響仍將審愼樂觀，因政府已能針對衝擊妥爲處理，而中央存款保險公司已提出因應政策尋求改善中。另外，該公司爲確保存款人信心，安定金融秩序，除已建立完整之全國金融預警系統，要求全體金融機構透過網際網路傳輸系統，傳入所有相關資料，由該公司注意其動態變化，並派專人關切與輔導外；尚配合金管會實施立即糾正措施（PCA），在第一時間糾正金融機構之缺失，並建立以淨值爲基準之退出市場機制，及明訂退場門檻，俾對無市場競爭力之問題金融機構儘速處理，以降低處理成本，及維護金融秩序。另外，爲維護金融穩定，必須要有充足之賠償準備金爲基礎。依據存款保險條例第16條規定之法定目標爲「保額內存款之2%」，若以2010年底未提高保額前（150萬台幣）估算應有2,800億台幣之賠償準備金。惟該公司因墊付金融重建基金900億台幣後，賠償準備金缺口卻爲負700億台幣，與法定目標相差3,500億台幣，根本無法因應任何金融危機。此外，我國存款保險收取之差別費率平均爲萬分之3.3（美國爲12至45；日本爲8.1；韓國爲8），相較於國外我國存款保險收取之費率尚屬偏低，故應儘速調高保費以充裕賠款準備金，俾於發生金融危機時能發揮金融安全網之功能。

第二十二章
歐債危機之重要後續演變與展望

第一節　撙節措施之後續演變與發展

壹、PIIGS 國家撙節措施之演變與展望

一、從政府支出縮減析述撙節措施成果

（一）EU 與歐元區之政府支出均逐年降低

2008年金融海嘯後EU為挽救經濟與金融危機，實施龐大振興經濟措施，致使政府支出過度擴張，2009年又陷入第二次世界大戰結束以來最嚴重之衰退。EU與歐元區之政府支出占GDP比率由2008年之47.1%節節攀升，至2009年即突破50%，分別達到51.0%與51.2%。2010年則因逐漸退出振興經濟措施，復因實施撙節措施以對抗迅速蔓延之歐債危機，而分別略微下滑至50.6%與51.0%。2011年因擴大實施撙節措制全體EU與歐元區，使政府支出進一步下滑至49.1%與49.5%，至於2012年與2011年完全相同，而EU之49.1%，又較歐元區之49.5%為佳，且PIIGS國家之政府支出亦均匯全面縮減。因此，EU預估至2014年狀況會漸轉好為48.2%與49.1%（詳見表5-2）。

表 5-2 政府支出占 GDP

單位：%

時間　國別	2010	2011	2012	2013	2014
比利時	52.4	53.1	54.1	54.2	54.3
德國	47.7	45.3	45.2	45.5	45.3
愛沙尼亞	40.7	38.3	41.2	39.5	37.8
愛爾蘭	66.1	48.2	42.6	41.5	39.1
希臘	51.3	51.7	50.7	49.6	48.1
西班牙	46.3	45.1	44.3	42.7	42.3
法國	56.5	56.0	56.3	56.7	56.7
義大利	50.5	50.0	51.0	50.5	50.0
賽浦路斯	46.2	46.1	46.9	47.1	47.4
盧森堡	42.8	42.0	44.3	44.2	44.7
馬爾他	42.5	42.3	42.6	43.2	42.8
荷蘭	51.3	49.9	49.9	49.9	49.8
奧地利	52.6	50.6	51.6	51.3	50.4
葡萄牙	51.2	49.4	46.7	47.5	45.3
斯洛維尼亞	50.3	50.7	48.8	49.7	49.2
斯洛伐克	40.0	38.2	37.6	36.7	36.1
芬蘭	55.5	54.5	55.3	54.9	55.1
歐元區	51.0	49.5	49.5	49.4	49.1
保加利亞	37.4	35.6	36.4	37.0	37.0
捷克	43.8	43.0	43.6	43.3	42.9
丹麥	57.6	57.9	59.6	57.0	56.0
拉脫維亞	43.7	38.4	36.8	35.6	34.8
立陶宛	40.8	37.4	36.8	36.2	35.4
匈牙利	49.7	49.5	48.9	49.0	49.6
波蘭	45.4	43.6	42.8	42.2	41.8
羅馬尼亞	40.1	37.9	36.1	36.0	35.7
瑞典	52.0	51.0	51.4	51.4	50.8
英國	50.4	48.5	48.4	47.2	45.7
EU	50.6	49.1	49.1	48.8	48.2

資料來源：European Economic Forecast Autumn 2012 卓惠真與王儷容之資料。

（二）PIIGS 國家政府支出與赤字已漸降低

關於PIIGS國家之政府支出方面，歐債危機後除義大利外均已申請紓困，因而須以嚴厲實施撙節措施作爲先決條件，其中希臘已由2010年之51.3%略增至2011年之51.7%再降至2012年之50.7%，目前希臘政府正在持續努力改善財政狀況並縮減赤字中。而同期之其它PIIGS國家狀況爲：愛爾蘭由66.1%降至48.2%與42.6%；葡萄牙由51.2%降至49.4%與46.7%；西班牙由46.3%降至45.1%與44.3%；義大利由50.5%降至50.0%，2012年又增至51.0%（詳見表5-2）[357]。至於撙節措制對於縮減赤字之成效方面，根據Eurostat之數據略以，希臘已由2010年之10.7%降至2011年之9.4%卻又增至2012年之10.6%，而同期之其它PIIGS國家狀況爲：愛爾蘭由30.9%大降至13.4%與7，6%；葡萄牙由9.8%降至4.4%卻又增至6.4%；西班牙由9.7%降至9.4%與8.0%；義大利由4，5%降至3.9%與2.9%。

二、積極撙節措施後財政收支漸改善

（一）EU 與歐元區執行撙節措施之概況

根據Eurostat提供之經濟預測分析顯示，由於受到歐債危機之衝擊與影響，2012年EU平均之赤字占GDP之比重爲4.0%，較2010年之6.5%與2011年之4.4%改善；歐元區2012年下均赤字爲3.7%，較2010年之6.2%與2011年之4.2%已明顯的改善。上述EU與歐元區之平均數雖然已連續2年有所改善，惟仍未達SGP所要求GDP之3%以內規定。於此尚須一提者，乃德國已由2011年之赤字0.8%轉爲2012年之盈餘0.2%，爲EU27會員國中唯一預算盈餘國家，主要原因係其稅收增加與社會福利支出減少等。歐元區赤字在其GDP之3%以內成員國有愛沙尼亞（0.3%）、盧森堡（0.8%）、芬蘭（1.9%）、奧地利（2.5%）與義大利（3.0%）；EU符合規定之會

---

357. 卓惠眞與王儷容（2012 年 12 月）。歐洲主權債務危機發展對台灣經濟之影響與因應策略（頁 20-22）。中華經濟研究院。

員國有瑞典（0.5%）、保加利亞（0.8%）、拉脫維亞（1.2%）、匈牙利
（1.9%）、與羅馬尼亞（2.9%）等。有鑑於大部份歐元區成員國多未符
合上述低於GDP之3%規定，而改善財政赤字又爲經濟穩健發展之先決條
件；爰各國今後仍將會持續推動撙節措施，或其他緊縮政策。

（二）PIIGS 國家仍會積極實施撙節措施

　　歐債危機後深受衝擊之PIIGS國家，除義大利外，均已先後獲得EU與
IMF紓困，而接受紓困之先決條件即執行撙節措施（或自我紓困），透過
削減政府支出與增加稅收而尋求財政均衡。惟持續緊縮與撙節支出，會使
消費者轉趨保守而抑制國內需求，甚至於會削弱經濟動能，或使相關經
濟活動陷入困境。此外，上述義大利雖然赤字符合在其GDP之3%以內規
定，惟因Monti總理執行財政改革已引發強大反彈，且義大利主要政黨均
傾向於反對撙節措施，或改採取減稅措施以討好選民。因此，義大利2012
年已高達127%之政府負債恐將持續攀高。至於PIIGS國家近年來實施撙節
措施尚稱積極，且彙總概述撙節措施項目如次：包括增加稅收或提高稅
率、削減公共部門員工之薪資支出、削減社會福利支出、延長退休年齡、
減少公共投資、鬆綁雇主裁員規定、改變退休金或年金計算方式、減少特
定職等權益、稽查逃漏稅、公營事業民營化、與愛爾蘭尚實施鼓勵長期失
業者重回工作崗位等。雖然在撙節措施執行過程中，不斷遭遇既得利益者
罷工示威或反彈，惟過高之赤字與政府負債均有害財政健全性，亦不利於
經濟體質與進一步發展，因而歐元區之撙節措施或緊縮政策仍會持續執
行。

貳、EU 重要選舉後撙節措施之演變與發展

一、希臘與義大利選舉後撙節措施之演變

（一）希臘新政府仍會持續實施撙節措施

希臘在2012年6月17日國會大選後，確定由落實同意撙節支出政策，以換取紓困之新民主黨出面組聯合政府。EU持續施壓，要求希臘進行結構性改革，重整經濟。然而EU一方面擔心對希臘放寬縮減財政赤字目標後，其他高負債國家也會要求跟進；另一方面又擔心以強硬態度催逼希臘，恐又導致反效果，因希臘新總理薩瑪拉斯（A. Samaras）所率領之聯合政府曾陷入困境，亦有閣員因健康問題而意外請辭。薩瑪蘭拉斯總理爲突破希臘之財政困境，在2012年6月底之EU高峰會召開前，致函EU其他會員國，表示EU與IMF之1,300億歐元紓困方案之條件「有必要修改」，惟渠亦強調希臘新政府「絕對有決心履行最近紓困協議中之承諾」。該紓困方案要求希臘在2014年達成政府經常性支出預算平衡，惟此一期限對於面臨嚴重經濟衰退之希臘而言，則認爲難以承受。因此，希臘新政府乃向EU提出要求，准許政府經常支出預算平衡之時程延至2016年。此外，希臘新任財政副部長C. Staikouras警告，受重創之希臘經濟2012年恐持續衰退6.7%，已高於原先所預測之4.5%[358]。

（二）義大利選舉撙節派與歐元信心均曾受挫

義大利2013年2月下旬之選舉結果出爐顯示，貝沙尼（P.L. Bersani）領導之中間偏左聯盟在眾院拿下29.54%選票，險勝前總理貝魯斯柯尼（S. Berlusconi）帶領之中間偏右聯盟之29.18%。中間聯盟Monti率領之中間聯盟成爲最大輸家，在眾院取得45席，得票率僅10.56%，在參院只拿下18席。Mont在2011年11月貝魯斯柯尼下台後組成看守政府，屬行撙節措施與改善結構性問題，而贏得歐洲領袖與國際對義大利之信心，惟義大利人民卻對於Mont提高退休年齡和增稅之主張表達不滿。由於參院並無類似規定，貝沙尼陣營在參院得票率31.63%，雖勝過貝魯斯柯尼陣營之30.72%，惟參院席次分配以地區爲基礎，結果貝沙尼陣營只得到113席，貝魯斯柯尼陣營拿下116席，兩陣營都未達到過半所需之158席。市場憂心歐債危機再起，義大利10年期公債殖利率則飆升29個基點至4.78%。義國10年期公

---

358. 黃得豐（2013年4月16日）。從歐債危機原委探討財政聯盟之必要性。國政研究報告。

債和德國債券之殖利率差擴大33個基點至326bps。EU股市大幅走低，歐元3月1日收盤重挫至1.3024美元而賣壓沉重，慎防如跌破1.30恐再探底之機率增加，上漲壓力暫看1.31；由於選舉結果出乎外界預期，被普遍看好貝沙尼領導之中左翼聯盟雖然在眾議院贏得多數席位，惟卻在參議院失利，有人認為義大利選舉結果恐會使歐債危機問題再度捲土重來，因而市場高度關注義大利未來政局發展[359]。

二、法國選舉後主張擴張支出與課稅

（一）新總統主張刺激成長反對緊縮政策

由於近年來法國失業率持續攀升，經濟表現疲弱，引發民眾對緊縮政策不滿，在2012年5月選出中間偏左之法國新總統歐蘭德，反對以前所採取之緊縮政策，而主張在EU「規範及制裁」新條約中適當增加支出以刺激經濟成長[360]。因此，主張在適當財政緊縮之同時，宜加入刺激經濟成長措施，乃於競選時提出政策提案如次：

1.財政均衡：2017年達成財政均衡目標，2013年將赤字削減至GDP之3%（因2010年為7.1%；2011年為5.2%；2112年為4.5%）。

2.對高所得者增稅：對100萬歐元以上之高所得者，其個人所得稅率提高至75%；15萬歐元以上者提高為45%以上之所得稅。

3.雇用政策：5年內以200億歐元，增雇教師（年輕人）6萬人。

而歐蘭德5月6日之當選似又顯示法國民眾對於緊縮政策之不滿[361]，而

---

359. 林士傑與何肇榮（2013 年 3 月 10 日），Eurostat，Unemployment Rates in January
2013，Seasonally　Adjusted。金融情勢週報。台灣金融研訓院整理。
360. 卓惠眞與王儷容（2012 年 12 月）。歐洲主權債務危機發展對台灣經濟之影響與因應
策略（頁 20-22）。中華經濟研究院。
361. 卓惠眞與王儷容（2012 年 12 月）。歐洲主權債務危機發展對台灣經濟之影響與因應
策略（頁 20-22）。中華經濟研究院。

前總統沙科吉雖然以「強大法國」爲選舉口號，最後卻仍敗給自己之傲慢[362]而下台。固然財政緊縮會使經濟成長下滑，若無妥善之財稅措施因應則會導致財政收入減少，恐會形成惡性循環使赤字持續存在，因而，法國總統大選結果似在否決緊縮政策。

（二）偏重課稅而提出30年來最嚴苛預算案

雖然歐蘭德主張在適當財政緊縮時加入刺激成長措施，應是解決當前經濟困境之關鍵。惟法國財政部長艾候（J.-M.Ayrault）在9月提出30年來最嚴苛預算案，2/3將來自增稅，另1/3來自削減政府支出，法國2013年預算赤字約爲836億歐元，或占GDP的4.5%。艾候提出之新預算措施，包括對收入超過100萬歐元之富有者課徵75%富人稅、對年收入超過15萬歐元者所得稅率爲45%、凍結債務支出與年金支出以外之政府支出、實施財產稅，對資產超過130萬歐元者課徵1.5%之資產稅、調降大企業貸款支出之課稅寬減額、及管制所得稅中之資本利得與股利。歐元區會員國相繼提出增稅及削減支出之財政措施，然而此次之債信問題並非起源貨幣問題，而是財政問題，因此撙節支出及削減赤字，甚至是增稅皆係相應之措施。惟若過度緊縮財政乃意味削減政府支出，因而可能導致就業機會減少，失業率進一步攀升，致使家庭消費支出萎縮，因而會形成經濟衰退之惡性循環。

第二節　各項法規制度改革已陸續上路

壹、改革法案與財政協約朝向經濟治理

一、財政協約等法規可穩固財政提升競爭力

（一）財政協約與6項包裹併行嚴格運作

---

362. 林建甫。沙科吉敗給自己的傲慢。經濟日報，A4版。

　　上述6項包裹改革法案係來自於EU內部對SGP再改革，並著重於財政紀律之維持需求而產生，且EU執委會另又提出6項包裹等立法草案，欲作為SGP之輔助之用，對各項修正措施制定更嚴格之監督標準，以宣示經濟治理之重要性[363]與對於與總體經濟有關之預算、工資、赤字、與盈餘等要件之監督及整合。此外，EU峰會另於2012年3月簽署財政協約作為政府間合意之條約而非EU正式法律，僅須12個歐元國批准即可在2013年初生效，且於一年內用立法方式轉化為內國法規，由各國自行監控執行情形，並創立以歐洲法院為中心之司法執行機制[364]。而EU之各國領導人亦同意，財政協約涵蓋範圍將比6項包裹改革法案更加廣泛與嚴格，兩者會平行運作以確保各國審慎規畫其預算分配。若從施行經濟治理上觀之，對於出現不遵守財政紀律之情形，應給與嚴格之制裁，由EU執委會決定是否違反穩定標準，惟財經部長理事會亦得提出異議。亦即EU會員國有義務降低預算赤字與負債總額，違反SGP時會受到重罰。另外，簽署財政協約而與6項包裹法案平行運作且更加嚴格，並可確保各國能審慎規畫其預算分配與運作協調，並逐漸使EU邁向整個經濟治理之一環。

（二）簽署新規範穩固財政與提升競爭力

　　由於歐元區成員國間經濟雙重背離差異與財金政策雙軌制而存在不同之財政預算政策，因而在共同貨幣之條件下，PIIGS國家仍多面臨勞動結構性問題。因此，若欲讓這些國家繼續留在EMU，就必須徹底調適其間之經濟與預算政策[365]。為求進一步推動財政整合、第二次SGP改革、與經濟治理，德國提出包含2020策略一系列承諾之歐元附加條約議案，已獲23國於2011年3月簽署，以期強調緊密協調各國經濟政策，並為維護單一貨幣而達到提高競爭力、促進就業措施、維持公共財政持續性、與從銀行

363. 谷瑞生（2012 年 9 月 20 日）。歐盟經濟治理與里斯本條約（頁 43-64）。歐盟經濟制理研討會。臺灣歐洲聯盟中心。
364. 李貴英（2012 年 9 月 20 日）。歐盟經濟治理與歐盟財政（頁 127-136）。歐盟經濟制理研討會。臺灣歐洲聯盟中心。
365.Ein Fassohne Boden,FAZvom30.3.2011,S.12.

監理範圍加強金融穩定等之4大目標。因此，各國必須採取改革措施以提升成員國競爭力，而爲縮減社會支出減輕公共財政之負擔，尚應改變目前之制度以促進穩固公共財政。換言之，上述歐元附加條約與「EU財政學期」相結合，並由EU執委會負責監控各國承諾之執行程度，則可提升競爭力，並將向財政聯盟邁進一大步，顯示EU執委會與部長理事會欲進行財政治理框架避免危機，是否將成爲經濟治理一環仍值得觀察。[366]

二、化解財金雙軌制並邁向政治聯盟

（一）財政協約可化解財金雙軌制問題

鑒於經濟治理與財政聯盟乃長期結構性改革之治本問題；爰應儘速建立財政聯盟與經濟治理，始可解決財政失衡、稅收問題、跨國就業、與經濟改善等。由於歐元區成員國迄今仍不願將財政與政治主權轉移至EU層級；因而EMU僅側重於貨幣聯盟發展，並無統一之財、經濟政策，甚至於統一之金融監理制度策等，而仍無法達到高度協調與合作[367]，因而歐元區雖係貨幣巨人，卻是財政侏儒[368]。如上所述，EMU乃係奠基於各會員國政治協商下之結果[369]，而非單純透過經濟治理履行所創造之產物[370]，EU機構嘗試藉由立法方式管制各國財政表現，並促進EU總體經濟成長與提升就業率，惟因財金政策雙軌制而造成法案既重複又複雜，並已造成疊床架屋而顯示EMU不符歐元區發展之需求。

（二）推動財政協約已向政治聯盟邁進一大步

有鑑於成立財政聯盟係解決EMU困境之最佳途徑，且可規範財政

---

366. 黃得豐。歐債危機須從財政整合加以根本解決。國家政策研究基金會

367. 陳揆明（2012 年 1 月）。歐洲經濟治理下財政監督機制之研究（頁 3）。台北市。

368. 彭淮南（2012 年 7 月）。政治決心適解決歐洲危機的關鍵（頁 8-10）。全球工商，No.652。全國工商總會。

369. Grabitz/Hilf/Nettesheim,Das Recht der Europäischen Union,46.Ergänzungslieferung,2011 München,Art.3EUV Ziele der Union,Rn.59.

370. 同註 368。

紀律而勢在必行；爰若能順利成立不僅可結束目前EMU之財金政策雙軌
制，更代表EU將達到完全之經濟整合，成為人類發展史上的創舉，此將
對EU其他政策方面之整合帶來如何之效應。此外，若EU成立財政聯盟則
將是人類發展史上之一大創舉，不僅標誌著EU從EMU更進一步朝完全經
濟整合前進，更代表在財政聯盟之中，各國財政自主權某種程度將由EU
機構所掌管，目前疊床架屋之財政法規，將有可能更簡化且易於遵行。另
外，成立財政聯盟需要全體EU會員國同意方可實施，此一趨勢也代表未
來將有可能藉由政治合意之助力，從單純法律治理進一步發展。換言之，
長期而言歐元區應進行深度之政治聯盟（political union），以促使各個政
策領域能協調一致[371]，至於今後EU可否順利深度整合，其後續演變與發展
仍有待觀察[372]。

貳、展望財政與金融邁向更寬廣整合

一、EU 已同意設單一銀行監管機制

（一）EU 已達成設立泛歐銀行監管系統共識

　　EU 27會員國財長歷經數月協商，於2012年12月13日才達成協議，同
意設立單一銀行監管機制（本文均稱泛歐銀行監管系統或PESS），並將
對ECB賦予更多權力，諸如未來可能直接提供銀行或信貸機構紓困金、有
權要求銀行或信貸機構提高資本適足率、與勒令經營不善之壞銀行或信貸
機構停業等。換言之，新設立之單一銀行監管機制，將對ECB賦予直接監
管歐元區約200家大型銀行（資產價值300億歐元以上）之權責，並在小型
銀行問題浮現時干涉。市場普遍認為ECB扮演樞紐角色，對歐洲整體經濟
整合非常重要，可有效解決過去3年來歐債危機防堵不彰之問題。新監管
機構之法律架構會儘快出爐，並預定該監管系統之新機制將於2014年3月

---

371. 黃得豐（2013 年 4 月 16 日）。從歐債危機原委探討財政聯盟之必要性。國政研究報告。
372. 林士傑（2012 年 12 月 24 日）。歐元區將設單一銀行監管機制。台灣金融研訓院。金
　　融情勢週報。

實施,此堪稱金融海嘯以來EU銀行體系最大改革措施之一[373]。上述協議顯示大家已原則上贊同成立該監管系統,據悉,EU認爲3年來對歐債危機防堵策施之成效不彰,成立該監管系統可望作爲穩定歐元區經濟之基石,且象徵解決銀行或信貸機構之問題已獲得初步之共識。因此,在推行前仍應針對可能爭議妥爲協商解決,並詳加規劃該監管系統之相關配套策施,始能讓EU與歐元區之金融體系邁向更爲寬廣之未來。至於非歐元區成員之英國原擔心會失去決策表決權,對EU財長會議協商後同意設立雙重投票機制,於法案推行前由泛歐銀行監管系統成員與非歐元區成員分兩輪投票。

(二)各國對單一銀行監管機制立場仍互異

1.以法國爲主之南歐會員國已表示贊成:法國等南歐國家一直採支持態度,法國認爲所有銀行皆應接受ECB統一監理,認爲既可解決歐債危機;又可增加歐元信心。此外,法國認爲銀行與歐債危機間具有關連,而該監管系統可阻絕歐元危機之禍源,惟希望可盡早運作並可藉此證明歐元仍值得被信賴。

2.英國對該監管系統與架構已表示不贊成:雖然EPSS將採用英央行制度,惟因各國對銀行審愼監理與金融穩定,原已存在嚴重之良莠不齊,因而英國已立即公開表示不參加,過去英國雖對EU之許多政策均採取不加入立場,惟此次對新監理機制卻相當擔心[374],隨著ECB新權力擴增而在制定規範中英國聲音會變得更小,亦擔心在倫敦進行之歐元外匯交易平均每日8,000億美元,約占全球之40%可能會移法蘭克福或巴黎,並擔心將原在倫敦之外匯交易改由ECB監管[375]。

373. 同註 372。

374. 黃得豐(2011 年 8 月 5 日)。歐盟金融之演進與相關改革之檢討。國政研究報告。〈http://www.npf.org.tw/post/2/9520〉

375. 江書瑜(2013 年 1 月)。歐洲銀行系統性風險之研究—銀行監理發展(頁 134-137)。

3.德國對該監管系統與架構表示保留態度：德國較為慎重因而在一開始時均持保留態度，雖然2012年10月之EU峰會上同意建立惟德國總理梅克爾表示同意建立此機制，其前提是需要先建立一套完善，而具真正強制約束力之監理機制，否則將不討論對其他國家實施直接融資之行動，而德國財長更關切ECB貨幣政策與金融監理之潛在利益衝突問題，因而擔心又將要對原管理浮濫的成員國負擔紓困銀行倒閉之資金。

4.梅克爾總理無意參與聯合存款保證機制：因德國擁有全球最佳之存款保證機制，為避免銀行放任倒閉而由政府賠付存款人之「道德危險」，其存保機構政府並未花錢介入，而係由公營商銀、民營商銀、公銀儲銀、與合作銀行等4大銀行公會分別設立之存保基金，所辦理之幾乎可「全額賠付」之存保機制[376]。另外，自1928年後即擁有與德國相同存保機制來源之捷克與奧地利，其目前之存保制度亦係全球最完善者之一。

二、EU 雖建議發行歐元公債惟尚存爭議

（一）EU 建議由歐元區統一發行歐元債

由於近年來西、義等歐債國家面臨債務危機之發債成本較高，因而乃向EU執委會巴洛索主席建議，由歐元區17國統一發行歐元公債券，再將籌得之資金分給歐元區各國使用，而發行歐元債券之利息支付與本金償還，則由17個會員國共同承擔。因此，安全性較高且借錢之成本也就相應較低。由於上述歐元債券之成本可說是歐元區17國之平均融資成本，而在歐債國家借錢成本下降之同時，在德國等核心國家之借錢成本將上升，此乃相當於由核心國家用自己之信用為歐債國家做擔保。亦即欲以德國之信用幫西、義借錢顯然不太合理。因此，以德國總理梅克爾為首之成員國仍反對歐元債券[377]，惟梅克爾總理認為歐元區應先進行結構性之改革，並授

---

376. 同註343。2012 年 9 月。頁 35-36。
377. 卓惠真與王儷容（2012 年 12 月）。歐洲主權債務危機發展對台灣經濟之影響與因應策略（頁 25-27）。中華經濟研究院。

權由EU之機構監管各成員國預算和經濟政策,然後再來談共同分擔債務之歐元債券計畫。換言之,德國可能接受歐元債券之主張,惟大前提是歐元區國家均應「交出財政主權」,亦即各成員國將預算權力交給未來之EU財政當局,而提前組成財政聯盟,惟以法國為首之成員國,迄今對於交出財、經主權乙事仍強烈反對。

(二)析述統一發行歐元公債尚存之爭議

1.從結構性之改革觀點析述:在歐債國家結構性之改革方面甚緩慢,若依目前狀況歐元債券似僅解決短期融資問題,而無法解決西、希等國嚴重之結構性問題與整體債務比重,因而發行歐元債券僅係治標而不治本,或造成更多之道德危險而已。

2.從法規制度之觀點析述:現行之相關EU條約與德國憲法均禁止分擔債務,若要發行須先修改EU條約與相關法規制度。此外,現行之EU條約有一致決之規定,而紓困立場原本就屬鷹派之芬蘭與荷蘭立場不變或不放行前,似乎不太可能上路,

3.從資金與借貸成本之觀點析述:一旦採用歐元債券,德國等核心國家之之發債成本至少將上升至歐元區平均水準,每年須額外多支出龐大之利息支出。而一向嚴格遵守財政紀律之德國人,並不願意幫助浮亂開支之歐債國家承擔債務,且歐債國家之借貸成本固然可以下降,惟恐將會因而降低執行撙節支出措施之動力。

4.從道德風險觀點析述:在道德風險方面指若因發行歐元債券,致使歐債國家不用對此次危機付出代價,而係由全體歐元區國家一起承擔債務,則未來會有更多成員國亦將重蹈覆轍。

第三節　財經金融及歐元後續演變與發展

壹、高失業率惟經濟回穩 ECB 寬鬆貨幣

一、就業市場惡化惟其它經濟狀況多已回穩

（一）EU 就業市場仍未改善而持續惡化

　　歐元區國家努力撙節支出改善財政，不過就業市場仍未改善。根據
Eurostat宣佈2013年1月份歐元區失業率由2012年12月11.8%再度上升至
11.9%，較市場預估的11.8%為高，並且再創歷史新高；另外，Markit發
佈1月份歐元區製造業PMI終值為47.8點，產業景氣沒有改善跡象，1月份
歐元區主要國家僅德國製造業PMI達50以上，為50.2點。EU製造業景氣
不佳，也加深就業市場情況惡化，歐元區1月份有1,899.8萬人失業，較
2012年12月增加20.1萬人；青年失業率達24.2%，西班牙更高達55.5%。義
大利失業率從11.3%上升到11.7%，德國則保持在5.3%。法國失業率微升至
10.6%。西班牙失業率26.2%及希臘的27%（2012年12月），在歐元區國家
中最高，奧地利失業率4.9%則為最低。EU執委會預估2013年與2014年歐
元區失業率將高達12.2%，歐元區就業市場情況持續惡化，若高失業率國
家不儘速提高結構性改革，則德國不願意再提供財務支援。換言之，債務
較龐大之PIIGS國家，諸如西班牙與義大利等，若仍無法改善失業結構等
現況，歐元區失業率未來只會繼續升高[378]。

（二）工業生產與經常帳盈餘等逐漸好轉

　　根據Eurostat公布數據略以，2013年以來歐元區工業生產（尤其是資
本財生產）成長已連續上升，優於市場預估，整體來說，歐元區工業生產
有機會帶動整個經濟景氣朝正向發展。惟因實施結構性改革速度一直很緩

---

378. 鄭貞茂。院長專欄。金融情勢週報。台灣金融研訓院整理。2013 年 3 月 10 日至 2013
　　年 6 月 3 日彙總整理。

慢，加上失業問題一直嚴重，影響消費者信心。內需改善情形可能會低於預期，惟因通膨呈現穩定，低利率及資金環境仍可持續。因而經濟成長仍應密切觀察就業、消費與內需是否跟上復甦之腳步。此外，根據ECB公佈數據略以，歐元區2月份貿易收支轉順差，經常帳盈餘達163億歐元，優於市場預期之150億歐元盈餘，亦優於上月之138億歐元。又據Eurostat公佈歐元區3月份消費者物價調和指數（HICP）較2月上升1.2%，符合市場預期。德國3月份消費者物價指數上升1.4%，則創下2010年以來最低。另外，歐元區2月出口已連續第4個月成長，主要係因德、法汽車業和機械外銷情形良好，使得2月份貿易收支由逆差轉爲順差，提高歐元區擺脫衰退陰影之可能性，而ECB爲挽救經濟不排除將再降息，俾創造ECB再融資利率之歷史新低[379]。

二、ECB 將制止拆存並擴大寬鬆貨幣政策

ECB自2012年6月以來有條件無限量購買政府債券之政策，爲經濟實力較弱之歐債國家注入大量流動性，如今效果已經逐漸顯現。若經濟景氣2013年以後逐漸好轉，下半年歐元區主要國家公債殖利率走勢應該逐漸趨於一致，表示市場對於歐元區債務違約的擔憂與恐慌程度逐漸在減弱當中，公債市場重新回到經濟基本面評價，才有助於歐洲金融市場穩定。但是各國統計資料顯示，中小企業融資情形還是沒有因爲降息而得到明顯改善，ECB爲挽救歐元區經濟未來不排除還可能進一步降低再融資利率。此外，近年來歐元區之銀行爲規避被歐債危機拖累，而把原可在拆款市場拆放它行之歐元以隔夜附買回（O/NRP）交易轉存ECB，而RP利率原爲拆款市場下限；RS利率爲拆借上限，惟因拆存過多改爲零利率[380]。因此，ECB甚至考慮對銀行業拆存存實施負利率，亦即未來銀行把多餘資金隔夜存在ECB可能必須付費。至於主要再融資操作（MRO）政策亦將會持續實施

---

379. 鄭貞茂。院長專欄。金融情勢週報。台灣金融研訓院整理。2012 年 12 月 24 日至 2013 年 6 月 10 日彙總整理。
380. 黃得豐（2013 年 4 月 16 日）。從歐債危機原委探討財政聯盟之必要性。國政研究報告。

至少到2014年第2季以後,顯示ECB將逐漸擴大寬鬆貨幣政策力道,全力挽救歐元區經濟,且未來ECB之寬鬆貨幣政策可能會漸趨多元化,以搭配財政政策雙管齊下甚至多管齊下[381]。

貳、歐債危機已緩和且歐元具前瞻性而轉強

一、危機已緩和並對信評機構加以規範

若以歐債危機最嚴種時,PIIGS國家2010年之GDP與2011年之公債,分別占全部歐元區之比重分析:債信狀況較差之希(GDP比重約占2.35%;公債比重約占4.37%)、葡(1.8%;2.18%)、愛(1.64%;2.06%),前三者合計僅有(5.79%;8.61%),尚在可控制範圍內。而規模較大之西(11.4%;8.76%)與義(16.75%;23%),其公債多由核心成員國與英國之銀行持有,除非再發生突然硬違約等偶發狀況,或發生其他難以掌控之溢出效果外,因EU歷經3年來對歐債危機之防堵策施,與妥為處理後已逐一渡過難關,而危機已經緩和且金融市場已經穩定。此外,2012年11月29日EU已達成對信評機構新規範協議,因而自歐債危機以來不斷與國際禿鷹在市場興風作浪之信評機構,已提出新規範要求信評以後能更透明化、更具公正性、發佈時機更適當、與避免擾亂金融市場穩定等,

二、實施財政協約後危機緩和使歐元轉強

雖然Fitch已調升愛爾蘭評等,且展望為「穩定」,而S&P卻調降塞浦路斯信評3級,惟因PIIGS國家危機已緩和且股市已全面上漲(其中又以希臘漲16.7%最高),而歐元10月19日已升至1.3023美元。此外,EU執委會11月14日宣布在2013年底以前不再強調緊縮,又2012年11月義總理Monti

---

381. 林士傑與何肇榮(2013年5月7日)。歐洲央行降息再創歷史新低。挽救經濟政策多管齊下。金融情勢週報。台灣金融研訓院整理。

亦表示義大利不需要任何紓困，歐元在11月中旬均維持在1.27美元左右。此外，同年11月27日EU已達成對信評機構新規範協議[382]，歐元似已開始穩健趨堅，至11月30日歐元已升為1.2998美元。復因歐債危機之最壞狀況已經過去，各項改革已陸續出爐與情勢逐漸緩和，且核心成員國正帶動經濟逐漸好轉。因此，自2013年1月3日開始實施治本目標之財政協約後，歐元2013年初以1.3157開出即相當穩定，而在國際貨幣一片貶值聲中，反而成為較強勢之貨幣，雖然義大利選舉後市場對歐元缺乏信心，3月1日收盤曾下挫與震盪，惟預期後市仍會逐漸穩健趨堅[383]。

---

382. 黃得豐（2013 年 2 月 27 日）。歐洲債務的解脫與前景。淡江大財金研討會講稿。
383. 黃得豐（2013 年 4 月 16 日）。從歐債危機原委探討財政聯盟之必要性。國政研究報告。

第二十三章　總結

第一節　仍應持續推行治標問題與治本問題

壹、治標問題仍推行 G20「三個核心行動」

　　盱衡歐債危機延燒並衝擊與籠罩全球金融與經濟期間，EU雖已危機處理卻仍遭國際禿鷹不斷打壓致情況甚糟，因而已乃引起2011年10月15日G20國家財金首長會議之關切，而提出三個核心行動架構，並發表公報略以「我們樂見EU推動經濟治理大改革」。上述三個核心行動架構係處理短期直接危機之治標問題，對於防止危機蔓延與穩定金融市場之成效甚大，允宜先分別要述如次。至於「EU推動經濟治理大改革」乃長期結構性改革之治本問題[384]，則在法規制度改革與財政整合中詳述。

一、由 EU 與 IMF 對希臘持續提供新援助

　　首先要求EU與IMF對希臘提供新援助應急，因希臘之情況在PIIGS國家中最糟，其負債曾高達3,600億歐元，約佔GDP之165%。因而EU與IMF乃要求債務重整略以「流動在外之公債2,060億歐元，至少要有75%之民間債權人參與按面額減債，才能獲得1,300億歐元之第二套紓困計畫」。後來希臘與民間債權人達成協議，並確定參與協商之比率高達95.6%（合計1,969.3億歐元），因而可減少1,000億歐元之公債，如此則希臘在2020年前可把政府債務降至GDP之120%。此一金融史上最大規模債務重整工程成功之後，EU財長會議乃於2012年3月9日宣佈「希臘可獲得第二套紓困計畫」[385]。此外，希臘雖然於同年5月6日國會選舉，因反對撙節支出之「左派聯盟」與「民主左翼黨」雖獲高票卻仍而無法組閣，乃再使危機衝擊與籠罩全球，並使雅典股市連跌10.27%，其股票指數已跌至

---

384. 黃得豐（2013 年 2 月 27 日）。歐洲債務的解脫與前景。淡江大財金研討會講稿。

385. 黃得豐（2012 年 7 月 16 日）。歐債危機雖籠罩全球惟仍尚無危機。國政研究報告。

620.54點，爲20年以來之新低。幸好6月17日再度重選國會後，情勢逆轉而由右派之「新民主黨」獲勝，並已組閣成功才又解除危機，因而隨後全球股市皆已大幅回升[386]，2013年以後希臘股市大力反彈（至年中已漲逾80%）。

二、擴大 EFSF 規模並提高防火牆功能

EU在2011年底布魯塞爾峰會已決議「ESM將提前於2012年中實施、在緊急狀況下ESM得按85%多數決動用、ESM與EFSF同時存在而持續至2013年中、ESM與EFSF合計5,000億歐元之上限將在2012年3月檢討及EU會員國應於10天內對IMF挹注2,000億歐元供其支配運用」等。且2012年2月26日G20國家財長與央行總裁會議時，非EU之會員國希望EFSF與同年中即將上路之ESM合計5,000億歐元基金，能擴增至7,500億歐元（1兆美元）。而歐元區17個成員國對擴大EFSF防火牆之規模議案均已完成通過程序，並建議EFSF得以現有4,400億歐元對投資人提供20%至30%之損失擔保方式，而發揮槓桿擴充功能至1兆歐元。另外，該峰會除要求自2012年中開始ESM會逐步取代EFSF業務與防火牆功能外；尚要求EU會員國對IMF挹注資金（增加6,000億美元紓困基金）供其支配運用，則將來IMF對PIIGS國家紓困之籌碼亦較多，因而可更加提高防火牆功能[387]。

三、由 ECB 負責支撐銀行體系流動性問題

全球六大央行（包括ECB）爲確保市場深度與流動性爲由，而提出多次低利率換匯供應流動性，與進行即期美元之低利率換匯因急，以便紓解歐元區之資金短缺現象。此外，ECB並針對歐元區銀行體系資金緊縮狀況，而提供多次3個月期拆款，以紓解短期資金旱象。另外，ECB自2011年12月21日後迄今已2次以1%利率對1,323家歐洲之銀行，提供9,890億歐

---

386. 黃得豐（2012 年 5 月 30 日）。放心，希臘最近仍不會退出歐元區。工商時報，A6 版。
387. 黃得豐（2012 年 7 月 16 日）。歐債危機雖籠罩全球惟仍尚無危機。國政研究報告。

元之LTROs，而紓緩銀行體系中長期資金缺口。由於希臘已與民間投資人
達成減債協議，相信銀行體系很快可恢復互信，而進行正常之拆款市場業
務，則流動性不足之問題應可迅速獲得解決。至於為因應銀行危機而要求
設立之「泛歐銀行監管系統」或PESS，2012年6月底峰會則係參考英國甫
於2012年初又由原來之金融主管機關——FSA改回由英央行監理銀行之作
法，而決定在ECB之下設立單一銀行監管機構，此乃EU正朝向加強「金
融安全網」之方向邁進。

貳、治本問題與財政整合須能規範紀律

一、6項包裹乃規範財政紀律框架角色

　　鑒於經濟治理與財政聯盟乃長期結構性改革之治本問題；爰應儘速建
立財政聯盟與經濟治理，始可解決財政失衡、稅收問題、跨國就業、與經
濟改善等。為強化EMU財政紀律執行與整體財政穩定[388]，進而解決歐債
危機之治本問題，乃對SGP再改革強調其作為財政規範與財政整合功能，
EU執委會在6項包裹改革法案中引進「經濟對話」、「EU財政學期」、
「經濟計分板」、「超額不均衡程序」與「預算框架」等新制度並已陸續
推動，以確保不再發生超額赤字或債務，並藉由對話與規範而加強財政整
合。而「有息罰金存款」、「無息罰金存款」、相反QMV等制度，則可
提升財政紀律與制裁效力，增加自動執行特性而減少人為權衡空間，目的
在鼓勵成員國遵守規範之效果。因此，SGP再改革之6項包裹法案不僅可
著重於赤字與負債之短期門檻；而且尚可強調須承諾制定長期負責任之預
算政策，讓SGP重新回歸「整合歐盟財政政策」之紀律框架角色成為改革
之核心概念。而成立財政聯盟倡議之再度出現，代表部分EMU會員國領
袖已開始思考比EMU更進一步之整合，希望深入合作，能讓各國找到比
目前更有效之財政治理方式，因而再度有成立財政聯盟之倡議出現[389]。德

388.H.Kube/E.Reimer,Grenzen des Europäischen Stabilisierungsmechanimus,NJW 2010,S.1911
389.M.D.Bordo,A.Markiewicz,and L.Jonung,"A Fiscal Union for the Euro：Some Lessons from
　History,"Working

國總理梅克爾係成立財政聯盟最重要推動者[390]，而EU亦已著手研究爲成立財政同盟而必須修改TEU工作[391]。惟法國新總統歐蘭德上任後，認爲在既有財政紀律架構下，仍有許多工作尙待完成，而對財政聯盟之支持轉趨保守[392]。

二、各改革法案與財政協約已陸續生效

2012年6月EU峰會後25個會員國簽署財政協約，旨在將平衡預算與自動懲罰機制列入協約中，乃促成訂定諸如「黃金規約」（golden rule），而規定各簽約國扣除景氣循環因素後導致預算赤字之結構性赤字，占GDP比重不得逾0.5%，及政府赤字超過規定程序（excessive deficit procedure）之自動懲罰機制。若簽約國超過規執行狀況，而歐洲法院亦擁有強制執法權，則違背將遭受繳交GDP之0.1%以下罰鍰予永久穩定機制ESM，此「財政協約」規定須向EU執委會提出縮減赤字與改革方案，並須由EU監督該國之財政紀律，該協約自2013年1月1日生效，而與先前制定之「6項包裹」等併行運作。此外，各國尙應仿傚德國作法而建立舉債煞車機制（debt brake），至2016年其中長期結構性赤字不得逾GDP之0.35%。換言之，簽約國應將上述之「黃金規範」與「舉債煞車機制」均納入具有強制性，與永久性之內國法規或憲法中。另外，每年舉行2次歐元區峰會，由EU常務主席主持，討論歐元區之經濟治理與規範，以便將近年來爲解決歐債危機所採取之危機處理，與改善之法規制度等加以檢討與溝通，以期盡早建立更健全完善而包括財政治理之經濟治理架構。

390.Pidd,"Angela Merkel Vows to Create 'Fiscal Union' across Eurozone,"The Guardian,http：
//www.guardian.co.uk/business/2011/dec/02/angela-merkel-eurozone-fiscal-union
（December2,2011）102G.Hewitt,"One Giant Step to EUF iscal Union,"The BBC,http：//
www.bbc.co.uk/news/world-europe-14557635（August 17,2011）.
391.黃得豐（2013年4月16日）。從歐債危機原委探討財政聯盟之必要性。國政研究報告。
392.G.Hewitt,"One Giant Step to EU Fiscal Union,"The BBC,http：//www.bbc.co.uk/news/
world-europe-14557635(August 17,2011).ne 12,2012）

第二節　展望未來應重視撙節以穩健財政

壹、穩健財政仍為經濟發展之重要基礎

一、最糟情況已經過去乃由撙節改為成長

　　自從2012年3月布魯塞爾峰會結束後，EU宣稱「因希臘債信協議即將完成，歐債危機已出現轉捩點，今後EU政策焦點，將從過去2年強調預算撙節措施調整為促進經濟成長」。換言之，最糟情況已經過去，今後應由撙節改為成長，因而當時EU峰會乃作成下列三項重大決議：五大優先事項方面（包括推行有利成長之財政鞏固措施、恢復銀行業正常貸放、促進成長與提升競爭力、處理失業問題與社會衝擊、及推動公共管理之現代化）；三大關注領域方面（包括刺激就業、完成單一市場尚未達成之目標、及強化各國財政）；25國財政協約方面（包括強化財政紀律與歐元區整合）。此外，愛爾蘭已全民公投贊成簽署「財政協約」，除了希臘債信危機與西班牙銀行危機以外多已漸趨穩定，此乃由於ECB已持續用低廉資金支撐銀行體系、義大利與西班牙債券之發行公債之殖利率又漸下降、及市場已消除歐債會拖垮金融體系之疑慮[393]。另外，2012年6月底EU峰會，尚決定從歐洲投資銀行（EIB）與未動用之EU預備金籌措1,200億歐元，用以刺激歐洲地區經濟成長，並創造就業機會，對於問題國家擺脫財政緊縮與經濟衰退之惡性循環，也具有正面義涵[394]。

二、近年來已對 EU 與全球經濟造成衝擊

　　雖然EU擁有傲人之基礎建設與全球最有活力之商業環境，惟因財政欠穩健而爆發歐債危機之衝擊與影響乃造成民間消費支出減少與需求疲

---

393. 黃得豐（2012 年 7 月）。歐債危機籠罩全球惟仍可渡過難關。全球工商，No.652（頁 26-27）。全國工商總會。

394. 彭淮南（2012 年 7 月）。政治決心適解決歐洲危機的關鍵。全球工商，No.652（頁 8-10）。全國工商總會。

軟，且總投資支出減少。根據Eurostat發佈之數據略以，EU與歐元區2012年之經濟分別衰退0.3%與0.6%；失業率分別提高至10.5%與11.4%，因而經濟已陷入第二次衰退，造成企業經營趨於保守，進而會對其貿易伙伴造成損失，並衝擊全球貿易活動。根據Grant Thornton在2012年11月發佈之國際企業報告（IBR）指出，全球約有40%之企業之業務受到歐債危機影響而減少其收入（估算約減少2兆美元），其中有54%之企業表示收入因而減少3%；有32%企業表示減少6%。另外，亞洲新興經濟體之貿易亦深受影響，諸如中國大陸對EU之出口成長率由2011年之20.3%減緩至2012年之7.9%，而印度同期卻由成長33.8%轉爲衰退3.7%，我國同期亦由成長12.1%轉爲衰退2.4%，因而仍應儘速與EU洽簽ECA，以強化雙邊經貿交流。因此，穩健財政爲經濟發展之重要基礎，若撙節措施未持續執行以改善財政，及歐債危機未能儘速妥善解決，則2013年以後全球之經濟成長仍會受到衝擊與影響。

貳、健全財政始可維持總體經濟之穩定

一、穩健財政實為經濟發展之重要基礎

政府財政之穩定會對經濟發展產生重要影響，若財政赤字持續擴大，必會導致經濟衰退與民生凋敝，歐債危機後之PIIGS國家狀況似可作爲殷鑑。此乃由於歐元區爲單一貨幣地區，因財金政策雙軌制而成員國無法藉由調降利率，或貶值之貨幣政策來解決自己之經濟困境，且亦無統一之財政政策。在經濟景氣時各國政府尚能遵守穩定成長公約之約束，惟在景氣下滑或衰退時，爲維持總體經濟穩定尚需要依賴財政措施。此外，在面臨金融危機衝擊時，各國財政負有對援助金融機構，及刺激經濟復甦之雙重使命，故無法避免累積大幅財政赤字及龐大政府債務，因而乃引爆歐債危機，並對歐元之穩定性亦構成嚴重威脅。且歐債危機已透過對經貿與金融市場，而對全球造成衝擊與影響，我國亦不例外。因此，穩健財政實爲經

濟發展之重要基礎，而健全之財政始可維持總體經濟之穩定，若歐債危機
未儘速妥善解決，則仍將阻礙全球經濟活動之健全發展。

二、健全財政始可支應社福與結構性問題

　　鑒於社會福利支出應建立在穩定之財政收入基礎上；爰依賴舉債維
持之社會福利無法長久。面對歐債危機持續擴大及經濟陷入衰退之嚴峻情
勢，EU及核心國體認到，只有廣泛之進行深層次之結構性改革，解決EU
會員國間經濟發展失衡之結構性問題，才能鞏固與加速EU之經濟復甦，
提升經濟成長潛力。因此，歐債危機爆發後EU乃確定結構性改革之關鍵
要素，包括促進統一市場在服務貿易領域、能源領域與知識產權領域之建
設、促進稅收福利制度更加有利於就業增加、改革勞動市場與養老體系、
投資知識與創新、及簡化企業監管環境與鼓勵創業等。這些結構性問題之
改革、降稅、與削減社會福利（包括退休金制度、健保制度、與社會福利
政策等）後，始可穩固公共財政，固然會降低各國運用租稅轉移之能力，
並因而仍須依賴權衡性財政政策之支持與妥處。

第三節　歐債危機衝擊

壹、歐債危機衝擊致推動處理治標與治本

一、金融海嘯使希臘引爆危機衝擊全球

　　盱衡全球之財經金融歷史經驗後獲悉，每當國際金融風暴後不久，就
會跟著發生主權債信危機，就如此次金融海嘯造成各國大增財政支出，以
提出振興經濟措施挽救經濟，各國政府負債勢必跟隨大增，乃因而爆發主
權債信危機。固然希臘債信危機係以金融海嘯為其最導火線，惟歐元區整
合時之結構性缺陷與經濟體質良莠不齊問題，亦係造成債信危機之主要原

因。其中又以希臘本身浮濫開支，且寅吃卯糧最爲嚴重，甚至於還與投資銀行操作換匯換利以隱匿造假，因而引爆歐債危機衝擊全球金融市場。幸好在EU、IMF、ECB、與核心成員國進行危機處理，並要求希臘等PIIGS國家撙節措施全力配合，才使歷次危機均能化險爲夷[395]。到了2011年10月15日G20財金首長會議針對歐債危機提出「恢復市場信心方案」框架，推動「三個核心行動」（對希臘提供新援助、擴大EFSF之規模與功能、與支撐受歐債危機影響之銀行等治標問題），開始以制度化處理短期直接危機之治標問題，並防止危機蔓延與穩定金融市場。

二、治本問題法規制度改革已陸續上路

關於G20以「EU推動經濟治理大改革」乃長期結構性改革之治本問題[396]，則已在近年來積極進行多項法規制度大改革。換言之，治本問題與財政整合須能達到規範財政紀律之目的，而6項包裹乃規範財政紀律之框架角色，故當各種財政整合法規已陸續上路，且在「財政協約」於2013年初生效後，歐債危機已經全面緩和並逐漸好轉。有鑑於穩健財政實爲經濟發展之重要基礎，且健全財政始可支應社福與結構性問題之需要；允宜建立可長可久之財政與經濟體質，既要追求稅負公平與合理性；又要把握改善財政黑洞之契機，否則付出之代價必然會更大。雖然如此，歐債危機之教訓仍應引以爲誡，畢竟太高之政府負債與預算赤字，必然對經濟健全發展有害。至於國際禿鷹不斷狙擊與信評機構趁機興風作浪等，亦實施「禁止無券放空」措施，並由歐、美政府進行調查，且以EU新法規加以規範，對穩定金融市場之助益必然甚大。

貳、歐債危機對兩岸之衝擊與轉變

一、衝擊大陸貿易卻助漲其地位提昇

---

395. 黃得豐（2012 年 7 月 16 日）。歐債危機雖籠罩全球惟仍尚無危機。國政研究報告。
396. 黃得豐（2013 年 2 月 27 日）。歐洲債務的解脫與前景。淡江大財金研討會講稿。

由於EU係中國大陸之最大出口地區（占其總出口比重約20%），若歐債危機惡化勢必會受到衝擊與影響。根據Eurostat之統計數據顯示，2012年以來中國大陸對EU之出口呈現顯著下滑趨勢，癥結在於歐債危機之火愈燒愈烈時，PIIGS國家在財政上捉襟見肘，瀕臨破產邊緣，並觸發了銀行業金融面危機，亦傷害了實體經濟面，因而中國大陸等新興經濟體自然首當其衝而受影響。此外，人民幣兌歐元升值與原材料價格上漲等，在某種程度上亦削弱中國大陸出口商品在價格上之優勢。另外，長久以來雙方之貿易摩擦不斷。此次歐債危機不但已助長中國大陸在EU提高地位，而且亦讓其得以加速推動經濟外交之機會，歐債危機助長中國大陸在EU與東歐之地位之提昇。換言之，全球經濟將形成歐洲、美國、與中國大陸三強鼎立之現象，未來美國、EU、與中國大陸似將會形成全球之三角戰略態勢，而美元、歐元、與人民幣亦將成為全球最重要之通貨。允宜密切注意EU與中國大陸之發展，諸如EU會員國承認中國大陸為完全市場經濟國家、建立戰略夥伴關係、與武器禁運因而解除等，恐將涉及東亞地區與台灣之安全與平衡結構，因而仍不宜掉以輕心。

二、對我國財經金融之衝擊與影響不大

（一）重挫股市而對金融業僅有間接影響

歐債危機對我金融與經濟均曾造成衝擊，因其對我國經貿之影響，短期間所造成之衝擊並不大，惟仍應儘速與EU簽署ECA，以免市場陸續被韓國搶走。對金融市場之影響方面，近年來已多次重挫我國股市，此乃由於資本市場中之證券交易，絕大部份集中在股票交易，既無適足之債券交易或其他資本市場工具互補，讓投資人有較多之選擇機會；又無類似其他金融中心之特殊資源可以容納，故較易受國外股市變動之影響，因而較容易大漲或大跌之「淺盤市場」，市場波動幅度亦較為劇烈。例如2011年8月初以後迅速帶量重挫1,358點，跌幅15.6%，形成短期震盪與中期整理之

格局，而造成市場投資信心低落，幸虧國安基金與金管會適時進場護盤，才使當時之恐慌與賣壓減緩．後來因風暴已轉趨緩和，台股亦已迅速好轉且股價指數已迅速回升。由於歐系銀行與台灣之銀行體系業務往來不多，且歐債危機之政府債券多由歐洲銀行體系所持有，因而歐債危機對我國銀行之影響並不大，對其他金融業之影響亦然，亦即對金融機構僅有間接影響。

（二）匯市穩定須再穩健銀行與洽簽 ECA

由於台灣之匯市屬於「淺碟市場」，雖曾因歐債危機致使外資大賣台股而造成匯市震盪，惟因近年來我央行穩定匯市得宜，最近以來到新台幣依舊穩定的守在29至30元附近，遇有投機炒匯使新台幣升值後，央行即有美元買單進場防守，並常使新台幣匯率轉升爲貶，且與其他亞洲央行聯手阻擋熱錢炒匯，以免整體經濟之穩健復甦陷入風險，亦不會阻擾或影響經貿之發展。另外，除歐債危機外國際金融風暴頻傳，若危機持續惡化或發生硬性違約，則必衝擊相關產業衰退而無法償還銀行貸款，甚至於鉅額倒帳而演變爲金融風暴。因此，金融主管機關應督導全體銀行，平時就應實施以內控爲基礎之ORM，既可抑低風險並改善業務經營；又可穩健銀行體質而作好興利與防弊[397]。

參、歐債危機給台灣借鏡之處與主要啓示

一、勞動市場僵化不利失業率之降低

雖然歐元區大多數成員國長久以來在安全網架構上，享有較爲完整之社會福利制度，惟遭金融海嘯與歐債危機之衝擊後，短期間難以扭轉既有機制與狀況。因此，有關僵固之勞工法規、高昂之勞工成本、失業津貼太優渥、工會太強不易溝通、勞工之保障太好、與不易減薪或資遣工人等勞動結構性問題，致使財嚴重政赤字與企業雇用工人持保留態度。換

---

397. 同註 343。

言之，社會福利太過優渥與勞動市場法令太過僵化，乃係EU企業及國家競爭力衰退的重要原因之一，台灣不能不引以為戒，因而各項政策與支出均須顧慮量入為出之原則。另外，歐元區成員國若能就勞動性結構問題加以解決或改革，則可以降低失業率與財政負擔。根據Euroatat之2012年數據析述略以，歐元區平均失業率為10.5%，雖然同期PIIGS國家之西（25.0%）、希（24.3%）、葡（15.9%）、愛（14.8%）、與義（10.7%）均偏高，而德（5.5%）、奧（4.8%）、盧（5.0%）、荷（6.5%）、與馬爾他（6.5%）卻仍偏低，足見PIIGS國家應速對不合時宜法規制度儘速改革，才是避免危機衝擊之最重要關鍵。

二、控制公債上限並保持預算盈餘均不容輕忽

台灣目前累積債務雖然不到GDP之40%，惟因勞保、公保與全民健保虧損連連，加上政府每年有3%以上之預算赤字，且因我國並非IMF之會員國，一旦發生財務危機，實不易找到援手。再加上連年之選舉支票，將使台灣之財政收支雪上加霜。以愛爾蘭與西班牙為例，兩國在2007年時，政府負債占GDP之比重分別為25%和36.1%，而且仍享有政府財政盈餘，後來隨著房地產泡沫破滅拖累銀行，迫使政府出面協助而拖垮政府財政。才不過5年之時間，愛爾蘭與西班牙2012年政府負債占GDP比重分別飆升至117.6%與84.2%。至於歐元區赤字方面，根據Euroatat之數據析述略以，2012年平均赤字為3.7%，雖然PIIGS國家之西（8.0%）、希（10.6%）、葡（6.4%）與愛（7.6%）均偏高，而德國卻為EU與歐元區內唯一預算盈餘（+0.2%）國家，且愛沙尼亞（0.3%）、盧（0.8%）、芬（1.9%）、與奧（2.5%）之赤字亦均偏低，可見審慎控制國家財政收支與政府負債上限均不能等閒視之。

三、法制改革才是國家長治久安之道

（一）法制改革能使國家競爭力大幅提升

綜上所述，在歐債危機中惟一可以安然渡過之EU與歐元區國家莫過於德國，而其所以能夠高枕無憂之原因，乃在於德國前兩任總理不顧自己政治前途，而認爲厲行改革才是國家長治久安之道，諸如攸關經濟發展之單位勞動成本，德國前總理柯爾（H.Koehl）不顧反對而規劃名目薪資改革，與勞動生產值呈現同步發展，2000年以來德國勞動成本已降低20%，而西班牙卻成長超過30%，比利時等北方國家亦成長36.4%，而法國亦成長39.4%[398]；前總理施羅德（Schroeder）在2003年時所推出之一連串經濟與社會改革，包括通過改革失業保險與救濟制度、養老保險與醫療保險制度、及降低企業與個人所得稅，一方面使社會保險轉虧爲盈，另一方面則使企業與國家競爭力大幅提升。

（二）改革才是國家長治久安支撐力量

有鑑於德、法乃歐元區最重要之核心國家；爰財政健全與經濟茁壯之德、法又係穩住歐元區與歐債危機不再惡化之最重要保證，因而德國亦被譽爲全球改革步伐最大的前五大國家之一，可見不合時宜之法規制度改革，才是國家趨吉避凶與長治久安之支撐力量。由於台灣在2014年底有大規模選舉，而在2014年中以前乃是選舉空窗期，最適合進行財政、經濟與社會改革，若仍放任而不予理會或不改革，則國家財政收支恐將會逐步走向遞增之不歸路[399]。換言之，對與不合時宜之法規制度加以解決或改革，才是上述德國轉弱爲強與轉危爲安之最重要關鍵，亦爲德國之企業與國家競爭力大幅提升之堅實基礎。最後尚須一提者，乃雖然歐債危機對我國之衝擊與影響不大，惟爲對抗韓國在EU市場之激烈競爭，幫助我業者爭能取公平有利之國際貿易環境，並協助我業者進行全球經貿布局，我政府仍應儘速積極與EU洽簽ECA之經貿合作協議[400]。

---

398. 卓忠宏（2012 年 3 月）。從里斯本條約中財政改革草案評估歐債後續發展。淡江大學歐盟資訊中心通訊第 33 期。
399. 同註 343。2012 年 9 月。頁 37-38。
400. 同註 343。頁 173-174。

第四節 希臘債務危機與紓困公投之演變經過及啓示

壹、希臘債務危機之發展背景與其負債概況

一、希臘發明公債卻倒債最後演變為債信危機

雖然古希臘城邦在西元前21世紀後發明公債，後來眾多城邦演變爲4大聯盟長期兵連禍結，及希臘人開支浮濫未節制之特殊國情，及懶散與浪漫陋習民風，而致其債信欠佳之紀錄由來已久。西元前4世紀後希臘各聯盟間不斷混戰與殘殺，而雅典在底洛斯(Delos)島上與各城邦成立底洛斯聯盟，其組成之5個「分攤軍費區」所發行之公債，因無法償還乃同一天惡性倒債，其共同債主爲底洛斯島上之阿波羅(Apolo)神廟。因而有人譏諷「希臘人怕鬼神」而不斷捐錢給神廟，惟「鬼神亦怕希臘人」居然對神廟都敢倒帳。1829年由英國協助脫離鄂國曼帝國（土耳其）獨立後，政府開支仍甚浮濫而未節制，及逃漏稅與貪腐橫行，幾乎每數年即會發生一次財政危機，幸有當時之超強英國協助而逐一渡過難關。

到了1960年代之財政與憲政危機內戰造成希臘國王康士坦丁下台，後來演變爲1967年以後之軍人鐵腕統治7年。當時堪稱爲希臘較穩定、清明、與發展之期間，因而才能於1981年1月加入歐體(EC)之整合，而EC到了1993年11月再改爲歐盟(EU)。由於希臘2001年初擅自做假帳矇騙才符合規定，而得以加入歐元區(Eurozon)，並開始共同使用歐元。後來因其政府開支持續浮濫、未節制且徵稅效率低、寅吃卯糧且揮霍無度、產業結構失調、與物價飆漲壓力下，希臘人除了利用老祖宗留下之遺產賺觀光財外，沒錢用就只好不斷發行公債籌資，而導致2009年11月嚴重之債信危機，進而引發次年初之歐債危機，而須仰賴EU、國際貨幣基金（IMF）、與歐央行(ECB)組成「三巨頭」（Troika）之國際債權人，對歐債國家(PIIGS，係指葡、愛、義、希與西等歐元區成員國）提供援助或紓困貸款。

　　至於希臘特有之散浪民風、逃稅、與公務人員嚴重浮濫方面，希臘人之悠閒、懶散、浪漫、享受、與腐敗等陋習，造成其國民花錢是國內生產毛額(GDP)之142.8%。又因希臘人逃稅嚴重，2012年政府估計，每年逃漏而短少400至450億歐元稅收，佔GDP之12至15%。由於惡質選舉文化與紅包文化，促成希臘公務人員晉用嚴重浮濫，2011年純公務員已多達75萬（占其總人口比例之6.9%；台灣只有16萬占總人口比例之0.7%）；公教人員合計111萬（占10.1%；台灣只有29萬占1.3%）；軍公教與公營人員合計242萬（占22%；台灣只有83萬占3.8%），因而造成冗員充斥之現象。此外，希臘公務員一天只要工作2至5個小時，40歲便可以申請退休；也由於公務員待遇實在太優渥，故常有曾擔任公務員之父母去世後，子女不會去申報而繼續領取。另外，希臘人下午3至5點鐘是店舖坐著休息時間，就算顧客上門付錢店舖亦不做生意。

二、自債信危機以來紓困之條件與負債概況

　　2009年11月希臘總理巴本德里歐(G.Papandrou)提出「緊縮預算赤字計畫」堅持改革，而爆發希臘債信危機。由於希臘逃稅與腐敗等，且高負債，低經濟成長與人口老化，而導致希臘無力償還債務。因而自2010年5月Troika首次對希臘提供1,100億歐元紓困貸款，2012年再度對希臘提供1,300億歐元，紓困總額達到2,400億歐元。至於希臘接受紓困貸款之條件，EU當時採納美國羅比尼教授(N.Roubini)之建議，而參考波羅地海東岸3小國（愛沙你亞、拉脫維亞與立陶宛）當年脫離蘇聯後仍用盧布共同貨幣時，所採行以內部貶值(internal develuation)方式厲行財政之撙節措施（即開源節流）因急，因而須要求各債信欠佳國，應透過撙節支出與加稅還債，才能改善其財政結構與經濟體質。亦即希臘須接受Troika附帶嚴格撙節條件之紓困，包括公務員須減薪17%、削減政府支出、加稅、國營事業民營化等，另有勞動市場改革，其最低薪資亦應減少22%。

　　由於希臘執行紓困協議之成效一向欠佳，且過去5個月來，IMF與希

臘不斷放話互嗆，因IMF堅持對希臘退休制度進一步開鍘，並調高電力等基本物資之加值稅(VAT)，而希臘認為這只會讓希臘人民之生活更加痛苦。雖然如此，IMF仍於今年（2015年,本文因係當年7月13日參加中央研究院歐美研究所研討會之書面資料，故在本章之2015年均以「今年」表示）6月4日同意，希臘5日將到期之3億歐元欠款，與其他3筆債務合併共16億歐元，得於6月30日到期之前償還。因而希臘需要在6月底之前，與Troika達成紓困協議，取得上次紓困尾款72億歐元支付。希臘雖於6月4日與Troika談判，惟卻遲遲未能敲定協議。若無法在其國庫告罄前達成協議取得72億歐元，則恐會使希臘更接近違約或脫離歐元區之可能。至於目前希臘之負債總額約4,500億歐元，除Troika紓困方案之2,400億歐元外；尚包括ECB對希臘之銀行與希央行之放款1,250億歐元，境外金融機構(OBU)對希臘民營部門融資280億歐元，外資銀行對希臘之銀行融資270億歐元，與由非歐元區官方機構持有之300億歐元等。至於上述希臘對ECB負債1,250億歐元方面，包括透過歐洲金融穩定機制（ESM）借得之380億歐元，透過質押政府公債借得約80億歐元，透過質押一般債權而將銀行放款後之請求權打4至5折押給ECB，以透過ELA借得約790億歐元等[401]。

貳、希臘債信違約之原委與其發展經過

一、反撙節之極左派聯盟執政後轉趨強硬

希臘反對撙節措施之極左派聯盟(Syriza)黨魁齊普拉斯(A.Tripras)在今年1月發表勝選感言時已重申：應告別帶來災難之財政緊縮、擺脫長達5年之紓困屈辱折磨、飽受經濟衰退之苦、與其他左派政策之競選承諾。雖然近5個月以來EU各國一直積極與希臘協商，一致絕口不提有「B計劃」或「希臘脫歐」（Greixt）計劃，因其認為對與希臘達成最後協議仍信心十足。而自Tripras總理上任後卻於談判時，一再要求國際債權人變得更務實，此一反對撙節措施態度使Troika火冒三丈。因而EU執委會乃表示，若

---

[401]　吳寧康：關切希債危機美財長致電希臘總理，中央廣播電台，2015 年 7 月 7 日。

談判失敗希臘將陷入緊急狀態，屆時勢必影響公務員薪資，醫療、及能源等許多行業。尤其雙方在消減退休金，與提高消費稅等議題上仍難有共識。

而已經債臺高築之希臘，即便債務協商破局亦在所不惜，Tripras總理6月14日仍強硬砲轟EU，以過去五年來是在掠奪希臘，現在又搞政治鬥爭，旨在「羞辱」他所領導之希臘，並指IMF必須承擔希臘因緊縮措施而陷入經濟蕭條之「刑事責任」。此外，Tripras總理又常一邊屈服於債權人之要求，一轉頭又向媒體大放厥詞，抨擊債權人立場過於強硬，犧牲希臘人民權益之兩手策略，讓EU從期待到不耐。且Tripras總理鋌而走險，企圖靠民意當後盾，並以舉行「全民公投」逼EU讓步，惟歐元集團迅速做出回應，表示希臘現狀已不可能得到更優惠條件，公投反對只會讓希臘狀況更糟糕。畢竟希臘已施行撙節數年，如今又得再大砍社會福利及加重稅賦，肯定會使民眾心生不滿，而預算縮減恐使經濟再次衰退。

若要進行第三波紓困或可能之債務減記（write-down）談判，則希臘政府又難以同時討好其民眾與Troika，裡外不是人。因而在18日下午持續4小時之歐元區財長會議會議上，雙方依舊無法談攏。從Troika角度認為，「節衣縮食」是對希臘之基本要求，尚應進一步削減退休金與最低工資標準，並在稅收政策與私有化改革等領域有所進展，且希臘應提出具體項目，與有詳細可操作之措施；從希臘角度認為，金融危機後撙節措施已使經濟下滑，與失業比率持續高漲，一味迎合EU要求將給經濟和弱勢群體帶來更大創傷，因而想要沒有太多附加條件之資金紓困。且當天希臘尚提出所謂「新方案」，期望Troika繼續讓步，允許希臘逐步取消提前退休、降低退休金運營成本等。

二、紓困談判仍未果希臘卻宣布舉行公投

Troika則認為上述之「新方案」並無實質內容，另EU執委會主席榮科

（J-C.Juncker）抨擊希臘政府沒有把真相告訴其人民，且蓄意誇大歐元區要求它改革之內容，並常透過誤導以鼓動民粹，而無法接受債權人提出之退休金縮減條件，故亦無法獲得ECB之72 億歐元紓困尾款，使得違約倒債之危機驟升。希央行進一步警告，「若無紓困協議將開啓一段痛苦之過程，最初可能爆發希臘債務違約，最終會見到希臘退出歐元區，還非常可能退出EU。如此恐會令希臘經濟衰退更嚴重、收入水準大跌、與失業率暴增，讓希臘歸屬EU整合30多年所達成之經濟成果毀於一旦」[402]。歐元區22日晚間召開之緊急高峰會，雖然未能對希臘債務展延取得成果，但在各國領導人普遍認同希臘遞交「新方案」之誠意，敲定歐元區財長24日與27日再度集會，惟協商又均宣告破裂。歐元區財長結束了一週內第三次之會議，三大債權人祭出最終版改革換現金提案，向雅典左派政府攤牌。

而在布魯塞爾經過1週激烈協商後，Tripras總理飛回雅典與部長開會前，痛批債權人提出之提案爲「敲詐」。當晚又在電視強調EU已違反「規定」，並影響民眾之基本工作、享有平等、及尊嚴之權利，「是企圖要羞辱希臘全國民眾」，並宣布於7月5日舉行公投之計畫。然而，此一作法卻激怒了歐元區夥伴國家，導致紓困談判中止，就連希財長要求IMF延遲6月30日之16億歐元還款期限，也遭到Troika拒絕。而Tripras總理似乎忘記，不是只有他要面對希臘國內民意壓力，每個債權國之政府都要各自面對自己國內壓力。如果那些政府拿錢放任希臘繼續揮霍，又不作撙節之要求與規範，大概很快就要被自己之民眾唾棄。希臘乃因而成爲IMF歷史上第一個債務違約之已開發國家，因按照其規章在債務違約案件發生時，IMF主席須照會董事以債權人有權要求希臘立刻償還，共積欠之全部本利1,800億歐元債務[403]，並須通知其執行董事會，希臘在還清這筆拖延債務前，不會再提供希臘融資或貸款。

---

[402]　夏明珠：希臘央行警告倒債與退出歐元區危機迫在眼前，中廣新聞網，2015 年 6 月 18 日。
[403]　夏明珠：希臘債務違約舊紓困終止希臘，中廣新聞網，2015 年 7 月 1 日。

參、希臘公投引發之亂象及其結果與影響

一、希臘公投引發協商混亂與國內亂象

　　希臘上次原定於2011年11月初之公投並未成功，當時與Troika洽談「第二套紓困計畫」，及債務減記事宜數月而已達成協議時，希臘卻要求先對該紓困案「全民公投」，因遭國際譴責致巴本德里歐於2011年11月3日宣佈辭職，而由熟識EU工作之技術官僚（ECB前副總裁）帕帕德莫斯(Papardemos)接任代理總理後，即依照紓困協議履行撙節措施，因而至次年3月9日已順利完成希臘當時欠債之53.5%債務減記，勾銷約1,030億歐元之債務，而可獲得1,300億歐元之「第二套紓困計畫」[404]。此次希臘為了舉行公投，不但已導致希臘與債權人間之協商陷入混亂；而且在公投以前因希臘人憂心政府債務違約之負面效應，乃紛紛擠在提款機前大排長龍之亂象。復因金融體系幾乎面臨崩潰，造成資金之庫存即將乾涸，因而從6月29日開始實施資本管制，銀行除發放年金之外之業務全部停擺，民眾只能用提款卡提領現金，每張卡每日上限60歐元（約新台幣2,100元），而股市無限期休市，且禁止民眾匯款到國外。另外，希臘財政部6月30日宣布，全國約1,000家銀行自7月1日起，只供提領退休年金但不會正式營業，而退休年金每週最多可提領120歐元。

　　到了希臘公投結果出爐（61.31%投反對）後，希臘玩弄民粹之公投豪賭雖然成功，惟部分選民興奮之情很快就消失無蹤。由於希臘公投以前所實施之資本管制與ATM領現限制已邁入第2週，隨著食物與藥物供應逐漸枯竭，希臘人民也生活在恐懼不安中。又因希臘似瀕臨金融崩潰，許多慢性病患面臨藥物取得管道可能斷絕、與醫療費用得自行負擔之生死存亡問題。希臘有些人丟了工作、沒有薪水，有些人的薪資和退休金則遭砍30%至50%，這種情況下，醫療保險成了沒有人能負擔之奢侈品，公立醫

---

[404]　黃得豐著，歐債危機的原因與解決之道，淡江大學出版中心，新北市，2014年11月，pp.250-252

院和義診中心便成爲患者之最後選項。因而希臘商業公會主席柯里奇迪斯（V.Korkidis）告訴義大利共和報「自從決定公投後，每天有60家中小企業關門，超過600人失去工作，GDP每天減少2,200億歐元。故至少應該盡快撤除食品和藥品的資本管制，這已經成爲人道問題。如果希臘眞退出歐元區，此一情況還會更嚴重。」[405]

二、公投結果對協商談判之影響與發展

　　這次希債危機是歐元區1999年成立以來最大之挑戰，而公投之結果更令EU陷入兩難，如果EU堅持原先之強硬立場，執意不改紓困條件，恐須執行Greixt計劃迫使希臘退出歐元區，此將對歐元之長期穩定性產生衝擊，並影響投資人之信心，導致資金大幅外流與出現金融動盪，進而威脅到歐洲脆弱之經濟發展。因而希臘公投結束以後，歐洲理事會主席圖斯克（D.Tusk）表示，德國和法國領袖已呼籲開會商討因應措施，歐元區各國7月7日針對希臘公投結果召開緊急高峰會。ECB之緊急流動性援助(ELA)兩度調高希臘銀行所能借款的額度(11億歐元與18億歐元)後，ELA額度上限已達859億歐元。希臘公投後態度蠻橫之原財長瓦魯費克斯(Y. Varoufakis）隨即閃電宣布請辭，任命55歲之溫和派教授查卡洛托斯(E. Tsakalotos)爲新財長，可望在已拖延近半年之債務談判扮演關鍵中和角色。

　　在公投否決紓困方案後，美國財長路傑克(Jack Lew)7月6日與希臘Tsipras總理與新財長通話，表示華府期盼雅典和其他各方，就化解希臘情勢持續對話。且希望對話結果能讓希臘做出艱難而必須之財政架構改革，重返成長與在歐元區內持續承受債務之能力[406]。因而8日希臘致函Troika要求第三套爲期三年之紓困，9日提交新財改方案，涵蓋開源以及節流，透過增稅與縮減政府支出平衡國家財政，要創造逾130億歐元之財政盈餘，

---

[405]　鄭傑憶：希臘資本管制每天60家廠商關門，中央社記者米蘭專電2015年7月10日。
[406]　胡一天專欄：希臘脫歐的系統性風險，風傳媒，2015年6月30日。

這個目標事實上已高於債權集團之要求，亦較甫由希臘公投否決之內容更嚴苛，包括增加稅收、削減支出、改革年金、與國營事業民營化，以創造130億歐元之財政盈餘，俾換取ESM為期3年、金額535億歐元之「第三波紓困計劃」，並要求同意希臘對鉅額債務進行重整或債務減記。

關於希臘徵稅方面，雅典當局將對主要產業船運公司提高稅率、取消離島民眾一部分之賦稅優惠（30%）、對餐廳提高加值稅（最高23%）、提高公司稅（從26%調升至28%）與奢侈稅，並承諾會將消費稅收益佔GDP之比例提升至1%。關於希臘年金改革方面，取消對窮苦退休族之額外津貼。關於希臘民營化方面，將賣掉政府在電信業鉅子OTE的股份，10月底之前提出皮雷埃夫斯（Piraeus）與塞薩洛尼基（Thessaloniki）兩大港口之民營化計劃。關於希臘國防預算方面，Troika原要求今年削減4億歐元，惟希臘希望今年先小刪1億歐元，明年再砍2億歐元[407]。

肆、希臘公投後提新方案卻造成 EU 分歧

一、公投後所提新財改方案引發檢視分歧

希臘Tsipras總理閃電宣布7月5日舉行紓困案公投後，法國總統歐蘭德（F. Hollande）與德國總理梅克爾（A.Merkel）間之歧異就漸加大。公投結果顯示，希臘選民向債權人之撙節要求堅決說「不」。自此之後，德國在與希臘協商新一輪紓困方案時，就採取更加強硬之立場。而希臘則希望提交之新財改方案能速獲債權人Troika檢視，包括未來4年之基本盈餘目標，並尋求535億歐元紓困資金，以應付2018年6月底前之貸款債務。至於其重整作法包括降低利率與延長還款期限。對於更大手筆之作法如債務減記，Merkel總理已表明不可行。而歐元區財長7月12日提供給高峰會考慮之提案，包含在15日之前批准希臘已提交之新財改方案，要求希臘更大幅

---

[407] 閻紀宇：午夜大限之前 2 小時 希臘終於交出經濟改革計劃，風傳媒，2015 年 7 月 10 日。

度修改退休金以及勞動制度，並考慮要求希臘提交價值500億歐元資產做為抵押。

　　如果窮盡一切努力，還是無法達成協議，不排除讓希臘暫時Greixt。果真如此，則Tsipras總理就真的要為他先前之透過誤導以鼓動民粹，與操弄「全民公投」之鬧劇而自食惡果。後來新財改方案經過馬拉松式之徹夜協商，據悉，歐元區領袖峰會7月13日剛達成原則性協議，同意給希臘新一輪3年820至860億歐元紓困貸款，且可能展延現有債務，惟暫不考慮直接債務減記。另外，該峰會尚要求希臘須在15日晚間以前，以立法批准推動改革計畫之六大措施，才能提供第三次紓困貸款，希臘脫歐危機至此乃暫時落幕。然而這項好不容易才獲得之協議，其內容並不比希臘人民以公投否決之方案寬鬆，故希臘執政黨內已傳出抗議聲。因此，Tsipras總理將會面臨黨內同志反彈，與其支持者之失望與不滿，甚至於最後可能會喪失其總理之職位。

二、希臘危機操弄公投已造成 EU 之分歧

　　德國認為暫時退出歐元區對希臘與歐元區都好，因希臘問題根源在於尚未建立現代化之國家體制，政府幾乎沒有徵稅能力，貪污、裙帶關係、與侍從主義橫行，債務危機已將這些深層之病灶暴露無疑。亦即希臘百廢待舉，若外界持續挹注資金，則將繼續仰賴他人協助，改革動力會一再延宕，終究沒有自立自強之一天。因此，德國曾考慮讓希臘退出歐元區，惟可透過EU提供人道援助，穩住過渡期局勢，Merkel總理強調不可能直接給債務減記，事實上德國內部早已湧起反紓困希臘之聲浪(最近德國民調有88%反對紓困希臘)。又如荷蘭、馬爾他、部份北歐國家、與部份東歐國家，亦都不願再對希臘伸出援手。換言之，希臘想要得到一線生機，就須努力說服各成員國。

　　法國等成員國則希望留住希臘，因為一旦有國家退出歐元區，則

歐元區貨幣聯盟不再是永遠不會失敗，甚至於可能引發骨牌效應。法國Hollande總統數度表明支持EU與希臘持續協商，並表示法國願意扮演促成對話之角色，公投前甚至說「協議必須立刻達成，不能再延了」，顯然有不願坐視歐元區裂解之急迫感，不能等到公投後再處理。此外，退出歐元區後，國家競爭能力薄弱之希臘將面臨動亂，原本就已充滿紛爭之巴爾幹恐更加不穩定，因而法國主張保持歐元區完整，且因希臘具有戰略地位，故不該輕易放棄。換言之，若希臘退出歐元區轉向俄、中結盟，此又係歐、美所最不願意看到之結局[408]。

伍、美國與中國如何看待希臘債務危機

一、美期盼化解危機且不願希臘向俄靠攏

克魯曼(Krugman)等美國經濟學家一向是反對撙節政策最力者，認為撙節政策讓該國經濟更形惡化。從短期與表象看確實如此，若從長期與結構改革看卻非事實。而白宮發言人厄尼斯特（J.Earnest）6月16日表示，希臘與債權人要趕緊解決問題，致力重建希臘經濟，不要讓全球金融市場跟著陪葬。另美央行或聯準會（Fed）主席葉倫（J.Yellen）17日警告，倘若希臘不能與國際債權人就紓困融資達成協議，全球經濟恐陷入不小之動盪。而美國總統歐巴馬30日表示，希臘面臨2009年來「持續的危機」，其金融危機應該不會對美國經濟造成重大衝擊，但警告餘波恐傷害全球成長，因此鼓勵雙方達成協議。若希臘無法還債給IMF，會被視作違約，恐使希臘出走歐元區，衝擊歐洲經濟，也將拖累世界其他各國之經濟。並認為希臘必須找到通往經濟成長之道路，而留在歐元區。且美財長路傑克6日與希臘總理及新財長通話，表示華府期盼雅典和其他各方，就化解希臘情勢持續對話。

此外，美國最不希望希臘向俄羅斯靠攏，因希臘當局正尋求俄羅斯提

---

[408]　呂佩憶，麥嘉華：若退歐 希臘將與中俄結盟，鉅亨網，2015 年 2 月 24 日。

供奧援，俄國總統普丁(Putin)27日亦表示俄羅斯準備考慮向希臘提供金融援助。美國華府一個智庫機構7月5日指出，希臘公投拒絕紓困已經在全歐洲造成經濟衝擊，希臘若退出歐元區將會向俄羅斯靠攏，屆時勢必加深北約內部之分歧。因希臘自從1月極左派聯盟上台掌權後，與俄羅斯之關係就越來越緊密，希臘領導人曾以若與EU之談判失敗，希臘可能向俄羅斯尋求金援。雖然俄國官員否認提供希臘金援，惟俄羅斯最近會在希臘投資一項27.7億美元之輸油管工程；同時還邀請希臘加入金磚四國之「新發展銀行」。政治觀察家指出，希臘向俄羅斯靠攏對於EU與北約都是一個長期的安全隱憂，因其若關係緊密則希臘可能會允許俄羅斯之船艦使用希臘港口，這將讓俄羅斯之軍事影響力從「黑海」及「克里米亞」擴大到地中海。這是北約深以為憂之部分。若導致希臘退出北約，則北約將會失去戰略要地。雖然目前俄羅斯因國際油價大跌及歐美之制裁，經濟並不樂觀，因而不太可能提供希臘全部之紓困協助。然而希臘公投結果所衍生之潛在危機，亦讓西方謹慎而不敢掉以輕心，因美國與EU均不願看到，若希臘退出歐元區而轉向俄、中結盟。

二、中國盼望希臘速達成協議留在歐元區

因近年來之歐債危機已助長中國地位提昇，並將使全球經濟形成EU、美國、與中國大陸三強鼎立之現象，未來美國、EU、與中國大陸似將會形成全球之三角戰略態勢，而美元、歐元、與人民幣亦將成為全球最重要之通貨[409]。義大利報導財經之「24小時太陽報」6月28日表示，美國與中國大陸不斷敦促EU與希臘達成協議，否則會造成全球經濟不穩定。根據新華社發佈之「李克強演講內容」指出，中國大陸與EU經濟總量占全球3分之1，2014年中國大陸與歐洲貿易額超過6,000億美元，EU連續11年是中國大陸第1大貿易夥伴，中國大陸是EU第2大貿易夥伴。2020年的貿易額目標是1兆美元。中國國務院總理李克強說，希望EU放鬆軍民兩用

---

[409]　黃得豐，評估歐洲債信問題及後續發展，國安局研討報告，2011 年 10 月 25 日。

等產品對中國大陸之出口管制，且中國大陸主導之「一帶一路」戰略，希臘是控制地中海區域之重要國家，中方也想擴大對希臘之影響力。

至於中國大陸領導人看待希臘債務危基方面，中國國務院總理李克強29日表示，中國大陸希望看到希臘留在歐元區，中國大陸長期以來一直支持EU之一體化政策，希望見到團結之歐洲、繁榮之EU、與強大之歐元。他表示希臘能否繼續留在歐元區，不僅事關EU，也對中歐關係有連帶影響。他指出，大陸是EU最重要貿易夥伴之一，也是歐洲主權債券長期持有者，希望見到穩定之金融環境與經濟復甦。且中國大陸希望見到希臘留在歐元區，也希望國際債權人能盡快與希臘達成協議共識，度過這場危機。這是中國大陸高層首度公開對希臘債務問題表態。亦即希望國際債權人與希臘盡快達成協議，使希臘與EU都能度過這場危機，中國大陸願為此發揮建設性作用。

陸、希臘債務危機對台灣之意涵與啓示

一、對金融影響小而經貿好轉仍應簽署協議

關於希臘債務危機對台灣金融與經貿之影響方面，因金融市場國際化之衝擊與影響較迅速，近來已多次重挫我國股市，此乃由於台灣資本市場中之證券交易屬於「淺盤市場」，絕大部份集中在股票交易，既無適足之債券交易或其他資本市場工具互補，而讓投資人能有較多之選擇機會；又無類似其他金融中心之特殊資源可以容納，因而較易受外在因素影響而大漲或大跌，市場波動幅度亦較為劇烈。幸虧希臘債信與脫歐危機已暫時落幕後，股市震盪亦已轉趨緩和與回升。此外，由於歐系銀行與台灣之銀行體系業務往來不多，因而希臘債信與脫歐危機對我國銀行之影響並不大，對EU債券之投資金額亦甚少，亦即對金融機構僅有間接影響。

至於債務危機對台灣經貿之影響方面，由於EU是世界上最大經濟

體，亦是個擁有5億多高消費人口之最大市場，同時也是世界最大之投資目的地，而台灣去2014年對EU之投資成長卻超過2013年5倍，達7.8億美元，創下歷史新高，使台灣重回「歐盟TOP 20貿易夥伴」行列。台灣與EU之雙邊貨品貿易在去年卻成長4.1％，反而促使台灣重回EU前20大貿易夥伴、第16大進口來源，與第23大出口市場。且EU在去年仍是台灣累積最多之外資投資來源，額度占台灣外資總投資之24.4％。另外，EU亦是台灣第5大貿易夥伴，占台灣對外總貿易額約9％，雙邊服務貿易也持續上升，去年成長5.3％，服務貿易額度為79億歐元，亦即EU與台灣之經貿不受債信影響反而持續好轉。

　　雖然如此，由於台灣與韓國在EU市場競爭較大之產品中，目前台灣輸出EU金額雖仍高於韓國，惟未來可能受韓歐FTA降稅替代效果之影響下，恐導致台灣出口值落後於韓國。因此，催生台灣與EU簽署經貿合作之協議有其必要，今後為強化我國與EU簽署該協議，仍須透過政、經多方面之努力，以對抗韓國在EU市場之激烈競爭，並協助我業者能爭取公平有利之國際貿易環境。由上所述，台灣將對EU洽簽「經濟合作協議」（Economic Cooperation Agreement,ECA[410] 應納入首要施政工作，以提升我產業國際競爭力，並協助我業者進行全球經貿布局，此乃歐債危機與希臘債務危機對台灣之最大啟示。

二、對台灣年金制度與債信現況之啟示

　　至於希臘債務危機對台灣現況之啟示方面,台灣亦如希臘而漸趨高齡化與少子化,由於希臘65歲以上的人約占全國人口之20.5％，高齡化程度在EU僅次於義大利與德國。目前希臘年輕人之失業率仍高於55％，所以短期內他們無力負擔老一輩之年金。在希臘每兩戶就有一戶需要依賴退休年金之收入，來應付開支。而且希臘之「扶老比」超過30％，亦即每100個

---

[410]　黃得豐 & 中華經濟研究院合撰，歐債危機對台灣產業的影響與因應，中華民國工商協進會，2012 年 9 月，(p.167 & p.193)。

勞動人口，就要奉養30個65歲以上之老人。此外,台灣退休金與年金制度尚待健全,因希臘之年金並沒有想像中那麼豐厚,約45%之退休人士，每月領取之年金不到665歐元（約台幣2萬3000元）。希臘年金制度無法持續下去，問題關鍵並不在於給付每個人年金金額多寡，而是在於制度凌亂而成效不佳，以及開支浮濫而資金短缺。由於台灣之退休金與勞工年金制度並未健全，均尚待全面性改善。關於公務人員之退休年齡方面，台灣之公務員退休年齡遠低於EU各國，據悉希臘平均退休年齡為57.6歲;台灣平均退休年齡公務員為55.1歲，教員為53.9歲(其中至少有30%係50歲退休)，情況似將較希臘更為嚴重。且台灣退休金之所得替代率平均約為80%，而希臘只有56%，且德國與主要EU 會員國多為70%。因而潛在財政負擔與危機逐漸擴大，此二問題若不儘速積極改革，遲早會成為下一個希臘。

此外， 有人認為台灣外匯存底高，又沒有外債負擔，應不會變成類似希臘債務危機，惟身為台灣22個縣市成員之一的苗栗縣，最近負債卻高達648億新台幣，因而發不出7月份之12億新台幣薪水與退休金，這個情況很像希臘在整個歐元區之縮影。若中央不撥款則苗栗縣豈不是要像希臘般破產倒閉？而若由中央撥款救急，則似又靠全台灣人民共同來承擔，這跟EU與歐元區各國須提供紓困挺希臘甚為類似。此外，雖然台灣目前中央累積債務仍未超過GDP之40%，惟因勞保、全民、與健保虧損連連，加上政府每年有3%以上之預算赤字，據說還有一些潛在之政府負擔。另外，因我國並非IMF之會員國，一旦發生財務危機，實不易找到援手。再加上連年之惡質選舉或選舉支票，已使台灣之部份財政收支雪上加霜[411]。因此，對與不合時宜之退休金與勞工年金法規制度加以解決或改革，才能解決上述退休金、年金、與債信等問題。

411　黃得豐著，歐債危機的原因與解決之道，淡江大學出版中心，新北市，2014年11月，pp.350-251。

主要參考文獻

一、中文

1. 王學武等編著。華爾街颶風。時英出版社。2009 年 3 月。台北。

2. 王騰昆。歐洲貨幣整合—理論分析與現況探討。商田出版社。1997 年 3 月。新北市。

3. 成元欣。歐盟《穩定暨成長協定》研究。政治大學碩士論文。2013 年 3 月。頁 28-30。

4. 李桐豪主講 (調研處整理)。金融海嘯後。總體金融審慎監理的新思維。今日合庫 436。民國 100 年 4 月號。台北市。

5. 李顯峰。歐債危機與主權信用評等：刀俎魚肉或代罪羔羊？歐盟經濟制理研討會。臺灣歐洲聯盟中心。2012 年 9 月 20 日。頁 111-126。

6. 李貴英。歐盟經濟治理與歐盟財政。歐盟經濟制理研討會。臺灣歐洲聯盟中心。2012 年 9 月 20 日。頁 127-150。

7. 谷瑞生。歐盟經濟治理與里斯本條約。歐盟經濟制理研討會。臺灣歐洲聯盟中心。2012 年 9 月 20 日。頁 43-64。

8. 江書瑜。歐洲銀行系統性風險之研究—銀行監理發展。淡江大學歐洲研究所碩士論文 2013 年 1 月。

9. 宋鴻兵。貨幣戰爭。遠流出版社。臺北：2008 年 10 月 01 日。

10. 宋鴻兵。貨幣戰爭 2 金權天下。遠流出版社。2009 年 09 月 11 日。

11. 林建甫。沙科吉敗給自己的傲慢。經濟日報 A4 版。2012 年 5 月 9 日。

12. 卓忠宏。從里斯本條約中財政改革草案評估歐債後續發展。淡江大學歐盟資訊中心通訊第 33 期。2012 年 3 月。

13. 卓惠真與王儷容。歐洲主權債務危機發展對台灣經濟之影響與因應策略。中華經濟研究院。2012 年 12 月。頁 25-27。

14. 彭淮南。政治決心適解決歐洲危機的關鍵。全球工商 No.652。全國工商總會。2012。07。頁 8-10。

15. 梁國源。歐債危機及影響。全球工商 No.652。全國工商總會。2012。07。頁 11-21。

16. 郭秋慶。德國在歐洲聯盟夏之經機發展。歐盟新世紀歐盟夏季演習班手冊。淡江大學歐洲研究所主辦。2010 年 7 月 26-29 日。頁 143-149。

17. 郭秋慶。德國在歐洲聯盟夏之經機發展。歐盟新世紀歐盟夏季演習班手冊。淡江大學歐洲研究所主辦。2010 年 7 月 26-29 日。頁 143-149。

18. 郭秋慶。主持「歐洲對外簽署之文本分析與類型研究」之論述。歐盟經濟治理與里斯本條約。歐盟經濟制理研討會。臺灣歐洲聯盟中心。2012 年 9 月 20 日。頁 207-215。

19. 張福昌。「德國因應南歐金融危機策略分析」。歐洲聯盟因應金融風暴的挑戰與作為研討會論文集。2010 年。淡水。

20. 陳奕圜。歐洲債券危機與歐洲聯盟整合研究。政治大學外交研究所。台北市。2012 年 11 月。

21. 陳撲明。歐洲經濟治理下財政監督機制之研究。淡江大學歐洲研究所碩士論文。2012 年 1 月。

22. 陳麗娟。「從歐盟觀點探討歐洲債信危機」。遠景基金會歐俄非策略小組研討論文。2010 年。台北。

23. 陳麗娟。債信風暴 -- 歐洲金融市場分析與因應。五南圖書出版社。2011 年 1 月。台北。

24. 陳潤。世界真正首富：羅特希爾德家族。人類智庫。臺北：2012 年 9 月 26 日。

25. 黃得豐。德國金融制度。財政部金融局。1992 年 3 月。台北。

26. 黃得豐。2010 年歐債危機之回顧與展望——金融。國政研究報告。

2010 年 12 月 25 日。

27. 黃得豐。評估歐洲債信問題及後續發展。國安局研討報告。2011 年
10 月 25 日。

28. 黃得豐。歐債危機籠罩全球惟仍可渡過難關。全球工商。No.652。全
國工商總會。2012。07。頁 22-28。

29. 黃得豐。穩健金融業以因應歐債危機與衰退。工商時報 A6 版。2012
年 11 月 27 日。

30. 黃得豐與中華經濟研究院合撰。歐債危機對台灣產業的影響與因應。
中華民國工商協進會。2012 年。

31. 黃得豐。全球金融危機與歐元區之發展與困境—整體觀察與分析—。
第 7 次臺灣歐盟論壇。外交部外交領事人員講習所。2011 年 9 月
30 日。頁 1-11。

32. 黃得豐。全球金融危機對我之啟示。全球經貿風險與區域整合情勢下
我國整體經貿政策檢視研討會。遠景基金會。2012 年 5 月 14 日。
頁 1-11。

33. 張亞中。小國崛起。聯經出版社。2008 年 4 月。 台北。

34. 葉秋南。歐洲貨幣聯盟與歐元。金融聯合徵信中心。2001 年 4 月。台
北市。

35. 魏鄭貞茂。院長專欄。金融情勢週報。台灣金融研訓院整理。2013 年
3 月 10 日至 2013 年 6 月 3 日彙總整理。

36. 魏浩威。信用評等機構的發展與治理。政治大學碩士論文。2012 年 5
月。

二、英文

1. Alesina, A. "The Stability and Growth Pact：Experiences and Perspectives." In Temi di Finanza Pubblica, edited by A. Monorchio and A. Verde, Bari： Cacucci Editore, 2001.

2.Alistar Cole.Franco-German Relationship (Harlow,Essex England Longman),2001

3.Anthony Sauders&Meria Millon Cornett, Financial Institutions Management： A Risk Management Approach, 4/e, McCraw-Hill. Education, 2003,US.

4.Artis, M. J., and B. Winkler. "The Stability Pact: Trading off Flexibility for Credibility?",London 1994.

5.Ayuso-i-Casals, J., ed. Policy Instruments for Sound Fiscal Policies: Fiscal Rules and Institutions. New York: Palgrave Macmillan, 2009. 」

6.Balassa, B. The Theory of EconomicIntegration. Oxford： Routledge, 2011.

7.Brief Series issue 4, Dec. 2011, Lee Kuan Yew School of Public Policy, National University of Singapore, pp.1-8

8.Chong-Ko Peter Trou. Europe Stratege 2020 ,Conference on Major Tren in Contemporary World Affairs,Tamkang University Diamond Jubilee ,31 March 2011. New Taipei City.

9.Daniel Dâianu, EU Economic Governance Reform： Are We at a Turning Point?,Fiscal Aspects of European Monetary Integration, edited by A. H. Hallett, M. M. Hutchison, and S. E. Jensen, 157-87. Cambridge University Press

10.Dragomir Larisa (2010), European prudential banking regulation and supervision ： the legal dimension, London ： Routledge

11.Grauwe, P. D. The Economics of Monetary Integration. New York： Oxford University Press, 1997.

12. Gup Benton E.(2010), The financial and economic crises：an international perspective, Cheltenham：Edward Elgar

13. H. K. Scheller, The European Central Bank, history and functions, 2004 Frankfurt

14. Hull John C.(2012), Risk Management and Financial Institutions, New York：John Wiley & Sons Inc

15. Korkman, S. "Fiscal Policy Co-ordination in EMU：Should it Go Beyond the SGP?" In The Stability and Growth Pact：The Architecture of Fiscal Policy in EMU, edited by A. Brunila, M. Buti, and D. Franco, 287-311. New York：　Palgrave Macmillan, 2001.

16. M‧David，"The Lisbon Strategy, Europe 2020 and the crisis in Between"，European Social Observatory, No.4,2010

17. Petr Blizkovsky, The New Economic Governance of the European Union：What is it and Who does what?, Policy Romanian Journal of European Affairs, Vol.11, No.1, 2011

18. Thygesen, N. "Fiscal Institution in EMU and the Stability Pact." In Fiscal Aspects of European Monetary Integration, edited by A. H.Hallett, M. M. Hutchison, and S. E. Jensen, 15-36. Cambridge：Cambridge University Press, 1999.

19. Viner, J. The Customs Union Issue. New York：Carnegie Endowment for International Peace, 1950.

20. Visser, H. A Guide to International Monetary Economics. Cheltenham：Edward Elgar Publishing Limited, 2004.

21. Willett, T. D. "A Political Economy Analysis of the Maastricht and Stability Pact Fiscal Criteria." In Fiscal Aspects of European Monetary Integration, edited by A. H. Hallett, M. M. Hutchison, and S. E. Jensen,37-68. Cambridge：Cambridge University Press, 199

三、德文

1.Albrecht Weber, Die Reform der Wirtschafts- und Währungsunion in der Finanzkrise, EuZW 2011, S.935-940

2.TA.Vogt, Martin, Deutsche Geschichte:Von den Anfangen bis zur Wiecler-Verinigung, 1981 Koeln.

3.Austritt oder den Ausschluss von überschuldeten Staaten aus der Eurozone, EuZW 2010, S.413

4.Bad homburg vor der Hoehe, Gehlenbuch 303, Deutschland .11.Hahn/Häde, Währungsrecht, 2.Auflage 2010 München

5.Calliess/Ruffert, EUV/AEUV, 4. Auflage, 2011 München

6.Charlotte Gaitanides, Intervention des IMF in der Eurozone–mandatswidrig?, NVwZ 2011, S.848-852

7.Christoph Herrmann,Griechische Tragödie-der Währungsverfassungsrechtliche Rahmen für die Rettung, den Austritt oder den Ausschluss von überschuldeten Staaten aus der Eurozone, EuZW 2010, S.413

8.Christian Koenig, Recht der Europäischen Union, 2007

9.Deutsche Bundesbank, Finanzierung und Repräsentanz im Internationalen Währungsfonds, Monatsbericht, März 2010 Frankfurt am Main

10.Ernst-Joachim Mestmäcker, Herausforderungen der Wirtschafts- und Währungsunion, EuR-Beiheft 2011, S.7-21

11.Europischer Rat,schlussfolgerungen,Jan,30,2012.

12.Grabitz/Hilf/Nettesheim, Das Recht der Europäischen Union, 46. Ergänzungslieferung, 2011 München

13.Grill. Perczynski,Wirtschaftslehre des Kreditwessens,Verlag Dr. Max Gehlen . 1983.

14.H. Kube/E. Reimer, Grenzen des Europäischen Stabilisierungsmechanimus, NJW 2010, S.1911-1916

15.Helmut Mayer,Das Bundesaufsichtamt für das kreditwesen,Aemter und Organisationen der Bundesrepublik Deutschland,1981,Dssldorf

16.Jan Bremer, Europäisches Parlament legt seine Position zur "Economic Governance"fest, NZG 2011, S. 286

17.Joachim Wieland, Der Rettungsschirm für Irland, NVwZ 2011, S.340-343

18.Mathias Herdegen, Internationales Wirtschaftsrecht, 8.Auflage 2009 München

19.Markus Krajewski, Wirtschaftsvölkerrecht, 2.Auflage 2009 Heidelberg

20.Norbert Horn, Die Reform der Europäischen Währungsunion und die Zukunft des Euro, NJW 2011, 20.S.1398-1404

21.V. Passalaqua, Rechtliche und politische Probleme des Stabilitätspakts, Baden-Baden 2002

國家圖書館出版品預行編目資料

歐債危機的原因與解決之道 / 黃得豐著. – 二版. –
新北市：淡大出版中心, 2017.06
　面；　公分. – (專業叢書；PS006)
ISBN 978-986-5608-51-4 (平裝)
1.金融危機 2.貨幣政策 3.歐元 4.歐洲
561.78　　　　　　　　　106005565

專業叢書 PS006　　　　　　　ISBN 978-986-5608-51-4

歐債危機的原因與解決之道

作　　者　黃得豐 著
社　　長　林信成
總 編 輯　吳秋霞
執行編輯　張瑜倫
行銷編輯　陳卉綺
責任編輯　賴霈穎、姚昕
封面設計　斐類設計工作室
印 刷 廠　百通科技股份有限公司

發 行 人　張家宜
出 版 者　淡江大學出版中心
　　　　　地址：25137 新北市淡水區英專路151號
　　　　　電話：02–86318661/傳眞：02–86318660
出版日期　2017年6月二版一刷
定　　價　600元

總 經 銷　紅螞蟻圖書有限公司
展 售 處　淡江大學出版中心
　　　　　地址：新北市25137 淡水區英專路151號海博館1樓
　　　　　電話：02–86318661　　傳眞：02–86318660
　　　　　淡江大學—驚聲書城
　　　　　新北市淡水區英專路151號商管大樓3樓